CCHC（持续照料社区）居家养老模式服务管理标准1.0

The Standard 1.0 of Service & Management of Continuing Care Home-based Community (CCHC)

上海市楼宇科技研究会
海　阳　集　团　编著

徐　超　钱平雷　主编

上海科学技术文献出版社
Shanghai Scientific and Technological Literature Press

图书在版编目（CIP）数据

CCHC（持续照料社区）居家养老模式服务管理标准 1.0/徐超等主编．—上海：上海科学技术文献出版社，2017
ISBN 978-7-5439-7492-0

Ⅰ．① C…　Ⅱ．①徐…　Ⅲ．①养老—社区服务—标准—中国　Ⅳ．① D669.6-65

中国版本图书馆 CIP 数据核字 (2017) 第 168104 号

责任编辑：张　树　李　莺
封面设计：许　菲

CCHC（持续照料社区）居家养老模式服务管理标准 1.0
上海市楼宇科技研究会　海阳集团　编著　徐　超　钱平雷　主编
出版发行：上海科学技术文献出版社
地　　址：上海市长乐路 746 号
邮政编码：200040
经　　销：全国新华书店
印　　刷：常熟市人民印刷有限公司
开　　本：720×1000　1/16
印　　张：41
字　　数：541 000
版　　次：2017 年 8 月第 1 版　2017 年 8 月第 1 次印刷
书　　号：ISBN 978-7-5439-7492-0
定　　价：128.00 元
http://www.sstlp.com

《CCHC（持续照料社区）居家养老模式服务管理标准 1.0》
编写组织和编写者

《CCHC（持续照料社区）居家养老模式服务管理标准 1.0》编委会

名誉主任委员：郑惠强

主 任 委 员：徐 超

副主任委员：张永岳 刘道桐 胡 昊 戴晓波 毛正峻 钱平雷

委 员：宋心昌 张家春 徐和芬 郭际冬 张星玲 王 轲
刘迪玲 黄国毅 陈隽玮 许 良 卢 奇 王 畅
林永健 朱 琼

《CCHC（持续照料社区）居家养老模式服务管理标准 1.0》编写组

主 编：徐 超 钱平雷

副主编：汪建平 徐和芬 朱琼

编写者：（按姓氏笔画为序）

王玉良 王 畅 孙德初 朱 琼 李夏燕 汪建平 汪 颖
张星玲 张家春 陈彩娣 陈 俊 杨木旺 周 怡 倪英浩
郭际冬 钱平雷 徐和芬 梁 迪

本标准适应于海阳集团运营业务主导的 CCHC（持续照料社区）居家养老体系具体规范的制定

《CCHC（持续照料社区）居家养老模式服务管理标准1.0》序言

郑惠强
（上海市人大常委会副主任、上海市楼宇科技研究会理事长）

由上海市楼宇科技研究会与海阳集团共同编写的《CCHC（持续照料社区）居家养老模式服务管理标准 1.0》经过大半年的时间，终于完成了。这是两个单位一段时间以来对于社会关注度很高的养老问题的研究和实践的一次很好的总结和理论上的提升。

我国已经进入老龄化社会，这对于我国经济社会发展的影响是巨大的。据民政部公布的数据，截至 2015 年年底，我国 60 岁及以上老年人口已达到 2.22 亿人，占总人口的 16.1%，而且城乡家庭空巢率持续增高。近年来，各级政府高度重视养老问题。目前，“9073”格局是目前政府推行的一种养老模式。但随着家庭结构逐渐小型化，家庭照护功能日益弱化，生活不能自理的老人人数增加，仍存在着服务总量供给不足、社会参与度不高等问题。如果能为包括占 90% 家庭自我照顾与占 7% 社区居家养老在内的 97% 广义的居家养老（下称居家养老），构建一个比较完善的保障支撑系统，就意味着解决了养老问题中最大的短板。

中央深改组审议通过、国务院办公厅于 2016 年 12 月下发的《关于全面放开养老服务市场提升养老服务质量的若干意见》强调，近年来我国养老服务业快速发展，产业规模不断扩大，服务体系逐步完善，但仍面临供给结构不尽合理、市场潜力未充分释放、服务质量有待提高等问题。随着人口老龄化程度不断加深和人民生活水平逐步提高，老年群体多层次、多样化的服务需求持续增长，对扩大养老服务有效供给提出了更高要求。《意见》要求，进一步降低准入门槛，营造公平竞争环境，积极引导社会资本进入养老服务业，推动公办养老机构改革，充分激发各类市场主体活力。并提出，要补齐短板，将养老资源向居家社区服务倾斜，向农村倾斜，向失能、半失能老年人倾斜。进一步扩大护理型服务资源，大力培育发展小型化、连锁化、专业化服务机构。

最近出版的《上海现代服务业发展报告》也指出："加快发展健康养老服务业，必须坚持政府引导、市场运作、深化改革、保障基本、协调发展的总体思路，积极吸收借鉴国际经验，积极探索创新，加快形成多样化，多元化，多业态的养老服务业发展格局。其中政府要支持和引导行业协会等社会组织发挥更大的作用。"该报告还强调："从长远看，通过整合健康养老服务科技的优质资源，实行健康养老集中供养的社会化养老模式，是解决历史遗留问题的有效途径，健康养老服务科技资源整合的重点包括与健康养老服务业有关联合启动'1+5'健康养老服务工程，即搭建信息平台 + 实施医养模式 + 建设示范基地 + 构建产业联盟 + 制定服务标准 + 培养专业人才，这一全新健康养老新战略。"

根据市场的需求、政策的指引，作为上海市楼宇科技研究会的团体会员和国内领先的养老服务综合供应商、在居家养老领域具有丰富经验积累的海阳集团今年以来探索推出"持续照料社区"（Continuing Care Home-based Community，缩写为 CCHC）的养老模式。它是指"在党的领导下，以坚持政府主导和社会参与，以家庭为核心、以社区为依托、以专业化服务为依靠，所形成的一种带有社会性的养老方式。各方所形成的合力，共同为居住在家的老年人提供以解决日常生活困难为主要目的的社会化服务事业。"服务内容主要包括生活照料、医疗服务以及精神关爱服务。CCHC 居家养老模式的核心是12个字：小机构、大社区、全天候、零距离。具体的模型是：三级网络、四级平台，即市、区（县）、街道（社区）三级网络；市、区（县）、街道（社区）、居委四级平台。

上海市楼宇科技研究会具有多学科集成研究的优势，在研究智慧楼宇标准方面具有一定的优势。前几年，该会根据养老发展的形势，认为居家养老是能够解决大多数老人问题的发展发展方向，并且已经在对居家养老作了理论上的准备，研究了“居家养老保障支撑体系”等一系列问题，并取得成果。与海阳集团的CCHC体系有许多不谋而合的共识，成为我们共同合作编写《CCHC（持续照料社区）居家养老模式服务管理标准1.0》（下称《标准1.0》）的基础。

《标准1.0》中，在市一级，实质是由各种政策和政府职能所形成的虚拟平台；在区一级，由政府、社团、企业的各种资源进行组合，共同建设一个满足居家养老服务和产品的混合实体——×× 区（县）CCHC居家养老综合服务总部；在社区、街道、乡镇一级，建立诸如“×× 街道社区CCHC居家养老综合服务中心”的综合养老服务基地，作为CCHC体系为老人服务和进行管理的载体。中心可以像当地医院一般，建设或者改造具有“智慧楼宇”标准的建筑作为经营用房。最具有特色的特征之一，就是在社区（乡镇）的最基层——居委会（村）一级设立诸如“驿站”作为CCHC居家养老模式最前沿的派出机构，其中包含有驻在员、巡视员等若干由中心派出的工作人员，使对居家养老的老年人所需的各种服务做到了家，旨在解决广大老人及其家属的后顾之忧。

据了解，CCHC居家养老模式目前已在包括上海、北京、江苏、浙江、安徽、重庆、四川等7个省市落地并取得一定成效，得到了中央和多地主要领导的重视和肯定。

为了使《标准1.0》进一步得到检验和落实，以造福更多老人，如下工作需要进一步推进：

一、由于在《标准 1.0》的编写过程中，除了海阳集团自身的实践积累外，也用诸如智慧楼宇等先进科技理论和成果及时地对其加以充实。因此它代表了上海在居家养老方面的先进水平，值得推广，它也使海阳集团有了一套比较完整的专门人才的操作标准体系，还对已有的居家养老服务基地该如何达到应有的水平，提供了一个对照的标尺。因此，将《标准 1.0》付诸实践是当下的首要任务。

二、着手举办“2017 上海国际居家养老展览会暨 CCHC 研讨会暨展览会”。一方面扩大我国目前养老服务工作取得一系列成绩的影响力，另一方面也广泛吸收国内外的先进经验，以完善和充实 CCHC 模式，为打造成熟完整的产业链积累更多资源基础。会展可展示 CCHC 模式的理念及其《标准 1.0》，按照《标准 1.0》要求，用最先进的居家服务技能和养老设备组成一个个板块，系统地凸显 CCHC 的理念和实践，致力于打造一个有尊严、可持续、安心、舒适的居家养老交流平台。同时，还将邀请加拿大、美国和日本、韩国、澳大利亚、中国香港地区等地的科技团体、养老专家和企业参加，扩大影响，以利交流。

三、编写诠释 CCHC 模式的理念及其《标准 1.0》的科普书籍。除了在会展期间作为展出内容的“剧本”外，还可作为会议资料向观众分发，也通过政府和社会组织渠道向全社会宣传。正如展览会主题“居家养老问题，这里有一种答案”，使党和各级政府与老百姓在养老问题上，最大限度地找到最大公约数，寻找破解问题的有效办法。这也是打造 CCHC 推广的社会基础的重要材料。

四、以《标准 1.0》和会展为基础，构建产业联盟。联合具有影响力的企业和研究单位，以编制《CCHC 体系材料、设备和设施目录》和《适老性住宅建设、改造和管理标准》为抓手，整合相关国内外企业单位、金融机构等，向综合性的养老服务产业集团方向努力。

开展这些工作，其目的是配合党和政府的养老方针，激发健康养老服务市场主体活力，让市场在资源配置中起到作用，向全社会最为关注的养老问题得到正能量方向的答案，作出贡献。

但是，要圆满完成目标，仅仅依靠海阳集团和上海市楼宇科技研究会，显然是一件心有余而力不足的事情，需要主动接受党和政府及其部门的领导和指导，需要依靠各种社会组织的帮助。目前，上海市科协、上海市老科技工作者协会等科技社团已有意向，帮助和支持 CCHC 活动推广。我们还希望能够获得其他对老龄化问题有丰富经验的社会组织的全力支持，把这一与百姓利益最密切相关的居家养老问题，在上海乃至全国范围内，能够得到比较妥善的解决。

借此机会，我特别要感谢我会副理事长兼秘书长钱平雷和海阳集团董事长、我会老年用房及其设施专业委员会主任委员徐超二位同志，作为《标准 1.0》的主编，带领我会其他专家和海阳集团员工为编写《标准 1.0》付出了辛苦的劳动，他们甚至放弃春节休息时间，夜以继日地工作。作为上海市楼宇科技研究会的理事长，我谨向编写《标准 1.0》的所有参与者表示亲切的慰问和诚挚的感谢。

是为序。

目　录

第一部分

导　论

编号 CCHC1-1

一、创建《CCHC（持续照料社区）居家养老模式服务管理标准 1.0》的目的

海阳集团成立于 1993 年，总注册资本 2.5 亿。三大业务板块是传统板块、养老板块和健康管理板块。传统板块主要有保安服务、物业管理以及后勤服务，养老板块由七大中心构成，主要有居家养老服务中心、康复护理中心、生活照料中心、机构管理中心、技术支持与研发中心等。健康管理板块主要涉及与居民健康生活相关是服务领域，主要有：健康咨询、健康管理、健康干预、远程诊疗、治未病等。

从 2006 年开始到如今，集团根据社会发展和需求，走过了从当初一个养老调研部门到现在独立企业法人的历程；服务模式从原来只有护工输出到如今成熟的三大服务模式；发展进程从原来的孵化期进入现在的高速扩张期。尤其是从 2010 年起，开展了老年事业服务项目，开拓了居家养老的新模式。结合居家养老、机构养老等多元化的服务方式，为老年事业发展开辟新道路。目前覆盖了七个省市，服务老人 270 万。

上海“9073”养老服务格局雏形初现，有关部门称“形成了以家庭自我照顾为基础（占 90%）、社区居家养老为依托（占 7%）、机构养老和医疗服务（占 3%）为支撑的社会养老服务格局”。但实际上随着家庭结构呈小型化趋势，家庭照护功能日益弱化，生活不能自理的老年人数量增加，仍存在着服务总量供给不足、社会参与度不高等问题，所以社会上对养老问题担忧不安的主要根源就在于此。如果能对包括占 90% 家庭自我照顾与占 7% 社区居家养老在内的 97% 广义的居家养老（下称居家养老）有一个比较完善的保障支

撑系统作为后盾，就等于解决了养老问题最大板块。于是海阳集团就把居家养老这个涉及最广大老年人及其家属切身利益的事情，也是政府最为关注的社会问题，作为自己服务社会的一个重要职责。

中央深改组审议通过、国务院办公厅于2016年12月下发的《关于全面放开养老服务市场提升养老服务质量的若干意见》强调，近年来我国养老服务业快速发展，产业规模不断扩大，服务体系逐步完善，但仍面临供给结构不尽合理、市场潜力未充分释放、服务质量有待提高等问题。随着人口老龄化程度不断加深和人民生活水平逐步提高，老年群体多层次、多样化的服务需求持续增长，对扩大养老服务有效供给提出了更高要求。《意见》要求，进一步降低准入门槛，营造公平竞争环境，积极引导社会资本进入养老服务业，推动公办养老机构改革，充分激发各类市场主体活力。补齐短板，将养老资源向居家社区服务倾斜，向农村倾斜，向失能、半失能老年人倾斜。进一步扩大护理型服务资源，大力培育发展小型化、连锁化、专业化服务机构。

《上海现代服务业发展报告（2015）》指出："加快发展健康养老服务业，必须坚持政府引导、市场运作、深化改革、保障基本、协调发展的总体思路，积极吸收借鉴国际经验，积极探索创新，加快形成多样化、多元化、多业态的养老服务业发展格局。其中政府要支持和引导行业协会等社会组织发挥更大的作用。"

它还指出："特别是着力转变健康养老服务方式：从生活照料养老服务向医养结合方向转变，从低水平养老服务向有质量、科技化、多元化方向转变，从机构养老为主向社区、居家养老方向转变，从政府包办养老服务向市场服务为主方向转变，从单个养老服务向资源整合、信息化方向转变，从单一的养老服务向一体化养老服务方向转变，从实体养老机构向虚拟养老服务模式转变，从传统养老向知识养老、智慧养老方向转变。"该文还指出："从长远看，通过整合健康养老服务科技的优质资源，实行健康养老集中供养的社会化养老模式，是解决历史遗留问题的有效途径，健康养老服务科技资源整合的重点包括与健康养老服务业有关联合启动‘1+5’健康养老服务工程，即：搭建信息平台＋实施医养模式＋建设示范基地＋构建产业联盟＋制定服务标准＋培养专业人士这一全新的健康养老新战略。”

我们可以认为上述文字就是当下政府对于养老这件大事的方针和方向，也是我们制定标准的重要依据。

经过数年的探索和实践，海阳集团的决策层和广大员工对于如何巩固和发展居家养老事业，积累了许多宝贵的经验和可贵的教训，都觉得有必要在理论上要予以归纳和总结，为此已经取得了一些成果。但是如何将理论应用于实践，指导实践，又在实践中得到检验和修正，反过来丰富理论宝库，又是摆在集团决策层面前的一道难题。因为理论的真正实践者就是集团的全体员工，如果广大员工不能理解理论的实质和真谛，从而将其成为指导自己行动的指南，这样的理论就会变成空中楼阁。为此集团领导意识到应该有一座“桥梁”把已经总结的理论与全体员工的实践连接起来。同时，随着海阳集团居家养老的事业不断发展，从上海推向全国，要把海阳集团的居家养老事业做成世界著名的品牌，对全体员工工作的服务质量，要做到无论何时何地不走样，必须要有一套描述服务和操作质量的文字载体。这就是海阳集团编写《CCHC（持续照料社区）居家养老模式服务管理标准 1.0》（以下简称《标准 1.0》）体系的出发点。CCHC 是持续照料社区，它的英文“Continuing Care Home-based Community”的缩写，是我们海阳集团在中国国情条件下，摸索并创新数年后，探索出来的一种居家养老的新模式。

作为一个逐渐成熟而且目前在居家养老领域领先的企业集团，什么是领先的标志？那就是制订这个领域的标准，先从企业标准做起，逐渐成为地方标准的主要制定者，最后变成全国甚至国际标准的主要制订参与者。在当今时代，谁掌握了标准，谁就拥有话语权，就能引领一个产业。从这个角度讲，如果要将CCHC居家养老做成一个产业，也必须从制订企业的标准开始。因此，海阳集团编写《标准1.0》体系也是海阳集团发展道路上的一座里程碑。同时编写由海阳集团运营业务主导的《标准1.0》体系的过程，也是集团员工对于CCHC居家养老文化内涵真正理解的重要过程。

二、《标准1.0》的主要组成

海阳集团要编写的《标准1.0》应该包括五大组成部分：

（一）CCHC居家养老模式的宏观论述；

（二）CCHC居家养老模式的管理体制；

（三）CCHC居家养老模式的管理和服务系统的功能；

（四）CCHC居家养老模式项目的标准；

（五）CCHC居家养老设施的类别及其标准。

按照制定“正规”的标准制定，应该分为基本标准、叠加标准和附件三个部分。但由于考虑到当下的养老专业队伍还不够健全，所以我们尽可能把更多相关的资料，汇编进去，便于有关人员查找。尤其是一些以往养老行业不熟悉领域的东西，属于创新，更是将其编入，不再划分基本标准、叠加标准和附件三个部分。再有考虑到这是《标准1.0》的版本，肯定在许多地方不够完善，带出版后听取更多的意见后，逐步向正规的标准靠拢。

三、CCHC居家养老模式的宏观论述

在《标准1.0》的开始要进行宏观论述的目的就是讲清楚居家养老在社会中处于何种地位，应该由谁对这件事来负责，理应负责的各方在其中负责的内容和比重又应该是如何的？因为海阳集团是一个企业，企业应该承担社会职责和社会义务，然而，企业又是以营利为第一目的的组织，过分地承担不应该承担的社会义务，不符合社会主义市场经济的规律。但养老事业本身

带有浓厚的福利性质，因此，如何在营利和福利之间寻求最合理的平衡点，是像海阳集团这样的企业在研究《标准 1.0》过程中，必须首先需要解决的问题。

按照百度对居家养老的定义：居家养老（服务），是指以家庭为核心、以社区为依托、以专业化服务为依靠，为居住在家的老年人提供以解决日常生活困难为主要内容的社会化服务。服务内容包括生活照料与医疗服务以及精神关爱服务。主要形式有两种：由经过专业培训的服务人员上门为老年人开展照料服务；在社区创办老年人日间服务中心，为老年人提供日托服务。服务一般是“三无”老人，也就是指社区居家养老为依托，占 7% 的那些老人，是政府购买服务推动的。而占 90%“以家庭自我照顾为基础”的真正“居家养老”的老人却没有被包括在内。而海阳集团的居家养老服务的对象理所当然要包括这占 90% 的老人们。老年人的需求，具体地说，主要有几类：首先是物质生活方面的需求，如衣食住行用；第二是精神文化需求，如文化娱乐、保健、医疗卫生等；第三是情感和心理慰藉方面的需求，比如说心灵沟通。老人也有为社会发挥余热来实现自身价值的要求，这也是心理慰藉的一个方式。在我国情况下，“养”和“医”是老人两个最基本的需求。我们要求所有的城市社区必须建立起给老年人提供基本服务的各种设施。同时，我国失能老人、高龄老人、空巢老人数量巨大。这部分人多数分散居住在各自家庭中，其养老不仅是生活照料、精神慰藉问题，更是医疗护理问题。

中国人的养老观念也倾向于选择居家养老。根据有关调研，选择居家养老的老年人占 90%，只有约 10% 的老年人选择机构养老。在这种情况下，政府、社区、养老机构如何把养老服务延伸到居家养老的老年人，满足他们对社会化养老服务的需求，是必须着力解决的一个现实问题。居家养老服务是公益性或准公益性服务，而且还要求一部分居家养老服务人员具有一定医疗护理知识和技能，才能较好地解决问题。

此外，收费采取的是优惠价格，甚至是免费半免费的。居家养老服务之所以能够成为一种公益性或准公益性养老服务，主要得益于提供这些服务的养老机构、社区组织、志愿者等的无私奉献，以及社会各方面献出的爱心，比如物资捐助和现金捐赠等。

发展居家养老服务，要以科学发展观为统领，以构建社会主义和谐社会为目标，坚持政府主导和社会参与。由于我国人口老龄化是在经济还不够发达、物质条件尚不充裕的情况下到来的，因此，单靠政府的力量来发展养老福利事业是不现实的。居家养老服务与机构养老服务相比，具有成本较低、覆盖面广、服务方式灵活等诸多优点，它可以用较小的成本满足老年人的服务需求。更为重要的是，通过居家养老服务，可以让一部分家庭经济有困难但又有养老服务需求的老年人得到精心照料，从而对稳固家庭、稳定社会起到良好的支撑作用。

通过上述的论述和分析，我们觉得可以对居家养老如下定义：**居家养老，是指以坚持政府主导和社会参与，以家庭为核心、以社区为依托、以专业化服务为依靠，所形成的一种带有社会性的养老方式。各方所形成的合力，共同为居住在家的老年人提供以解决日常生活困难为主要内容的社会化服务事业。服务内容主要包括生活照料、医疗服务以及精神关爱服务。**

主要形式有两种：在社区创办居家养老服务分中心，直接或间接为老年人提供各种及时的服务。由经过专业培训的服务人员上门为老年人开展他们所需的照料服务。

在明确了居家养老的性质后，作为提供专业化服务为业务主体的海阳集团，在向社会提供自己的服务产品 CCHC 时，就能对共同承担居家养老职责的政府、社会团体、社区、家庭成员乃至志愿者、捐赠者，从自己在“居家养老”事业中所处的地位出发，承担各方需要承担的义务，使居家养老这个社会系统工程中，各个子系统都能充分地尽职地发挥各自的功能，确保广大居家养老的老人能够幸福地安度晚年。

四、CCHC 居家养老模式服务的管理体制

有了明晰的“居家养老”的定义后，我们就可以对 CCHC 居家养老服务的管理体制进行设计。经过海阳集团长期的摸索，同时也参考了国内外先进的经验，尤其是上海市楼宇科技研究会《居家养老保障支撑体系》的课题研究给了我们很大的启发。我们对居家养老的认识是从上海开始的，因此上海市对于养老的政策对我们的影响，自然是最大的。经过一段时间的实践，我们发现城市无论大小，尽管行政级别不一，有些政策会有不同，同时城市的经济发展水平也有差距，但它的行政构造却是基本相同的，因此我们制定的《标准 1.0》应该适用于国内所有城市。当然有些城市会有特殊情况，如民族风俗习惯不一，那我们也应该因地制宜，依照《标准 1.0》制订符合当地情况的标准或者增加补充条款。

我们提出的 CCHC 居家养老模式服务管理体制用 12 字就可以简单概括：小机构、大社区、全天候、零距离。具体的模型是：三级网络、四级平台，即市、区、街道（社区）三级网络，市、区、街道（社区）、居委四级平台。如果有些是县级市，也可以是市、区、乡镇、村四级平台。三级网络、四级平台的功能分别是：

（一）市级网络和平台

以上海市为例，这一级的网络主要是使相关部门的功能得到落实，在上海市没有正式宣布成立专门的养老行政管理归口部门前，各区政府的民政、医疗卫生、司法、建设等部门将是市一级养老服务供给体系、保障体系、政策支撑体系、需求评估体系、行业监管体系“五位一体”的组织指导层面功能的载体。作为运营企业，我们在该市主要与市政府分管领导和民政部门打交道，请他们帮助我们协调。因此这第一级平台实质是由各种政策和政府职

能所形成的虚拟平台。海阳集团作为CCHC居家养老模式体系（以下简称CCHC体系）的运营业务主导角色，与诸如老年慈善基金会、市志愿者协会等社会团体一起归入第一级平台。

（二）区级网络和平台

在区（县）一级建立“×× 区（县）CCHC 养老服务指导中心”——第二级网络。海阳集团派出的代表可以担任“×× 区（县）CCHC 居家养老综合服务总部”任主任或者专职副主任，类似职业经理人，主持日常工作。此外区、县政府的民政、公安、医疗卫生、司法、建设等部门也是“居家养老保障支撑体系”的重要组成部分，他们也是市一级养老服务供给体系、保障体系、政策支撑体系、需求评估体系、行业监管体系“五位一体”的组织指导层面功能的载体。

在区的一级，由政府、社团、企业的各种资源进行组合，共同建设一个满足居家养老服务和产品的混合实体——×× 区（县）CCHC 居家养老综合服务总部（以下简称养老服务总部）——第二级平台。这样才能把养老从纯粹是福利慈善的事业向着福利慈善事业与提供各种养老服务产品的产业相结合的产业方向推进。根据统一规划引入诸如养老产品和服务、医疗心理保健、社会捐赠基金、司法顾问、生活照料服务管理培训中心等所有与养老有密切关系的功能性事业或产业。

还可以用松散契约合作的方式把一些企业、事业单位作为养老服务总部的核心层的外围成员，如：养老地产开发、金融投资理财、老年旅游、法律服务、人寿保险、殡葬服务、特需医疗等。总之，这一级属于承上启下、虚实结合的网络和平台。作为网络，有些功能放置在这里是比较合适的，如虚拟养老院，它可以收集区内所有老年人的基本信息，比较宏观地管理和调配各种资源。作为平台，一些比较重要的政府职能和社会资源可以在这里进行汇总和组合。有一些小型的城市，在市一级就需要设立类似大城市“×× 区

（县）CCHC 居家养老综合服务总部”这样的机构，由它来承接来自省、市、自治区一级政府的政策、指示和职能。

（三）街道、乡镇一级的网络和平台

在街道一级成立“×× 街道（社区）CCHC 养老服务指导中心”——第三级网络。并由运行商代表担任，报养老服务总部批准任命。

在街道、乡镇一级建立“×× 街道（社区）CCHC 居家养老综合服务中心”（以下简称养老服务中心）——第三级平台，这样的综合养老服务基地，作为具体在 CCHC 居家养老模式中为老人服务和管理的载体。养老服务中心可以像当地医院规模一般，建设或者改造具有“智慧楼宇”标准的建筑作为经营用房。里面除了有养老服务总部派驻的各种老年服务和产品的分支机构或驻在员，如生活照料工作者管理分中心，根据老人需求派员上门服务外，还有有特色的老年活动场所。老年餐饮、老年医疗机构、老年用品商店等也不能少，但这些带有某种功能性的机构，不一定就设立在分中心里面，可以通过各种契约的途径，以“互联网 +”的方式下达各种指令，让他们为居家养老的老人送去产品和服务，可以同样达到为老服务的效果，这些服务产品都可以“外卖”，为“居家养老”者服务。里面还可以有社区党组织、司法调解、志愿者的派出机构入驻。按照上海这样的大城市而言，每一个街道建立一个养老服务中心最为合适。而在地级市、县级市则可以根据当地人口规模、地域大小不同，来决定这级机构的功能放在什么地方。

养老服务中心同样采取政府主导与市场规律相结合的经营模式即混合型经营。它的建设投资可以允许跨部门、跨行业，即非政府机构，又非全是企业，是一种新的形式，值得作为 CCHC 模式重点研究和发展的对象。这种政府部门、事业、企业合署办公的形式是有先例的，许多社区、乡镇的便民服务中心的建立设置就是这个格局。它还应该是各居家养老老人的信息管理中心。与智慧社区、智慧医疗等挂上了关系。今后居住小区里的“托老所”、小型家庭养老机构之类都可以列入“社区养老服务分中心”的分支机构的范畴或者接受“中心”的业务指导。这一级网络虽然也是一个虚实相结合的平台，但“实”的成分要大于“虚”的部分，是CCHC居家养老模式中最“有实权”的一级机构。

（四）扎根于最基层的第四级平台——“×× 小区 CCHC 居家养老综合服务驿站”（以下简称驿站）

CCHC 居家养老模式，可以概括为：小机构、大社区、全天候、零距离。最具有特色的特征之一，就是在社区（乡镇）的最基层——居委会（村）一级设立驿站——CCHC 居家养老模式最前沿的派出机构，里面有驻在员、巡视员等若干由分中心派出的工作人员长期驻在。这个机构只要有 10 平方米的业务用房；全年无休，24 小时值班；全天候服务，与居家养老的老人零距离接触，随叫随到。通过驿站，达到服务对于整个社区的全覆盖。有了驿站这样的机构，使 CCHC 居家养老模式的各种管理和服务的功能，在第一时间被居家养老的老人和家属分享。驿站是三级网络的末端，是第四级平台。

（五）虚实结合的智慧养老服务网络和平台

海阳集团属于养老服务运营商，它在 CCHC 体系中起到养老业务运营主导作用，它所受委托可能来自市级、区级、街道（社区、乡镇）等不同行政级别的相关方，但服务性质是相同的，对于我们来说，就是为实现相关养老服务功能和职能，整合养老服务资源，开展相关层级养老服务的综合性服务组织。但是海阳集团又兼有直接提供养老服务的服务提供商的业务性质。因此虽然 CCHC 体系有三级网络、四级平台的组织架构，但由于委托方的性质级别不一样，我们不能生搬硬套，一定要搞成三级网络、四级平台的服务构架，而是本着“一切从实际出发”的精神，无论最后有多少级网络，多少级平台，只要 CCHC 所有岗位、办公场所、服务项目、管理功能都有地方体现即可，而且随着智慧城市、智慧社区等智慧环境的出现，有些功能、项目都可以运用 IT 技术来得到实施，不一定要占有具体的场所。虚实结合的智慧养老服务网络和平台，是 CCHC 居家养老模式另一重要特征。

五、CCHC 居家养老模式管理和服务系统的功能

CCHC 居家养老模式管理和服务的功能是一个大系统，或称大的体系。由于 CCHC 居家养老模式的初始生根不一定在省、市一级，但它的服务和管理功能却是都是需要发挥和实施的，所以有必要把最主要的功能作为子系统予以清点，有些子系统是我们海阳集团拥有或者需要提供的，而有些子系统则需要与政府、社会组织乃至老人及其家属共同创造条件完成的。基本归纳如下：

（一）CCHC 居家养老模式的信息管理

摸清社区范围内进入老龄的人群及其个体状况是搞好 CCHC 居家养老模式的前提，所以要建立比较详细的《社区老人养老状况台账》，招聘专业人员进行管理，对老人状况进行动态管理，除了建立专业的居家养老的呼叫中心，还要运用专业调查和居委会、楼组长、志愿者充当义务信息员相结合的办法，判定每一个居家老人当下应该给予何种级别的关注和需要政府的帮助的程度。把仅仅是健康等级评估发展到综合评估，建立个人第一次养老状况档案时，需要社区医院、派出所、居委会共同参与。一般每半年普查一次，修订变化的情况。信息由养老服务中心管理，养老服务总部备案，这是最基础的软件建设。还可以考虑建立诸如“虚拟养老院”或者“网上养老院”，把所有居家养老的老人都编入其中，便于管理和了解情况。

（二）CCHC 居家养老模式的智慧建设

作为 CCHC 居家养老服务、管理最基本的层面——养老服务中心的建筑

应该具备智慧楼宇的特征——绿色建筑、自动化集成、现代物业管理和融入“智慧城市”，与智慧社区、智慧医疗等都可以进行有机对接。养老服务中心不一定建在同一座大楼里，因地制宜可以集中，也可以分散在数幢建筑内；可以新建，也可以运用其他建筑进行适老性改建；可以通过行政划拨，也可以运用市场经济方式进行开发。智慧楼宇并不意味着增加造价，进行科学筹划，可以运用互联网和物联网等途径，根据需要与每家老人建立畅通的信息联系，这是最基本的硬件建设。对于驿站建设也要做到“小而精”，尽量采用 APP 等简易的 IT 技术。

此外居家养老的老人根据年龄、健康状况不一，也需要对居住的场所的条件做适当的装修或者改善，尤其是海阳集团独创的 CCHC 智慧居家养老中的三大模式——传统养老、CBO 智慧养老全面养老更应得到充分运用。拟应建立《CCHC 居家养老居模式体系的居家适老改造智慧建筑标准》，鼓励和激励有关企业开辟此类业务。如独居高龄或体弱老人的家庭可以考虑安装监视器，其开启由老人及其监护人决定，将其连到“网上养老院”的视屏集中控制室，进行 24 小时观察。专业的 96890（上海）、95002（全国）居家养老的呼叫中心究竟放在市、区还是社区一级，需要统筹考虑。

（三）CCHC 居家养老模式的医疗服务

医疗卫生是 CCHC 居家养老老人最需要最依赖的服务项目，它应该包括疾病治疗、康复保健、心理慰藉、临终关怀和陪同就医等。社区卫生中心或称地段医院是养老服务中心这一级医疗卫生最基本的依靠力量。通过政府部门牵头，我们与老人们签订建立合作关系的契约，为每一位居家养老的老人都配有“家庭医生”，让医生根据老人健康状况建立定期或不定期、上门服务或老人预约去家庭医生所在医院、诊所的联系制度。运用智慧医疗的手段，让老人遇到突发或不测的病情时，得到及时关注。

社区卫生中心应该配有老年病房和临终关怀场所。让大医院住不进，家庭不具备必要的医疗条件的康复或者慢性病的老人有一个过渡的医疗场所。临终关怀病房也要建立，让老人能安然离世。这些场所，有些家属没有精力照料的情况下，往往委托护工，但护工队伍也鱼目混珠，良莠不齐，这方面的业务应该是经过我们专业养老机构培训出来的员工承担。CCHC 体系可以开辟拥有专业护工职称队伍的建设，弥补社会上的空白。

为了充分利用社会优质医疗资源，除了发挥海阳集团与社会医疗机构所建立的诸如“绿色通道”这样的合作关系外，还可以考虑让三甲医院或者有特色的医院，乃至名医个人以各种方式到养老服务中心开设分支机构或特色门诊，免除老人为了看病舍近求远、来回奔波，这也是与国家当前的医疗改革的精神相符合的好事。

如果到了老人失去独立就医能力，或者家庭医生缺乏医疗的手段和办法时，可由家属或助老者与家庭医生协商如何处理，遇到困难时可以由养老服务中心及其派出机构——驿站等老年服务机构派员陪伴老人就医。驿站应该掌握本辖区内老人最基本的健康医疗信息，有些诸如慢性病取药的事情，可以由驿站工作人员代为服务。要充分发挥我们拥有专业养老医护技能员工的专长，同时充分发挥志愿者在助医活动中的作用。

（四）CCHC 居家养老模式的餐饮服务

老人餐饮是老年生活的重要组成部分。除了有独立生活能力，并且喜欢自制的老人外，有相当数量的居家养老老人已经没有兴趣也没有精力把时间花在餐饮上面了，社会供应成为他们必然的选择。目前的老人餐饮多半采用社区办食堂以及送餐上门的方式。尤其是在社会管理水准还达不到要求的水平时，这些是目前比较普遍的老年人助餐的方式，也是我们的重要服务业务之一。我们的驿站到可以成为饭菜送餐的重要集散地。

作为现代社会的标准，社区办食堂达不到科学营养配餐的要求，老人的情况也各不相同。CCHC 体系主张采用“平台经济”加上物联网的方式得到解决：由养老服务中心担当“第三方”的角色，向社区范围内的老人征求餐饮的品种和数量，与社会多家专业餐饮供应企业签订采购合同，这样可以大大扩大品种种类去满足不同饮食要求的老人，同时第三方还有监督权确保饮食品质。社区补贴老人的伙食费，可以在与餐饮供应企业结算时贴进去，这样有利于饮食供应商科学开发老人饮食品种与提高老人饮食的质量。养老服务中心也可以提供场所让一部分老人聚集在一起用餐，也可以让供应商或委托驿站送到每家每户，体现了养老事业的服务社会化。

（五）CCHC 居家养老模式的生活照料服务

由于有些老人已经部分或者全部丧失生活自理能力，因此 CCHC 模式中生活照料服务是必不可少了。CCHC 体系的目标是要让生活照料工作者从当下人们心目中的保姆，转变成为一门职业，也是 CCHC 居家养老模式能否成功的重要一环。要对到老人家中为老人提供生活照料服务的工作者，逐渐建立职业系列，定期进行职业培训，评定技能级别和职称，建立培训情况档案。根据其水平进行评估后，确定他（她）达到的技能水平以及可以拿到的报酬，采取指导价格与市场选择相结合的薪金数。

建议老人或家属通过养老服务中心生活照料工作者管理分中心招募生活照料工作者，按照不同需求和老人不同情况，按照住家、钟点工、临时用工、全护理、一般辅助护理等不同服务，派遣或介绍能够胜任该家生活照料的工作者提供服务，确定他（她）的工资水平。由分中心与老人及其家属协商工资支付方式，经过评定，如果该家庭能够支付的费用达不到生活照料工作者应该取得的水平，则由分中心采取措施予以困难补贴。将所有的生活照料工作者进行编组，分中心派员或者由驿站工作人员进行联络和考察，让生活照料工作者成为有组织有单位有职称的社会分工职业行业之一。

（六）CCHC 居家养老模式的助浴服务

居家养老的老人中，一般都有家属照料，但有些事情，家属就有些力不从心，例如帮助不能自理老人的沐浴就是一件既需要体力又需要一定知识和技能的事情。专业的养老机构就有可能提供具有专业助浴技能的服务人员，帮助老人完成洗澡沐浴这一项不一定每天要做，但又是必不可少的生活内容。帮助老人洗澡，除了一般概念上的沐浴程序外，还要涉及不少医护知识和人文关怀的要求。尤其是随着科技的发展，如何运用乃至开发为老人专用的沐浴器材，检查老人洗澡的效果，都有巨大的研究发展的空间。因此在《标准1.0》中把助浴作为特殊的服务，单独加以阐述。

（七）CCHC 居家养老模式的一般服务

居家养老的老人中有相当数量的老人具有自理能力，一般不需要生活照料工作者上门服务。但他们中也有一些力不从心的事情需要人帮助，或者需要人关心。如购置比较重的物件，家中需要大扫除，这就需要别人给予一次性的帮助或服务。类似此类服务可以采取有偿服务和义务帮助相结合的办法。以养老服务中心志愿者工作站为主，建立居家养老老人的一般服务分子系统，编制《居家养老老人的一般服务项目一览表》，明确服务项目的内容、服务的时段，需要花费的时间和成本，费用支付的方式，是义务还是收费，由谁提供服务等等。社会上流行的“时间银行”即年轻老人帮助耄耋老人为自己积攒服务资源的办法，也可纳入其中。

（八）CCHC 居家养老模式的老人用品购物服务

老年人需要符合自己价值观、审美观和舒适度的产品，包括实物和服务。CCHC 体系可以运用从运营商对养老市场的需求比较了解的优势，通过集成创新的方法，从购物服务开始向形成老年用品产业链的方向发展。驿站作为最为接近居家老人的驻在单位，接受老人委托，从为居家养老的老人代购或者陪同购物开始，逐渐摸索到老年人比较需求的物品或者服务是什么。再过渡到通过招商的办法，由可以提供产品和社会化服务的企事业，按照规模不一，在养老服务总部设立办事机构或者陈列室，在驿站设立代购点，管理和监督设在养老服务中心里的“老年用品专卖商店”和“服务接待窗口”，也可以运用“网上销售”等电子商务的形式。为了便于管理，鼓励这些企事业联合成立“老年产品企事业协会”，养老服务总部、养老服务中心的负责人也可以在协会里担任兼职负责人，便于协调。社会化服务性产品可以包括：保险、养老住房条件改善、理财、殡葬、法律、旅游、特需医疗等；实物产品可以包括：老年食品、老年服饰、老年医疗辅助用品、老年文化用品等。

在此基础上，通过举办类似“CCHC居家养老模式老年用品和服务展览会”的活动的途径，把各种可以被吸纳成为海阳集团外围合作的供应厂商，集中到一起，选择其中有潜力的产品或者厂商，邀请他们加入或者合伙，成为创建海阳集团养老产业链的共同合作伙伴。

（九）CCHC居家养老模式精神心理慰藉管理和服务

居家养老的老人最大忧虑就是孤独感，给予老人精神心理慰藉，是CCHC居家养老模式中最为重要管理和服务内容之一。精神心理慰藉主要包括两个方面：一是对居家老人进行面对面的谈心关怀，二是举行各种活动，包括提供活动场所，让居家养老的老人能够与社会保持一定的联系，减少他们孤独的忧虑。

有关居家老人进行面对面的谈心关怀是解决老人孤独感的最好办法。除了驿站的工作人员定点定期与自己联系的居家老人保持沟通外，也可以把邻居、志愿者组织起来，与老人结对，定期与老人接触，及时掌握老人的情况。运用专业的居家养老的呼叫中心，每时每刻可以关心老人，也是一种减少老人的孤独感的措施。这主要是针对已经行动不便的老人而言的。

开发适合居家养老老人文化活动的内容和场所。除了目前一般已经具备的老年活动室，内设书画、摄影、音乐、歌舞、戏曲、球类、棋牌、阅读、上网等适合老年人的活动项目，需要对活动场所的规模和标准进行核定，分散在居住小区内的活动室也应包括在内。要像以前建立类似文化站那样，在养老服务中心设立由专职文化工作者或者志愿者担任管理、服务主体的活动场所管理体制，我们且将其命名为“老年文化活动指导站”。确保老年活动场所具有安静、和谐、安全、温馨的环境氛围，同时确保活动场所建筑、设施处于良好的技术状态，建筑、器材、设施应有维修、保养、中修、大修、报废、更新的《管理规程》及其费用保证。要注意开发老人在家的活动内容，如简单的上网、手机操作和游戏，简单的健身、图书借阅等，让老人在家中也能与社会保持联系。

（十）CCHC 居家养老模式的基金管理

居家养老既是老人本身的事情，也是其家属的事情，还应是政府分内的职责，更是全社会必须关注、人人要尽义务的大事业。办事就要资金财富支持，也要人力、物力支持。本着“有钱出钱，有力出力”的精神，在区、县一级拟应建立“居家养老基金”，在社区、街道一级设立“居家养老专用资金账户”。区一级的基金来源可以来自市、区财政拨款、企业社会赞助、老年产品开发、生产、销售的税收等；“居家养老专用资金账户”的来源是市财政养老人头费、区财政拨款、街镇自筹、部分有偿服务收益、社会赞助、物业出租收益、企业销售税收、专项活动经费等。如有特殊开支可以通过“居家养老基金”来申请获取。“居家养老基金”由养老服务总部掌控；“居家养老专用资金账户”养老服务中心操作，街道党工委、政府和居民代表监督。费用享受采用“普惠制”、“专项制”和“照顾制”三种。有些属于每个老人都可得到实惠，如逢年过节的慰问礼品；有些则是部分参与者享受，如老年餐饮，如果你订餐，则可以从中得到补贴，这就是“专项制”。有些是给予经济能力不足的老人的照顾，如部分生活照料服务，老人家庭没有支付能力，但老人又进不了专门的养老机构，就要采用“照顾制”，全部或者部分经费由“分中心”核定补贴。另外，金融机构和社会资金经过市场运作，也可以获得允许投资上述产业。海阳集团作为运营商，派员出任养老服务总部和养老服务中心主持日常工作的行政负责人，理所当然要管好、用好基金，因此对于如何管理基金，在《标准 1.0》中，也应有明确的条款。在与当地政府和民间组织协商此事时，也就有了理论的依据。

（十一）CCHC 居家养老模式的社会关系管理

CCHC 居家养老模式的各种管理、服务功能如要健康地运作，一定要在组织上得到保证。这个组织保证体系一定要符合中国的特色，而且要对现有的养老资源进行有机的整合，避免多头出击，“瞎子摸象”的现象继续蔓延。就居家养老而言，涉及老人的 97%。因此把这部分的老人问题搞好了，整个养老事业就有了底气。如果加上他们的家属，相关的人口还要成倍翻番，对社会的稳定具有巨大的战略意义。

CCHC 体系要求海阳集团作为运营商需要与从省、市、县、街道（社区、乡镇）、居委会（村）各级政府或者基层群众性自治组织和志愿者组织、个人密切合作，才能如约完成和充分发挥 CCHC 体系的各项服务和管理的功能。上述各种社会关系也是海阳集团的重要隐性资产，因此要用心管好这些宝贵的隐性资产，不能因为操作的不当，破坏了与这些单位、个人的关系。如何摆正自己的位置，既尽职又不越权，是需要有一定的规矩来加以规范执行者的行为的。

所有现有的养老资源全部纳入这个体系，以前的托老所、小型养老院都可以加以整合，成为这个体系的组成部分，直接接受领导，或者接受业务指导。养老中心主任和分中心主任负责“组阁”，招聘其他干部和工作人员。副职人员报各自“CCHC 养老服务指导中心”批准。

另外，对于社会发育还不够成熟的地区，如何帮助他们建立各种社会组织、培养志愿者也很可能是海阳集团义不容辞的职责。因此，在《标准 1.0》中也有必要编入如何建立社会组织和培养志愿者的内容。

（十二）CCHC 居家养老模式的培训服务和管理

在 CCHC 居家养老模式中，作为一家专业的养老运营商，要对社区老人及老年人家属、生活照料服务人员、社区居民、志愿者进行生活照料和护理技能知识和实际操作的培训服务；为社区居民开展为老服务专业知识的普及性传授和宣传；在非集中培训期间，为老年人的护理、康复、照顾提供技术指导和支持的服务。教育培训养老服务要体现以人为本，提倡社会相互关爱良好风尚，为服务区域内不同需求，提供相应的教育培训服务。教育培训养老服务应建立相应规章制度，规范工作流程，明确教育培训服务内容等事项。教育培训养老服务的活动内容必须符合国家有关法律、法规及国家相关管理规定，在相应政府管理指导下开展服务工作。

CCHC 体系教育培训服务的主要内容有：设立老年课堂，对辐射区域内老年人家庭成员定期举办养老知识讲座。对老年人及家属、生活照料服务人员、社区居民、志愿者进行生活照料和护理技能实际操作培训。课堂外，为社区居民开展为老服务专业知识的普及传授和宣传。上门对高龄、失能老年人家庭提供护理、康复、照顾服务等方面的技术指导和支持。对老年人家庭开展防盗、防火、突发事件等安全知识教育，指导老年人开展家庭安全隐患排查。

六、《标准 1.0》体系的构造

在上述文字中已经把 CCHC 居家养老模式的体制和各种要素及其相互之间的关系已经基本加以叙述，同时又把海阳集团作为专业的运营商应该具备的管理、服务的功能加以归纳，明确了自身在 CCHC 体系中的位置以及职责和义务，就可以设计《标准 1.0》体系的构造，大体可以由以下几个部分组成：

第一部分　导论（编号 CCHC1-1）

主要内容包括对居家养老的定义以及 CCHC 居家养老模式形成的由来的

概述，对《标准 1.0》体系的简要综述。

第二部分　CCHC 居家养老模式体系的体制和构造（编号 CCHC1-2）

主要内容包括对 CCHC 居家养老模式体系体制和构造（模型）加以阐述和表示。虚实结合的服务网络、平台和场所（所有功能、办公场所、服务项目、岗位都有地方体现），运营商与当地党组织、政府、民间自治组织、志愿者组织各自的职责和义务（进入退出机制）以及互动机制。

第三部分　CCHC 居家养老模式体系的行政管理制度（编号 CCHC1-3）

主要内容包括 CCHC 居家养老模式体系的行政标准（企业目标、宗旨等），海阳集团与 CCHC 体系相关的行政领导机关及其部门的关系。CCHC 体系的各级行政部门的设置，岗位编制及其岗位职责。CCHC 体系的人事劳资管理制度、培训管理制度、考勤管理制度、考核奖惩管理制度、档案管理制度、信息管理制度、公共关系管理制度，财务制度，设备设施管理制度；采购仓储管理制度；合同管理制度；突发事件管理制度等。

第四部分　CCHC 居家养老模式体系的服务管理标准（编号 CCHC1-4）

主要内容包括对 CCHC 居家养老模式体系中医疗服务的服务标准和操作标准，助浴服务标准和操作标准，餐饮服务标准和操作标准，生活照料服务服务标准和操作标准、一般服务服务标准和操作标准（含《居家养老老人的一般服务项目一览表》），CCHC 居家养老模式精神心理慰藉管服务服务标准和操作标准，CCHC 居家养老模式的老人用品购物服务标准和操作标准等。

第五部分　CCHC 居家养老模式设施的类别及其管理标准（编号 CCHC1-5）

CCHC 居家养老模式的一个重要特征就是“智慧养老”。海阳集团独创的 CCHC 智慧居家养老中的三个阶段——传统 +CBO（互联网）+ 金融的综合功能更应得到充分运用。CCHC 居家养老模式把智慧建设的控制和管理作为一项重要的工作。因为海阳集团是以养老运营商的身份出现在社会上，尤其是面对众多老年用品的研发、制造、供应商，所以从专业和用户代言人的角度提出标准，是我们重要的业务，也是占领市场顶端的重要举措，如制定《CCHC 居家养老居住条件指导标准目录》就是本部分的重要组成部分。但因为这对我们来说，还在摸索阶段，因此，在本部分还是宜粗不宜细，以提出品种大类为主。主要内容有：养老服务总部、养老服务中心、驿站的智慧建筑标准及其开发程序、物业管理、《CCHC 居家养老居住条件指导标准目录》、家庭监视系统，助餐和助浴器材要求标准，老年活动室标准等。CCHC 智慧居家养老中的三个阶段——传统 +CBO+ 金融综合功能所需要的设备、器材及其操作程序标准，也应在本部分中得到体现。

第二部分

CCHC居家养老模式体系的体制和构造

编号 CCHC1-2

CCHC居家养老模式体系体制和构造（模型）

编号 CCHC1-2-1

一、CCHC 居家养老模式体系的定义和构造框架

（一）定义

CCHC 居家养老模式体系体制和构造是针对中国处于具有中国特色社会主义市场经济的社会体制的背景下所建立的一种居家养老的模式。因此在对体制和构造进行设计时，必须清楚这一点。CCHC 居家养老模式的定义如下："CCHC 居家养老，是指以坚持党的领导，政府主导和社会参与，以家庭为核心、以社区为依托、以专业化服务为依靠，所形成的一种带有社会性的养老方式。各方所形成的合力，共同为居住在家的老年人提供以解决日常生活困难为主要内容的社会化服务事业。服务内容主要包括生活照料、医疗服务以及精神关爱等服务。"

（二）构造框架

CCHC 居家养老模式服务管理体制概括为：小机构、大社区、全天候、零距离。具体的构造框架模型是：三级网络、四级平台，即市、区、街道（社区）三级网络，市、区、街道（社区）、居委四级平台。如果有些是县级市，也可以是市、区、乡镇、村四级平台。本标准类似建筑设计的标准定型图，以上海市的行政管理区域作为基准。今后如果在不同行政级别省、市、县、区接受任务时，可以从实际出发，比照本标准的设计准则精神来具体制

定和设计当地的 CCHC 居家养老模式服务体制和标准。

（三）三级网络、四级平台的构造

三级网络、四级平台的构造如图 1-2-1-1、图 1-2-1-2、图 1-2-1-3 所示：市、区、街道（社区）三级网络是：市一级养老供给体系、保障体系、政策支撑体系、需求评估体系、行业监管体系等“五位一体”的组织指导层面；×× 区（县）一级的 CCHC 养老服务指导中心和 ×× 街道（社区）一级的 CCHC 养老服务指导中心。市、区、街道（社区）、居委四级平台是：以市民政局为党政领导的办事机构和相关社团组成的志愿者组织平台；×× 区（县）CCHC 居家养老综合服务总部；×× 街道（社区）CCHC 居家养老综合服务中心以及 ×× 小区 CCHC 居家养老综合服务驿站。

CCHC居家养老模式体系构造模型图

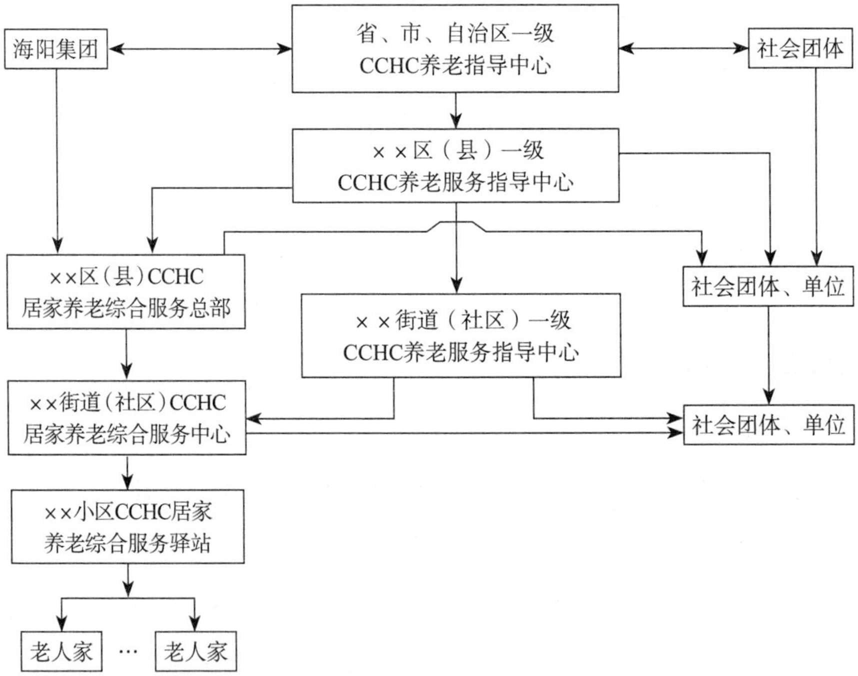

图1-2-1-1

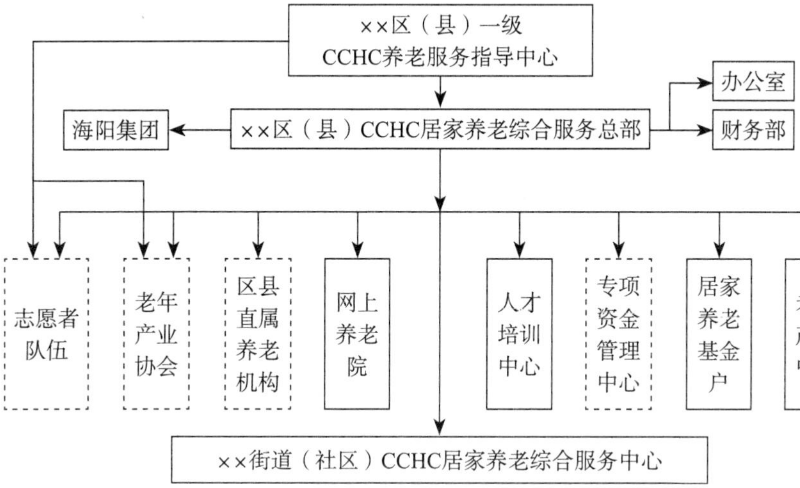
××区（县）一级
CCHC养老服务指导中心
办公室
海阳集团
××区（县）CCHC居家养老综合服务总部
财务部
志愿者队伍
老年产业协会
区县直属养老机构
网上养老院
人才培训中心
专项资金管理中心
居家养老基金户
老年产业中心
××街道（社区）CCHC居家养老综合服务中心

图1-2-1-2

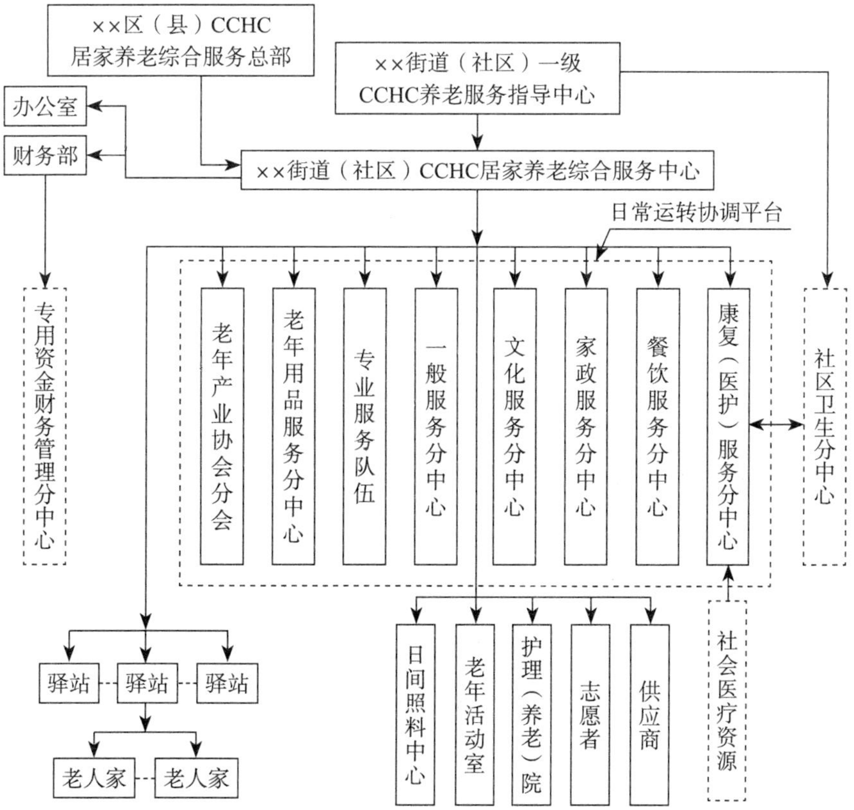
××区（县）CCHC
居家养老综合服务总部
××街道（社区）一级
CCHC养老服务指导中心
办公室
财务部
××街道（社区）CCHC居家养老综合服务中心
日常运转协调平台
专用资金财务管理分中心
老年产业协会分会
老年用品服务分中心
专业服务队伍
一般服务分中心
文化服务分中心
家政服务分中心
餐饮服务分中心
康复（医护）服务分中心
社区卫生分中心
驿站
驿站
驿站
老人家
老人家
日间照料中心
老年活动室
护理（养老）院
志愿者
供应商
社会医疗资源

图1-2-1-3

CCHC居家养老模式体系虚实结合的服务网络、平台和场所

编号 CCHC1-2-2

一、CCHC 居家养老模式体系网络结构和平台的特征

CCHC 居家养老模式体系网络结构和平台的一个最大特点，就是虚实相结合的组织形式。由于如今进入信息网络时代，许多事情可以通过网络来进行沟通和解决。因此许多组织不一定需要固定的办公场所。同时在政府的顶层，要许多部门的功能交叉在一起，形成的合力，才能有效地解决居家养老中出现的问题。在本标准中，凡是需要发挥其功能，而不需要建立固定活动场所的组织，在示意图中用虚线和虚线形成的方框表示。在这里也体现"**小机构、大社区**"的精神。

二、市级网络和平台

以上海市为例，这一级的网络主要把相关部门的功能得到落实，在上海市没有正式宣布成立专门的养老行政管理归口部门前，各区政府的民政、医疗卫生、司法、建设等部门将是市一级养老服务供给体系、保障体系、政策支撑体系、需求评估体系、行业监管体系"五位一体"的组织指导层面功能的载体。海阳集团作为运营企业，要在该市主要与市政府分管领导和民政部门打交道，请他们帮助我们协调。这一级网络实质也是由各种政策和政府职能所形成的第一级虚拟平台。另外，诸如老年慈善基金会、市志愿者协会等

社会团体的功能也可归入这个网络。如《CCHC 居家养老模式体系体制和构造（模型）》（编号 CCHC1-2-1）中图 1-2-1-1 所示，对各区（县 CCHC）养老服务指导中心进行业务指导。

三、区级网络、平台和场所

如《CCHC 居家养老模式体系体制和构造（模型）》（编号 CCHC1-2-1）中图 1-2-1-2 所示，成立“区（县）CCHC 养老服务指导中心”，政府相关部门副主任、社会名流、企业代表、居民代表、海阳集团派出代表等担任委员。区（县）政府的民政、公安、医疗卫生、司法、建设等部门也是“居家养老保障支撑体系”的重要组成部分，他们将是市一级养老服务供给体系、保障体系、政策支撑体系、需求评估体系、行业监管体系“五位一体”的组织指导层面功能的载体，他们也需把上述职能在“区（县）CCHC 养老服务指导中心”中得到具体体现。还有成建制的志愿者队伍，也由该“指导中心”进行统一调配。这是第二级网络。它对各街道（社区）一级的 CCHC 养老服务指导中心进行业务指导。

对区的一级，由政府、社团、企业的各种资源进行组合，共同建设一个满足居家养老服务和产品的混合实体作为第二级平台——×× **区（县）**CCHC **居家养老综合服务总部**（以下简称为养老服务总部）。把养老从纯粹是福利慈善的事业向着福利慈善事业与提供各种养老服务产品的产业相结合的产业方向推进。养老服务总部是一个独立法人，要进行工商登记和税务登记。其投资方式可以采取市场化运作。

如《CCHC 居家养老模式体系体制和构造（模型）》（编号 CCHC1-2-1）中图 1-2-1-2 所示，养老服务总部受“×× 区（县）CCHC 养老服务指导中心”的领导，其主任由管委会聘请、任命。海阳集团派出的代表可以担任主任或者专职副主任，类似职业经理人，主持日常工作。主任或者专职副主任对管委会负责。

养老服务总部可以建立若干职能部门——网上养老院，把全区的老人都列入名单，便于统筹管理；人才培训中心，对各类人才进行专业培训；也可以设立全区统一的电话对讲服务站。还有专项资金管理中心，对包括居家养老基金会等各类资金进行管理。建立老年产业中心，来承担老年产业协会的功能，用松散或者契约合作的方式把一些企业、事业单位作为**养老服务总部**的核心层和外围成员。养老服务总部也可承担对区直属养老机构的代管机构的功能。

养老服务总部是需要有具体办公场所的，它也应该符合智慧楼宇的建筑标准。至于场所面积的大小，可视该区的具体情况。

四、街道（社区）级网络、平台和场所

如《CCHC 居家养老模式体系体制和构造（模型）》（编号 CCHC1-2-1）中图 1-2-1-3 所示，在社区、街道、乡镇一级也要成立一个“×× **街道（社区）** CCHC **养老服务指导中心**”。这是第三级网络。

在社区、街道、乡镇一级建立诸如“×× **街道（社区）** CCHC **居家养老综合服务中心**”（以下简称：养老服务中心）这样的综合养老服务基地，作为具体在 CCHC 居家养老模式中为老人服务和管理的载体。即第三级平台。养老服务中心接受 ×× 街道（社区）CCHC 养老服务指导中心党的领导和业务指导。养老服务中心也是一个独立法人，要进行工商登记和税务登记。其投资方式可以采取市场化运作。养老服务中心主任由 ×× 街道（社区）CCHC 养老服务指导中心提名，由运行商代表担任，报养老服务总部批准任命。养老服务中心是一个有场所的平台，即第三级平台。它可以像当地医院一般，建设或者改造具有“智慧楼宇”标准的建筑作为经营用房。

在养老服务中心里面，除了有养老服务总部派驻的各种老年服务和产品

的分支机构或驻在员，应该设有各种服务的管理（分）中心，如：生活照料服务（分）中心、餐饮服务（分）中心、文化服务（分）中心、康复（医护）服务（分）中心、老年用品服务（分）中心和一般服务（分）中心等分支服务管理机构。另外，根据发展需要可以建立诸如洗浴、智能化养老用品、水电工程维修等专业上门服务的队伍。有关社区卫生中心和社会医疗力量提供的服务，也可以通过康复（医护）服务（分）中心代表居家养老老人或者家属的意愿帮助特约或者联系。老年产业协会分会的机构功能也可以由老年用品服务（分）中心来承担。把上述这些日常运转的相关部门串联起来，形成一个“日常运转协调平台”，由一位养老服务中心副主任兼担总调度，每日定时举行交班会，进行协调。

养老服务中心还要有办公室和财务部作为行政管理的机构，办公室代表主任与各方沟通，尤其是对各个驻在的 ×× 小区 CCHC 居家养老综合服务驿站保持沟通。财务部除了管理财务和固定资产外，还是专用资金账务管理中心职能的机构。

养老服务中心还可以接受委托代为管理社区的日间照料中心、老年活动室和护理（养老）院等机构和场所的业务。

五、第四级平台——× × 小区 CCHC 居家养老综合服务驿站

CCHC 居家养老模式，可以概括为：**小机构、大社区、全天候、零距离**。最具有特色的特征之一，就是在社区（乡镇）的最基层——居委会（村）一级设立诸如 ×× 小区 CCHC 居家养老综合服务驿站（以下简称驿站）那样 CCHC 居家养老模式最前沿的派出机构，里面有驻在员、巡视员等若干由养老服务中心派出的工作人员长期驻在。这个机构只要有 10 平方米的业务用房，但也要配备一定的 IT 设施和设备；全年无休，24 小时值班；全天候服务，与居家养老的老人随叫随到，零距离接触。通过驿站，达到服务对于整

个社区居家养老老人的全覆盖。有了驿站这样的机构，使CCHC居家养老模式的各种管理和服务的功能，能够在第一时间被居家养老的老人和家属分享。驿站是三级网络的末端，是第四级平台。有关行政事宜可以与办公室、财务部或者直接与养老服务中心负责人联系或汇报；有关业务事宜可与养老服务中心各个业务（分）中心或者总调度联系汇报。驿站可以对志愿者进行业务指导和服务对象调配。驿站还可以对能够提供优良品质的老年用品的供应商进行选择，报请养老服务中心批准。

六、CCHC体系各种职务的职称

由于到各地的情况不一样，可用的职称也可能不一样。我们在本标准中对CCHC体系各级负责人都采用“行政负责人”、“部门负责人”来标定，但在具体在某地设立CCHC的机构时，还是要根据当地情况来给予设定。为此在此设立“CCHC体系各种职务的职称采用名称参考表”供参考。

CCHC体系各种职务的职称采用名称参考表

职务 / 职称	行政负责人	部门（中心）负责人	外来进驻单位	分中心负责人	直属专业单位领导	一般工作人员
××区（县）CCHC居家养老综合服务总部	总经理	经理 主任	按照该单位职务称呼			
××街道（社区）CCHC居家养老综合服务中心	总经理 主任	经理 主任	按照该单位职务称呼	经理、领班、主管	经理、领班、主管	按照职务称呼
××小区CCHC居家养老综合服务	站长					按照职务称呼

CCHC居家养老模式体系运营商与当地党组织、政府、民间自治组织、志愿者组织各自的职责和义务

编号 CCHC1-2-3

一、运营商与当地党组织和政府及其机构的关系

（一）与当地党组织的关系

由我们运营商经营的实体，主要是“×× 区（县）CCHC 居家养老综合服务总部”（以下简称养老服务总部）、“×× 街道（社区）CCHC 居家养老综合服务中心”（以下简称养老服务中心）和 ×× 小区 CCHC 居家养老综合服务驿站（以下简称驿站）等三级服务实体机构。中国国家的政治体制决定了党的领导。因此，CCHC 体系运营商的三级实体内都应该建立相应的党的组织，这些党的组织都要自觉接受当地同级地方党委或者党委的派出工作机构的领导。

（二）与当地党组织和政府及其部门以及派出机构的关系

由于养老问题是个社会问题，所以各级政府及其相关部门都有不可推卸的职责，运营商的进入是应当地政府的邀请入驻的。尤其是有些与养老相关的职能是政府及其部门，或者他们的派出机构才有权利执行的。运营商只能在接受政府及其部门委托的前提下，才能执行相关职能。

二、运营商与当地民间自治组织、志愿者组织的关系

（一）与当地居委会、村委会的关系

从法律的层面来说，居委会、村委会是属于民间组织，但根据中国政体

的特色，运营商的各级实体把他们当作当地党委和政府的派出机构来对待，更加有利于居家养老事宜的处理。

（二）与当地民间自治组织、志愿者组织的关系

运营商与当地民间自治组织、志愿者组织的关系是互相合作的关系，在同一平台上为居家养老的老人服务是彼此共同的目标。同时接受当地的党政组织及其派出机构的领导和指导，也是两者关系的共同特征。运营商可以在实体的运作过程中，在与当地党政组织及其派出机构的约定范围内，作为业务指导的具体执行者，安排民间自治组织、志愿者组织的成员做贡献或者尽义务。

三、运营商与当地党政组织及其机构的职责和义务的约定

CCHC 体系的运营商在与当地党政组织及其机构商谈接受邀请进入当地开展 CCHC 居家养老模式的谈判过程中，应该按照本《标准 1.0》的精神告诉对方，首先应该建立以本《标准 1.0》为基本依据，参照当地特有的政策和地方法规，共同编制当地《×× 地区 CCHC 居家养老模式服务和管理标准》的文件，明确各自的职责和义务，并以此为依据，签订相关合同或者协议。并在此基础上，着手组建虚实相结合的三级网络、四级平台。

四、CCHC 居家养老模式体系中当地党政组织的职责和义务

（一）区级党政组织的职责和义务

1. 区、县一级的“×× 区（县）CCHC 养老服务指导中心”（以下简称区养老服务指导中心）的职责和义务。

（1）制定会议议事规则，定期举行区养老指导中心全体会议，听取实体运营养老服务总部负责人的工作汇报，会议可由区养老服务指导中心的主任、第一副主任召集。

（2）批准对运营实体负责人的任命等事宜。

（3）平时可以对街道（社区）CCHC 养老服务指导中心（以下简称街道养老服务指导中心）和养老服务总部及以下实体的工作进行监督和检查。

（4）对 CCHC 居家养老模式有关的民间自治组织和志愿者组织的政治领导。

2. 区（县）政府的民政、公安、医疗卫生、司法、建设等部门联席办公会议。

这些部门是市一级“五位一体”的组织指导层面功能的载体，他们需把上述职能在区养老服务指导中心中得到具体体现。

（1）制定会议议事规则，定期举行联席办公会议，听取实体养老服务总部日常运营负责人的工作报告，联席办公会议的重大问题对区养老服务指导中心负责并报告。会议可由第一副主任或者常务副主任召集。

（2）平时可以对区养老服务指导中心和养老服务总部及以下实体的工作进行监督和检查。

（3）对 CCHC 居家养老模式有关的民间自治组织和志愿者组织的业务指导和组织调配。

（二）街道（社区）级党政组织的职责和义务

社区、街道、乡镇一级的 CCHC 养老服务指导中心的职责和义务

1. 制定会议议事规则，定期举行街道养老服务指导中心全体会议，听取实体养老服务中心负责人的工作汇报，会议可由街道养老服务指导中心的主任、第一副主任召集。

2. 批准对运营商实体负责人的提名，报区养老服务指导中心批准等事宜。

3. 平时可以对街道养老服务指导中心和养老服务总部及以下实体的工作进行监督和检查。

4. 对 CCHC 居家养老模式有关的民间自治组织和社区志愿者组织的政治领导，以及这些组织和运营商之间的协调。

5. 对包括社区卫生中心等具有政府养老职责的社会机构与运营商之间的事宜进行协调。

（三）居（村）委会及其党组织的职责与义务

1. 居（村）委会及其党组织的负责人与驻在的驿站派出人员之间建立定期或不定期的会晤制度，研究商讨本小区或村庄范围内有关居家养老的情况。

2. 与运营商共同协商管理在本小区或村庄范围内的日间照料中心、老年活动室和护理（养老）院等机构和场所的事宜。

3. 对前来参与居家养老援助的社会自治组织成员、志愿者和驿站工作的配合进行协调。

五、CCHC 居家养老模式运营商对民间自治组织、志愿者组织的要求

（一）与 CCHC 居家养老模式相关的民间自治组织定义

与 CCHC 居家养老模式相关的民间自治组织是指该组织的宗旨是为解决老年人在养老过程中发生的各种困难和问题而成立的非政府组织，是党和政府联系老年人和从事养老事业人员的桥梁和纽带。它可以是具有单一功能的组织，也可以是具有综合功能的组织。

（二）与 CCHC 居家养老模式相关的民间自治组织的职责与义务

1. 具有合法的社团局注册的资质，并有完整明确的章程。

2. 无条件接受当地党组织的领导，以及当地政府及其相关部门的业务指导。

3. 与 CCHC 体系运营商之间没有互相领导和被领导的关系。

4. 与 CCHC 体系运营商之间的活动都要在合法的框架下进行。

（三）与 CCHC 居家养老模式相关的志愿者组织的定义

与 CCHC 居家养老相关的志愿者组织是指志愿贡献个人的时间及精力，在不为任何物质报酬的情况下，为改善居家养老服务，促进社会居家养老进

步而提供服务的人自愿组织起来的群体组织。志愿工作具有志愿性、无偿性、公益性、组织性四大特征。

（四）与 CCHC 居家养老模式相关的志愿者组织及其成员的职责与义务

1. 志愿者组织的职责与义务。

（1）志愿者组织应该在当地党政组织或者人民团体直接指导下成立，并进行合法的活动。

（2）志愿者组织应该接受当地党组织的领导，听从政府及其相关部门的安排和调配。

（3）志愿者组织与 CCHC 体系运营商之间是平等协作的关系，没有彼此领导和被领导的关系。

2. 志愿者的职责和义务。

（1）志愿者应该服从当地党组织和政府及其相关部门人员的安排。

（2）志愿者一旦承担了相应的义务，应该尽职尽心，不能无缘无故随意弃职。

（3）志愿者应该听从 CCHC 体系运营商的派出人员的业务指导，必要时需要参加有关培训。

第三部分

CCHC居家养老模式的行政管理体系制度

编号 CCHC1-3

CCHC居家养老模式的行政管理体系标准

编号 CCHC1-3-1

一、CCHC 居家养老模式行政管理体系的定义

CCHC（持续照料社区，英文 Continuing Care Home-based Community 的缩写）居家养老模式是海阳集团在中国国情条件下，摸索并创新数年后，探索出来的一种居家养老的新模式。CCHC 居家养老模式行政管理体系是 CCHC 体系的行政构架及其运行的规则和制度。

二、CCHC 居家养老模式行政管理体系的构架

CCHC 居家养老模式行政管理体系的构架如《CCHC 居家养老模式体系体制和构造（模型）》(编号 CCHC1-2-1）中图 1-2-1-1 所示，即三级网络，四级平台。CCHC 体系主要行政机构包括 ×× 区（县）CCHC 养老服务指导中心、街道（社区）CCHC 养老服务指导中心、×× 区（县）CCHC 居家养老综合服务总部、×× 街道（社区）CCHC 居家养老综合服务中心、派出机构 ×× 小区 CCHC 居家养老综合服务驿站以及运营主导单位——海阳集团。

三、CCHC 居家养老模式行政管理体系服务管理的宗旨和标准

CCHC 居家养老模式行政管理体系服务管理的宗旨是全面实现居家养老定义："居家养老，是指坚持以党的领导，政府主导和社会参与，以家庭为核

心、以社区为依托、以专业化服务为依靠，所形成的一种带有社会性的养老方式。各方所形成的合力，共同为居住在家的老年人提供以解决日常生活困难为主要内容的社会化服务事业。服务内容主要包括生活照料、医疗服务以及精神关爱服务。”

CCHC 居家养老模式行政管理体系服务管理的标准为：

（一）安全的标准

所谓安全是指让接受 CCHC 体系服务的客户及其家属在被服务过程中心理上有安全感。它主要包括：保障进入被服务对象及其家属人身和财物的安全，确保服务主要设备使用安全，以及客户及其家属在服务过程中心理上没有受伤害、不舒服的感觉。

（二）质量的标准

CCHC 体系的员工的服务质量和工作质量都要符合《CCHC（持续照料社区）居家养老模式服务管理标准 1.0》各项条款中提出的要求。

（三）和谐的标准

CCHC 体系的员工和被服务对象及其家属在对照《CCHC（持续照料社区）居家养老模式服务管理标准 1.0》各项条款的执行情况时，都能理解对方，合情合理地处理各种发生的事情，达到一种和谐的境界。

四、CCHC 居家养老模式行政管理体系服务管理的目标

CCHC 居家养老模式行政管理体系服务管理的目标是：客户服务亲人化、组织管理军事化、员工素质职业化、人才管理梯次化、财物管理科学化、适老装备智慧化、体系管理标准化。

海阳集团与CCHC体系相关的行政领导机关及其部门的关系

编号 CCHC1-3-2

第一章　目的

为了使海阳集团与各省、市、自治区或其他行政区域的 CCHC 体系之间保持良好的关系，本标准规范了各方的职责。

第二章　关系分类

海阳集团与各省、市、自治区或其他行政区域的 CCHC 体系之间主要存在两种关系：

1. 海阳集团与 CCHC 体系行政领导机关的关系。

2. 海阳集团及其部门与 CCHC 体系运行机构及其部门的关系。

第三章　海阳集团与 CCHC 体系行政领导机关的关系

海阳集团与 CCHC 体系行政领导机关包括：海阳集团与 ×× 区（县）CCHC 养老服务指导中心（以下简称区养老服务指导中心）、×× 街道（社区）CCHC 养老服务指导中心（以下简称街道养老服务指导中心）的关系。海阳集团作为区养老服务指导中心、街道养老服务指导中心的成员参与其中。在尚未建立区养老服务指导中心、街道养老服务指导中心以前，海阳集团应该与当地党政领导及其部门共同按照《CCHC（持续照料社区）居家养老模式服务管理标准 1.0》所规定的各项条例，制定共同应该遵守的《议事规则》，一旦区养老服务指导中心、街道养老服务指导中心会成立，各自都应该按照《议事规则》开展各项活动，包括联席会议制度、成员沟通制度、运行机构负责人提名任命制度以及决议表决制度等。

第四章　海阳集团及其部门与 CCHC 体系运行机构及其部门的关系

海阳集团及其部门与 CCHC 体系运行机构及其部门的关系是业务领导关系。由于养老服务和管理具有专业的要求，因此业务上 CCHC 体系各级运行机构应该由运营商——海阳集团直接领导：

1. CCHC 体系各级运行机构［××区（县）CCHC 居家养老综合服务总部、××街道（社区）CCHC 居家养老综合服务中心］的负责人由海阳集团向同级领导机关提名。

2. CCHC 体系各级运行机构必须遵照《CCHC（持续照料社区）居家养老模式服务管理标准 1.0》所规定的各项条例与当地具体情况相结合制定的《运行制度》进行运行。

3. CCHC 体系各级运行机构的各个部门应该接受海阳集团的相应机构的业务领导。

第五章　海阳集团对 CCHC 体系运行机构部门的管理职能

1. 通过海阳集团制定的 CCHC 运行机构部门架构进行统一管理，明确各部门的组织关系和职能、责权分工。

2. 将海阳集团的经营目标和管理要求、临时任务等，按照部门职能、责权分工进行分解，展开到对口 CCHC 体系执行部门，形成部门任务指标和管理要求，作为部门工作的核心。

3. 海阳集团各部门通过例会（周例会、月例会、季度会议）向 CCHC 体系运行机构各部门部署经营目标和管理要求。

4. CCHC 体系各部门通过工作日志，汇报每日工作情况；通过周计划周汇报、月计划月汇报，汇报每周及每月工作计划和完成情况，通过季度会议，逐级向海阳集团有关部门汇报当季度完成情况。

5. 海阳集团的部门通过绩效考核，对 CCHC 体系运行机构各部门进行管理，考核内容分为经营指标和管理目标两大部分，定期检查完成情况。

6. 海阳集团人才培训中心有培训督导 CCHC 体系人员的职责，通过培训总人数、培训涉及领域和培训后服务情况，对培训督导的 CCHC 体系人员进行考核。

7. 专项资金和居家养老基金户由海阳集团财务总负责，通过应收账款、回款率及资金使用情况，对 CCHC 体系各级财务进行考核。

8. CCHC 体系的志愿者队伍和老年产业协会由海阳集团公共关系部门负责业务指导，通过对志愿者人数、志愿者工作明细表、产业协会会员数及协会活动数对 CCHC 体系各级公共关系负责人进行考核。

CCHC体系的各级运行机构行政部门的设置、职能

编号 CCHC1-3-3

第一章　CCHC 体系的各级运营部门的设置

CCHC 体系的各级运营机构行政部门主要是指 CCHC 体系中的 ×× 区（县）CCHC 居家养老综合服务总部（以下简称养老服务总部）和 ×× 街道（社区）CCHC 居家养老综合服务中心（以下简称养老服务中心）中的部门。由于各地的情况各异，所以不作统一规定，以保证业务职能能够得到体现和职责分工为原则，可增可减可合一：如图 1-3-3-1 所示，只是按照职能设立的部门，具体不一定如此设置，尤其是发展初期，更需要办公室承担更多的功能，其员工也最好“一专多能”。

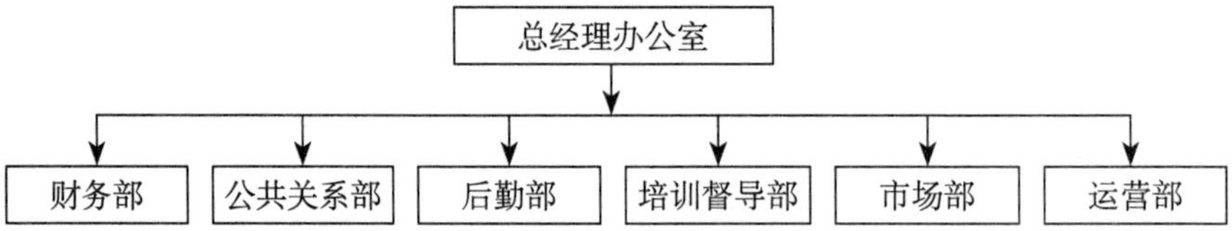

图1-3-3-1

第二章　CCHC 体系的各级运行机构行政部门的职能

一、办公室

CCHC 体系的各级运行机构行政部门的行政办公室。具体的就是养老服

务总部和养老服务中心的办公室。根据中国国情，行政办公室还可以同时承担区（县）CCHC养老服务指导中心、街道（社区）CCHC养老服务指导中心办公室的功能。

CCHC居家养老体系的行政办公室，受养老服务总部主任（总经理）和养老服务中心（总经理）直接领导，是主任（总经理）的秘书和工作班子。下设承担财务、公共关系、后勤、培训督导、市场、运营部门职能以外的职能的岗位，诸如秘书事务、档案管理、车辆管理、仓储管理、证照管理等职能的岗位，办公室工作人员人数按照工作量而定。

二、财务部

财务部工作内容：

1. 严格遵守国家财经法规、财务工作规定和CCHC体系的相关制度，遵守职业道德。

2. 建立健全CCHC体系运行机构财务管理、会计核算、稽核审计等有关制度，监督各项制度的实施和执行。

3. 组织编制本机构年、季度考核数据，定期检查、监督、考核计划的执行情况，及时调整和控制计划的实施。

4. 积极参与各项评审事宜。

5. 组织财会人员正确、及时、完整地处理账务、编制报表并审核，针对现金收款加强日常审核及抽查。

6. 审核各个项目点的收、支、利润的明细情况，监管项目的正常运作。

7. 加强财务监管，认真履行财务收支审批手续和费用报销制度，正确合理调度资金，保证日常合理开支需要的正常供给。

8. 组织定期盘点与不定期抽查、编制相关报表，及时上报所查差异并牵头处理。

9. 根据相关要求落实每月纳税申报、年度清算、审计等相关工作，并牵头组织人员落实工作。

10. 定期及不定期进行账务分析，主动协同相关部门核查问题，并及时调整。

11. 按照上市公司要求，对财务工作进行前期准备。

三、公共关系部

（一）塑造 CCHC 体系形象

1. 有计划、有步骤地开展公关活动，在社会公众心目中塑造良好的 CCHC 体系机构形象，以赢得公众的理解、信任和支持，最终实现公司的发展目标。

2. 塑造以产品为核心的物质文化形象。产品形象包括产品的设计、外形、名称、性能、商标和包装装潢等。

3. 塑造以 CCHC 体系方针、政策和计划为核心的制度文化形象。如经营管理模式，竞争方式等。

4. 塑造以 CCHC 体系奉行的价值观念为核心的意识文化形象。如公司的指导思想、道德观念、员工精神面貌、服务态度等 CCHC 体系总体文化来体现 CCHC 体系形象。

（二）收集信息

1. 收集各方面的信息。

（1）要收集公众对 CCHC 体系总体特征的评价；

（2）要收集对 CCHC 体系环境特征的评价。

2. 收集公众态度方面的信息。

（1）公众对 CCHC 体系形象的评价；

（2）公众对 CCHC 体系产品形象的评价。

3. 收集公众对 CCHC 体系产生影响的各种信息，如国内国际政治环境、经济环境、舆论环境、自然环境、人文环境等，对内外部环境要进行收集监测，对信息进行开发、利用。

（三）协调沟通

1. 沟通协调 CCHC 内部各部门之间的关系。

（1）沟通协调上下级之间的关系；

（2）配合领导协调各职能部门之间的关系。

2. 沟通协调外部公众关系。

（四）咨询建议

1. 提供 CCHC 体系形象的评估。

2. 提供公众的情况及心理变化和预测。

3. 提供对 CCHC 体系各机构各项决策的评价。

（五）参与决策

1. 向领导者提供决策信息，促进决策的民主化和科学化。

2. 在决策过程中当好参谋，向决策者提供咨询建议，制定出本机构目标和社会发展方向相一致的发展战略。

3. CCHC 体系方案实施后的评价与反馈，向决策者提供决策方案实施效果，及时修正和完善方案，并通过公关调查，收集公众意见，衡量和评价决策的优势和差距，充分发挥公关的参谋作用。

（六）增进效益

公关部门通过各种公关活动塑造 CCHC 体系形象，最终的目标是为企业带来效益。因此，企业效益的好坏，与公关活动的成功与否也是密切相关的。

（七）渗透本机构日常事务

公关部门要使 CCHC 体系的日常行为规范化、礼貌化，并遵守谅解的原则。

（八）策划专题活动

四、后勤部

（一）人事工作

1. 管理和优化 CCHC 体系的员工关系管理体系，建立和谐、愉快、健康的员工关系。

2. 负责本机构辞退、离职员工管理，分析离职面谈记录。

3. 处理员工冲突，配合解决员工劳动纠纷。

4. 受理员工投诉，调查后落实相关部门解决。

（二）行政工作

1. 组织制定、完善 CCHC 体系各项行政管理制度及相关的流程，并督促、检查、评估各项制度和流程的贯彻执行。

2. 制定行政工作发展规划，年度、季度工作目标和工作计划，并落实、监督其执行，以提高公司内部管理的规范性和有效性。

3. 协助制定各部门制定部门的各类规章制度、实施细则，配合协调各部门的工作关系。

4. 负责组织本机构各类会议。

5. 负责落实本机构各种重要活动的组织、筹备、联系、协调工作，并做好活动后资料整理、存档工作。

6. 起草本机构的各类重要文件，如：年度工作计划、总结报告等。

7. 制定 CCHC 体系和各部门行政费用的预算方案和计划，并监控落实。

8. 根据 CCHC 体系行政管理制度，监督、审批公司各类资质文件、证照、技术资料等的保管和使用。

9. 负责本 CCHC 体系机构的精神文明建设，筹划各种增强凝聚力和向心力的文娱活动。

10. 负责组织和接待相关单位的来访，代表机构与外界有关部门联络并保持良好关系。

11. 负责审核机构对外宣传的各项资料，协调、解决 CCHC 体系的公关危机，维护 CCHC 体系良好形象。

五、培训督导部

（一）根据公司整理的人力资源战略建立符合需求的培训体系，包括制度建立、资源整合和运作管理。

（二）制定和培训相关的各项流程，包括培训需求调查、培训计划组织实施审批流程、培训结果监控评估流程、培训申请流程等。

（三）根据各部门需求，制定培训计划，并付诸实施。

（四）根据 CCHC 体系人才标准，与人力资源部共同打造员工晋升通道并配合各层级专业技能培训，设计训练模式，激发员工潜能。

（五）拓展培训渠道和培训资源，总结培训经验，搜集培训资料，编制培训教材，编写培训教案。

（六）选拔、培养和管理内部培训师，建立讲师库、教材库和人员培训档案库，不断提高培训质量和效果。

（七）做好各项培训的评估和考核工作，并形成书面报告，上报 CCHC 相关领导机构。

（八）与外部培训机构保持良好关系，在有需要时可以为 CCHC 体系提供培训。

（九）管理好各项培训所需的物资器具，并做好维护保养工作。

六、市场部

（一）根据市场发展和 CCHC 体系的战略规划，制定总体营销组合策略。

（二）完成 CCHC 体系产品的销售运作，完成海阳集团的销售计划目标。

（三）执行 CCHC 体系的市场推广方案，向上级反馈相关市场信息。

（四）建立客户资料档案，与客户建立、保持良好关系，建立和管理客户关系系统。

（五）完成相关销售合同的签订并负责相关合同款项的回收工作。

（六）完成相关销售报表的填写和提交工作。

（七）参加 CCHC 体系召开的销售会议或组织的培训。

（八）负责产业中心各项工作，推进中心发展。

七、运营部

（一）综合管理职责

1. 理解企业的经营方针，依据服务项目的特色执行 CCHC 体系策略。

2. 遵守公司各项规章制度，执行上级指示，完成 CCHC 体系下达的任务。

3. 对各方面工作负责，实施项目点的工作计划，全力完成业绩指标。

4. 结合所在区域的特性，思考新的优势服务项目，并向上级呈报计划，经批准后落实执行。

5. 与上级保持沟通顺畅，反映改善所在区域营运的意见建议，以便工作顺利进行。

6. 负责临时增派任务的组织管理工作。

7. 协助相关部门处理紧急状况。

8. 负责和各有关部门业务往来的协调、协商。

9. 协助配合上级领导处理与改善运营中存在的特例问题。

（二）场所管理职责

1. 负责审核各类物料、货品补齐，各类设施、设备的陈列、摆放。

2. 负责督导场所的清洁卫生工作，包括周围地面，做到卫生工作无死角。

3. 定时按要求完成各项运营工作。

4. 熟悉场所内所有设施、设备的使用方法，并给予项目主管及下属员工相应培训。

5. 接待所有来访、参观及领导莅临指导。

6. 负责现场解决各类突发问题，处理各种投诉。

（三）人事管理职责

1. 负责下属工作人员的招募，并针对各类规章制度、服务流程、标准、礼仪要求等内容对下属员工进行培训。

2. 负责管理所在区域的日常工作，监督考核下属的工作表现和出勤率，及时了解、反映员工动态。

3. 负责核实下属员工的考勤记录，并制作员工薪资，确保准确。

4. 协调下属员工之间的关系，以达到最佳工作状态。

5. 根据工作需求调整人力资源配置，以达到高标准、高效率服务的目的。

6. 负责执行CCHC体系规章制度，公平公正地对下属员工进行奖励与惩处。

（四）财务管理职责

1. 严格执行“收支两条线”财务管理制度，杜绝坐收坐支的情况发生，按规定严格审核各类收支事项。

2. 负责抽查所在区域的台账制作、财物交接、档案管理等工作。

3. 督核所在区域所有的资金收入、支出，并保证其符合制度规范。

（五）安全管理职责

1. 负责所在区域的公共安全管理，用火、用电、盗窃、食品、诈骗等。

2. 负责食品卫生安全管理，管控食品采购渠道，采购安全食品。

3. 规范安全管理制度，最大限度的避免发生意外。

（六）数据管理职责

1. 收集有助于提升服务满意度的各项数据，了解所在区域的实际需求。

2. 负责向上级的各种工作报告及工作计划。

3. 对于新增服务项目，要统计使用频率、老人喜好程度等数据，对新项目做出真实评估，为CCHC体系决策提供有效数据。

4. 有效管控各类数据信息，避免外泄，严防因此给CCHC体系造成经济损失。

（七）对外事务管理

1. 协助上级领导与所在地甲方的沟通与协调。

2. 负责接待所在地甲方对各方面的意见征询或投诉，提高所在地甲方对项目工作的满意度。

3. 负责配合项目后期调整、装修工程的供应商选择，并监督工程质量。

4. 通过各种渠道，做好各类正面宣传工作，维护CCHC体系形象。

5. 落实各类会务、来访、参观等内外宾接待工作，并做好各类记录。

CCHC体系的各级运行机构行政办公室管理标准

编号 CCHC1-3-4

一、适用范围

CCHC 居家养老模式的行政体系，具体的就是 ×× 区（县）CCHC 居家养老综合服务总部和 ×× 街道（社区）CCHC 居家养老综合服务中心。根据中国国情，行政办公室还可以同时承担区、（县）CCHC 养老服务指导中心和街道（社区）CCHC 养老服务指导中心办公室的功能。尤其是 CCHC 体系还不健全的情况下，如果没有其他部门设立，只有办公室承担日常工作，可以参考本管理标准。

二、总体要求

CCHC 居家养老体系的行政办公室，受 ×× 区（县）CCHC 居家养老综合服务总部主任（总经理）和 ×× 街道（社区）CCHC 居家养老综合服务中心（总经理）直接领导，是主任（总经理）的秘书和工作班子。下设承担秘书事务、公共关系、采购、车辆管理、仓储管理、证照管理等职能的岗位，办公室工作人员人数按照工作量而定，为了及时、正确传递政府养老方面的政策和法律法规、传递公司战略部署、传递本部门的具体工作要求，做到横向到边、纵向到底地落实各项工作，以便有效支撑 CCHC 居家养老模式体系的业务逐步顺利地开展。

三、行政管理标准

（一）日常行政事务处理

1. 接听 CCHC 体系内部电话和外部接待来访电话，接听电话要使用文明用语，对来访者要认真倾听来访者的叙述，如未能及时有效地解决，应做好相应的记录并跟进落实，做到首问责任制。

2. 文件制发及档案管理：CCHC 体系档案管理的基本原则是：统一领导，分类管理；维护档案的完整与安全。

3. 会议管理与纪要：CCHC 行政部统一管理会议制度，组织双周会、月度会、季度会、半年度会、年度会、专题会以及临时会议，按要求安排好人员的发言顺序，汇报工作要短小精悍，有效地利用时间，讨论实质性的问题，与会人员严格执行会议纪律，并做好会议纪要。负责布置会场和清理会场的工作。

4. 车辆使用及管理：本系统车辆由行政部门负责管理，分别按车号设册登记管理，统一调度，遵循“谁使用谁负责”的原则。

5. 安全保卫：加强对人员进出、公务访客、车辆物品出入、消防安全、防盗防灾、职业安全防护等的管理，同时对员工进行安全教育，贯彻“安全第一”“预防为主”的指导思想，创造一个安宁祥和的工作、生活环境，保证 CCHC 体系员工的生命财产安全。

6. 后勤管理：包括午餐费管理、设备维修管理、固定资产管理、公用事业费缴纳等等。

（二）行政管理工作

1. 制度建立与完善：根据本业务区域发展的实际情况，制定出合乎现状的规章制度，公共关系管理标准、采购管理标准、车辆管理标准、仓储管理标准、证照管理标准、保密等级划标准、员工办公室行为规范、会议室管理规范，知会各部门及人员，收集合理化建议，并在企业发展中及时调整和完善，使制度更加规范和合理，提高制度的可执行性和有效性，切实可行地提高员工工作主动性和规范性。

2. 部门沟通与人员协调：负责本部的行政管理和日常事务，协助主任（总经理）搞好各部门之间的综合协调，落实本单位规章制度，沟通内外联系，保证上情下达和下情上报，负责对会议文件决定的事项进行催办、查办和落实，负责全区域业务相关组织系统及工作职责研讨和修订。

3. 日常制度监管：加大行政督导的执行力度，有效地实施行政制度及监管，及时调整管理方式、方法，建立和谐的工作氛围与高效运作的工作效率。

4. 绩效考核：全面了解，评估员工工作绩效，发现优秀人才，提高本单位工作效率，考核范围为本单位的全体员工。

（三）外部沟通

1. 政府职能部门沟通：作为本业务区域与政府部门沟通的窗口，以热忱态度与政府部门建立起真诚信任的关系。

2. 合作伙伴沟通：要注意多方了解与业务相关的事务，以做到准确理解对方的意图、帮助进行有效的沟通与传达，但在处理事务时注意以 CCHC 体系利益为重，取得双赢。

（四）企业文化建设：企业文化不但能反映出企业生产经营活动中的战略目标、群体意识价值观念和道德规范，还能凝集企业员工的归属感、积极性和创造性，引导企业员工为企业和社会的发展而努力，同时企业文化还具有两种约束力，一种是硬的约束力、制度，一种是软的约束力、无形的，就是活跃的企业文化生活，良好的生活环境和业余文化生活。

（五）外联工作：证照年检及资质审核和外部事务办理。

（六）突发事务处理：建立预估的各种应急预案，当突发事件发生后，立即启动应急预案，管理岗位上的人员，手机保持畅通。

（七）塑造企业形象

1. 印鉴管理：各部门印章由各部门指定专人负责保管；印章使用及保管须有记录，不能委托他人代管。用印人填写用印登记簿，注明用印事由、数量、申请人、批准人、用印日期。经分管副总裁在该表上签批后方可盖印。

2. 传真收发：本单位与外界联系需对方发送传真时，尽量要求对方注明本单位具体收件人，以便行政部及时分发。行政部收到传真后，在传真接收台账上登记，并负责通知收件人及时领取及签字确认。行政部每月或每季度根据传真使用比例摊销费用至各部门。

3. 除OA系统外的文件收发：本业务区域所有收发管理工作均由行政部统一负责，通常采用OA形式流转文件，对于外来纸质文件，收发人员须根据相关文件资料填写收件登记簿、发文登记，以及特殊文件资料的递送。

4. 名片管理：CCHC体系名片格式统一化，由海阳集团行政部依据企业形象规划并联系印刷业务；印制名片申请者填写名片印刷申请单，经部门领导签字后交由行政部负责印制；名片印制前需确认名片职务、职称、部门是否相符，姓名、联系办法等需确认无误；公务、客户名片须在公司内作为共享资源。

5. 宣传资料管理：本单位宣传资料包括宣传彩页、简介和产品说明书等，由部门经理签字确认后，在宣传用品领用台账上登记后领用。

6. 电子屏使用规范：电子屏是本业务区域对内对外的信息传递载体。为更好的使用电子屏，做到使用主体合格、信息确认有效、发布时间合理等，特制定本使用规范。行政部门设专人负责电子屏的使用责任人，包括及时实施本单位或本业务区域信息发布，制定信息发布时间表，制定信息更新计划，电子屏信息发布的汇总整理，电子屏日常维护，电子屏故障排除，电子屏修理配合等，发布内容为日常型信息和特别型信息，经分管领导确认后交由行政事业部组织发布。电子屏的使用时间与工作日同步（有特殊情况的除外）。

7. 公司网站和公众号管理：设立专职人员，在 CCHC 体系网站和公众号上发布企业信息（同电子屏要求一样），同时，还要及时收集本业务区域内外人员在 CCHC 体系网站和公众号上发布的信息、合理化建议、各类活动报名、咨询等等，并及时跟进处理，同样要做到“首问责任制”。

CCHC体系的人事劳资管理制度

编号 CCHC1-3-5

一、总则

为确保 CCHC 居家养老模式体系的正常经营，按照 CCHC 体系的特点及部门架构所需要招聘录用人员的工作，由海阳集团人力资源部门或 CCHC 体系各级机构分别来完成。本标准规定了 CCHC 体系人力资源、劳动工资及员工福利管理的一系列相关条例。本条例也适用于海阳集团以及 CCHC 体系各级机构的范围。

二、员工人力资源管理

（一）员工的招聘和聘用

1. 人员招聘是满足 CCHC 体系持续、稳定和进一步发展的需要。聘用员工由海阳集团人力资源部门或 CCHC 体系各级机构各自负责。人力资源部门的工作由海阳集团办公室负责，按照公开招聘、全面科学考核、平等竞争、择优录取的原则，建立高素质的人才结构。招用人员采取劳动合同制。CCHC 体系各级机构的人员录用后须在海阳集团人力资源部门备案。

2. 规范人力资源部门招聘工作流程，健全人才选用机制。海阳集团人力资源部门或 CCHC 体系各级机构根据海阳集团的相关规定，以各级人员定员编制为依据，提出补充或该岗位原有员工使用不能适用等原因，以书面形式向人力资源部门提出招聘的要求，人力资源行政部门报海阳集团审核批准后列入人员招聘计划，由人力资源部门向社会公开招聘，也可由用人部门推荐，人力资源部门根据应聘者投递的个人简历进行初步筛选，对明显不合格者予以淘汰。

3. 对应聘人员的考核海阳集团以用人部门为主，人力资源部门应予以综合协助，通过面试对其经历和学历予以确认，必要时进行聘用岗位应知应会的测试，经审合格后由人力资源部门办理录用手续。

4. 员工在正式录用前，需向人力资源部门提交劳动手册原件，未递交者，视为不符合录用条件，将不予正式录用。

5. 失业人员、下岗富余人员、协保人员需于报到之日起三个工作日内递交有效证明，如劳动手册、富余劳动力证明、离 / 退休证明、留职停薪协议、劳动安置证明、下岗证明（须注明原单位名称、工资情况、下岗期限及下岗期间“四金”由原单位负责交纳）、社会保险个人对账单、公积金账号等。未递交者，人力资源部门酌情予以一定的处理或提出不与其建立劳动关系。

6. 员工在报到之日需填写《员工登记表》(见表 1-3-5-1)，同时提交一寸免冠照片两张，区、市级医院体检报告或有效的健康证，人力资源部门有责任对其提供的身份证、学历证明、职称证明、专业技术上岗证等证件进行校验并留下复印件。

7. 新进员工办妥以上所规定的手续后，由人力资源部门将与其签署劳动合同或劳务协议。

8. 合同制员工社保遵循当地政府有关规定办理，员工有义务积极协助办理。

（二）劳动合同或劳务协议

1. 员工在符合 CCHC 体系各级机构的录用条件下将受聘于本人对应的部门，受聘时需签订劳动合同或劳务协议。

员工登记表

编号：　　　　　　　　　　　　　　　　　　　　　　　　　　表1-3-5-1

<table>
<tr><td>姓　　名</td><td></td><td>性　别</td><td></td><td>年　　龄</td><td></td><td rowspan="5">相　　片</td></tr>
<tr><td>出生年月</td><td></td><td>民　族</td><td></td><td>籍　　贯</td><td></td></tr>
<tr><td>身　　高</td><td></td><td>体　重</td><td></td><td>健康状况</td><td></td></tr>
<tr><td>婚姻状况</td><td>已婚/未婚/离异</td><td>学　历</td><td></td><td>所学专业</td><td></td></tr>
<tr><td>有何特长</td><td></td><td>职　称</td><td></td><td>政治面貌</td><td></td></tr>
<tr><td>专业技能证书</td><td colspan="3"></td><td>电话/手机</td><td colspan="2"></td></tr>
<tr><td>详细住址</td><td colspan="3"></td><td>身份证号码</td><td colspan="2"></td></tr>
<tr><td>用工证件名称</td><td colspan="6"></td></tr>
<tr><td>欲求职位</td><td></td><td>欲求薪酬</td><td></td><td>求职情况</td><td colspan="2">失业/富余/农转非/协保/其他</td></tr>
<tr><td>语言能力</td><td colspan="6"></td></tr>
<tr><td>电脑技能</td><td colspan="6"></td></tr>
<tr><td>教育经历</td><td colspan="6"></td></tr>
<tr><td>社会工作经历</td><td colspan="6"></td></tr>
<tr><td rowspan="3">家庭成员情况</td><td>姓　　名</td><td>关　　系</td><td colspan="2">工作单位</td><td colspan="2">说　　明</td></tr>
<tr><td></td><td></td><td colspan="2"></td><td colspan="2"></td></tr>
<tr><td></td><td></td><td colspan="2"></td><td colspan="2"></td></tr>
<tr><td colspan="7">受雇前声明：本人所填如上内容，均属事实，否则愿意接受企业任何处分。

求职人签名：　　　　　　　　日期：</td></tr>
<tr><td>审批意见</td><td colspan="6">
资格审查人签名：</td></tr>
<tr><td rowspan="2">录　　用</td><td colspan="3">年　　月　　日</td><td rowspan="2">试用期</td><td colspan="2" rowspan="2"></td></tr>
<tr><td>部门及单位：</td><td colspan="2"></td></tr>
</table>

注：如有其他需要说明的内容，可另附表。

2. 劳动合同 / 劳务协议的无条件终止是以受委托运作管理的项目结束日为准，其期限包括规定的试用期。

3. 若在劳动合同 / 劳动协议有效期限内，受委托运作管理的项目结束，或因突发事件及因不可抗力因素导致所签约的劳动合同 / 劳务合同无法继续履行，则劳动合同 / 劳务协议随即提前终止。

4. 劳动合同应在正式录用后一个月内签订。

5. 劳动合同约定的起始时间与实际履行的起始时间不一致的，按实际履行的起始时间确认。

（三）试用期

1. 凡被聘用之员工，最先会以试用性质雇佣，一般合同期满一年试用期为二个月（特殊工种需适当延长）；合同期满二年的为三个月，在试用期员工必须接受聘用部门关于规章制度的相关培训，特殊工种还需经过相关课程培训，并且能达到上岗之要求。

2. 在试用期完结之前 7 个工作日内，试用部门领导根据试用员工的工作表现在《员工工作表现评分表》(见表 1-3-5-2）上进行打分，海阳集团或 CCHC 体系各级机构办公室根据各分试用机构负责人的意见及员工试用期工作表现和业绩填报《员工工作表现评估表》(见表 1-3-5-3)，经考评合格者由海阳集团或 CCHC 体系各级机构办公室人事填写《人事变动申请表》(见表 1-3-5-4）确定职位，若不合格者，可直接予以辞退。

3. 试用期间，员工或海阳集团或 CCHC 体系各级机构有权单方面解除劳动合同 / 劳务协议，但需给予对方通知期或一天的等值工资予以补偿。

4. 续签的劳动合同，不得设试用期。

（四）个人资料

1. 员工提交海阳集团或 CCHC 体系各级机构的各类个人资料，应保证信息真实无虚假、不隐瞒。如有隐瞒、虚报造假，一经发现，海阳集团或

员工工作表现评分表

被考核人姓名： 考评时间： 表1-3-5-2

评审项目	最高分数	级　别	实际得分	备　注
1. 工作能力及技能	10			
2. 适应能力	4			
3. 创造性	3			
4. 合作性	4			
5. 可靠性、工作责任心	5			
6. 学习态度、敬业精神	4			
7. 纪律性	5			
8. 与客人关系	5			
9. 与同事关系及在员工中威信	5			
10. 个人仪容	4			
11. 消防、安全、卫生意识	3			
12. 对企业收益之贡献	8			
13. 分析能力及应变能力*	10			
14. 决策能力*	10			
15. 组织能力*	10			
16. 领导能力*	10			
总　分	100			

积分计算（最高得分100%）

优　异	良　好	普　通	不满意
A+　100%	B+　85%	C+　70%	D+　55%
A　95%	B　80%	C　65%	D　50%
A–　90%	B–　75%	C–　60%	D–　45%

备注：注明“*”为管理层考核内容，满分为100分，普通员工考核满分为60分。

员工工作表现评估表

表1-3-5-3

试用期评估□　　晋升□　　调任□　　降职□　　调薪□

年中评估□　　年终评估□　　续约合同□　　其他评估________

员工姓名：________	员工编号：________
到职日期：________	现任职务：________
部门/项目：________	工作岗位：________

员工优点：________
____
____
员工缺点：________
____
____
总括评语：________
____
____
____
中心意见：________
____
____

被考评员工签字：　　　　　　日　期：

考评人签字：　　　　　　日　期：

部门负责人签字：　　　　　　日　期：

中心负责人签字：　　　　　　日　期：

人事变动申请表

表1-3-5-4

分部/项目：______________________________ 职　　位：______________________________

员工/姓名：______________________________ 员工编号：______________________________

合 同 期：________________至________________（为期____年/月） 月薪：________________

试 用 期：至________止（为期____月，原因________） 月薪：____________________

聘用性质：______________________________ 入项目日期：____________________________

□ 新进：（　）合同工　（　）协议工　（　）人事外包　（　）补编　（　）增编

□ 晋升　□ 调薪　□ 降职

新职位 ____________________________ 新级别 ______________________________

新工资 ____________________________ 生效日期 ____________________________

□ 试用期评估　（　）合格　（　）不合格

职位 _________________ 新工资 _________________ 生效日期 _________________

□ 调任（仅供中心内部调动使用）

新部门/项目 _________________ 新职位 _________________ 级别 _________________

新工资 _________________ 生效日期 _________________

□ 续约

聘用性质：　（　）劳动合同　（　）劳务协议　（　）其他______

新合同/协议起始日_________________至_________________

□ 合同/协议解除

（　）违纪辞退　（　）辞职（转到________项目，如有须填写）

生效日期_________________ 说明：____________________________________

□ 合同/协议终止： 生效日期：__________________________

____________	______________	____________
部门负责人	行政人事主管	中心负责人
____________	______________	____________
日　期	日　期	日　期

CCHC 体系各级机构有权解除劳动合同，并保留追究相关责任的权利。

2. 为避免因有关资料不真实而导致日后员工正当权益受到损害，员工本人及家庭成员的有关记录若发生变化，例如：身份证换领、迁移地址、联系电话、婚姻状况、生育、学历、职称、晋升出国、涉及刑事或行政判决处理、协保人员社保缴费变动情况等，均应及时报告海阳集团人力资源部门。

（五）工作时间及休假

1. 员工工作时间及休假应遵循海阳集团或 CCHC 体系各级机构的统一安排或参照劳动合同 / 劳务协议的陈述。

2. 员工应在正常工作时间内积极完成其岗位必须完成的工作任务，原则上不提倡超时工作。如确需加班，必须经所在部门领导同意，报所在 CCHC 体系机构办公室批准，由员工所在的 CCHC 体系机构统一安排补休或发放加班薪金。

（六）工资待遇

1. 员工在受聘海阳集团或 CCHC 体系各级机构期间根据其岗位、职务、表现等情况决定工资标准，工资待遇与受聘的岗位直接挂钩（其中 70% 为基本工资 30% 为津贴），采用薪酬保密制，薪酬由海阳集团总经理室核定，核定后经人事行政部门登记送财务主管。

2. 员工工资、津贴发放直接与员工出勤及绩效考核挂钩，其中绩效考核的办法按海阳集团有关规定执行。

3. 员工工资每月发放一次，通常在每月 10 日计发上月工资（如遇节假日等长假则顺延），经银行自动转账转入个人账号或以现金方式发放。

4. 试用期员工只享受试用期待遇。

（七）津贴

1. 津贴部分根据月出勤及绩效考核等情况发放。当月绩效考核成绩优良，且无任何迟到、早退、矿工、违纪、工作失误以及警告处分的，可全额发放；

2. 原则上于年终发给员工双薪，不另外计发年终奖金，对有突出贡献的员工，将额外给予奖励；

3. 员工享受年终双薪必须同时符合以下条件：

（1）发放年终双薪当日员工必须仍在 CCHC 体系工作。

（2）员工当年度必须在海阳集团或 CCHC 体系各机构满 3 个月且表现合格，并按其在海阳集团或 CCHC 体系各级机构服务的实际月数计算。

（3）凡病事假天数累计超过整月数的员工，则按所超月数占全年 12 个月的比例扣除。

（4）员工在年终发放双薪日前提出辞职和已解除劳动合同的，都将不得享受年终双薪。

（八）员工职位、考评

1. 海阳集团及 CCHC 体系各级机构遵循用人唯才的原则，所有员工均有被提升之机会，员工提升后前三个月属岗位试用期，试用期满后，工作能力达到职位要求，则由海阳集团或 CCHC 体系各级机构正式委托聘用。

2. 海阳集团或 CCHC 体系各级机构将根据岗位要求，结合员工能力、潜能、工作业绩、个人情况等，对员工职位做合理提升、降职或转职。若员工对职位变动有异议，有权提出意见，但未经海阳集团或 CCHC 体系各级机构应允，必须服从安排。

3. 海阳集团或 CCHC 体系各级机构的管理干部年终需进行续职考评。以其组织领导能力、专业知识水平、业务能力、工作业绩、与员工关系等作为考核的主要依据。人力资源部门组织公司领导、员工代表三方参加的评估考核组，根据考核结果决定是否续聘。

（九）解除劳动合同或劳务协议

1. 解除劳动合同 / 劳务协议条件及要求参见劳动合同 / 劳务协议或本标准陈述。

2. 劳动合同 / 劳务协议和本标准所陈述的解除合同条款均具有同等效力。

（十）工作离职

1. 员工因调职、终止合同、解除合同等各种原因离职的，均须办理工作移交手续，交接工作需由员工所在的海阳集团或 CCHC 体系各级机构统一安排。

2. 移交手续一般在离职前 15 日起开始办理，15 日内结束。特殊情况可适当延长或缩短移交期限，但必须经由海阳集团或 CCHC 体系各级机构批准。

3. 员工离职前必须办妥以下移交手续：

（1）交还办公室、办公桌、所保管部位等权属管理处的钥匙；

（2）交还所有领用物品和保管的工具；

（3）交还所领用的制服、工作牌等具有综合养老服务机构标识或权属综合养老服务机构的物品；

（4）交还综合养老服务机构所有的文件、资料、员工手册、公物用品等；

（5）结清有关财务的一切手续；

（6）其他与 CCHC 体系各级机构或所管之项目有关的资料或手续。

4. 员工离职前未办妥移交手续、移交物品遗失或损坏、财务欠款未结清等，均须赔偿。

5. 离职后须在人力资源部门办理退工手续，包括开具退工单，社保、公积金、档案转移手续，并将退工通知单及劳动手册交还退工人员。

三、人事劳资福利

（一）法定假日

1. 员工按国家规定享受法定带薪假。

2. 凡法定假日因工作需要不能休息的员工，由养老服务机构安排补休或按国家有关政策规定给予加班工资。

（二）病假

1. 员工因病请假，必须于当日或次日提供海阳集团认可的医疗机构（市级医院）开具的有效证明（附个人病历卡），并办理请假手续。如当日或次日无法出示有效证件，须有充分理由，但最迟不得超过 5 天，否则将以旷工论处。

2. 员工因病住院必须凭医院的住院通知书及病假单到就职的海阳集团或 CCHC 体系各级机构办理请假手续。

3. 员工因工受伤，须立即通知就职的海阳集团或 CCHC 体系各级机构负责人，海阳集团或 CCHC 体系各级机构负责人必须向上级领导机构报告。其病假期间工资按国家有关规定办理。

4. 员工因下列原因造成伤亡及损失的，其损失及后果概由当事人负责，一律不给予病假待遇，医疗费用由员工自行负担。

（1）违反所在工作场所的劳动纪律；

（2）违反所在工作场所的规章，不按操作规程办事；

（3）工作疏忽或失职；

（4）从事违法活动。

（三）事假

1. 员工请事假须提前 24 小时申请，请假时数在 8 小时内（含 8 小时），经所在海阳集团或 CCHC 体系各级机构的领导批准后方可执行，未经批准无故缺席或擅自离岗按旷工处理。

2. 员工请事假必须事先填写书面申请，其他请假方式海阳集团或 CCHC 体系各级机构不予认可。

（四）丧假

1. 若员工的直系亲属不幸去世，三级管理部门同意给予 24 小时工作时数的带薪假。

2. 丧假必须在亲人去世后 1 个月内办理丧事时一次性连续使用，不能保留或用其他方式予以安排。

（五）婚假及产假

1. 合同制员工婚假及产假按国家有关规定办理。

2. 申请婚假或产假时，须提前 7 个工作日向所在服务机构部门提出书面申请，以便所在服务机构统筹安排工作。

（六）公假

每位员工外出培训、开会、出差等公假，一律由所服务部门统一安排并填写因公外出单，否则以旷工论处。

（七）员工带薪年休假

1. 员工连续工作 1 年以上的，可以享受带薪年休假（以下简称年休假）。

2. 员工累计工作已满 1 年不满 10 年的，年休假 5 天；已满 10 年不满 20 年的，年休假 10 天；已满 20 年的，年休假 15 天。国家法定休假日、休息日不计入年休假假期。

3. 员工请带薪年休假，应提前一周提出，并填写假期申请单，经部门负责人书面同意方可。每次请带薪年休假不低于 0.5 个工作日（4 小时或 4 小时以上）。

4. 年休假 1 天即为 8 小时，年休假 5 天，即为 40 小时，以此类推。

5. 其他条款：按《职工带薪年休假条例》及上海市相关规定执行。

6. 期间如国家相关政策有变化，按国家发布最新政策执行。

（八）批假权限

无论何种事由请假，员工请假时数在 8 小时以内须报部门负责人批准；请假时数在 8 小时以上（不含 8 小时）须报海阳集团或 CCHC 体系各级机构批准，所在服务部门必须备案。

（九）调休 / 补休

员工因加班等原因需补休或调休的，须提前一天填写相关申请并经所在服务的海阳集团或 CCHC 体系各级机构负责人批准作好备案。未经负责人批准擅自补休或调休的，一律视为旷工论处。

（十）出差

1. 员工因公出差离开本市，同意给予出差伙食补贴，每人每天 100 元，半天起计算，在所在部门的财务进行报销领取。

2. 出差在外逢双休日或节假日，给予一比一的补休（即出差一天获补休一天）。但需在出差回沪后的 1 个月之内安排休息。

（十一）工伤及死亡

员工因工伤亡的认定办法及有关劳动保护条例按国家有关规定办理。

（十二）员工培训及进修

1. 根据工作需要对员工实施各种形式的培训。凡是由海阳集团或 CCHC 体系各级机构出资参加培训的人员，合格证由所属出资机构保管，须在本所属出资机构工作 2 年，不满 2 年要求离开或被辞退的员工，应退回全部培训费用，并负责赔偿由此给所属出资机构造成的损失。

2. 海阳集团鼓励员工为提高自身文化素质，业务技能而参加的学习，进修，将根据岗位需要、员工工作表现，酌情签订培训 / 进修协议。

3. 员工在非本海阳集团范围内参加各种培训或进修，应主动告知就职的部门，以便就职的海阳集团或 CCHC 体系各级机构建立相关记录，此等记录将作为对员工工作能力评估的参考依据。

（十三）劳保用品

1. 海阳集团或 CCHC 体系各级机构分别依据国家有关规定及员工的工作性质，除为员工提供工作制服外，对特殊工种的员工提供必要的劳保用品，其标准及发放按有关规定办理。

2. 员工在领用工作制服后（特为其定制的），春秋制服 3 个月内离开所就职海阳集团或 CCHC 体系各级机构须赔付其费用的 100%，3 个月之至 12 月赔付 50%，满一年后免于赔付；夏季制服不满 6 个月赔付 50%，满 6 个月后即免于赔付。

CCHC体系的培训管理制度

编号 CCHC1-3-6

一、培训的目的与管理要求

（一）为提高员工业务、知识技能、工作技能及发挥其潜在智能，加强 CCHC 体系各级各类员工职业素养与敬业精神，增强员工服务意识与服务水平，打造高绩效团队，减少工作失误，提高工作效率。使 CCHC 体系人力资源能适应日益迅速发展的需要，更好地完成 CCHC 体系的各项工作计划与工作目标，CCHC 体系将举行各种教育培训活动，被指定员工，不得无故缺席，确有特殊原因，应按有关请假制度执行。

（二）新员工入职后，须接受 CCHC 体系概况与发展的培训以及不同层次、不同类别的岗前专业培训，考核合格者方可上岗。新员工入职培训由 CCHC 体系根据人员录用的情况安排，在新员工入职的两周内进行，培训考核不合格者将不可通过试用期。

（三）员工调职前，必须接受将要调往岗位的岗前专业性培训，直到能满足该岗位的上岗要求。特殊情况经将调往部门的主管同意，可在适当的时间另行安排培训。

（四）CCHC 体系对员工在业余时间（不影响本职工作和任务的完成）内，在 CCHC 体系外接受教育和培训予以鼓励，并视不同情况可给予适当报销培训费。由 CCHC 体系各级机构报销培训费的员工，如在服务期内离职

（含辞退），须向 CCHC 体系退返该报销的费用。

（五）CCHC 体系所有员工的培训情况均应登记，由各级培训督导部保存在相应的员工档案内。

二、培训的类型

（一）按培训制定周期可分为：年度培训、季度培训和月度培训。

培训工作由各部门按年度制订计划，经分管负责人批准后报培训督导部，培训督导部汇总后并根据 CCHC 体系总体的培训任务制订 CCHC 体系年度和月度培训计划，并组织实施和考核，各相关部门配合培训师实施。

（二）培训按时间可分为：不定期培训与定期培训。

（三）培训按方式可分为：分阶层脱产培训和不脱产培训。

（四）培训按培训对象可分为：总部级、中心级负责人人员的培训；部门主管级以上人员的培训；一般员工的培训；特殊岗位人员的培训；新聘人员的培训、全体员工大会培训等。

（五）培训按培训师可分为：内部培训与外部培训。

（六）培训结束后，培训讲师必须整理出学习材料，一份交部门存档，一份交培训督导部作为 CCHC 体系的培训教材。

三、各培训内容

（一）部门主管级以上人员的培训

1. 部门主管级人员的培训主要通过培训督导部组织实施，也可以聘请专家培训。

2. 部门经理或主管级人员的培训一般就下列情况进行：

（1）CCHC 体系重大改革、政策调查等；

（2）重大的技术改进或业务体系变更；

（3）新的管理模式的建立和运行；

（4）不断发展的企业文化；

（5）最前沿的管理理论和经营理论；

（6）部门主管级人员的培训考核结果将纳入绩效考核评估记录。

（二）一般员工的培训

1. 一般员工的培训由培训督导部配合组织协调 CCHC 体系相关部门负责人进行培训。

2. 一般员工的培训就一系列内容进行：

（1）《员工手册》、相关规章制度的培训；

（2）岗位技能培训、业务知识培训、新技术培训；

（3）工作程序的培训；

（4）产品、运营培训；

（5）不断发展的企业文化培训；

（6）综合素质培训。

3. 一般员工的培训根据工作需要每季度安排组织一次，培训反馈结果由各部门上报海阳集团培训督导部存档，计入员工档案。

（三）特殊岗位人员的培训

1. CCHC 体系某些重要岗位的在岗人员应对其进行特殊培训，如财务人员、人事职员、专业营销人员等。

2. 特殊岗位人员的培训可以采取外部脱产培训和内容培训的方式。培训内容应主要是本岗位专业技能培训。

3. 特殊岗位人员在进行脱产培训前，海阳集团或 CCHC 体系各级机构须与其签订培训教育合同（见本文后面附件）。

4. 特殊岗位人员在外部培训结束后必须整理出学习材料，一份交办公室存档，一份交培训督导部作为CCHC体系培训教材。外出参加培训人员应持有培训单位的考核证明与资料。

（四）新聘员工的培训

1. 新聘录用的员工在上岗前必须统一接受培训督导部组织的新员工入职培训。

2. 人事负责对新聘人员进行企业文化、员工手册、规章制度、经营理念、管理模式、安全教育、素质教育等方面的培训。

3. 新聘人员所在试用部门配合培训督导部开展新员工岗前培训，由其部门负责人负责组织对新员工进行部门职能、岗位描述、工作流程和程序、业务规范以及专业技能等方面的必要培训。

4. 新聘员工经岗前培训考核合格后方可到所在部门上岗试用。

（五）全体员工大会培训

1. 每季度海阳集团领导层会召开CCHC体系全体员工大会，及时将CCHC体系最新的文化理念、发展状态、产品、市场推广、运营状况、管理制度向全体员工进行通报。

2. 培训督导部负责对新聘人员进行企业文化、员工手册、规章制度、经营理念、管理模式、安全教育、素质教育等方面的培训。

3. 新聘人员所在试用部门配合培训督导部开展新员工入职培训，由其部门负责人负责组织对新员工进行部门职能、岗位描述、工作流程和程序、业务规范以及专业技能等方面的必要培训。

4. 新聘员工经岗前培训考核合格后方可到所在部门上岗试用。

四、培训计划

（一）培训计划的制订与审核

1. 各部门依照培训督导部划定的培训内容与责任部门，按年、按季度、按月拟订“培训计划”送培训督导部审核，并作为培训实施依据。

2. 培训督导部就各部门所提出的年度、月度培训计划汇编年 / 月培训总计划，呈报上级领导核鉴。

3. 各项培训课程由培训督导部审核或编制，并填写“培训实施计划表”提报呈核后，通知有关部门及人员。

（二）培训计划的内容

培训对象、内容、时间、目的。

五、培训实施的运行规则

1. 培训督导部应依“培训实施计划”，按期实施并负责全部培训事宜，如：安排培训师、场地安排，有关教材分发、教俱借调，通知受训单位。

2. 如有补充培训教材应于开课前印刷完成，以便培训师上课时发给学员。

3. 各项培训结束时，应举行考核测验，由培训师负责监考，考核测验题目由培训师于开课前递交培训督导部审核。特殊专业培训应安排有关专业人员协助、配合。

4. 对受训学员应有签到记录（见表 1-3-6-1），以便培训督导部检查上课人员出席状况。

5. 受训人员应准时出席，因故不能参加培训者应提前办理请假手续。

6. 培训督导部定期召开检查会，评估各项训练课程实施效果，并记录评估内容，递交各有关部门参考，予以改进。

7. 各项培训考核测验因故缺席者，事后可以参加补考，补考测验不到者，一律以不合格计算成绩。

8. 培训测验成绩（见表 1-3-6-2）列入绩效考核积分，对于成绩不合格者，培训师报培训督导部履行“人事建议权”。

员工培训签到表

部门： 表1-3-6-1

培训日期/时间：			培训地点：		
参加培训人数：			培训讲师：		
培训内容：					
受训人员签名：					
1		13		25	
2		14		26	
3		15		27	
4		16		28	
5		17		29	
6		18		30	
7		19		31	
8		20		32	
9		21		33	
10		22		34	
11		23		35	
12		24		36	
未出席人员并附跟踪（原因）：				备注：	
培训负责人：		部门主管：		总经理：	

员工培训考核成绩表

表1-3-6-2

培训内容						培训时间					
培训讲师						培训地点					
培训方式						考核方式					
序号	部门	姓名	理论得分	应用得分	小计	序号	部门	姓名	理论得分	应用得分	小计
1						11					
2						12					
3						13					
4						14					
5						15					
6						16					
7						17					
8						18					
9						19					
10						20					
说明：员工入职培训考核分为书面考核（70%）与应用考核（30%）两部分；考核标准为：60分以下为不合格，60—70分为合格，70—80分为一般，80—90分为良，90分以上为优。											

六、培训的考勤与课堂管理

1. 学员要爱护培训场地一切设施。

2. 学员应遵守各项培训制度。

3. 学员上课时应将手机关掉或者调到振动。

4. 课堂上不做与培训无关的事情，不得随意出入，认真做好笔记。

5. 参加培训人员都要严格遵守考勤制度，不应迟到、早退、旷课。

6. 培训考勤列为考核一项，考勤不合格者，不能参加培训考核。

7. 如有特殊事情不能参加培训，必须向培训督导部请假，不请假者按旷课处理。

8. 考勤与课堂管理由培训师或其他工作人员负责。

七、培训评估、检查、反馈

（一）培训评估

1. 培训期间或培训结束后，培训督导部经理负责组织多方面、多角度的评估活动，并将评估结果记录存档（含合格和不合格者）（见表1-3-6-3），必要时反馈给培训师、培训对象和相关人员。

2. 培训评估的考核结果将与绩效考核挂钩，员工接受培训的情况将列入员工绩效考核的内容之一，其培训考核的成绩、成果将按照一定的核算方式计入绩效考核的汇总评估结果。对于有明确专业技术规范、标准或有特殊需要规定的培训考核，应严格按相关的标准，要求组织考核，成绩不合格者，应参加下一轮培训、考核，直至合格通过。多次培训考核仍不合格者，应重新考虑其工作安排。

3. 除了对参加培训的员工进行必要的考核之外，部门负责组织和培训者也要对培训工作的实际效果进行考核、评估，以不断改善、提高培训工作的技巧和水平。

4. 评估原则：培训效果应在实际工作中得到检验（而不是在培训过程中）。

5. 评估方法：调查法、问卷评估法、试卷评估法。

6. 评估记录：健全培训工作结果的档案资料。

（二）检查、反馈

1. 各部门应对参加培训的员工，在工作岗位上进行严格的督导检查、考

培训效果评估表

部门：__________　姓名：__________　培训内容：__________　培训时间：__________

请就下面每一项进行评价，并请在相对应的分数上打“√”：　**表1-3-6-3**

课程内容	很差	差	一般	好	很好	优秀
1. 课程目标是否符合我的工作和个人发展需要	5	6	7	8	9	10
2. 课程知识是否深度适中，易于理解	5	6	7	8	9	10
3. 课程内容是否切合实际，便于应用	5	6	7	8	9	10
培训师						
4. 培训师表达是否清楚、态度友善	5	6	7	8	9	10
5. 培训师对培训内容是否有独特精辟见解	5	6	7	8	9	10
6. 培训师是否鼓励学员参与，现场气氛很好	5	6	7	8	9	10
7. 培训师对学员提问是否所作出的回答与指导	5	6	7	8	9	10
培训收获						
8. 获得了适用的新知识和新理念	5	6	7	8	9	10
9. 获得了可以在工作上应用的一些有效的技巧或技术	5	6	7	8	9	10
10. 促进客观地审视自己以及自己的工作，帮助对过去的工作进行总结与思考。	5	6	7	8	9	10
其他收获： 11. 整体上，您对这次课程的满意程度是：A. 不满意　B. 普通　C. 满意　D. 非常满意						
12. 您给予这次培训的总评分是（以100分计）__________						
13. 本次培训你认为哪些内容对你的帮助最大？ 14. 您认为课程或讲师最应改进的地方？	15. 请您提出其他培训建议或培训需求。					
说明：填写完整后及时将本表交人力资源部； 请给予您真实的评估意见，以帮助我们不断提高培训水平。						

查员工培训后在工作态度和工作绩效的表现，将结果反馈到培训督导部。

2. 培训督导部将学员在培训期间的表现、出勤、成绩及时反馈各部门。

3. 外派培训及特殊工种的技能培训，受训员工必须考核合格且取得相应资格证书作为依据。外派参训的员工将作为该门课程的讲师，有责任在CCHC体系内部进行课程的分享交流。

附件：

海阳集团CCHC体系专项培训协议书

甲方：海阳集团 CCHC 体系

乙方：　　　　　　　　（身份证号：　　　　　　）

乙方系甲方在职员工，甲方根据工作需要，对乙方进行培训，并根据《劳动法》,《劳动合同法》，在双方协商一致的基础上签订本培训服务期协议。

第一条　培训目的：通过培训提高受训者的专业知识技能。

第二条　培训有关内容：

- 培训期限：从________年____月____日到________年____月____日。
- 培训内容：____。
- 培训地点：____。
- 培训提供方：____。
- 培训方式：____（脱产 / 非脱产）

第三条　甲方为乙方支付的全部费用，包括学费及差旅费，培训期间的工资

- 培训费总计人民币________元（大写　　　　　　　　　　　　　　）；
- 差旅费总计人民币________元（大写　　　　　　　　　　　　　　）；
- 培训期间工资人民币________元（大写　　　　　　　　　　　　　）；
- 总计培训费用人民币________元（大写　　　　　　　　　　　　　）。

第四条　甲方的权利义务

1. 乙方学习时间，计入工作时间之内，按连续工龄计算。
2. 若乙方为非脱产培训的，乙方学习期间的工资按原工资支付。
3. 乙方学习期间，按单位在职员工对待。
4. 负担乙方按照上述第三条列明的费用。
5. 同意乙方培训结束后，回到原工作岗位，享受原工资待遇。

第五条　乙方的权利义务

1. 乙方应按指定时间到达指定地点，如需变更，应及时通知甲方，并得到甲方的批准。否则，以旷工论处。培训结束，乙方应在规定时间内返回原工作地。
2. 乙方必须完整参加培训，任何变动都必须经甲方书面批准。
3. 乙方有义务将培训获得的知识或技能传授给甲方指定的其他人员，帮助他们提高所需知识、技能，并对他们所学知识、技能进行考核。

4. 因任何情况致使乙方不能完成培训的，乙方应该通知甲方（包括但不限于疾病）。
5. 在培训期间，如果乙方提出辞职（乙方必须提前三十天通知甲方），未经通知甲方同意而擅自脱离培训，或在培训结束后未回甲方工作，将均被视为旷工及严重违约处理，甲方有权做出立即开除处理。凡发生上述事宜，乙方应当全额赔偿甲方已经支付的全部培训费用。
6. 若乙方接受非脱产培训的，乙方有义务遵守甲方的各项规定，按照甲方确定的工作岗位职责，按时、按质、按量完成工作。
7. 若乙方接受脱产培训的，乙方必须保持在培训处可接受的出勤记录而且通过考试（若为脱产培训的，缺勤期间，甲方有权扣除相应天数的生活津贴）。
8. 乙方必须遵守与甲方的保密协议，未经甲方许可，乙方不得将所培训内容以及甲方的任何内部信息外泄，否则按违反甲方的保密协议论处。
9. 乙方完成培训之后，必须再为甲方服务____年，此服务期限自________（培训结束后 /________年____月____日）起计。
10. 服务期限期间，发生下列情况，乙方应当按照未服务的年份按比例赔偿本协议第三条约定的费用（费用按年折算，未服务时间不足 1 年的，视同 1 年；未服务时间大于 1 年不足 2 年的，视同 2 年；以此类推）：
    1）发生符合劳动合同法第 39 条或劳动法第 25 条规定甲方可以解除劳动合同的；
    2）乙方提出辞职的；
    3）发生其他法律规定甲方可以解除劳动合同的。

第六条　其他约定

1. 如果甲方与乙方的劳动合同在本协议服务期限届满前到期的，双方可以续签劳动合同，若双方无法就续签达成一致的，除甲方同意终止劳动合同以外，劳动合同于本协议期满之日终止。
2. 若发生上述情况，甲方也可以选择终止劳动合同，但不得向乙方主张任何赔偿。
3. 本协议在甲方盖章、乙方签字之后即生效。
4. 本协议一式两份，具有相同的效力，双方各执一份。

甲方：　　　　　　　　　　　　　　**乙方：**

日期：　　　　　　　　　　　　　　**日期：**

CCHC体系的考勤管理制度

编号 CCHC1-3-7

一、总则

（一）为严格海阳集团和其下属的CCHC体系中的劳动纪律，保证工作秩序顺畅，形成良好的工作作风，针对CCHC体系工作性质及方式，力求做到既严肃认真、又灵活实际、有章可循的管理，特制定本制度。

（二）海阳集团的员工（含CCHC体系的员工）都应该按照本制度的各项规定执行。

二、作息时间管理

（一）海阳集团的员工上、下班时间为：周一至周五8：00至17：00，每周实行40小时工作制。

（二）CCHC体系居家养老管理人员上下班时间为：周一至周五8：30—17：00，中午轮流值班，每周实行40小时工作制。

（三）居家养老服务人员工作时间为海阳集团、××区（县）CCHC居家养老综合服务总部（以下简称养老服务总部）、××街道（社区）CCHC居家养老综合服务中心（以下简称养老服务中心）签发的派工单。

（四）除以下人员特殊情况外：

1. 经海阳集团、养老服务总部、养老服务中心负责人批准免于打卡者。

2. 因公出差填写《CCHC体系员工外出申请表》（见表1-3-7-1），经海阳集团、养老服务总部、养老服务中心负责人核准者。

CCHC体系员工外出申请表

部门：　　　　　　　　　　　　　　　　　　　　　　　　表1-3-7-1

姓　名		部　门	
外出时间			
缘由：			
部门负责人核准		日　期	

3. 经部门主管以上批准市内公出办事者。

4. 因特殊原因需要请假的人员。

三、考勤制度管理

（一）海阳集团及CCHC体系各级机构员工考勤由统一由任职部门负责，作为基本工资、绩效工资考核依据之一。考勤每月统计一次，（见表1-3-7-2）统计后交海阳集团或CCHC体系各级机构负责人批准。财务根据出考勤统计表做工资单。

海阳集团______年________月份考勤统计表

单位：　　　　　　　　　　制表日期：　　　　　　　　　　表1-3-7-2

序号	姓名	迟到（次）	早退（次）	事假（时）	年假（天）	病假（天）	产假（天）	丧假（天）	节日加班（天）	加班（时）	调休（天）	缺勤（天）	备注
1													
2													
3													
4													
…													
…													
35													

负责人：　　　　　　　　　　　　制表人：　　　　　　　　　　审核人：

（二）海阳集团或 CCHC 体系各级机构的考勤部门记录员工的出勤情况以年终进行考核评比。

（三）海阳集团及 CCHC 体系各级机构管理人员采用微机签到，服务人员使用手机 APP 签到。如因特殊原因未能考勤，应及时向主管领导报告，由主管领导记录以备核查；各类人员忘记考勤，视同迟到或缺席处理；凡遇恶劣性天气或不可抗力的事故等情况则另行处理，但以报纸电台媒体发布的公告为准。

（四）CCHC 体系居家养老服务员在派工单时间进行打卡签到，需打卡两次；到达服务对象家中时一次超过时间为迟到；服务结束时打卡一次，如提前视为早退；必须为老人服务做满规定时间。

（五）海阳集团及 CCHC 体系各级机构员工严禁在考勤方面弄虚作假，违规者将会受到纪律处分，甚至即时解雇。

（六）海阳集团及 CCHC 体系各级机构员工应自觉遵守企业安排的上班时间，按时上下班，不迟到、不早退、不随意调换或更改工作时间，上班时间外出办事，需说明去向或理由，经上级领导同意方可离开。

（七）除得到部门和项目负责人准许以及紧急事故外，所有员工不得在工作时间内离开 CCHC 体系各级机构所管辖的范围。

（八）未征得主管上级同意而无故离岗，缺席上班或缺席培训，视为旷工处理。

（九）员工用餐时间应根据工作需要实际情况安排轮流进行。

（十）海阳集团及 CCHC 体系各级机构员工及服务人员每次迟到 / 早退 ≤ 5 分钟，扣发 10 元 / 次，每次迟到 / 早退 ≤ 20 分钟，扣发 20 元 / 次，每次迟到 / 早退超过 20 分钟不足一小时，扣发 ×× 元 / 次，每次迟到 / 早退超过一小时（含），则按旷工论处。

（十一）海阳集团及 CCHC 体系各级机构员工每月累计迟到 / 早退 ≥ 3 次者，除按上述规定扣款外，海阳集团或 CCHC 体系各级机构可视情节轻重给予其警告处分或解除劳动合同 / 劳务协议。

（十二）海阳集团及 CCHC 体系各级机构员工请假无论任何事由，都应办理请假手续，并填写《员工假期申请单》（见表 1-3-7-3）。紧急的病假、事假可以酌情事后补填（但必须在 3 个工作日内补交）。

员工假期申请单

假期类别：　　　　　　　　　　　　　　　　　　　　　　**表1-3-7-3**

<table>
<tr><td>病假</td><td></td><td>无薪事假</td><td></td><td>丧假</td><td></td><td>婚假</td><td></td><td>探亲假</td><td></td><td>工伤假期</td><td></td></tr>
<tr><td>产假</td><td></td><td>调休</td><td></td><td colspan="8">其他</td></tr>
<tr><td colspan="12">部门：</td></tr>
<tr><td colspan="2">姓　　名</td><td>编号</td><td colspan="2">职　　务</td><td colspan="2">到职日期</td><td colspan="2">请假日期</td><td colspan="3">合计请假天数</td></tr>
<tr><td colspan="2"></td><td></td><td colspan="2"></td><td colspan="2"></td><td></td><td></td><td colspan="3"></td></tr>
<tr><td colspan="12">备注：

</td></tr>
</table>

负责人：　　　　部门主管：　　　　主管：　　　　申请人：
日期：　　　　　日期：　　　　　　日期：　　　　日期：

（十三）海阳集团及 CCHC 体系各级机构员工请事假，扣发事假期间的工资、津贴等。

（十四）海阳集团及 CCHC 体系各级机构员工请病假，1 天以内（含 1 天）扣发病假期间的工资及津贴的 30%；1 天以上 5 天以内（不含 5 天）扣发病假期间的工资及津贴的 35%；5 天以上 10 天以内（不含 10 天）扣发病假期间的工资及津贴的 40%；10 天以上扣发病假期间的工资及津贴的 50%。

（十五）海阳集团及 CCHC 体系各级机构员工无故旷工予以除名处理，同时扣发当月工资及津贴。因旷工给企业造成损失的，海阳集团 CCHC 体系各级机构将保留追究其有关责任的权利。

（十六）海阳集团及CCHC体系各级机构员工请假应遵照相应的管理规定，请假期间应将经办事务委托给领导指派的其他同事，不得因请假而影响工作，海阳集团CCHC体系各级机构保留对员工请假的批准权。

（十七）海阳集团及CCHC体系各级机构员工事假、病假及旷工时数的单次计量单位为一小时（特殊岗位除外）。

（十八）海阳集团及CCHC体系各级机构员工凡申请调休的，须提前一天填写《员工假期申请单》，每次调休最小计量单位为4小时（特殊岗位除外）。

（十九）请假期间的午餐费作相应的扣除：全月出勤按22天计算，××元/天，当月餐费下月初发放，任何公假、加班调休等都不作统计；

四、加班管理

（一）加班必须办理加班手续，填写《员工加班申请单》(见表1-3-7-4)并经各部门经理批准同意。

员工加班申请单

部门：　　　　日期：　　　　表1-3-7-4

<table>
<tr><td rowspan="2">姓　　名</td><td colspan="3">加班时间</td><td rowspan="2">加班事由</td></tr>
<tr><td>自 月 日 时 分</td><td>至 月 日 时 分</td><td>小　　计</td></tr>
<tr><td></td><td></td><td></td><td></td><td></td></tr>
<tr><td></td><td></td><td></td><td></td><td></td></tr>
<tr><td></td><td></td><td></td><td></td><td></td></tr>
<tr><td></td><td></td><td></td><td></td><td></td></tr>
<tr><td colspan="2">负责人签署：</td><td colspan="3">部门经理签字：</td></tr>
</table>

（二）加班：因工作需要，部门经理可指定员工在正常工作时间以外进行加班，员工无特殊情况不得拒绝。

（三）部门负责人在每月 30 日将“假期申请单”、“加班申请单”等交考勤部门统计考勤情况。统计人员将“加班申请单”记录的内容登记在《员工调休单》（见表 1-3-7-5）上，并由海阳集团或 CCHC 体系各级机构负责人签字盖章后交给员工。

员工调休单

表1-3-7-5

<table>
<tr><td>部门</td><td></td><td>工号</td><td></td><td>姓名</td><td></td></tr>
<tr><td colspan="6">因工作需要于________年____月____日　　　加班工作____时____分

准给调休____时____分此证。

总负责人：　　　　　　　　部门负责人：</td></tr>
</table>

（四）加班时间以 1 小时作为起点计时单位。常日班累计 4 小时为 0.5 个工作日，累计 8 小时为 1 个工作日……依此类推，并以此作为计算加班和调休的依据。对综合计时制员工 12 小时为 1 个工作日。

（五）加班时间最多计 4 小时 / 天（综合计时制员工除外），周末、国家法定节假日的加班时间最多计 8 小时 / 天（综合计时制员工除外），且每个月加班时间不得超过 36 小时，超过者按 36 小时计。

（六）调休必须提前向部门负责人申请，每张调休单计时 4 小时，每次使用一张以上（含一张）调休必须由部门负责人同意并在调休单上签字。

（七）海阳集团及 CCHC 体系各级机构员工加班后，应优先安排调休，若因工作需要等原因允许在加班后的一个季度内使用完毕，未使用完按放弃处理，不做累积到下季度。

（八）加班时间的计算下列特殊情况除外：

1. 发生自然灾害、事故或者因其他原因，威胁员工生命健康和财产安全，需要紧急处理的；

2. 设备、公共设施发生故障，影响日常运作，必须及时抢修的。

五、《员工加班记录表》使用管理

（一）海阳集团及 CCHC 体系各级机构员工加班单独建立一份《员工加班记录表》(见表 1-3-7-6)。

员工加班记录表

部门：　　　　姓名：　　　　表1-3-7-6

加班日期	加班事由	加班时间	调休日期	调休时间	备注

（二）办公室统计人员根据有效的《员工加班申请单》按记录表的内容逐项登记，其中的加班时间以 4 小时为基本单位，小于 4 小时按实记录。

（三）《员工加班申请单》、《员工假期申请单》和《员工加班记录表》三张表格的内容要一致，不得有误。其中的加班时间以 4 小时为基本单位，小于 4 小时按实记录。

（四）海阳集团及 CCHC 体系各级机构员工每次申请调休后收回《员工调休单》，并在《员工加班记录表》中予以登记。

CCHC体系的考核奖惩管理制度

编号 CCHC1-3-8

为确保服务质量的提升，激励员工评先进树典型，创造一流的管理服务，企业形成良好的工作环境和优良的工作，激励员工的工作热情，调动员工的积极性和创造性，充分发挥潜能，增强企业凝集力，肯定员工工作成绩和个人表现，特制定本条例。

一、奖励

（一）凡做出以下成绩、贡献或者取得以下业绩的员工可以获得奖励：

1. 在行业评比中荣获国家、省、市先进标兵、先进工作者称号或受表彰者。

2. 努力钻研业务，对提高工作效率、经济效益的发明、创造、改革有显著成效者。

3. 代表企业参加省、市、全国和国际各类比赛，为企业获得荣誉者。

4. 见义勇为使企业的财产免受重大损失的。

5. 提出合理化建议经企业认定实施后取得一定效益的。

6. 积极钻研业务技术，改革创新，改造设备，使设备得到优化使用的。

7. 拾金不昧，优质服务为企业取得良好声誉的。

8. 对损害和侵蚀企业利益的不良作风积极举报的。

9. 对偶发、突发的紧急事件处理得当得到用户好评的。

10. 及时发现并消除重大治安、消防隐患者。

11. 及时发现事故隐患，积极采取应急措施防止重大事故发生的。

12. 忠于职守工作，勤恳负责、廉洁奉公、勇于奉献、事迹突出的。

13. 年终各项工作做出显著成绩，被评为企业先进个人的。

（二）奖励方式

1. 奖励方式分精神奖励和物质奖励。

2. 企业内口头、通报表扬，授予荣誉称号。

3. 发给奖金、奖状、奖品、加薪。

5. 提供学习、培训、深造、进修的机会。

6. 职位级别的提升。

7. 奖励实施由部门经理签署后报企业领导批准。

二、处罚

（一）具下列情况之一的，给予口头警告，口头警告由部门实施，并记录在案：

1. 违反操作规程造成器械或工具损坏或丢失的。

2. 不执行上级交办的任务，或执行不彻底的。

3. 上班时不按规定着装或着装不整洁、不修边幅。

4. 仪容仪表未达到标准要求的。

5. 因工作不负责遭到客户投诉。

6. 大声喧哗、上班时吸烟、打手机或有其他有失职业风范之行为。

7. 工作时间接待私人探访，听收音机、录音机，吃零食，脱岗，串岗，聊天。

8. 工作态度散漫、粗心大意，造成工作质量下降或工作出现轻微过失。

9. 未经批准擅自换班，无故拖延时间换岗。

10. 使用设备上的电脑做与工作无关的事。

11. 在所辖工作场所内随地吐痰，乱丢烟头、纸屑等不卫生行为。

12. 其他违反本手册的行为。

（二）具下列情况之一者，给予书面警告处分，书面警告由部门经理发出，记录员工违反规定的细节，并由当事人签名存档：

1. 在客户面前不当使用对讲机造成不好影响的。

2. 对客户或同事出言秽语，不讲礼貌。

3. 扣压客户投诉，对投诉不予理睬，修改投诉记录。

4. 拒绝为客人提供服务，或索取小费及小额财物（人民币100元以下）。

5. 工作时间睡觉。

6. 擅自撤离职守。

7. 无事生非、挑拨离间、破坏员工团结、中伤他人。

8. 领导不力，下属涣散，严重影响工作质量，引起客户投诉。

9. 不服从主管领导的合理指令，不与同事协作配合，影响工作质量。

10. 挪用企业财物并主动交回的。

11. 私藏客人遗失或遗留物品，拾遗不报。

12. 未经许可配置权属企业的钥匙。

13. 未经经理同意擅自复印或向外传播企业文件。

14. 有意提供假情报、假资料和假报告。

15. 对所用的设备及设施操作不当或违反安全规定，但未造成损失或事故。

16. 不遵守企业规定的岗位职责及标准。

（三）具下列情况之一，予以辞退、开除，由部门经理填写处分建议表，综合部核准后提出处理意见呈报总经理审批：

1. 触犯政府法律法规被拘留、劳教、判刑。

2. 不执行地面停车规则，未将填写该车停靠时间和车号的发票交给客户的。

3. 工作态度恶劣，侮辱客户。

4. 盗窃企业财物或客户财物。

5. 严重违反操作规程或安全规定给企业或客户造成损失者。

6. 年度内累计 3 次被书面警告者。

7. 传播淫秽物或散布淫秽思想及行为。

8. 利用工作之便行贿、索贿、受贿。

9. 非法获取、侵吞企业的利益。

10. 酗酒、赌博或打架，恶意破坏公物或同事物品或客户物品。

11. 未经企业允许，同时兼职于其他单位或利用病休另谋职业。

12. 损害企业声誉，泄露企业之机密资料。

13. 利用职务隐私舞弊、牟取私利、假公济私。

14. 其他严重违反企业规定的行为。

（四）凡员工符合上述条件所得的奖励或处罚，由部门经理（或检查人员）填写《员工奖惩通知单》(见表 1-3-8-1)，并且按要求签字后交海阳集团或 CCHC 体系各级机构。

员工奖惩通知单

表1-3-8-1

编　　号		姓　　名	
部　　门		职　　务	
奖惩事由：			
处理结果：			

经理签字：　　部门主管：　　填单人：　　员工签字：
日　　期：　　日　　期：　　日　期：　　日　　期：

（五）员工在第一次受到口头警告处分由部门经理发出，由当事人签名存档。当时人扣罚款 10 元；同月同人第二次受到口头警告处分同样由部门经理发出，由当事人签名存档。当时人扣罚款 100 元；连续 3 个月内员工合计超过 5 人次（含第一次口头警告），每个领班罚款 200 元（不包含部门实施的处罚）。

（六）员工在第一次受到书面警告处分由部门经理发出，由当事人签名存档。当时人扣罚款 20 元；同月同人第二次受到书面警告处分同样由部门经理发出，由当事人签名存档。当时人扣罚款 150 元；连续 3 个月内员工合计超过 5 人次（含第一次口头警告），每个领班罚款 300 元。部门经理罚款 500 元（不包含部门实施的处罚）。

（七）员工在受到辞退，开除处分的同时，并处以全额扣除当月工资及津贴经济处罚；给企业造成损失的，当事人还应负赔偿责任；情节严重者，企业可通过有关部门追究其法律责任。

CCHC体系的档案管理制度

编号 CCHC1-3-9

一、总则

为规范 CCHC 体系的档案管理工作，保证档案管理有效性、规范性，不断提高档案在经营和管理中的作用，有效地为 CCHC 体系内各级部门、单位以及相关单位应用档案服务，同时为有序地积累历史资料提供依据，特制定本制度。

二、适用范围

按照国家和政府相关的法律、法规的规定和档案管理的惯例，对 CCHC 体系内的四类档案资料（包括文字、图纸、照片、电子文档以及其他介质记录的资料档案等）的管理工作作为本办法的适用范围。

三、CCHC 体系各级部门、单位档案管理的职责

（一）CCHC 体系中档案管理采取分级管理的原则：海阳集团、×× 区（县）CCHC 居家养老综合服务总部（以下简称养老服务总部）、×× 街道（社区）CCHC 居家养老综合服务中心（以下简称养老服务中心）等组成三级档案网络，在它们的办公室内设档案室，或设专职、兼职的档案管理员，采用档案库或者专用档案柜，所有档案最终归各级档案室保管，或在档案室、档

案管理员监管下处理。

（二）CCHC 体系的各个部门、单位都有责任建立本部门、单位经营、管理、建设过程中产生的档案资料，并负责确保其完整性。

（三）CCHC 体系中的各个部门、单位在经营、管理、建设过程中产生和形成的档案资料，先由本部门、单位按照规定的期限保存，期满后需统一交档案室归档。

四、CCHC 体系档案的收集与分类

CCHC 体系的档案是按照 CCHC 体系形成、经营、管理的流程进行收集的，收集应该主要包括以下两大方面：有关 CCHC 体系相关的建筑建设和运行的档案管理、CCHC 体系中被服务的老人相关的档案。

（一）CCHC 体系相关的建筑建设和运行的档案管理

1. CCHC 体系相关的建筑建设档案的管理。

（1）与所在区域建立 CCHC 体系建筑建设过程中，形成的谈判记录、会谈纪要、意向书、合同、管理标准等一系列文件。这些资料应该由海阳集团收集并保存。

（2）在所在区域建立 CCHC 体系过程中形成的设备、设施从总体构思、前期策划、到设计、施工、监理、购置、验收、竣工材料等形成的档案资料，这些资料应该由海阳集团收集并保存。以及管理、维修、大修、更新、淘汰等各个阶段的原始资料及汇总集成，这些资料应该由养老服务总部、养老服务中心根据管理权限分别保管或者上级备案。

（3）CCHC 体系建设基础资料建立档案收集范围。

养老服务中心的建设基础资料档案收集内容主要是大楼在竣工移交时的有关一些基础资料档案，养老服务中心基础资料档案所需收集档案的主要内容（见表 1-3-9-1）。

养老服务中心建设基础档案资料一览表

表1-3-9-1

分　类	资　料　目　录
技术资料	工程竣工图
	土建综合材料、水电综合材料
	楼宇验收交接材料
	工程维修项目价格表
	公共设备使用说明书、维修维护资料及测试报告
	工程设计变更通知
	技术核定单
	隐蔽工程验收记录
	沉降观察记录及沉降观察点布置图
	竣工验收证明书
	钢材及水泥等主要材料质保证书
	新材料及构配件鉴定合格证书
	设备及卫生洁具检验合格证书
	砂浆及混凝土试块试压报告
	供水管道试压报告
验收资料	工程竣工验收证书
	消防工程验收合格证
	综合验收合格证
	用电许可证及供电合同
	用水审批表及供水合同
	电梯使用合格证

2. 所在区域建立CCHC体系建筑的运行和管理过程中形成的档案。

（1）运行纪录档案的收集范围包括：建筑物运行记录档案和设施设备运行记录档案；

（2）维修维护记录档案的收集范围包括：建筑物维修维护记录档案和设施；

（3）服务记录档案的收集范围包括：大楼及公用设施清洁服务记录、社区活动记录和服务与投诉管理记录等；

（4）日常管理期档案所需收集档案的主要内容（见表 1-3-9-2）。

CCHC居家养老服务体系建筑日常管理档案资料一览表

表1-3-9-2

分类	资料目录	分类	资料目录
人力资源	谈判记录、会谈纪要、意向书、合同	治安工作	保安交接班记录、巡逻记录
	文件、档案接收及移交、销毁清册		来访人员登记表等
	组织改革、大事记及工作计划、总结		消防安全检查记录表
	各类管理规章制度及装修规定等	设备运行	设施设备的维修保养制度等
	员工花名册、工资表、员工考评及福利等		设施设备的维修档案
	员工培训计划、措施、教材等		设施设备日常巡检维修记录
	员工合同台账、社会保险记录等		变配电间、监控中心等工作日记、交接班记录及人员进出记录
后勤管理	办公楼设施、用品及区域通信工具管理材料		电梯质检部门合格证书及年检报告
	设备领用、维修、报废记录		生活水箱定期清洗记录、年检报告、水质监测报告、清洗人员有效体检证明
保洁工作	保洁区域及人员分布记录、定期检查表		消防系统日常检测记录
	环境卫生清洁、消毒记录	其他	社区活动开展各项活动形成的一系列资料等

本部分上述档案可以根据具体情况由海阳集团、养老服务总部、养老服务中心等组成三级档案网络分别收集、保管和管理。即哪一级使用哪一级管理的原则。

3. 在所在区域建立 CCHC 体系运行过程中参与的个人、组织、单位相关的基本情况、培训经历、换岗、晋升、奖惩等有关档案资料。这些资料应该由海阳集团、养老服务总部、养老服务中心根据管理权限分别保管或者上级备案。

（二）CCHC 体系中被服务的老人相关的档案

1. 在所在区域建立 CCHC 体系运行过程中，形成的被服务的对象以及被服务的过程各个项目的全部原始记录及终极小结。

2. 这些资料应该由养老服务总部、养老服务中心根据管理权限分别保管或者上级备案。

3. 居家养老人员进入 CCHC 体系档案收集和应用的范围：

（1）居家养老档案动态管理系统，主要适用于市、区（县）、街道（社区）等各级政府工作主管部门对辖区内的老人信息档案实现动态采集和管理。

（2）通过该系统，老龄工作主管部门可实现“市、区（县）、街道（社区）”三级养老管理体系下的老人数据的分级填报、集中审批和分级管理。

（3）结合社区义工及服务机构管理和一定的行政审批报备流程管理，就可以进一步形成完善的老龄工作信息化管理系统。

（4）主要是建立完善的老人档案（家庭信息、子女信息、健康状况信息等等）；档案分级录入及管理，并具备严格的权限管理与角色管理，提供灵活的组合查询和详细的报表统计等功能。

4. CCHC 体系居家养老体系被服务老人信息档案内容

通过对老龄人群的档案的分级填报和集中审批，可实现对老年人养老信息的动态的实时的管理。

（1）基础档案包括老人基础信息、家庭信息、收入状况及养老金来源等（见表 1-3-9-3）。

（2）健康档案包括病史、血型、过敏史、急救信息等（见表 1-3-9-4）。

（3）特殊老人需要不同的服务需求以及老人的性格等（见表 1-3-9-5）。

老人基础档案信息表

表1-3-9-3

个人资料：

姓　　名		身份证号码	
性　　别	□男　□女	民　　族	
出生年月		文化程度	□文盲　□小学　□初中 □高中　□大专　□本科以上
籍　　贯		婚姻状况	□未婚　□已婚　□丧偶　□离婚
原工作单位		爱好特长	
是否享受低保	□享受　□不享受	家庭月人均收入	
身体状况	□生活能自理　□生活半自理　□生活不能自理		
居住状况	□与子女生活　□与配偶生活　□与亲属生活　□独自生活		
经济状况	□退休金　□子女补贴　□政府低保　□亲友资助　□其他补贴		
住房性质	□私产房　□公产房　□廉租房　□租赁房		
生活赡养方式	□本人　□配偶　□子女　□亲属　□福利机构　□其他		
护理照顾情况	□无需　□配偶　□子女　□亲友　□保姆		
户籍所在地			
居住地址			
居住地邮编		住宅电话	
		移动电话	

配偶情况：

姓　　名		身份证号码	
出生年月		原工作单位	
身体状况	□生活能自理　□生活半自理　□生活不能自理		

子女情况：

姓　名	是否与老人同住	居住地址	是否享受低保	是否重度残疾	联系电话
	□同住 □不同住		□享受 □不享受	□是 □不是	
	□同住 □不同住		□享受 □不享受	□是 □不是	

老人健康情况表

表1-3-9-4

<table>
<tr><td>医疗保障</td><td colspan="4">□医疗保险　□自费</td></tr>
<tr><td>视力状况</td><td colspan="2">裸眼：□可辨　□不可辨</td><td colspan="2">戴眼镜：□可辨　□不可辨</td></tr>
<tr><td>行走状况</td><td colspan="4">□能自己行走　□行走不方便　□依靠器械　□不能行走</td></tr>
<tr><td>睡眠质量</td><td colspan="4">□很好　□较好　□一般　□偶尔失眠　□经常失眠</td></tr>
<tr><td>血型</td><td colspan="4">□A型　□B型　□AB型　□O型</td></tr>
<tr><td>以往病史
（可多项选择）</td><td colspan="4">□高血压　□高血脂　□冠心病　□肝炎　□肝硬化
□气管炎　□肺炎　□肺结核　□胃炎　□糖尿病
□癫痫　□精神疾病　□甲状腺疾病　□其他
其他：</td></tr>
<tr><td>是否需要周期性体检</td><td>□需要　□不需要</td><td>是否需要随访</td><td colspan="2">□需要　□不需要</td></tr>
<tr><td>是否需要家庭病床</td><td colspan="4">□需要　□不需要</td></tr>
<tr><td>自理生活状态
（可多项选择）</td><td colspan="4">□穿衣　□行走　□吃饭　□服药　□洗衣　□做饭菜　□打电话
□简单家务　□洗澡　□购物　□梳头、上厕所　□室外活动
□不能自理</td></tr>
<tr><td>配偶以往病史
（手工填写）</td><td colspan="4"></td></tr>
</table>

特殊老人需要服务的需求表

表1-3-9-5

<table>
<tr><td>需求内容
（可多项选择）</td><td>1. 生活照料服务：
□采购日用品　□打扫室内卫生　□入户理发　□洗衣　□做饭
□送餐　□助浴　□日托
2. 医疗保健服务：
□陪诊就医　□常见病陪护　□重病护理　□康复护理　□家庭病床　□心理卫生
3. 精神慰藉服务：
□聊天谈心　□阅读报纸　□情感倾诉　□联系家人
4. 应急求助服务：
□安装智能呼叫系统　□水、电、气故障应急帮助　□疾病应急求助
5. 其他服务区：
□联系入住福利机构　□法律维权服务　□文化教育服务
□体育健身服务</td></tr>
<tr><td>主要服务形式</td><td>□上门服务　□日托服务</td></tr>
<tr><td>服务费用</td><td>□有支付能力　□有部分支付能力　□无支付能力</td></tr>
<tr><td>性格特征</td><td></td></tr>
</table>

五、档案的鉴定及保管期限

档案保管期限划分的基本原则：

（一）凡是对建筑维护和使用以及科学研究有长远研究参考价值的、对CCHC所在区域建立运行中有长远利益价值的档案应永远保存。

（二）凡是在一定时期内对大楼及管理工作有利用价值的档案保管年限分为：1年、2年、3年、长期。

（三）凡介于两种保存年限之间的档案，其保管期限一律从长。

（四）档案保管工作的中心任务是维护档案的完整和安全。具体要做到：

1. 有关工程验收竣工资料档案、图册、管理制度、合约及附件设备设施和保养制度、员工人事资料等档案要求集中存档，文件柜要求上锁，未经保管人员许可，他人不得动用。

2. 档案必须按规范要求存档，做到有图有袋、文有夹，报告类文件编目录索引，档案类文件有存档文件清单及编号目录（见表1-3-9-6）。

存档文件清单及编号目录表

分类：　　　　表1-3-9-6

序号	文件编号	文件名称	数量	备注

3. 档案日常需经常使用部分应复印备份，原件存放在档案中不得随意使用。

4. 防火、防光：保管档案的器具要远离火源，附近要备有灭火设施，要避免阳光直射。

5. 防潮、防霉：要采取措施，控制好档案存放环境的温度和湿度，保持通风。

6. 防尘、防虫：档案存放要相对密封，要防止和抑制害虫的繁殖和发育。

7. 保管以录音带、录像带为载体的档案还要注意防磁，只允许使用木制的柜子存放，且每半年倒放一次磁带。照片保管要防潮，要收集底片并附样照。

8. 对经鉴定确定无保存价值的档案，由海阳集团总部提出销毁报告，经鉴定小组鉴定，鉴定小组组长签名后销毁（见表 1-3-9-7）。

档案销毁记录表

分类：　　　　　　　　　　　　　　　　　　　　　　　　表1-3-9-7

序号	文件编号	文件名称	销毁原因

执行人：　　　　　　　　　　批准人：　　　　　　　　　　表格编号：

六、资料的归档时间

（一）各部门按《档案目录及保管期限表》（见表 1-3-9-8）中规定的时间、范围将文件集中交海阳集团档案室或养老服务总部、养老服务中心办公室统一归档。

（二）重大会议和活动的文件材料应在结束后 7 天内归档。

（三）声像文件材料应在各项活动后随时归档。

档案目录及保管期限表

表1-3-9-8

部　门	序号	档　案　目　录	部门保存期
人力资源部门	1	会议记录	1年
	2	计划、总结	1年
	3	内部文件	留复印件2年
	4	各部门规章制度	长期
	5	政策法规	长期
	6	印章的使用	1年
	7	外部往来函件	留复印件2年
	8	设施台账、办公设备、仓库物品、宿舍物品	1年
	9	员工个人档案（入职、调薪、转正等）	3年
	10	考勤记录	1年
	11	规章制度	长期
	12	员工花名册	1年
	14	考评记录	1年
	15	文件（所有文件原件）	1年
	16	政府有关部门的方针、政策性的文件材料、媒体报道	1年
	17	固定资产档案	复印件备份
	18	员工培训档案	1年
	19	员工奖惩档案	1年
	20	接管验收图纸、资料档案	长期
	21	物品领用档案	1年
	21	养老人员档案资料	长期
治安工作	1	值班记录表	1年
	2	巡逻岗登记表	1年
	3	来访人员登记表	1年
	4	突发事件处理档案	3年
	5	设施设备故障处理报告	1年
	6	排班表、值班表	1年
	7	会议记录	1年
	8	奖惩考核记录（留复印件备份）	1年
	9	培训记录	1年

（续表）

部　门	序号	档　案　目　录	部门保存期
设备运行	1	设施、设备使用说明书	留复印件
	2	房屋主体维修养护档案	1年
	3	设备台账	留复印件
	4	电梯运行检查记录、维修养护档案	1年
	5	用水、电抄表记录	1年
	6	自动化设备维修维保记录	1年
	7	能源系统设备维修维保记录	1年
	8	变配电维修保养记录	1年
	9	水泵运行检查记录	1年
	10	供水系统维修保养记录	1年
	11	保安监控系统运行、检查、维保档案	1年
	12	消防运行、检查记录及维保档案	1年
	13	门禁系统检查、维保记录	1年
	14	分体式空调检查、维保记录	1年
	15	维修服务记录	1年
	16	工作计划、总结	1年
	17	会议记录	1年
	18	文件（留复印件备份）	2年
	19	排班表、值班表	1年
	20	规章制度、流程	长期
	21	培训、奖惩、考核流程	1年
	22	工程维保合同（复印件）	合同期满内
	23	工程技改档案	1年
	24	工程投诉处理档案	处理完后1年
	25	工程事故处理档案	处理完后1年

七、档案的利用

（一）对部分档案、文件资料建立密级分类使用管理分为秘密、机密、绝密三级，有密级的需在档案、文件资料首页页眉上盖密级章，并限定具有相应权限的人员阅读、保管。

（二）根据档案资料的密级不同，利用档案资料时需经过部门负责人、人力资源部门或总经理批准。

（三）档案资料提供利用的主要方式分为以下四种：

1. 查阅：供查阅的档案只能阅读，不准转抄。

2. 借阅：将档案借走要有严格的交接签字手续，并限定归还日期。

3. 复制：复制档案的副本或摘录需在人力资源部门文员的监督下进行，对重要的复制件视同正本管理。

4. 咨询：由人力资源部门文员查阅档案后，回答利用者的询问。

八、档案借阅规定

（一）档案资料原则上仅限在海阳集团、养老服务总部、养老服务中心查阅，涉及管理机密的文件资料借出时需经部门领导及海阳集团、养老服务总部、养老服务中心的负责人批准。

（二）借阅的文件、证书、图书、音像等资料，必须在文件借阅登记表上登记后方可借阅（见表1-3-9-9）。

档案借阅登记表

分类：　　　　　　　　　　　　　　　　　　　　　　　　　　表1-3-9-9

序号	文件编号	文件名称	文件阅读者	借阅日期	文件收归者	归还日期	备注

执行人：　　　　　　　　　　批准人：　　　　　　　　　　总经理签字：

（三）借阅期限不得超过两周，到期必须归还；如需再借，应办理续借手续。

（四）借阅文件资料的人员必须爱护文件资料，并要保证文件的安全性与保密性，不得擅自涂改、勾画、剪裁、复制、转借或损坏，否则将追究借用人责任。

（五）借阅的文件交还时，需当面清点核对，如发现遗失或损坏，应立即报告海阳集团或养老服务总部、养老服务中心的办公室。

（六）外单位借阅文件，也采取分级管理，需经海阳集团或养老服务总部、养老服务中心的负责人书面批准，并办理借阅手续后方可借阅。

（七）外单位摘抄卷内档案，应经海阳集团、养老服务总部、养老服务中心的负责人同意，对摘抄的材料要进行登记。

（八）档案一般不允许复制。凡需复制、复印CCHC体系机密档案资料的，需经各级办公室批准。

CCHC体系的信息管理制度

编号 CCHC1-3-10

一、总则

信息安全工作是CCHC体系运营与发展的基础，加强CCHC体系信息安全的管理，保证网络系统安全运行，是保障客户利益的基础。为给信息安全工作提供清晰的指导方向，加强安全管理工作，保障各类系统的安全运行，安全且高效地开展各部门相关的工作，特制定本管理制度。

二、范围

（一）计算机网络系统由计算机硬件设备、软件组成。

（二）软件包括：服务器操作系统、数据库及应用软件、有关专业的网络应用软件等。

三、职责

（一）网络运行的管理部门

1. 负责网络信息的日常工作，制定网络信息工作计划和网络管理有关办法。

2. 负责网络建设和网络的正常运行。

3. 负责系统软件的调研、采购、安装、升级、保管工作。

4. 负责协调计算机用户在网络使用权限中存在的问题。

5. 负责公司计算机网络系统、计算机系统、数据库系统的日常维护和管理。

6. 协助公司领导做好公司网络信息的其他工作。

7. 完成领导交办的其他工作。

（二）网络管理人员

1. 确保网络通信传输畅通，掌握局域网主干设备的配置情况及配置参数变更情况，备份各个设备的配置文件。

2. 负责计算机网络系统、办公自动化系统的安全运行。

3. 负责对外接口安全以及计算机系统防病毒管理。

4. 负责各种软件的用户密码及权限管理。

5. 协助各部门进行数据备份和数据归档。

6. 负责用户的账号、密码的管理维护。

7. 负责网络系统各设备维护和管理工作。

8. 执行公司保密制度，严守公司商业机密。

9. 遵守《计算机信息网络国际联网安全保护管理办法》的规定和守国家法律、法规，加强信息安全教育。

10. 完成主管领导交办的其他工作。

四、安全防范措施

（一）计算机设备安全管理。

1. 各部门人员保护好各自的电脑及其他相关设备，认真做好“防尘、防潮、防火、防盗、防故障、防雷击”的“六防”工作。

2. 各部门人员应保持清洁、安全、良好的计算机设备工作环境，禁止在计算机应用环境中放置易燃、易爆、强腐蚀、强磁性等有害计算机设备安全的物品。

3. 严格遵守计算机设备使用、开机、关机等安全操作规程和正确的使用方法。计算机每次的开、关机操作至少相隔一分钟，严禁连续进行多次的开关机操作。计算机关机时，应遵循先关主机、显示器、电源插座的顺序。

4. 除专业技术人员进行维护维修外，任何人不允许私自拆卸计算机组件，计算机出现故障时应及时向信息管理部报告，不允许私自处理和维修。

5. 操作人员必须爱护计算机设备，严禁用力敲击键盘、乱晃鼠标，用手指或其他尖锐物品戳击显示屏。

6. 发现由以下等个人原因造成硬件的损坏或丢失的，其损失由当事人如数赔偿：违章作业；保管不当；擅自安装、使用硬件和电气装置。各部门员工对自己的工作电脑既有使用的权利又有保护的义务。任何的硬件损坏必须给出损坏报告，说明损坏原因，不得擅自更换，海阳集团会视实际情况进行处理。

7. 下班后所有不再使用的计算机，应关闭主机电源，以防止意外情况的发生，对于共同使用的计算机，原则上由最后一个退出系统的使用人员关机，并关闭电源。

（二）操作人员安全管理

1. 计算机原则上由专人负责操作维护。为保证计算机信息安全，必须为计算机设置密码。

2. 计算机操作员除使用操作计算机外，不允许有以下行为：

（1）硬件设备出现故障擅自拆开主机机箱盖板；

（2）更换计算机配件；

（3）删除计算机操作系统及 CCHC 体系指定的软件；

（4）使用带病毒的计算机软件；

（5）让外来人员进行有损于计算机的技术性操作。

3. 不得使用来路不明或未经杀毒的记忆媒体。如发现计算机有病毒时，应及时清除，清除不了的病毒，要及时上报。

4. 个人的 CCHC 体系重要文档、资料和数据保存时，必须将资料储存在除安装操作系统磁盘空间外的其他磁盘空间，严禁将重要文件存放于桌面或C盘下。

5. 工作时间内严禁工作人员在计算机上进行与工作无关的操作，不准上网进行工作无关的聊天、玩电脑游戏、看影视、听音乐，下载与工作无关的内容等。

6. CCHC体系员工具有信息保密的义务。任何人不得利用计算机网络泄漏CCHC体系机密、技术资料和其他保密资料。

7. 任何人不得在局域网络和互联网上发布有损CCHC体系形象和职工声誉的信息。

8. 任何人在网上活动中应遵守网络礼仪和道德规范，不得使用网络制作、复制、查阅和传播违反社会公德、违反国家法律法规、散布谣言和扰乱社会秩序的信息。

9. 在工作中不得使用私人电脑，并且禁止将私人电脑带入；在工作中需要使用的记忆媒体和电脑，需要制作管理表。对于带出的电脑要实施加密、设置多重密码，原则上，禁止带出电脑。

10. CCHC体系所有计算机使用者，不得破坏网管员对计算机的安全设置，包括用户使用权限。

11. 计算机使用者离职时必须由网络管理员确认其计算机硬件设备完好、移动存储设备归还、信息系统管理账户密码和资料未破坏、个人账户密码清除后方可办理离职手续。

（三）系统管理操作代码的设置与管理

1. 系统管理操作代码必须经过经营管理者授权取得。

2. 网络管理员负责各项应用系统的环境生成、维护，负责一般操作代码的生成和维护，负责故障恢复等管理及维护。

3. 网络管理员对业务系统进行数据整理、故障恢复等操作，必须有其上级授权；

4. 网络管理员不得使用他人操作代码进行业务操作；

5. 网络管理员调离岗位，上级管理员（或相关负责人）应及时注销其代码并生成新的系统管理员代码。

（四）一般操作代码的设置与管理

1. 一般操作码由系统管理员根据各类应用系统操作要求生成，应按各个操作用户设置；

2. 操作员不得使用他人代码进行业务操作；

3. 操作员调离岗位，系统管理员应及时注销其代码并生成新的操作员代码。

（五）密码安全管理

1. 使用者须妥善保管好自己的账户和密码。严防被窃取而导致泄密。账户及密码由网络管理员设置后通知员工，员工不得随意更改密码。所有员工必须在所使用的计算机中设置开机密码和屏幕保护密码。

2. 密码设置应具有安全性、保密性，不能使用简单的代码和标记。密码是保护系统和数据安全的控制代码，也是保护用户自身权益的控制代码。密码分设为用户密码和操作密码，用户密码是登录系统时所设的密码，操作密码是进入各应用系统的操作员密码。密码不应使用名字、生日来设置，不应使用重复、顺序、规律数字等容易猜测的数字和字符串来设置。

3. 密码应定期修改，间隔时间不得超过一个月，如发现或怀疑密码遗失或泄漏应立即修改，并在相应登记簿记录用户名、修改时间、修改人等内容。

4. 服务器、路由器等重要设备的超级用户密码由运行机构负责人指定专人（不参与系统开发和维护的人员）设置和管理，并由密码设置人员将密码装入密码信封，在骑缝处加盖个人名章或签字后交给密码管理人员存档并登记。如遇特殊情况需要启用封存的密码，必须经过相关部门负责人同意，由密码使用人员向密码管理人员索取，使用完毕后，须立即更改并封存，同时在“密码管理登记簿”中登记。

5. 系统维护用户的密码应至少由两人共同设置、保管和使用。

6. 有关密码授权工作人员调离岗位，有关部门负责人须指定专人接替并对密码立即修改或用户删除，同时在“密码管理登记簿”中登记。

（六）数据安全管理

1. 存放备份数据的介质必须具有明确的标识。备份数据必须异地存放，并明确落实异地备份数据的管理职责。

2. 注意计算机重要信息资料和数据存储介质的存放、运输安全和保密管理，保证存储介质的物理安全。

3. 任何非应用性业务数据的使用及存放数据的设备或介质的调拨、转让、废弃或销毁必须严格按照程序进行逐级审批，以保证备份数据安全完整。

4. 数据恢复前，必须对原环境的数据进行备份，防止有用数据的丢失。数据恢复过程中要严格按照数据恢复手册执行，出现问题时由技术部门进行现场技术支持。数据恢复后，必须进行验证、确认，确保数据恢复的完整性和可用性。

5. 数据清理前必须对数据进行备份，在确认备份正确后方可进行清理操作。历次清理前的备份数据要根据备份策略进行定期保存或永久保存，并确保可以随时使用。数据清理的实施应避开业务高峰期，避免对联机业务运行造成影响。

6. 需要长期保存的数据，数据管理部门需与相关部门制定转存方案，根据转存方案和查询使用方法要在介质有效期内进行转存，防止存储介质过期失效，通过有效的查询、使用方法保证数据的完整性和可用性。转存的数据必须有详细的文档记录。

7. 非本单位技术人员对本CCHC体系的设备、系统等进行维修、维护时，必须由本 CCHC 体系相关技术人员现场全程监督。计算机设备送外维修，须经设备管理机构负责人批准。送修前，需将设备存储介质内应用软件和数据等涉及经营管理的信息备份后删除，并进行登记。对修复的设备，设备维修人员应对设备进行验收、病毒检测和登记。

8. 管理部门应对报废设备中存有的程序、数据资料进行备份后清除，并妥善处理废弃无用的资料和介质，防止泄密。

9. 运行维护部门需指定专人负责计算机病毒的防范工作，建立本单位的计算机病毒防治管理制度，经常进行计算机病毒检查，发现病毒及时清除。

10. 营业用计算机未经有关部门允许不准安装其他软件、不准使用来历不明的载体（包括软盘、光盘、移动硬盘等）。

（七）杀毒软件安全管理

1. 针对电脑病毒，由系统管理员（或提供单位）指定防毒软件（杀毒软件）的种类和版本，并加以引进。使防毒软件常驻于规定的各对象电脑中，始终确保完全受保护的环境；

2. 使用的杀毒软件和防火墙设置好自动调度更新和病毒库升级（或每隔一定时间进行自动更新）；

3. 对于被保存的所有文件，定期手动进行扫描杀毒；

（八）各类软件安全管理

软件原始盘片应交信息管理部门保管，软、硬件设备的原始资料（软盘、光盘、说明书及保修卡、许可证协议等）交信息管理部门保管。保管应做到防水、防磁、防火、防盗。使用者必需的操作手册由使用者长借、保管。

（九）发生信息安全事故时的处理方法

在发现信息安全上的问题或感觉到发生的危险时，或目击了事件事故或发现了事件事故的痕迹时，要立即向 CCHC 体系的信息管理责任人报告。要把握受害状况和使受害影响最小化的紧急处理；查明原因和暂定措施，记录事故的经过和处理的过程，要迅速实施防止事故再次发生的对策。

CCHC体系的公共关系管理制度

编号 CCHC1-3-11

一、总则

（一）为使 CCHC 体系始终保持与政府、社会各界良好关系的建立与维护，与员工的沟通和理解，规范 CCHC 体系公关活动和行为，塑造 CCHC 居家养老模式的良好对外形象，特制定本办法。

（二）CCHC 居家养老模式的各种管理、服务功能如要健康地运作，需要在组织上得到保证。要把现有的养老资源得到有机地整合，避免多头出击，"瞎子摸象"的现象继续蔓延。就居家养老而言，涉及老人群体的 97%。因此把这部分老人的问题搞好了，整个养老事业就有了底气。如果加上老人们的家属，相关的人口还要成倍翻番，因此这一养老模式对社会的稳定具有巨大的战略意义。

（三）CCHC 体系要求海阳集团作为运营商需要与从省、市、县、街道（社区、乡镇）、居委会（村）各级政府或者基层群众性自治组织和志愿者组织、个人密切合作，才能如约完成和充分发挥 CCHC 体系的各项服务和管理的功能。

（四）上述各种社会关系也是海阳集团的重要隐性资产，因此如何管好这些宝贵的隐性资产，不能因为操作的不当，破坏了与这些单位、个人的关系。如何摆正自己的位置，既尽职又不越权，是需要有一定的规矩来约束的。为此特制定 CCHC 体系公共关系管理制度以规范执行者的行为。

二、CCHC 体系公共关系的适用范围与基本原则

（一）适用范围

CCHC 体系公共关系适用于海阳集团、×× 区（县）CCHC 养老服务指导中心及其 ×× 区（县）CCHC 居家养老综合服务总部（以下简称养老服务总部）、×× 街道（社区）CCHC 养老服务指导中心及其 ×× 街道（社区）CCHC 居家养老综合服务中心（以下简称养老服务中心）等三级网络公共关系管理工作。

（二）CCHC 体系公共关系的基本原则和模式

为保证当地政府与海阳集团、×× 区（县）CCHC 养老服务指导中心及其养老服务总部、×× 街道（社区）CCHC 养老服务指导中心及其养老服务中心、×× 小区 CCHC 居家养老综合服务驿站（以下简称驿站）等三级网络四级平台整体协调运行，员工须始终做到遵章守纪，一切言行不得伤害海阳集团与 CCHC 体系的形象，作风清廉，不谋私利，树立“全员公关”、“立体公关”的公关模式如下：

1. 统一领导，分级负责，协调一致。

2. 顾全大局，有的放矢，严守机密。

3. 表里如一，言行得体，不卑不亢。

4. 诚信为本，以诚待人，热情周到。

三、CCHC 体系公共关系管理的目标、对象的界定与具体要求

（一）CCHC 体系公关管理的目标

CCHC 居家养老体系模式的公共关系管理的核心在于，运用传播手段，建立起 CCHC 居家养老体系与社会公众之间持续、一致、有效的双向沟通与交流，尤其是加强 CCHC 体系与外部非市场环境机构的沟通，树立良好的海

阳集团形象与 CCHC 居家养老模式的理念，创造积极的发展环境。

CCHC 体系公关管理目标为：

1. 树立 CCHC 居家养老模式良好的理念。

2. 监督、改善 CCHC 体系各级网络与平台的运作环境。

3. 联络、整合社会各项养老资源和媒体，传递 CCHC 居家养老模式内外信息。

4. 辅助决策和协调人际关系。

5. 增加 CCHC 居家养老模式的社会效益和经济效益。

（二）CCHC 体系公共关系的主要对象

CCHC 体系公共关系的主要对象分为 CCHC 体系各级网络与平台的内部员工、业务往来单位、外部群体这三部分。具体要求分别如下：

1. CCHC 体系各级网络与平台内部员工的公共关系要求：

（1）当地政府与海阳集团总部、各 ×× 区（县）CCHC 养老服务指导中心及其养老服务总部、各 ×× 街道（社区）CCHC 养老服务指导中心及其养老服务中心、驿站等三级网络四级平台，应与广大员工建立共同的 CCHC 居家养老的心愿和目标。各级领导要及时引导员工工作前期的初心和意愿，让员工有足够的激情承担自己的责任，为 CCHC 体系一起共同努力。有了共同的发展目标，便容易形成一种同舟共济的心态，增进员工之间的良好关系；

（2）沟通是保持良好员工公共关系的关键。有了 CCHC 体系这个共同的发展目标，员工相互间的沟通也就容易了。海阳集团、各养老服务总部办公室、各养老服务中心办公室的内部事务能够及时、准确无误地传达，能够肯定、倾听并且正确采纳员工的意见，这有利于整个 CCHC 体系日常工作的快速运转；

（3）公平对待和尊重员工。海阳集团、CCHC 体系各级网络与平台像一个大家庭，里面没有尊卑之分。要体现员工在其中的价值，要让员工认识到自己是这个大家庭的一分子，应当受到公平对待和尊重。对于出色的员工应当给予奖励，对于状态不佳的员工应当给予勉励。适当地增设一些通过努力就能得到的福利，有利于提高员工的积极性。

2. 业务往来单位的公共关系要求。

与 CCHC 体系业务往来包括合作、协作伙伴、供应商、客户等。与他们的关系要求分别如下：

（1）合作、协作伙伴的公共关系要求：

A. 建立完善的与 CCHC 体系合作、协作方的内部档案：各养老服务总部办公室应建立合作方、协作方名录，包括企业名称、企业地址、联系方式、主营业务、各养老服务总部对应联系人、企业经典案例等；

B. 密切联系、加强沟通：各养老服务总部需要重视与合作方协作方的沟通交流，因为许多误会摩擦的产生，都是由于信息沟通不畅、不及时所导致的。养老服务总部与合作方协作方可通过人际交往、媒介沟通等形式经常进行信息交流与沟通；

C. 互惠互利、实现“双赢”：养老服务总部的发展离不开合作方、协作方。在与合作协作伙伴关系的处理上，要坚持互惠互利、实现“双赢”的原则。

（2）供应商的公共关系要求：

A. 养老服务总部负责招募审核服务供应商，做好服务供应商的考核工作，各养老服务中心及驿站配合监督指导（见附件 1）；

B. 养老服务总部办公室建立供应商名册，包括企业名称、企业地址、联系方式、主营业务、产品特色、产品经典案例等（见附 2）；

C. 养老服务总部与供应商之间在互信的基础上遇到问题互相沟通，一起分析原因，共同分担成本，共享利润，共同保证和提高质量，形成一种长期互惠的“双赢”关系。通过建立相互信任的关系签订诚信服务公约提高效率，降低交易与管理的成本。长期的信任合作取代短期的合同，会有比较多的信息交流（见附件3）；

D. 养老服务总部定期对服务供应商进行考察、评估、考核；

E. 养老服务总部定期对供商进行信用评定等级，根据等级实施不同的管理，为鼓励服务供应商努力提高服务质量，养老服务总部将优先推荐信用等级较高的供应商上门服务。

（3）客户的公共关系要求：

CCHC居家养老模式的客户实际就是老年群体以及老年群体的子女，这也是养老服务中心最为重要的公共关系。具体要求为：

A. 树立“客户至上”的观念：老年群体的意愿是CCHC居家养老模式服务行为的导向，只有正确了解了老年用户及其家属的意愿，才能把握CCHC居家养老模式的服务方向；

B. 向老年群体及其家属提供优质产品和优良服务，这是良好客户关系的起点，也是CCHC居家养老的发展根本；

C. 收集客户信息，了解客户心理：养老服务中心是CCHC居家养老网络与平台里最贴近老年群体及其家属的一级，应当收集老年群体的各项信息，包括老人的年龄、性别、爱好、紧急情况联系人等；客户对各类居家养老服务的评价和要求；客户对CCHC居家养老模式的基本印象以及客户对CCHC居家养老服务人员的态度是否满意等。通过对客户生活需求分析，更新客户所需服务项目。

（4）养老服务中心在收集客户信息的同时，还应该积极宣传CCHC居家养老模式的理念，包括CCHC体系的宗旨、服务方式等。这些信息都应尽量迅速、准确地送达给客户。

（5）CCHC体系外部对象的公共关系要求：

CCHC体系外部公共关系包括与当地党和政府机关、人大、政协四套班子及其部门、社会公众、特殊关注对象等，分别要求如下：

A. 与党政、人大、政协及其职能部门的公共关系要求。

×× 区（县）CCHC 养老服务指导中心主要由 ×× 区（县）党政、人大、政协领导及其相关职能部门所组成。党和政府是代表国家权力的领导和执行者，人大和政协是监督机构。它对全社会各部门、各行业乃至各企业和各阶层人士进行统一管理。管理和被管理者，必然发生联系。因此，CCHC 居家养老模式的体系和党、政府、人大、政协间存在着不可分离的关系。应按照如下原则处理：

a. 遵纪守法，灵活经营：CCHC 体系各级网络与平台在日常运营中应遵纪守法，照章纳税，遵守各种章程与行规。在此基础上，CCHC 体系各级网络及平台可采取灵活的经营战略，以获得长足的发展；

b. 主动与当地党和政府、人大、政协及其相关职能部门沟通：建立良好的关系，必须采取主动与合作的姿态，及时将 CCHC 居家养老模式体系的各种信息，如经营业绩、发展规划、对社会的贡献、在承担社会义务方面的义举向政府有关部门通报；养老服务总部要积极为党和政府提供合理化居家养老的建议和意见，凡涉及长远发展、政府方针、经济增长、社会安定等方面的好办法、好建议，都可向政府提出，以支持政府工作。同时，也有助于政府各部门能依据 CCHC 体系的情况，修订政策与条例，也有利于党和政府部门保持对 CCHC 体系的了解和支持；

c. 处理好自身利益与国家利益的关系：CCHC 居家养老模式的利益总会有和国家利益相冲突的时候，国家利益是应该优先考虑的，但也要兼顾 CCHC 体系自身的利益。当两者无法协调的时候，还是应该以国家利益为重。处理与政府的公共关系，必须具备协调 CCHC 体系各级网络及平台与政府矛盾的意识，而且处理好自身利益与国家利益，也需要一定的技巧和艺术。

B. 社会公众的公共关系要求。

社会公众的公共关系即是与新闻媒介间的联系。一方面新闻媒介是CCHC居家养老模式与公众实现广泛、有效沟通的必经渠道，具有工具性；另一方面，新闻媒介又是CCHC居家养老模式各网络各平台必须特别重视的对象，具有对象性。与新闻界建立良好关系的目的就是通过新闻界实现与公众的广泛沟通，增强CCHC居家养老模式对整个社会的影响力。应按照如下原则处理：

a. 利用好海阳集团公众网站及微信公众号等网络资源“制造新闻”：海阳集团线上服务平台应通过海阳集团官方网站、公众微信平台等积极推广CCHC居家养老模式。所谓“制造新闻”就是由海阳集团、CCHC体系各级网络与平台以健康正当的手段，有意识地采取既对自身有利，又使社会和公众受惠的行动，去引起社会公众和新闻界的注意；

b. 支持新闻界人士的工作：CCHC体系各级网络及平台应本着热情友好、实事求是、一视同仁、以诚相待的原则，对记者的来访提供必要的支持和帮助，提供的信息应实事求是，不能隐瞒事实真相，欺骗社会公众。尤其是遇到有损CCHC居家养老模式形象的事情，应积极与新闻界配合，采取危机公共关系政策，力争挽回影响，重塑CCHC居家养老模式形象。积极主动地为新闻媒体安排与海阳集团领导、××区（县）养老服务管理委员会或有关专家见面，主动帮助采访者客观地报道CCHC居家养老模式的政策和活动，及时为他们提供有价值的消息，保持经常的接触，以建立和保持良好的工作关系和友谊。

C. 特殊关注对象的公共关系要求。

CCHC居家养老模式是将现有养老资源有机整合使之能健康的运作。除了上述政府职能部门、业务往来单位外，社区街道、志愿者、老年产业协会等此类社会性团体也需加以关注，海阳集团、养老服务总部也需要加强与其的沟通协作。应按照如下原则处理：

a. 推广 CCHC 居家养老模式理念并使其被认可：各区（县）CCHC 养老服务指导中心通过有效的联席会议机制，使 CCHC 居家养老模式最终达到营造适合自身生存和发展的适宜环境的目的的活动，通过有效运作可以将 CCHC 居家养老模式做到最大程度的推广，使更多的社会团体、组织个人能够认识、了解，进而接受 CCHC 居家养老模式；

b. 建立沟通渠道，与老年服务对象有效互动：街道（社区）、志愿者、老年产业协会等在社会中相对独立，而根据 CCHC 居家养老模式的特点，决定了其必须面对老年群体及其家属。养老服务总部必须把这些组织都放到一个沟通平台上，建立沟通管道，增强交流力度，尽量避免 CCHC 居家养老模式在街道（社区）、志愿者等各类社会性组织传播 CCHC 体系时的各种干扰，确保 CCHC 居家养老模式理念的原始状态，保证沟通的到位。

四、CCHC 体系联席会议制度

CCHC 居家养老模式体系网络结构和平台的最大特点是虚实结合的形式。因此，公共关系也由内部公共关系与对外公共关系两大部分所组成。根据 CCHC 居家养老模式的构造框架，首先对各级网络与平台的人员组织结构图进行梳理，再针对不同的公共关系对象阐述 CCHC 居家养老各级网络与平台的会议机制。

（一）×× 区（县）CCHC 养老服务指导中心

1. ×× 区（县）CCHC 养老服务指导中心组织构架图。

主　　任	由××区（县）分管养老工作的区委副书记担任
第一副主任	由××区（县）副区长（副县长）担任
常务副主任	由人大、政协副职担任副主任；民政局长、海阳集团的负责人担任
委　　员	由政府相关部门副主任、社会名流、企业代表、居民代表、海阳集团派出代表组成
	由区、县政府的民政、公安、医疗卫生、司法、建设等部门组成
	由志愿者队伍组成

2. ×× 区（县）CCHC 养老服务指导中心职责与会议制度。

为实现 CCHC 居家养老模式各级网络与平台有效管理，促进网络与平台上下的沟通与合作，提高养老服务总部执行工作目标的效率，协调指导中心之间工作，特制定本制度。

（1）×× 区（县）CCHC 养老服务指导中心主任、第一副主任、常务副主任与委员会委员适用本制度；

（2）×× 区（县）CCHC 养老服务指导中心会议一般由第一副主任或常务副主任召集，联席会议地点设在养老服务总部办公室，承担联席会议的会务工作；

（3）×× 区（县）CCHC 养老服务指导中心各成员要按时参加会议，养老服务总部负责人列席会议，研究沟通养老服务总部情况、遇到的问题，互通信息、相互配合、相互支持，形成合力；

（4）列席会议的单位或个人，应认真贯彻和执行联席会议确定事项，如有不同意见，允许保留，但在重新做出决定或议定前应当先行执行；

（5）联席会议原则，每季度召开一次。若遇重要情况，可随时召开；

（6）×× 区（县）CCHC 养老服务指导中心聘请或任命养老服务总部负责人，负责养老服务总部日常业务；

（7）×× 区（县）CCHC 养老服务指导中心听取实体运营养老服务总部负责人的工作汇报。养老服务总部负责人对 ×× 区（县）CCHC 养老服务指导中心负责；

（8）×× 区（县）CCHC 养老服务指导中心对 ×× 街道（社区）CCHC 养老服务指导中心和养老服务总部及以下实体的工作进行监督和检查；

（9）×× 区（县）CCHC 养老服务指导中心对 CCHC 居家养老模式有关的民间自治组织和志愿者队伍的业务指导和组织调配；

（10）×× 区（县）CCHC 养老服务指导中心召开例会都应形成会议纪要，并由养老服务总部做好保存工作。

（二）养老服务总部

养老服务总部组织构架图

养老服务总部	总部行政负责人
养老服务总部办公室	办公室主任
养老服务总部各职能部门和入驻单位	志愿者队伍
	区县直属养老机构
	网上养老院
	人才培训中心
	专项资金管理中心
	居家养老基金户
	老年产业中心
	老年产业协会

（三）养老服务总部制度

由于养老服务总部除了有本部职能部门外，还有诸如志愿者、老年产业协会这样非本部组织入驻，从行政负责人的角度来说，对其没有直接管辖权，为了提高养老服务总部执行工作目标的效率，促进养老服务总部各职能部门和入驻单位的相互沟通与合作，协调、彼此之间的工作，特制定本制度。

1. 养老服务总部办公室、各职能部门及入驻单位均适用本制度；

2. 养老服务总部设立独立办公场所，独立法人；

3. 养老服务总部负责人由 ×× 区（县）CCHC 养老服务指导中心任命或聘用，因此在指导中心闭会期间，对入驻单位有业务指导权；

4. 养老服务总部办公室主任由总部负责人向 ×× 区（县）CCHC 养老服务指导中心提名推荐，由 ×× 区（县）CCHC 养老服务指导中心任命。办公室主任对总部负责人负责；

5. 养老服务总部办公室负责养老服务总部日常工作，组建并协调内、外部各职能部门和入驻单位工作，使各项工作按照预期目标有序进行；

6. 养老服务总部每月召开例会，一般由办公室主任组织召集会议，会议地点设在总部内；

7. 养老服务总部负责人听取实体运营总部各职能部门和入驻单位的工作汇报。对涉及部门、单位较多，对养老服务总部有较大影响的问题集体探讨，集思广益，寻求解决问题的方法；

8. 养老服务总部每月召开例会都应形成会议纪要，并做好保存工作。

附件一：

96890社区生活服务中心服务供应商管理办法

一、总则

为了稳定服务供应商队伍，加强对服务供应商的长效管理，建立长期互惠供求关系，特制定本办法。

（一）本办法适用于所有为96890社区生活服务中心提供服务的供应商。

（二）未签约的服务供应商不列入评估。

二、管理原则和体制

（一）中心负责招募审核服务供应商，做好服务供应商的考核工作，各街道配合监督指导。

（二）中心将定期对服务供应商进行实地考察、评估、考核。

（三）对选定的服务供应商，中心与之签订诚信服务公约。

（四）中心可对服务供商评定信用等级，根据等级实施不同的管理，为了鼓励服务供应商努力提高服务质量，中心将优先推荐信用等级较高的服务供应商上门服务。

（五）A级服务供应商，年终可获中心“优秀供应商”奖励，对于B、C级别的服务供应商，中心会加强对其工作的监督管理，以保证社区生活服务中心的整体服务质量。

（六）中心将定期或不定期地对服务供应商进行评价，不合格的将与其解除服务供应商合作协议。

（七）96890 呼叫中心提供服务供应商评估期内的各类反馈统计数据及分析资料，并参与对服务供应商的品质管理方面的评估。

三、服务供应商的选择与评估

（一）选择服务供应商原则

以调查问卷和意见征询结果所统计出的数据为依据，着力就社区居民需求量最多的一些生活服务项目，有针对性地进行选择。服务供应商分为以下几类：

1. 咨询服务类；

2. 维修服务类；

3. 家政服务类。

（二）选择程序

1. 有合法的生产经营资质（如营业执照、税务登记证、机构代码证等）。对供应有特殊资格要求物品 / 服务的供应商，必须持有国家或行业规定的生产许可证或经营许可证等。

2. 拟供物品 / 服务满足质量、安全、环境保护等管理体系的要求（如体系认证证书或者通过中心组织的相关评审）。

3. 品牌服务供应商有良好的财务、资金状况和资信评估（如中心认可的第三方资信评级、中心年报及相关报表）。

4. 承诺中心对诚信的要求。

5. 售后服务良好。

6. 以往合作状况良好。

经中心批准合格的服务供应商可以作为初步评估合格的服务供应商，并将结果以书面形式派发至96890呼叫中心，作为将来为服务供应商的考核提供数据之用。

四、中心每月对服务供应商予以重新评估，不合要求的予以淘汰，从候选队伍中再行补充合格的服务供应商。

五、中心将对服务供应商划定不同信用等级进行管理。评级过程参照选择服务供应商办法。

六、对最高信用的服务供应商，中心可提供免检、优先推荐等优惠待遇。

七、其他管理措施

1. 中心将定期或不定期地对服务供应商进行服务质量检测或现场检查。
2. 中心将尽量减少对个别服务供应商大户的过分依赖，分散风险。

附件二：

供应商考核机制

一、目的

对签约的供应商进行考核监督，确保签约供应商所提供的服务符合社区生活中心规定的要求。

二、适用范围

适用于所有供应商。

三、职责分工

海阳集团负责招募审核供应商，做好供应商年度考核工作，中心负责监督指导。

四、考核标准

（一）资质要求

1. 有营业执照。

2. 有组织机构代码证。

3. 有税务登记证。

4. 价格遵守与海阳集团的双方协议规定并在同行业相对偏低。

5. 近两年没有服务投诉。

（二）符合资质要求的供应商可成为签约供应商。

（三）签约供应商年度考核标准

1. 有以下情况的签约供应商为考核不合格，应立即取消签约供应商资格。

（1）一年内发生两次有效投诉的；

（2）所提供的服务达不到应有的技术标准的；

（3）履约不及时影响中心声誉的；

（4）服务态度差，售后服务质量差的；

（5）末位淘汰制。

2. 海阳集团负责每年对合格的供应商进行一次年度评价，评价结果由海阳集团存档。对不能达到年度评价标准的，应立即取消其供应商资格，另行寻找新的合格供应商，以保证中心的正常运作。

附件三：

________街道社区生活服务中心服务商诚信公约

为倡导“__________”街道社区生活服务中心服务商诚信经营、规范服务，共同营造诚实守信、行业自律的良好社会氛围，更好满足中心用户的日常生活需要，树立便民服务行业的良好形象，弘扬诚实守信、优质服务的文明风尚，中心倡导并要求各类服务商承诺遵守以下诚信服务公约：

第一条　严格遵守国家法律、法规，规范经营行为，信守职业道德，自律自强。

第二条　遵守社会公德，规范经营，注重社会效益，公平竞争、诚信经营，自觉维护服务对象的合法权益。

第三条　热心社区公益事业和志愿服务活动，积极响应各级社区服务中心发动的公益服务活动。

第四条　不断加强从业人员的岗位、技能培训和职业道德教育，提高服务人员自身素质及工作水平。

第五条　主动听取、虚心接受服务对象对服务质量的监督和建议，不断改进和提高服务水平。

第六条　服务项目及收费标准公开、明确，不欺瞒消费者。

第七条　文明经营、热情服务、礼貌待人，服务过程中确保服务对象的知情权和选择权，服务完毕后应主动要求服务对象验收服务结果并在工单上签字确认或致电平台确认。

第八条　服务过程中不向服务对象推销不必要的产品或配件，若确需添置或更换零配件，必须在取得服务对象同意并签字确认后方可进行。

第九条　若服务单位自身原因无力完成服务任务时，不能以任何借口向服务对象收取任何费用。

第十条　若应服务对象要求提供上门服务，服务人员应事前与服务对象约定上门时间，并带好相关的配件、工具等，按时到达服务对象指定的地点，必要时应出示上岗证或身份证明。服务完毕后应注意清理现场，保持环境卫生。

第十一条　服务对象若对服务存有异议，服务人员应耐心解释、妥善解决，不可与被服务对象发生口角。

第十二条　服务纠纷产生后，经消费者权益保护委员会裁定确系服务单位过错的，服务单位应严格按照裁定的条款执行，不得推诿、拖延。

诚信服务商签名：

日　期：

诚信服务商基本情况登记表

服务商名称：	
服务商联系地址：	
服务商联系电话：	
服务商联系人：	
服务商所提供的产品或服务介绍：	
服务热线：	
服务时间：	
服务价格：	
服务特色：	

诚信服务商签名：

日期：

CCHC体系的财务制度

编号 CCHC1-3-12

一、总则

（一）海阳集团 CCHC 的组织体系是三级网络四级平台，实际有经济活动的是四级平台，因此本制度是为四级平台——海阳集团、×× 区（县）CCHC 居家养老综合服务总部（以下简称养老服务总部）、×× 街道（社区）CCHC 居家养老综合服务中心（以下简称养老服务中心）和 ×× 小区 CCHC 居家养老综合服务驿站（以下简称驿站）而制订的。

（二）海阳集团、养老服务总部作为独立法人，可以设立财务部门，从事财务会计活动。养老服务中心可以聘用专职财务人员，驿站不设专职财务人员，其财务会计活动由养老服务中心承担。

（三）CCHC 体系内，养老服务总部设立财务部门，养老服务中心聘用专职财务人员不单独设立财务部，因此本财务制度主要规范养老服务总部所设立财务部门准则，养老服务中心财务人员相关制度予以套用。

（四）本制度为 CCHC 体系所专用，海阳集团其他经济活动的财务管理，不在此列。

二、岗位职责

（一）养老服务总部出纳的岗位职责：

1. 办理现金收付款和银行结算业务。

2. 管理库存现金和各类有价证券。

3. 按规定每日登记现金日记账和银行存款日记账。

4. 认真审核每一笔报销单据，按财务制度办理现金收付手续。

5. 每日盘点库存现金，做到日清月结，账实相符。

6. 月末及时与会计核对现金 / 银行日记账、银行对账单，编制银行对账调节表。

7. 每周编制货币资金周报表，上报给财务部负责人。

8. 每月编制现金流量表，上报给财务部负责人。

9. 完成上级领导交办的其他工作。

（二）养老服务总部核算会计的岗位职责：

1. 建立健全本区的 CCHC 体系会计核算制度，规范会计核算。

2. 建立健全会计报表制度，规范会计报表的报送。

3. 编制各养老服务中心报送的会计报表，编制合并或汇总会计报表。

4. 办理各养老服务中心的日常财务工作及会计核算工作。

5. 检查、监督各养老服务中心的会计基础工作和会计核算工作。

6. 负责凭证装订及财务档案保管。

7. 负责纳税申报表及资料。

8. 拟定所属区域税务筹划方案，并跟进已批准税务筹划方案的实施。

9. 审核各养老服务中心纳税申报报表，核查、防范税务风险。

10. 完成上级领导交办的其他工作。

（三）养老服务总部财务会计的岗位职责：

1. 建立健全本区域内各养老服务中心财务管理制度及预算管理制度。

2. 组织编制本区域内各养老服务中心年度财务预算，审查、平衡本区域内各养老服务中心的年度财务预算。

3. 指导、监督本区域内各养老服务中心建立预算管理制度，推行预算管理。

4. 检查、跟踪本区域内各养老服务中心预算执行情况，必要时提出预算调整建议。

5. 监督、检查本区域内各养老服务中心资产的安全性、完整性、受控性及资产有效使用。

6. 本区域内各养老服务中心新增固定资产、重要经济合同等项目的可行性研究，并提出财务意见。

7. 负责本区域内各养老服务中心财务人员的招聘、日常管理、工作考核和任免建议。

8. 根据本区域内各养老服务中心发展需要，拟定财务战略规划和方案，对财务规划和制度的执行情况进行监督分析。

9. 完成上级领导交办的其他工作。

（四）养老服务总部成本会计的岗位职责：

1. 负责本区域内各养老服务中心的成本核算，审核各项成本的支出。

2. 进行成本核算、费用管理、成本分析，定期编制成本分析报表。

3. 负责成本管理，严格控制成本，负责成本的汇总和决算。

4. 协助各部门进行成本经济核算，分解下达成本、费用、计划指标。

5. 评估成本方案，及时改进成本核算方法。

6. 审查原材料、物料、低值易耗品等的采购，定期清点存货。

7. 参与本区域内各养老服务中心财产的清查盘点工作，对盘盈、盘亏的财产进行财务处理。

8. 负责其他与成本计算有关的事项。

（五）养老服务总部审计会计的岗位职责：

1. 负责建立本区域内各养老服务中心内部控制制度和流程以及内部审计制度。

2. 检查本区域内各养老服务中心资金、财务制度、会计制度和财务预算的执行情况。

3. 检查本区域内各养老服务中心经营活动的合法性、有效性、经济性。

4. 监督、检查本区域内各养老服务中心内部控制制度的健全、有效和执行情况。

5. 鉴证本区域内各养老服务中心财务状况、经营成果的真实性、准确性及完整性。

6. 负责对本区域内各养老服务中心主要经营负责人和财务负责人的离任审计工作。

7. 完成上级领导交办的其他工作。

（六）养老服务总部财务负责人的岗位职责：

1. 主持全面财务会计工作，根据 CCHC 体系发展战略制定财务规划。

2. 制定 CCHC 体系财务会计制度和部门岗位职责，监督各项制度的贯彻落实。

3. 审核财务会计编制的年度财务预算，按季检查财务预算的执行情况。

4. 根据年度财务预算，制定各部门绩效考核方案并按季进行监督考核。

5. 审查各养老服务中心经营计划、定价方案及各项经济合同，监督其执行情况。

6. 负责财政、税务、银行等单位的对外联络和沟通协调工作。

7. 完成上级领导交办的其他工作。

三、财务制度包括的其他内容

本制度包括财务部门的财务盘点制度、低值易耗品的管理原则、发票（收据）管理制度、费用支出管理制度、固定资产管理制度、会计档案管理制度、货币资金管理制度、全面预算管理制度、银行票据管理制度、应收账款管理制度、暂借款管理制度法、资金计划管理制度等。

CCHC体系的财务盘点制度

编号 CCHC1-3-12-1

一、总则

为加强 CCHC 体系内的财产管理，确保 CCHC 体系财产的安全与完整，掌握库存量，挖掘管理漏洞，明确 CCHC 体系内相关人员的管理职责，特制定本制度。

二、盘点的类别与方式

（一）盘点包括财务盘点、存货盘点和财产盘点：

1. 财务盘点：现金、票据、有价证券、租赁契约等。

2. 存货盘点：原材料、物料、库存商品等存货。

3. 财产盘点：包括固定资产和低值易耗品。

（二）盘点的方式：年中、年终盘点。

1. 财务：由财务部门组织盘点。

2. 存货：由资材部门或经管部门会同财务部门于年（中）终时，实施全面总清点一次。

3. 财产：由经管部门会同财务部门于年（中）终时，实施全面总清点一次。

（三）月末盘点

每月末所有存货，由经管部门及财务部门实施全面清点一次。

（四）月份检查

由检核部门或财务部门照会其部门主管后，会同经管部门，存货随机抽样盘点。

（五）不定期抽点

不定期抽点由财务部视实际需要，随时指派人员抽点。

三、盘点人员

（一）为办理盘点，应设置盘点人、复盘人、协盘人及监盘人。

（二）盘点人由财物经管部门指派非实物管理人员担任，负责初盘工作。

××区（县）CCHC居家养老综合服务总部固定资产和低值易耗品由办公室负责盘点。盘点人将初盘结果记录在盘点表上。

（三）复盘人由财务部门或指派人员担任，根据初盘结果负责复盘工作等。

（四）协盘人由实物具体管理人员担任，负责盘点时的料品摆放、搬运工作等。

（五）监盘人由总办派员担任，负责盘点监督。

（六）年终盘点原则上由财务负责人担任总指挥，各级CCHC体系机构财务人员具体负责组织工作，盘点过程中的一切事宜必须接受总指挥的调遣安排工作。

四、盘点准备

（一）财物经管部门和责任人将应盘点财物预先清理堆放准备妥当，备妥盘点用具，并由财务部门准备统一的盘点表格。

（二）各项财物账册应于盘点前登记完毕，如因特殊原因无法完成时，应由财务部门将尚未入账的有关单据，如出、入库单等，利用一式二份结存调整表，将账面数调整至正确的账面结存数。

（三）盘点期间已收到而未办妥入账手续的原、物料，应另行分别存放，并予以标示。

五、盘点过程

（一）年终全面盘点

1. 财务负责人依据本办法核准盘点后，签发盘点通知和盘点计划方案通知财物经管部门准备盘点，于盘点前 5 天将盘点计划分送盘点部门和人员、盘点通知包括盘点日期、人员配置及注意事项。

2. 盘点期间除紧急用料或出货外，应暂停收发工作，盘点期间所需用料，应于盘点即 1 天办理完毕。

3. 盘点应采用精确的计量器具，避免主观的目测方法，每项财物数量由实物管理人和记录人或监盘人确定后，再继续进行下一项，盘点后不得提出遗漏的异议。

4. 初盘时由盘点人依实际盘点数详细记录一式二份盘点统计表，并于盘点工作进行时编列流水号码，经复盘人经复盘人复核无误后，由盘点人和复盘人共同签名，如有更改，应经双方共同签认。

5. 盘存单一式两份，一份留存自存，一份送财务部门核算盘点盈亏数量和金额。

6. 年终盘点原则上采取全面盘点的方式。必要时，年终盘点可邀请会计师事务所参与。

（二）不定期抽点

1. 不定期抽点具体方案呈报海阳集团批准后由财务负责人组织实施。

2. 抽点日期及项目可以不预先通知各部门。

3. 抽点时应会同办公室共同办理。

4. 盘点前应由财务部门利用结存调整表将账面数先行调整至盘点前正确的账面结存数，再行盘点。

5. 存货记录以经调整的收发存月报为依据，如月报不及时附送者，应先填列结存调整表的调整栏，由抽点人员与行政部经管人员共同签章。

6. 抽点仍应填列盘点统计表并签字确认。

（三）存货的盘点

1. 存货的盘点，以当月最末一日举行为原则。

2. 存货原则上采全面盘点，如因成本计算方式无须全面盘点，或实施上有困难者，应呈报海阳集团核准后始得改变盘点方式。

3. 委托代销商品，由 CCHC 体系经管部门会同财务部到代销公司盘点。

4. 受托代销商品，视同 CCHC 体系内财产进行盘点。

5. 委托加工物资，应由经管部门负责盘点。

（四）现金、票据及有价证券盘点

1. 现金、银行存款、零用金、票据、有价证券、租赁契约等项目，除年中、年终盘点时，应由财务部门会同经管部门共同盘点外，平时，总经理室或财务部门至少每月抽查一次。

2. 金及票据的盘点，应于盘点当日上班未行收支前或当日下午结账后办理。

3. 盘点前应先将现金存放处封锁，并于核对账册后开启，由会点人员与经管人员共同盘点。

4. 会点人依实际盘点数翔实填列“现金（票据）盘点报告表”一式三联经双方签认后呈核，第一联经管部门存，第二联财务部门存，第三联送总经理室。

5. 有价证券及各项所有权状等应确实核对认定，会点人依实际盘点数翔实填列“有价证券盘点报告表”一式三联，经双方签订后呈核。第一联存经管部门，第二联存财务部门，第三联送往总经理室，如有出入，应即呈报总经理批准处理。

（五）其他项目的盘点

1. 销货退回的商品应于盘点前办妥退货手续，含验收及列账。

2. 办公室将新增加的土地、房屋、车辆等资产的所有权证书及有关资料的复印件，送财务部门核查。

3. 截至盘点日，内部调拨物资，但尚未收到的在途物资的盘点，由收受方作为本 CCHC 体系在途物资盘点单独列出盘点表。

（六）注意事项

1. 所有参加盘点工作的盘点人员，对于本身的工作职责及应行准备事项，必须深入了解。

2. 盘点人员盘点当日一律停止休假，并须依时间提早到达指定的工作地点向该组复盘人报到，接受工作安排。如有特殊事宜而觅妥代理人应经事先报备核准，否则以旷职论处。

3. 所有盘点财务都以静态盘点为原则，因此盘点开始后应停止财物的进出及移动。

4. 盘点使用的单据、报表内所有栏位若遇修改处，均须经盘点人员签认始能生效，否则应查究其责。

5. 所有盘点数据必须以实际清点、磅秤或换算的确实资料为据，不得以猜想数据、伪造数据记录之。

6. 盘点开始至工作终了期间，各组盘点人员均受复盘人指挥监督。

7. 盘点终了由各组复盘人向主盘人报告，经核准后始得离开岗位。

（七）盘点报告

1. 财务部门应依“盘存表”编制“盘点盈亏报告表”一式三联，送经管部门填列差异原因的说明及对策后，送回财务部门汇总转呈总经理签核。第一联送经管部门，第三联转送总经理室，第二联财务部门自存作为账项调整的依据。

2. 不定期抽点，应于盘点后一星期内将“盘点盈亏报告表”呈报上级核实。年中、年终盘点，应由财务部门于盘点后两星期内将“盘点：盈亏报告表”呈报上级核实。

3. 盘点盈亏金额，平时仅列入暂估科目，年终时始以净额转入本期营业外收入的盘点盈余或营业外支出的盘点亏损。

（八）赔偿处理

财物管理人员、保管人员有下列情况者，应报送财务负责人和行政负责人议处：

1. 对所保管的财物有盗卖、调换或化公为私等营私舞弊者。

2. 对所保管的财物未经报准而擅自转移、出借或损坏不报告者。

3. 未尽保管责任或由于过失致使财物遭受被窃、损失或盘亏者。

（九）附则

本办法解释权归海阳集团财务部。

CCHC体系的低值易耗品管理制度

编号 CCHC1-3-12-2

一、总则

（一）为加强 CCHC 体系内低值易耗品的日常管理，提高物资的使用效率，严格控制费用支出，防止积压浪费和资产流失，特制定低值易耗品管理制度。

（二）低值易耗品是指单位价值在 1000 元以内、未列入固定资产管理范畴的有形资产，包括办公用品、印刷品、清洗用品及劳动保护用品等。

（三）其他物品根据 CCHC 体系特性可列入管理范围。

二、低值易耗品的管理原则

（一）低值易耗品的采购、领用应当遵循“注重效益，厉行节约”的原则，做到既要保证 CCHC 体系经营需要，又要防止积压浪费。

（二）在保证日常经营活动不受影响的前提下，低值易耗品应尽量实行“零库存”管理。

（三）低值易耗品必须坚持“先入库后领用”的管理原则，不允许未经入库直接投入使用。

（四）××区（县）CCHC 居家养老综合服务总部办公室为低值易耗品之采购、管理部门，财务部为核算监督部门。

三、低值易耗品的采购与入库

（一）各部门每月申报一次本部门所需低值易耗品的需求计划，经办公室汇总编制计划，报财务部审核、主管领导批准后方可购进。

（二）各部门平时急需的低值易耗品，须报零星采购计划，经办公室和财务部审核批准后方可购进。

（三）低值易耗品的采购应本着节省成本、价廉物美、急需先办的原则，不得谋私利。

（四）采购低值易耗品后，应办理入库手续，填制有关物品账目，凭发票和入库单向财务部报销。

四、低值易耗品的领用与管理

（一）在库低值易耗品由行政部负责保管，指定专人管理。

（二）在库低值易耗品，应按月或按季定期盘点，填写库存统计表，注明盈亏数额，说明原因，报财务检核。

（三）行政办公室应制定各级人员低值易耗品的领用标准和使用期限，并定期改进，依据各部门的工作特点适当倾斜、变通。

（四）发放物品可分定期（月初）一次性领用和随时领用。领用人须填写办公用品领用簿。对低值易耗品领用费用进行内部财务核算（核算到部门、项目)，并对成本效益进行综合评价。

（五）贵重办公用品（如计算器、设计测量工程用具）等，须经主管领导批准后才能领用。

（六）低值易耗品报废时应由使用部门填写情况说明，交办公室、财务部门审核注销；职工调离，须归还物品的应交回原物，否则按规定折价赔偿。

（七）应定期统计物品采购、库存、发放、使用情况。在满足保证办公效率情况下，使库存资金最小化，节约行政费用。

五、附则

（一）本办法自 2017 年 1 月 1 日起执行。

（二）本办法解释权归 ×× 区（县）CCHC 居家养老综合服务总部财务部。

CCHC体系的发票管理制度

编号 CCHC1-3-12-3

一、总则

（一）为规范财务收支凭证，根据《中华人民共和国发票管理办法》，结合 CCHC 体系内会计核算和监督的具体要求，特制定本规定。

（二）本制度适用于 CCHC 体系内各级机构的发票（包含收据）管理。

二、开具发票（收据）的要求

（一）业务人员在正常经营活动及业务中，向收款单位付款后，应向收款单位及时索取发票。

（二）对于不符合规定的发票：未经税务机关监制的发票；项目不齐全，内容不真实，字迹不清楚的发票；没有加盖财务印章或者发票专用章的发票；伪造、作废以及其他不符合税务机关规定的发票，业务人员一律拒收。

（三）向客户收取款项时，由专人到开票处开具发票（收据）。发票（收据）的开具必须有真实的经济合同、交易单证并获取开票或结算清单，开票额不得超过结算金额。

（四）开具增值税专用发票，须由客户提供增值税一般纳税人证明资料，并严格按有关规定开具。对个人、小规模纳税人，一律开具普通发票。

（五）开具发票（收据）时，对已收款项应加盖“现金收讫”或“银行收讫”章。

（六）禁止发票（收据）的开具人员直接收取现金或现金支票。发票（收据）的开具和款项收取的人员必须分开。

收据收取的款项为现金或现金支票时，必须由出纳人员收取款项，并在收据上盖“现金收讫”章。

（七）发票（收据）必须逐本按编号顺序开具，禁止多本同时开具，禁止拆本使用，禁止不按编号顺序开具收据。

（八）在开具发票（收据）时，必须做到按号码顺序填开，全部联次一次打印或复写，内容完全一致，并在发票联加盖发票专用章，增值税专用发票须在发票联和抵扣联加盖单位发票专用章。

（九）发票（收据）上填写的付款单位、合同购买方以及实际付款单位三者必须相符。发票中的项目名称、单位、数量、金额、合计金额、日期、开票人姓名及其他发票内容要填写齐全。

（十）发票（收据）中的大小写金额要相符，金额合计（小写）数前要加符号“￥”封顶。大小写金额不一致的发票（收据）须作废处理。

（十一）开具发票（收据）的字迹要清晰，不得有涂改、刮擦痕迹。

（十二）发票专用章应使用红色印泥。

（十三）开具增值税专用发票应严格按照《增值税专用发票使用规定》开具。

三、发票（收据）的管理

（一）CCHC 体系各级机构应建立发票（收据）使用登记制度，设置发票（收据）登记簿，记录发票的领购、使用、结存等情况。

（二）发票（收据）应由财务部门指定专人购买和保管，并且保管人和开具人必须分开。

（三）发票（收据）只准在规定的使用区域内，按规定的用途使用。

（四）CCHC体系各级机构必须建立发票（收据）领用存登记簿，每次领用时须及时登记领用的发票（收据）的编号范围、领用的本数，并有领用人签字。

除第一次领用发票（收据）外，其他每次领用发票（收据）时，均须交回原领用的已开具完毕的定本发票（收据）存根，经核对无误后方可领用新发票（收据）。

（五）未经批准，任何人不得拆本使用发票（收据），不得擅自扩大发票（收据）使用范围。

（六）发票（收据）使用后应以旧换新，交回存根，票据管理人员要逐页检查。

任何单位和个人不得转借、转让、代开、虚开发票（收据），严禁开具与实际经营业务不符的发票。

（七）空白发票（收据）何时使用何时盖章，不得事前盖章。

（八）作废的发票（收据）应整份保存，并注明“作废”字样。

（九）已开具的收据存根作为会计档案资料管理，其管理及销毁方式照会计档案管理办法执行。

（十）使用发票（收据）的单位应当妥善保管发票，以防丢失。发票（收据）不得随便放置，下班时应放入保险箱内。如发票（收据）丢失，应于第一时间向财务部书面报告，并同时向税务机关报告。

（十一）票据管理人员调离岗位时，应办好交接手续，并由部门负责人监交。

四、内部收据的管理

（一）内部收据由财务部门统一印制或购买，并且指定专人保管并详细记录收据的领购、使用、结存等情况。

（二）内部收据应严格按规定的使用范围开具，经过规定审批同意后方可加盖印章。

（三）内部收据的领用必须以旧换新，交回存根，并且核对开出的收据和入账金额是否一致，杜绝开收据收款后不入账的行为发生。

五、附则

（一）本规定未尽事宜，依照《中华人民共和国发票管理办法》、《增值税专用发票使用规定》及其《实施细则》执行。

（二）本规定解释权归财务部。

CCHC体系的费用支出管理制度

编号 CCHC1-3-12-4

一、总则

（一）为进一步降低非生产性成本，明确 CCHC 体系内各项管理费用的支出标准及监控管理，保证 CCHC 体系的费用开支能严格控制在预算范围内，提高整体竞争能力，特制定本制度。

（二）本制度适用于 CCHC 体系内各级机构包括 ×× 区（县）CCHC 居家养老综合服务总部（以下简称养老服务总部）、×× 街道（社区）CCHC 居家养老综合服务中心和 ×× 小区 CCHC 居家养老综合服务驿站。

二、业务招待费

（一）业务招待费是指因工作需要招待客户和有关部门人员而发生的费用，主要指餐费、礼品费、礼金等。

（二）海洋集团对 CCHC 体系各级机构的业务招待费实行总额控制，由各机构在预算内集中管理，自行控制，但原则上不允许分解指标。

（三）业务招待一般应在定点酒店、宾馆进行，每次消费后在签单卡签字按月结算，不得擅自在他处或用现金结算。

（四）业务招待应事先申请并得到批准（见表 1-3-12-4-1），原则上不允许先斩后奏。因特殊原因无法事先办理手续的，事后须及时报告有关领导。

业务招待费用申请表

单位：　　　　　　　　　　　申请日期：　　　年　月　日　　　　　　　表1-3-12-4-1

申请人		部　门		职　务	
被接待主要人员情况说明				陪同人员	
姓　名					
职　务					
备　注				总人数	
接待事由说明					
费用项目					小计
金额（元）					
审批人	部门经理		主管副总经理		总经理
审批意见					

（五）在指定签单招待单位消费，需经有签单权的负责人同意后，事先报餐，就餐完毕由授权负责人签字确认。财务人员对转来的无签单权限的人员签署的就餐结算单据不予承认。

（六）在指定签单招待餐馆以外消费的，各机构应采用事先申报制度，由相关单位填写“业务招待费用申请表”，并交有关领导审核。其中，500元以下由部门负责人审批，500—2000元由本级机构负责人审批，超过2000元以上呈养老服务总部审批。除特殊情况养老服务总部批准外，对采用先开支后申报的单据，财务有权拒绝报销。

（七）凡是因工作需要对外赠送礼品（包括CCHC产品）、礼金的，由相关部门提出申请，由海洋集团或其授权人审批后，方可执行。

（八）各机构员工因公出差确需应酬的，须事前电话请示职能部门经理经各养老服务总部同意，限额接待（见表1-3-12-4-2）。

业务招待费标准表

单位：元/人　　　　　　　　　　　　　　　　　　　　表1-3-12-4-2

<table>
<tr><th rowspan="2">陪同级别</th><th colspan="3">招待地点</th></tr>
<tr><th>国　内</th><th>国　外</th><th>备　注</th></tr>
<tr><td>普通职员</td><td></td><td rowspan="3">国外部分以临时预算形式报海阳集团审批</td><td rowspan="3">陪餐人数原则上不超过就餐人数的50%，且最多不超过四人</td></tr>
<tr><td>养老服务
中心负责人</td><td></td></tr>
<tr><td>养老服务
总部负责人</td><td></td></tr>
</table>

注：本标准为业务接待支出的最高限额，若为一般性接待应从简。

三、办公费

（一）办公费是指CCHC体系各级机构办公文具、办公家具、办公通信器材、电器以及电脑配件、易耗材料等的购置费用。

（二）办公费用涉及物品由各级机构办公室（电脑及耗材由系统管理员）在预算额度内统一购买、管理，办公用品购置实行定点采购管理。办公室应设专人对办公用品进行管理。

（三）各部门申请购置办公用品时，须注明用途、数量、规格型号，办公室需查明是否可调节使用，再确定是否购买，报办公室审批后执行。

（四）办公用品采购审批程序：各职能部门填写“办公用品购置申请表”报办公室审核，并经办公室负责人审批（2000元以下）或总经理审批（2000元以上）后到定点单位采购。

（五）各级机构办公室应按月将办公用品领用及费用分配表报送财务部，财务部将费用划转入各职能部门。

（六）办公用品领用审批程序

1. 一般用品：领用人填写“办公用品领用申请表”→部门负责人批准→办公室审核→文具仓领用。

2. 电脑消耗材料：领用人填写“电脑消耗材料领用及配件维修申请表”→部门负责人批准→办公室负责人批准→财务审核→文具仓领用。

3. 办公室负责办公用品领发的人员，每月须填报办公用品、印刷品的领、发、存报表，按部门分类归档，报送财务部和各有关部门。

4. 严禁CCHC体系内部各职能部门自行采购有关办公用品。否则，由此发生的费用，将不予报销。

四、通讯费

（一）通讯费指因公使用通信工具而发生的费用（包括移动电话费用补贴）。

（二）CCHC体系管理干部、特殊岗位人员移动电话费标准实行定额定人管理。补贴标准参照表1-3-12-4-3。

（三）CCHC总机、各级机构所属直拨电话、传真机电话费用由各级机构办公室进行管理，具体见表1-3-12-4-4。

移动电话费报销标准

表1-3-12-4-3

部　门	级　　别	每月限额（元）
各部门	总监/副总及以上	实报实销
营销部门	经理	
	主管	
	职员	
综合部门	经理	
	主管	
	职员	

注：1. 限额以下凭话费单据实报实销，差额不补；超支部分不予报销。

2. 超支月份不弥补不足月份的通讯费。

3. 办公室特别岗位人员须由部门上报，经机构负责人批准确定。

办公电话费执行标准

单位：元 表1-3-12-4-4

岗位职务	业务特性基本标准（元/人）						
	财务部	公共关系部	后勤部	培训督导部	市场部	运营部	其他
负责人							
职员							
部门划分标准（元/月）							
部门标准							
金额							
备注	部门标准包括部门职能工作范围应承担CCHC公共部分						

五、差旅费

（一）差旅费是指CCHC体系员工受主管负责人派遣在办公所在城市以外的地区履行公务而发生的各种交通费、住宿费、伙食费补助等。因公出差按出差地点分为：国内临时出差、国内长期出差、境外出差。

（二）员工出差应严格履行报批手续，未经批准不得自行出差，自行出差或因私出差所发生的差旅费均由其本人自行承担，不予报销。

（三）应严格控制出差人数，并考虑其完成任务的期限，确定合理出差日期，逾期出差应向上一级主管负责人报告。对因公出差人员，按相应标准报销出差费用。

（四）员工国内临时出差所发生差旅费按国内差旅费开支标准（见表1-3-12-4-5）。

1. 出差人员超标准乘坐交通工具（见表1-3-12-4-6）须经总经理签字同意方可报销，并须事先请示。

国内差旅费标准一览表

单位：元/人/天 表1-3-12-4-5

出差人员级别	出差地点	住宿费（凭票报销）	伙食费（定额补助）	市内交通（定额补助）
普通职员	一类地区 二类地区 三类地区			
部门负责人	一类地区 二类地区 三类地区			
机构负责人	当日未往返的所有地区	实报实销	实报实销	实报实销

注：1. 一类地区：各直辖市及深圳、厦门、珠海、汕头经济特区。

2. 二类地区：各省会城市及沿海开放城市。

3. 三类地区：除上述一、二类地区之外的，当日不能往返的城市或地区。

长途出差交通工具乘坐标准

表1-3-12-4-6

级 别	飞 机	火 车	轮 船
普通职员		硬卧硬座	三等舱
部门负责人		硬卧硬座	二等舱
机构负责人	普通舱	软卧软座	一等舱及以上

2. 员工出差原则上不允许乘坐软卧、客轮豪华舱，夜间行走超过 8 个小时方可乘坐硬卧。

3. 员工多人一起出差时，应尽量安排二人间或三人间住宿，住宿费按原标准的 70% 执行。

4. 出差人员的交通补贴、伙食补贴天数按出差自然天数减去一天计算，即算头不算尾；住宿补贴按实际住宿天数计算。

5. 员工出差夜间（指晚 8 日才至次日凌晨 7 时）连续乘坐硬坐火车超过小时以上的，可给予夜间乘车补贴，补贴标准为票价的 30%。

6. 各级机构委派的各种会议的费用开支，凭会议通知上注明的相关费用报销，已包食宿的，相关住宿费、伙食补贴不予以报销。

7. 各级机构派出接受培训人员的费用和补贴标准依据举办单位通知和培训合约确定。

8. 因外延发展需要派驻外地长期工作的人员的差旅费及补贴标准由CCHC体系另行规定，不适用本办法。

（五）国内临时出差实行事先申报制度。

1. CCHC体系各级机构负责人（含）以下人员在当日未往返地区出差实行事前申请制度，依据差旅费标准和预计出差时间填报“出差申请表”，原则上省内出差审批人为出差人员的直接上级，省外出差审批人为主管副总经理，国外出差审批人为养老服务总部负责人。

2. 审批人对差旅费申请标准按以下授权金额范围执行：1000元以下报本级机构负责人审批，1000以上元报养老服务总部负责人审批。

3. 因特殊原因未能事前申请的，应于回各自机构后一周内补办申请审批手续。没有经过批准的“出差申请表”，财务部不予借款和报销。

（六）国内长期出差实行过程控制，各职能部门可在CCHC体系规定差旅费开支标准范围内申报长期出差人员的费用开支标准和管理办法。报批后报财务部备案。

（七）员工境外（含港、澳地区）出差所发生差旅费统一按出国人员差旅费开支标准执行（见表1-3-12-4-7）。

1. 受境外客商邀请的出国人员，已由邀请单位支付交通费用和住宿费用的，不适用上述标准，但经批准，可按100美元/人/天标准，限额不超过1000美元/次，一次性发放出差补贴。

2. 属于由国家、省、市外事、外贸部门组团赴国外参展和贸易洽谈的，按代表团统一规定标准执行，不适用本规定。

出国人员差旅费标准一览表

表1-3-12-4-7

出国人员级别	住宿费（凭票报销）	出差（定额补助）	长途交通费（凭票报销）
普通职员			
部门负责人			实报实销
机构负责人	实报实销		

注：

1. 出差补助包括：膳食补助、交通补助、日常杂费补助；除来回长途交通费及中转机票以外，其余一切交通费原则上不予报销。

2. CCHC体系派往境外学习、实习和培训且有固定住所者，每人每天给予 美元的出差补助。

3. 当天往返的港澳出差，按 美元/次予以定额补贴。

4. 飞机乘坐标准：除各级机构负责人可乘商务舱以上标准外，其他人员只能乘坐普通经济舱，特殊情况由总经理特批。

5. 多人一同出差，应安排二人间或三人间住宿，住宿费报销标准相应降20%。

3. 境外出差计划及费用预算由相关部门或境外出差人员编制后，报主管副总经理审核，总经理审批。

（八）出差借款及报销程序

1. 出差人员借款需持批准后的“出差申请单”，填写“借款单”，列明用款计划，参照审批权限报经核准后方可借款。

2. 出差人员应在回各自机构 3 个工作日内报账。

3. 出差人员报销差旅费时，应整理好相关票据，据实填写“差旅费报销单”，并按相关程序审核批准后方可报销。

（九）凡与原出差申请单规定的地点、天数、人数、交道工具不符的差旅费不予报销，因特殊原因或情况变化需改变路线、天数、人数、交通工具的，需经本机构负责人签署意见后方可报销。

（十）差旅期间发生的共同费用报销，报销单须有同行人员签名确认。

（十一）长途交通票据如果遗失，须写出书面报告，且有 1 人以上同行人员或有关人员签字证明，经部门经理签署意见，报财务负责人审批后，按票价的50%报销。

（十二）员工随同主管及以上级人员一同出差，其住宿标准可按主管及以上级人员相应标准执行。

（十三）出差途中，经批准可绕道回家探亲，其绕道车船费扣除直线单程车、船费后全部自负，在家期间不享受伙食补贴、住宿补贴和交通补贴。

（十四）严禁人为将同批次差旅开支项目拆零分次报销，绕避监管，一经发现，财务有权不予受理未报销拆零部分，并在报销单上标识核销。

（十五）新招聘的外地专业人员，原则上不报销前来报到发生的各项费用。包括单程路费及行李托运费用（毕业生除外）。特殊情况需要报销的，应由本人申请，报本级机构负责人审批。

六、汽车使用费

（一）汽车使用费是指各级机构业务用车向车辆归口管理部门申请用车而发生的各项直接费用。

（二）汽车费用由财务部将费用分解到各职能部门，由相应部门进行控制。

（三）汽车费用涉及油料按相关规定实行定点加油，由财务部统一负责结算，未经总监以上主管签批的定点加油站以外的现金加油发票，财务不予以报销受理。

（四）汽车产生的路桥费、停车费等直接费用，须附于“派车单”后，由用车部门经办人签字确认后，并同原始票据列入该单位汽车费支出。

（五）公务用车订车流程、费用标准、审批程序，由车辆归口管理部门拟订相应管理办法执行。

七、市内交通费

（一）市内交通费是指员工在所在地办理公务所发生的交通费（包括公共汽车费和出租车费），员工上下班或因私所发生的交通费不在此列。

（二）凡市内办理公务的主管及以下人员，一般只能乘坐市内公共汽车，特殊情况下需要乘坐出租车的，事先必须取得部门经理的批准。

（三）所有因公报销出租车费用的员工，必须在出租车票背面注明往返地点及用车事由。

（四）市内出租车费在限额以下的，凭票据实报实销，差额不补；超过限额的，除经总经理特别批准外，不予报销。报销标准见表 1-3-12-4-8。

市内出租车费报销标准

表1-3-12-4-8

级　　别	每月限额（元）
机构负责人	
部门负责人	
普通职员	

注：限额以下凭票据实报销，差额不补。

（五）报销的市内公共交通费严格限定为办理公务所发生的交通费，不得将个人上下班交通费混同报销，如经发现将追缴当次报销的所有市内公共交通费，第二次发现将予以通报批评，第三次发现将移交办公室处理。

八、费用报销责任界定

（一）报销人的责任：

1. 报销人对所报销项目的真实性、准确性、及时性，单据的合法性、完整性负责。

2. 各项报销票证、资料必须齐全并按要求粘贴，否则财务部有权拒绝报销。单据的规范要求见附件。

（二）部门负责人的责任：

1. 负责审查费用项目是否经过申请并得到批准，报销金额是否控制在标准之内。

2. 对报销的内容真实性、完整性，各项附件是否合法性、完整性负责。

（三）财务审核人员的责任：

1. 负责审查单据的合法性、真实性，报销内容是否符合有关标准。

2. 审查报销项目审批手续的完整性。

（四）部门负责人对报销项目的真实性、必要性负责。

九、费用报销审批程序

（一）标准内费用审批、报销流程为：

报销人→部门负责人→财务审核→机构负责人审批→报销

（二）超标准的费用审批、报销流程为：

报销人→部门负责人→财务审核→机构负责人审批→上级机构财务部负责人审批→报销

（三）超预算开支、预算外开支、专项费用必须先经申请预算后才能报销。预算申请流程为：

1. 1万元以内（含1万元）：

部门申请→上级领导审核→财务部负责人审批（财务部费用由总经理或其授权人审批）

2. 1万元以上：

部门申请→主管经理审核→财务部负责人批转→机构负责人审批

（四）所有费用均应于发生之日起3个工作日内报销（出差人员自返回本

级机构之日起计算)。

十、报销单据规范指引

(一)报销单的填写要求:费用报销单必须用蓝、黑水笔书写,各项要素必须填写齐全,严格按文件的审批流程进行审批。

(二)报销单据的粘贴要求:报销单据必须用胶水粘贴附件,不得使用订书针、大头钉、回形针串别。不符合规定的,财务部门做退回处理。

各种单据粘贴应当整齐、牢固,单据的粘贴应保证财务人员方便复核报销金额和核实票据的真伪。

(三)各种车票据的要求:各类长途飞机、车、船票均须有日期、起止地址、发票专用章,票面金额清楚,界线正确(以划界最明显的大写金额为核报金额)。背面应有经办人签名。明显超过本销售区域或月度计划项目以外的飞机、车、船票背面必须有主管总监以上人员签名核准。

(四)其他票据的要求:

1. 所有的报销票据需是正式发票,发票应当清晰记明单位名称、开票日期、货物名称、型号、单价、大小写合计金额、开票人签名、开票单位发票专用和当地税务机关的发票专用章,经办人在票据背面签字并注明间,所有的报销票据不得涂改、挖补,否则视为无效。

2. 住宿费发票正面必须有出票日期、入住和退房日期、住宿费用项目、单价、总金额、出票人签名及出票单位公章、发票专用章等,背面必须有入住人签名。明显超越业务区域的住宿发票背面必须有主管总监以上人员签名核准。

3. CCHC体系规定允许不需办理入仓管理的特殊采购项目,报销发票(发票或提货清单必须货物名称、型号、单价项目)背面必须有经办人、验收人、部门负责人签名。

4. 电话费用必须凭邮电部门开具的有效发票为报销凭证。

5. 发票遗失等无发票报销须写明原因并经总经理签批方可报销。

（五）各类报销单据凡不符合本标准的，财务部有权拒绝报销。

十一、核算及考核管理

（一）财务部门应对各部门的费用开支情况做好登记，按季度编制部门费用汇总表，并通报各部门。

（二）跨不同费用考核单位发生的共同费用报销，费用责任双方需书面注明各自相应承担金额。否则，财务一并列入报销经办人及其部门费用核算项目。

（三）各职能部门负责人以上管理干部个人发生的费用支出情况，由财务部另行登记汇总，按季度报本级机构负责人备案。

（四）各部门的费用开支应严格按照本级机构预算及目标管理方案的要求进行控制和考核。

十二、处罚规定

（一）报销人营私舞弊、弄虚作假，对违规违纪金额不予报销，对已经报销的，除退回违规报销金额外，同时对报销人予以违规报销金额 5%—20% 的罚款。

（二）财务审核人员审核不严使 CCHC 体系造成损失的，或者未执行本办法规定处罚责任，擅用职权受理违规费用报销者，对财务审核人员并处违规报销金额 3%—15% 的罚款。

（三）除统一组织活动外，禁止 CCHC 体系内各平台之间相互请客及送礼，列支费用。一经查核，该费用直接转由经办部门负责人工资内扣除。

（四）如果违反上述开支标准或手续不齐全，报账时列入其他项目而隐瞒实际金额或超预算报销，财务有权拒绝受理。

（五）借款逾期满三十天，当事人未能及时提供主管核准的有效书面情况说明，并办理延期手续者，财务有权在当事人借款逾期当月工资中扣回欠款。

（六）部门负责人对报销人因违规造成的损失承担连带责任。

（七）因审核过失造成费用借款人未有效报账冲销借款，或者无法从工资扣回逾期借款者，由经办责任人（含各级审批人）应承担不低于流失款总额50%的经济责任。按责任人基本工资比例分别承担相应损失金额，并在坏账当期应发工资中扣还。

（八）报销审批程序中各相关审核、复核人员必须严格按照规定的标准和程序执行，在未进入财务审核程序之前，由相关部门最后审核人员承担责任。

CCHC体系的固定资产管理制度

编号 CCHC1-3-12-5

一、总则

（一）为了规范和加强 CCHC 体系内固定资产的管理，保证固定资产的安全完整，充分发挥固定资产使用效能，明确各部门及员工的职责，结合海阳集团实际情况，特制定本制度。

（二）固定资产的标准原则上按财政部颁发的相关规定执行。结合 CCHC 体系内状况和财政部规定，符合下列条件的应列为固定资产管理：

1. 使用期限超过 1 年，单位价值在 1000 元以上的房屋及建筑物、机电、机械、运输以及其他与生产经营有关的设备、器具、工具等。

2. 不属于生产经营主要设备，但单位价值在 1000 元以上使用期限超过两年的物品。

未达到以上标准的，应以费用科目列账，而不得以固定资产科目列账。

3. 本办法适用于 CCHC 体系各级机构。

二、固定资产的计价

（一）CCHC 体系内固定资产的计价，应根据取得固定资产的不同来源，按照下列原则确定：

1. 购入的固定资产，按照实际支付的买价、运杂费、包装费、保险费、安装成本和缴纳的税金等，作为入账价值；从国外进口的设备，其入账价值还应包括按规定支付的关税、手续费、佣金等。

2. 自行建造的固定资产，按照建造该项资产达到预定可使用状态前所发生的全部支出，作为入账价值。

3. 投资者投入的固定资产，按照投资各方确认的价值，作为入账价值。

4. 融资租入的固定资产，按照租赁协议确定的价款加运输费、途中保险费、安装调试费等，作为入账价值。

5. 接受捐赠的固定资产，按照捐赠者提供的发票或有关凭证所列金额，加上由企业负担的运输费、途中保险费、安装调试费等确定入账价值；捐赠方未提供有关凭据的，按照同类设备的市场价格或评估价值确定入账价值。

6. 在原有固定资产基础上改扩建的固定资产，按照原有固定资产的原价，加上改扩建支出，减去改扩建过程中发生的固定资产变价收入后的余额作为入账价值。

7. 盘盈的固定资产，按照同类固定资产的重置完全价值计价。

（二）因购建固定资产而发生的借款利息和汇兑损益，在资产尚未交付使用或虽已交付使用但未办理竣工决算之前的，记入固定资产价值。

（三）CCHC 体系内已经入账的固定资产价值，除发生下列情况外，不能任意变动：

1. 增加补充设备或改良工程。

2. 将固定资产一部分拆除。

3. 根据实际价值调整原来的暂估价值。

4. 发现原有固定资产价值有错误。

5. 根据国家规定对固定资产重新估价。

三、固定资产的折旧

（一）下列固定资产应计提折旧：

1. 房屋和建筑物。

2. 在用和不在用的机器设备、仪器仪表、运输车辆、工具器具。

3. 季节性停用和修理停用的固定资产。

4. 以经营租赁方式租出的固定资产。

5. 以融资租赁方式租入的固定资产。

（二）下列固定资产不计提折旧：

1. 以经营租赁方式租入的固定资产。

2. 以融资租赁方式租出的固定资产。

3. 已提足折旧继续使用的固定资产。

4. 未提足折旧提前报废的固定资产。

5. 按规定单独估价作为固定资产入账的土地。

（三）按月计提折旧：

1. 当月开始使用的固定资产，当月不计提折旧，从下月起开始计提折旧。

2. 当月减少或停用的固定资产，当月照提折旧，从下月起不计提折旧。

3. 提前报废的固定资产，不再补提折旧。

（四）CCHC体系内采用平均年限法计提固定资产折旧。其折旧率和折旧额的计算公式如下：

1. 年折旧率 =（1 －预计净残值率）÷ 折旧年限

2. 月折旧率 = 年折旧率 ÷12

3. 月折旧额 = 固定资产原值 × 月折旧率

4. 净残值率按照固定资产原值的 5% 确定。

5. 房屋及建筑物的折旧年限为20年，车辆的折旧年限为5年，其他设备的折旧年限为3年，其余可按预定使用年限作为摊销年限。

（五）折旧方法和折旧年限一经确定，不得随意变更。需要变更的，应在变更年度以前，由财务部提出申请，报经海阳集团及相关政府部门核准，并在财务报表中予以提示。

四、固定资产的管理

（一）固定资产实行由使用部门、管理部门、财务部门分工负责的原则，使用部门、管理部门负实物的直接管理责任，财务部门负核算和监督、检查的管理责任。CCHC体系各级机构办公室为固定资产的管理部门。

（二）使用部门的固定资产管理职责为：

1. 建立和贯彻固定资产的使用，保管责任制度。

2. 建立台账或卡片，及时反映固定资产的增、减变动等情况，做到账（卡）、物一致。

3. 正确使用固定资产，做好维护保养。

4. 定期进行清查盘点，并提出盘点报告。

5. 负责编制固定资产的大修理计划。

（三）管理部门的固定资产管理职责为：

1. 建立健全分管固定资产的账（卡），做到分管、使用、财务三账一致，账、卡、物一致，并按期填报有关的业务报表。

2. 正确及时办理新增、转移、调拨、报废等手续。

3. 对使用部门进行固定资产的维护、管理和使用情况的检查和指导。

4. 定期组织清查盘点，处理盈亏报废，提出盘点报告。

5. 健全档案资料，组织编号钉牌。

（四）财务部门的固定资产管理职责为：

1. 负责 CCHC 体系本机构内的固定资产的统一核算，建立健全固定资产的核算凭证和账卡，正确填报有关会计报表。

2. 办理固定资产新增、转移、调拨、报废等的财务手续及核算。

3. 正确计提固定资产折旧。

4. 组织并参与管理部门的清查盘点工作。

五、固定资产的购建

（一）固定资产的购建计划

1. 固定资产的购买和建造，实行计划、预算管理，根据 CCHC 体系新年度的经营目标和生产任务，编制年度固定资产购买建造计划及预算，作为年度资本支出预算的组成部分，海阳集团审批后，由办公室监督执行。

2. 需购建的固定资产由使用部门提出申请，办公室对照当年度固定资产购建计划和预算，出具初步审查意见，报分管海阳集团批复后，才可购买。

3. 对未纳入年度固定资产购建计划和预算，又必须购建的固定资产项目，使用部门必须编制追加计划并详细列明追加原因、可行性方案报海阳集团批准后实施。

（二）固定资产购建手续

1. 生产性经营设备由 ×× 区（县）CCHC 居家养老综合服务总部提出购建申请，并由 ×× 区（县）CCHC 居家养老综合服务总部及海阳集团共同对所需购置设备做出设备造型及价格咨询的可行报告（包括资金预算、设备性能及产生的经济效益），送交海阳集团批准。

2. 对非生产性经营设备购建，由海阳集团会同使用部门和财务部门共同做出设备造型及价格咨询的可行报告（包括资金预算、设备性能及产生的经济效益），送交海阳集团批准。

3. 购置固定资产一般应签订经济合同。重大建造项目应在进行可行性研究认可并进行价格、性能的比较之后，方可签订经济合同。

4. 经济合同正本交办公室，复印一份交财务部门，据以办理价款结算并监督合同的执行。

5. 财务部门在收到设备部门送交的经济合同后，应检查其有效性。

6. 固定资产到达或完工后，将财务部办理价款结算时的金额和实际支出进行对照，对重大差异应查明原因做出处理，对长期未办理结算的购建合同应查明情况并向有关部门负责人反映。

（三）固定资产的验收及结算

1. 办理价款结算的固定资产，财务部门应在实际结算月份由在建工程转入固定资产。

2. 外购设备、工器具到货，由购置部门会同管理部门组织开箱验收，填制“设备开箱验收单”。

3. 对不需要安装的设备、工器具，随即交付使用，填制“固定资产购制（安装）验收单”，经管理和使用部门验收后，送财务部门转账。

4. 对需要安装的设备经安装后，由购置部门会同管理部门、使用部门组织调试，验收合格后，填制“固定资产购制（安装）验收单”办理设备移交手续。

5. 属设备附件和专用工具，由管理部门按照装箱单清点。属设备附件的，移交操作人员负责保管；属工具类的，由工具部门登记备案；属设备备品配件，送备件库入库；随机技术文件应交技术档案室存档，并填制相应账、物、卡。

6. 自制、外包、外购的房屋、建筑物和自制设备完工时，应根据设计图纸资料和有关技术文件规定，由使用部门组织验收。达到验收标准后，填制“固定资产购制（安装）验收单”，办理移交手续。验收报告应送交一份给办公室。

7. 工程结算时财务部门根据批准的结算报告对照有关的合同、验收报告等进行复核，或根据合同以及相关部门工程审核意见，海阳集团批复支付工程结算款。

（四）对于以经营租赁方式租入的固定资产，应另设“经营租赁备查簿”进行登记。管理部门应填制“定资产租入通知单”，连同租用合同送财务部门据以登记和支付租金。租金支出列入制造费用或管理费用。

（五）对于以融资租赁方式租入的固定资产，应当视同企业自有的固定资产进行管理和核算，并计提折旧。

六、固定资产的修理

（一）固定资产修理分大修理和日常修理。

（二）固定资产的大修理需要事先进行计划。固定资产年度大修理计划由管理部门和使用部门共同制定，经财务部经济分析审核通过后，报海阳集团批准，列入年度经营计划。

（三）管理部门根据批准的大修理计划进行大修理工程时，在考虑负责大修理部门工作量平衡和费用预算的前提下，可以选择自营和出包的方式。对出包的大修理工程项目，必须与承包方签订合同或协议，并经财务部门会签。自营的大修理工程项目应按设备大修理和土建大修理分类填发施工号，通过“管理费用”科目核算。

（四）通过大修理之后，凡符合下列条件之一者确认为改扩建支出：

1. 使固定资产的预计使用年限延长。

2. 使固定资产的生产能力增大。

3. 使产品质量提高。

4. 使企业生产成本降低。

（五）固定资产的日常修理，由使用部门或管理部门负责。由使用部门负责的，应由管理部门进行监督检查。

七、固定资产的期间处置

（一）固定资产的有偿转让

1. CCHC 体系内因产品结构和经营业务调整，对未使用、不需用等闲置和多余的固定资产（以及虽已办理报废手续，但仍有一定使用价值的固定资产）有偿转让和变卖，应填制“固定资产处置通知单”。由管理部门提出，经财务部门会签后，报主管领导批准。

2. 变价收入扣除清理费用后的变价净收入与原账面净值的差额作为营业外收支处理。

3. 对可调出的闲置固定资产清单应每半年一次报海阳集团，以便优先在集团内部中进行有偿调剂。

（二）固定资产的内部转移

1. 内部转移是指根据生产经营需要，由海阳集团决定在各级机构或机构决定在内部使用部门之间转移。

2. 固定资产在各机构内部调拨时，应填制“固定资产转移调拨单”，经海阳集团批准后办理交接手续。调拨单一式两份，一份由办公室留底，一份交财务部门做相应的账务处理。

八、固定资产的盘点

（一）定期对固定资产盘点清查。年终时，在编制年度决算报告前，必须进行一次全面的清查盘点，核实固定资产的数量和质量，做到账物相符，确保资产的安全、完整。

（二）对于盘点情况以及在盘点中发现的问题，应由负责保管和使用的相关部门查明具体原因，写出书面报告，报经主管领导审批后及时进行处理。

（三）在资产清查中发生的盘盈、盘亏，应当查明原因，写出书面报告，并根据管理权限，经批准后，在期末结账前处理完毕。

（四）在发生以下情况时，应及时对固定资产进行清理。

1. 使用期满。固定资产已达到或超过规定的使用年限，经鉴定确认不能进行修复和继续使用的，必须进行清理。

2. 灾祸毁损。企业因火灾、风灾、水灾、震灾等不可抗拒力量以及交通事故等造成固定资产毁损的，必须进行清理。

3. 由于设计、施工、制造技术不过关，质量低劣，无法修复继续使用，未达到预定使用年限而中途报废的固定资产，必须进行清理。

4. 各级机构将本机构生产经营不需要的闲置固定资产，或者由于技术进步被先进设备替换下来的落后设备进行出售和有偿转让的固定资产，必须进行清理。

5. 除上述情况外，各级机构对由于其他原因造成的确需报废的固定资产，必须进行清理。

（五）固定资产报废的处理

1. 固定资产报废时，由其责任人填写“固定资产报废申请”，经本部门负责人签字，并由办公室会同相关技术人员检测后提出报废申请报告，送海阳集团批准。

2. 财务部门依据海阳集团批准的固定资产报废申请报告进行财务账务处理；办公室负责进行实物处理。

3. 固定资产处置完毕后，由办公室将固定资产处置结果并附有关单据书面报财务部门，有处置收入的由出纳人员开具收据收款，处置费用由办公室填制费用报销单经相关人员批准后，随外部票据一起交财务报账。

（六）对已办理报废的固定资产的实物，应分类处置。对仍有部分使用价值的应保留实物，单独列账管理。

CCHC体系的会计档案管理制度

编号 CCHC1-3-12-6

一、总则

（一）为加强 CCHC 体系内会计档案管理，统一会计档案管理工作，尽可能保护 CCHC 体系内涉及财务方面的商业秘密，更好地为 CCHC 体系发展服务，根据《中华人民共和国会计法》和《中华人民共和国档案法》的规定，结合经营特点，制定本制度。

（二）各级 CCHC 体系机构必须加强对会计档案管理工作的领导，建立会计档案的立卷、归档、保管、查阅和销毁等管理制度，保证会计档案妥善保管，有序存放，方便查阅，严防毁损、散失和泄密。

（三）本制度适用 CCHC 体系各级机构的会计档案管理。

二、会计档案的范围

（一）会计档案是指会计凭证、会计账簿、财务报告等会计核算专业资料，是记录和反映单位经济业务的重要史料和证据。具体包括：

1. 会计凭证类：原始凭证，记账凭证，汇总凭证，其他会计凭证。

2. 会计账簿类：总账，明细账，日记账，固定资产卡片，辅助账簿，其他会计账簿。

3. 财务报告类：月度、季度、年度财务报告，包括会计报表、附表、附注；文字说明，其他财务报告。

4. 其他类：银行存款余额调节表，银行对账单，其他应当保存的会计核算专业资料，会计档案移交清册，会计档案保管清册，会计档案销毁清册，查账报告、验资报告、财务会计制度以及与经营管理和投资者权益有关的其他重要文件，如合同、章程等各种会计资料。

（二）以上所指的会计档案资料包含纸质档案资料和电脑存储的档案（无电子版的除外）。

（三）会计档案管理包括会计档案的立卷、归档、保管、调阅、复制和销毁等管理制度。

三、会计档案的整理

（一）CCHC 体系各级机构每年形成的会计档案，应当由财务部按照归档要求，负责整理立卷，装订成册，编制会计档案保管清册。

（二）对于凭证类的会计档案，CCHC 体系各级机构需在会计月度结束后 15 日内将该月的记账凭证打印（手工账的需整理编号且签名或盖章），并将记账凭证、原始凭证整理后装订成册。定本的会计凭证作为会计档案资料管理。

（三）对于账本类的会计档案，CCHC 体系各级机构需在会计年度结束后 30 个工作日内将会计账簿整理（电脑账的须打印）并装订成纸质账本，在首页签字盖章后作为档案资料管理。

（四）对于财务报告类的会计档案，各单位需在年度会计报表报出后 30 个工作日内将该年度内所有会计报表资料整理并作为档案资料管理。

（五）对于其他会计档案，由具体经办的财务人员在月度结束后 15 日内将已操作完毕的财务资料整理编号并作为档案资料管理。

四、会计档案的归档

（一）海阳集团财务档案在统一归档前，由各位具体负责该类财务事项的会计人员管理；在会计年度结束后两个月内，办理会计档案移交清册并将会计档案移交财务部负责人统一保管。

（二）CCHC 体系各级机构财务档案在统一归档前，由各机构财务主管管理；在会计年度结束后一个半月内办好档案移交清册并转交海阳集团，由海阳集团按照海阳集团财务档案统一保管。

（三）CCHC 体系各级机构财务档案由各级机构负责保管。

五、会计档案的保管

（一）当期的会计档案资料应与非财务资料适当分开；以往会计年度的档案资料必须专柜存放，并编制财务档案存放索引表以便查找。

（二）会计档案资料存放地必须保障其安全性，保管人员交接时须移交所有相关钥匙或必要时进行换锁。

（三）会计档案应妥善保管，存放有序，查找方便，严格执行安全和保密制度，不得随意堆放，严防毁损、散失和泄密。

（四）对于电脑存储的财务档案资料，其重要程度及管理责任等同于纸质档案资料，应将其与业务等其他资料严格分开，不准将财务档案资料与业务等其他资料混同在一台电脑中存储。对于电脑中存储的财务档案资料，必须设置由财务人员专管的查询密码或开机的口令。

（五）各种会计档案的保管期限，可分为永久、定期两类，详见会计档案保管期限表。保管期限从会计年度终了后的第一天起算（见表 1-3-12-6-1）。

会计档案保管期限表

表1-3-12-6-1

序号	档案名称	保管期限	备　　注
一	会计凭证类		
1	原始凭证	15年	
2	记账凭证	15年	
3	汇总凭证	15年	
二	会计账簿类		
4	总　账	15年	包括日记总账
5	明细账	15年	
6	日记账	15年	现金和银行存款日记账保管25年
7	固定资产卡片		固定资产报废清理后保管5年
8	辅助账簿	15年	
三	财务报告类（包括各级主管部门汇总财务报告）		
9	月、季度财务报告	3年	包括文字分析
10	年度财务报告（决算）	永久	包括文字分析
四	其他类		
11	会计移交清册	15年	
12	会计档案保管清册	永久	
13	会计档案销毁清册	永久	
14	银行余额调节表	5年	
15	银行对账单	5年	

六、会计档案的借用

（一）海阳集团董事会、CCHC体系各级机构被检查岗位\部门\的上级财务人员检查时、经授权检查的审计人员知会财务负责人时，应出示财务档案。

（二）会计档案为本单位提供利用，原则上不得借出，有特殊需要须经上级主管单位或领导、财务负责人批准。

（三）外部借阅会计档案时，应持有单位正式介绍信，财务部负责人或单位领导人批准后，方可办理借阅手续。

（四）内部人员借阅会计档案时，应经会计主管人员或单位领导人批准后，办理借阅手续。借阅人应认真填写“档案借阅登记簿”，将借阅人姓名、单位、借阅日期、数量、内容、归还日期等情况登记清楚。

（五）借阅会计档案人员不得在档案资料中乱画、标记，拆散原卷册，也不得涂改抽换、携带外出或复制原件（如有特殊情况，须经领导批准后方能携带外出或复制原件）。

（六）借出的会计档案，会计档案管理人员要按期如数收回，并办理注销借阅手续。

七、会计档案的销毁

（一）会计档案保管期满，需要销毁时，由财务部门提出销毁意见，会同审计部门共同鉴定，严格审查，编制会计档案销毁清册。

（二）会计档案保管期满，但期中未了结的债权债务的原始凭证，应单独抽出，另行立卷，由档案部门保管到结清债权债务时为止。

（三）建设单位在建设期间的会计档案，不得销毁。

（四）未完成的合同档案在执行期间，不得销毁。

（五）各级机构按规定销毁会计档案时，应由财务部门和审计部门共同派员监销。

（六）监销人在销毁会计档案以前，应按会计档案销毁清册所列的项目逐一清查核对；销毁后，应在销毁清册上签名盖章，并将监销情况报告财务负责人与机构负责人。

CCHC体系的全面预算管理制度

编号 CCHC1-3-12-7

一、总则

（一）为推动 CCHC 体系全面预算管理的实施，按照有关规定，结合 CCHC 体系的实际情况，特制定本管理制度。

（二）本制度所称的预算管理是采用价值形式对企业经营活动进行预测、决策和目标控制的管理方式。预算管理包括预算的编制、审批、执行、调整、考核及监督等环节。

（三）本制度适用于 CCHC 体系各级机构。

二、预算管理体系

（一）CCHC 体系管理以全面预算管理为核心，实施“统一管理，分级控制，全员参与，增加效益”的管理原则。

（二）预算管理的基本任务

1. 确定 CCHC 体系的经营目标并组织实施。

2. 明确 CCHC 体系内部各个层次的管理责任和权限。

3. 对 CCHC 体系的经营活动进行控制、监督和分析。

4. 对预算执行情况进行考核和评价。

（三）预算管理的基本原则

1. 量入为出，综合平衡。

2. 目标控制，分级实施。

3. 权责明确，严格管理。

4. 注重效益，防范风险。

（四）预算管理的责任人

1. 海阳集团负有制定总体预算目标与核定全面预算的责任。

2. 海阳集团总经办负责全面预算管理、实施和完成预算目标。

3. 海阳集团财务部负责人负责综合平衡预算建议指标，并依据总经理下达的目标组织预算编制、执行、定期检查、分析和协助总经办完成预算目标。

4. 各级机构的负责人负责组织与检查预算、完成本单位预算目标，有责任责成相关业务部门编制、执行预算。

5. 海阳集团财务部负责人与 CCHC 体系各级机构相关财务人员则依据要求组织本单位预算编制、执行和检查分析。

（五）预算管理的组织机构

1. 全面预算管理的组织机构包括预算管理委员会（在海阳集团总经办）、预算办公室（设在财务部）及预算责任单位。

2. 预算管理委员会是实施全面预算管理的最高管理机构，以预算会议的形式审议各预算事项。预算管理委员会主任由总经理兼任。

3. 预算办公室为处理全面预算管理日常事务的职能部门，预算办公室主任由财务部负责人兼任。

4. 预算责任单位是预算管理的执行层，由海阳集团和 CCHC 体系各级机构所组成。

5. 各级机构比照海阳集团成立预算管理机构，负责本级机构预算管理。

（六）预算管理委员会的职责

1. 审议通过有关预算管理的政策、规定、制度。

2. 组织有关部门对目标利润进行预测。

3. 审议批准目标利润、预算编制的方针和程序。

4. 审查整体预算方案及各单位编制的预算草案，并就必要的改进对策提出建议。

5. 在预算编制和执行过程中，对各部门、各机构之间发生的分歧进行协调。

6. 定期接受预算与实际比较得出报告并予以审查、分析，提出改进的建议。

7. 对全面预算管理过程中出现的矛盾或问题进行调解。

8. 对预算责任单位提出的预算调整申请进行审批。

（七）预算办公室的职责

1. 传达预算的编制方针、程序，具体指导各部门、各级机构预算草案的编制。

2. 根据预算编制方针，对各部门、各机构编制的预算草案进行初步审查、协调、平衡和汇总后，编制 CCHC 体系的预算草案，报预算管理委员会审查。

3. 为各部门、各机构的预算管理提供咨询。

4. 监督、控制各部门、各机构的预算执行情况。

5. 编制预算执行报告和预算差异分析报告，提交预算管理委员会审议。

6. 遇有特殊情况，向预算管理委员会提出预算修改建议。

7. 协助预算管理委员会协调、处理预算执行过程中出现的问题。

（八）预算责任单位的职责

1. 严格执行拟订的预算标准。

2. 将预算指标具体落实到生产经营和管理中，实现预算管理与其他基础管理的有机结合。

3. 提供预算管理所需的各种实际业绩的反馈，为预算管理职能部门进行预算编制、预算跟踪提供基础数据。

三、预算范围和内容

（一）预算范围

各项经济活动，都要纳入预算管理，明确预算目标，进行预算控制。

（二）预算内容

预算编制的内容包括：销售预算、生产预算、材料采购预算、人工费预算、制造费用预算、产品成本预算、固定资产投资预算、经营（销售）费用预算、管理费用预算、财务费用预算、现金总收支预算，以及依据以上预算资料编制预算每度的预计资产负债表、预计利润表、预计现金流量表。

四、预算编制程序和方法

（一）CCHC 体系内设两级预算单位，即作为一级预算单位的 ×× 区（县）CCHC 居家养老综合服务总部（以下简称，养老服务总部）和作为二级预算各 ×× 街道（社区）CCHC 居家养老综合服务中心（以下简称养老服务中心）。

（二）预算编制采用自上而下与自下而上相结合的方法。首先，由预算委员会提出 CCHC 体系的参考性目标，并逐级分解下达；然后，从二级预算单位开始，依据参考性目标对本社区养老服务中心的要求，编制本社区养老服务中心的预算，建立预算平台；最后，从这个平台出发，向上汇总成 CCHC 体系预算，向下细化出二级预算单位内部各层级的预算。

（三）预算编制程序

1. 预算委员会依据 CCHC 体系发展战略及其要求，提出预算总目标。

2. 各二级预算单位根据预算委员会制定的预算目标编制本单位预算初稿，包括编制预算说明，上报预算办公室。

3. 预算办公室对各责任单位上报的预算初稿进行审查、汇总，报预算委员审批。

4. 预算委员会审议、批准预算，并下发执行。

（四）编制预算时，可根据需要设立一定比例的不可预见费，作为预算外支出。预算项目须将年度预算分解到季度，本年预算金额与上年实际发生额相比差异在 15% 以上的项目，要列明差异原因。

（五）为了严格管理，任何部门和个人均无权调整预算。各级机构预算一经批准下达，必须严格遵照执行，保证预算管理的严肃性。如因特别情况需调整预算，须经 CCHC 体系预算委员会审批。

（六）CCHC 体系预算所需的各种表格由预算办公室根据实际需要负责制定并下发到各预算部门和分单位。

（七）预算编制工作一般在 11 月中旬开始，各级机构须在 11 月底前将预算编制日程计划报预算办公室。

四、预算的执行

（一）各级机构接到批准下达的年度预算后，应编制严密的执行预算，合理划分责任单位，把预算指标分解到各机构各驿站，确保预算指标的贯彻执行。

（二）在预算的执行过程中，应出发于预算，归宿于预算，严格履行收支两条线管理原则，做好资金的合理筹集和运用。

（三）对于未纳入预算的各项支出，在未按程序进行批准前，一律不得支出，真正实现事前、事中控制。

（四）对于需要特别控制的指标，海阳集团或养老服务总部可下达单项预算，实施单项控制。

五、预算的调整

（一）CCHC 体系各级机构应严格执行预算，不断调整预算偏差，确保预算目标的实现。未经批准不得任意调整预算。出现特殊情况确需调整预算的，要严格按照预算调整审批程序报批。年度预算执行期间，出现下列情况的，可按规定程序申报调整预算：

1. 国家方针政策变化或出现不可抗力因素，对预算收入或支出产生重大影响的。

2. CCHC 体系内部体制或经营方针调整，对资金流向产生较大影响的。

3. 预算单位或部门申请，经预算管理委员会批准的其他事项。

（二）各部门出现确需调整预算的事项时，应按以下程序报批：

1. 要求调整预算的部门，向预算办公室上报申请调整预算的书面报告，列明调整预算的理由、项目数额等，预算办公室审核后报预算管理委员会。

2. 预算管理委员会对调整预算的书面报告进行专题研究，分析调整理由，研究调整项目和数额，制定调整差额的补偿措施，经研究认为确需调整预算的，上报本级机构审批，在未接到批复前仍按原预算执行。

3. 养老服务总部审议由预算管理委员会提报的预算调整方案，及时批复要求调整预算的单位。

六、预算的分析

（一）各级机构应建立预算分析及差异报告制度，由专职或兼职人员负责全面预算的分析和检查工作。

（二）每个季度、月度终了 15 日内，下属各养老服务中心的预算目标责任人要对预算执行情况进行分析、检查，找出造成差异的原因，并提出改进措施。凡月度指标实际发生值与预算值差额比例在 5% 以上，季度主要预算指标实际发生值与预算值差额比例在 10% 以上，各养老服务中心的预算目标责任人要向养老服务总部书面汇报差异原因，并提出完成预算的措施。

海阳集团与各养老服务总部的预算管理负责人要定期汇报预算执行情况

并分析原因。

（三）各养老服务中心应在季度后 8 日前，向养老服务总部预算办公室报送本单位上季度预算执行情况的书面报告，预算办公室整理、分析、汇总后，在季度后 12 日前向海阳集团汇报。

七、预算的监督和考核

（一）各养老服务总部应建立严格的预算控制体系，实施有效的过程控制。各级机构、各部门负责人是预算管理的直接责任人。

（二）各级机构办公室负责对预算编制和执行情况的真实性、合法性进行审计、监督、检查。

（三）各养老服务合总部按季检查考核其区域内核算单位或职能部门的预算执行情况，主要对预算执行中存在的问题，执行中的偏差，以及执行内部管理规定和国家财民经法纪情况进行检查和分析。

（四）财务部负责监督检查本级机构各部门预算的编制、执行等，并组织有关部门进行考核。考核分为季度动态考核和年度综合考核。季度动态考核重在检查、督促预算正常执行，以通报预算执行情况和内部模拟市场效益兑现为主；年度综合考核内容全面，重在奖励先进、惩罚落后，以生产经营指标考核和全面预算完成情况为主。

（五）各级机构对一些重要项目预算要明确第一责任人，并进行跟踪监控，实时分析，做好预算的过程控制。对预算执行中存在的重大问题，实行负责人汇报制度。

（六）对预算执行中控制不严，违反预算管理规定的，各级机构根据情节轻重，给予处理，必要时追究其有关责任。

CCHC体系的银行票据管理制度

编号 CCHC1-3-12-8

一、总则

（一）为了加强 CCHC 体系内票据管理，明确管理及使用范围，预防票据遗失、填制错漏，现结合实际特制定本制度。

（二）本制度所称的银行票据是指现金支票、银行转账支票、银行电汇凭证、银行汇票申请书等银行统一印制的票据。

（三）银行票据由出纳专人保管，出纳负责填写支票并设登记簿及时登记支票的购入、开具、保存情况。

二、支票

（一）出纳人员需要使用“现金支票”提取现金时，应填写“现金领用单（费用申请单）”，注明用途和金额，交财务负责人审批后方能使用“现金支票”提现。

（二）支票由非收款人领用外出时须有“支票领用单”，并作为领用人个人借款处理，在领用人获取发票或收据交回财务时再冲销个人借款。

1. 领用人不准弄脏、撕毁支票，使用时不能超出限额。

2. 领用人领用支票，必须自领用起 3 个工作日内报账，报账时要发票齐全，支票号填写准确。如领用的支票三日内没支付的，应及时退回财务部门。

（三）对外开具支票付款时，除支付给个人的款项可以开具现金支票外，其他一律开具转账支票。

（四）严格控制空白支票发放。对采购急需使用空白支票，经领导审批后发放的空白支票要填写年、月、日、用途及限额。

（五）签发支票一律记名。签发支票时，必须用碳素墨水填写，填齐所有项目。

1. 收款单位名称、签发日期、大小写金额及用途一律不得涂改，加盖银行预留印鉴必须清晰，带密码支票要核清密码号。

2. 如签发错误不得撕毁，应加盖“作废”戳记，连同存根一起妥善保存，并在支票使用登记簿上注明作废。

（六）签发支票必须在银行账户余额内按规定向收款人签发，不准签发空头、远期支票，不准出租支票或将支票转让其他单位和个人使用，不准将支票交收款单位代签。

（七）收取外单位支票时，出纳人员要认真审核有效期，各项内容填写是否符合银行要求。有银行密码的支票不得遗漏密码，及时送存银行。如支票被银行退回，出纳人员要尽快通知经办人向出票单位索换。

（八）领用的支票发生丢失，经办人员应及时向财务部门报告，并向银行挂失。因支票丢失造成的经济损失，由丢失人赔偿。

三、应收票据

（一）应收票据是采用银行承兑汇票或商业汇票结算方式时，因销售商品等而收到的银行承兑汇票或商业承兑汇票。

（二）财务部门应设置应收票据备查账，逐笔登记应收票据的种类、号数和出票日期、票面金额、交易合同号和付款人、承兑人和单位名称、到期日利率、贴现日期、贴现率、贴现净额以及收款日期和收回余额等资料。应收票据到期结清后，应在备查账内逐笔注销。

（三）财务部收到销售部门交来的银行承兑汇票和商业汇票，必须及时到银行办理查认证手续以防假伪票据的发生。

（四）财务部门根据月度资金收支计划，合理安排资金，应当及时将收到的银行承兑汇票、商业汇票背书转让，提高现有资金的使用效率。

（五）出纳人员应妥善保管好收到的“银行承兑汇票”，并时刻保证银行承兑汇票的安全，必要时可以委托银行代保管“银行承兑汇票”。

（六）出纳人员应保证“银行承兑汇票收入备查簿”上登记的数额与实际保存的银行承兑汇票数额相互一致。

四、其他

（一）出纳人员应妥善保管和使用好领用的银行印制票据，防止空白票据的遗失和被盗用。

（二）在使用过程中，出纳人员应保存好所有银行票据的留底联（包括因某种原因报废的银行票据全部联次），以备银行票据使用完毕缴销时登记到“票据领用单”上。

（三）出纳人员需要使用“银行转账支票”、“银行电汇凭证”、“银行汇票申请书”等银行票据付款时，应严格遵照 CCHC 体系内部关于采购、预付款、费用报销等管理制度的规定，审核付款的审批手续是否齐全、相关单据是否完整合法、金额计算是否正确，经过审核无误后方能对外付款。

（四）出纳人员在办理银行票据付款时，除能当时取得合法的、齐全的发票外，一律需要收款对方提供“收款收据”，以备日后结算、对账使用，并要求收款对方当事人在收款收据“银行票据”的留底联次上签署名字。

（五）出纳人员应将 CCHC 体系对外开具的“银行承兑汇票”及时登记到“银行承兑汇票支出备查簿”，将所有开出银行承兑汇票的要素在“银行承兑汇票支出备查簿”上列示清楚，并将银行承兑汇票到期付款的记录登记到“银行承兑汇票支出备查簿”上。

（六）其他银行票据的管理可参照上述支票的管理进行。

CCHC体系的应收账款管理制度

编号 CCHC1-3-12-9

一、总则

（一）为确保 CCHC 体系权益，规范 CCHC 体系内应收账款的管理工作，防范应收账款管理过程中的各种经营风险，减少坏账损失，加快资金周转，提高资金的使用效率，特制定本制度。

（二）本制度所称的应收账款，包括发出产品促销所产生的应收账款和 CCHC 体系内经营中发生的各类债权，主要包括应收销货款、预付购货款、其他应收款三个方面的内容。

（三）本制度适用 CCHC 体系内各级机构的应收账款管理。

二、客户资信管理

（一）为防范风险，各机构相关部门应进行客户诚信调查，并随时侦查客户信用的变化，做好客户资信管理工作。

（二）客户的信息基础工作由有关部门市场部门或客服部门完成。各级机构办公室应在收集整理客户资料的基础上，建立客户信息档案。客户信息档案一式两份，由相关部门负责人复核签字后，一份保存于 ×× 区（县）CCHC 居家养老综合服务总部办公室，一份保存于本部门。相关部门负责人为客户信息档案的最终责任人。

（三）客户的基础信息资料由相关人员负责收集。凡与本机构交易次数在两次以上，且单次交易额达到30万元人民币以上的均为资料收集的范围。

（四）客户的信息资料为CCHC体系的重要档案，所有经管人员须妥善保管。经管人员岗位调动或离职时，该资料的移交作为工作交接的主要部分，凡资料交接不清的，不予办理离岗、离职手续。

（五）客户的信息资料应根据各机构中所了解的情况，随时汇总整理后，交部门负责人定期予以更新或补充。

三、应收账款的管理

（一）财务部门应根据相关管理程序，规定结合CCHC体系实际情况，与相关部门共同制定CCHC体系应收账款管理程序，报××区（县）CCHC居家养老综合服务总部执行。应收账款管理程序应当对应收账款的确认、账龄分析、对账、调账、坏账核销、催款、收款等具体工作予以明确。

（二）财务部门应当会同办公室共同安排对全体相关人员进行应收账款管理培训。

（三）财务部应建立应收账款会计核算明细账，应收账款明细账内容和摘要应详细准确，所记录的事项应有充分的支持资料。增值税发票、普通发票和发货单、客户收货单、运输单等均属于记录应收账款的重要支持文件。

（四）财务部应定期编制客户对账单，并以可靠的方式送达客户。所有的对账单寄出前必须与明细账和总账核对一致并有留底记录。对重要客户应每季度寄一次对账单，且至少每半年得到客户财务部书面确认一次；对其他客户应至少每半年寄一次对账单，且至少每年得到客户财务部书面确认一次。在核对应收账款时，应对账户中的贷方余额给予充分注意，并及时调查原因，及时进行解决。

（五）客户的应收款的书面确认资料应在财务部保存。对在一年内得不到客户确认的对账单，财务部和有关人员应制定访问计划，到客户现场去核对其应收款。

客服人员在与客户处理日常业务过程中，有责任向客户有关业务人员催促收取对账回执。

（六）财务部门应于每月后 5 日前提供一份当月尚未收款的“应收账款账龄明细表”，提交给办公室，由相关人员核对无误后，进行账款回收工作。

（七）各机构办公室应严格对照“信用额度表”和财务部门报来的“账龄明细表”，及时核对、跟踪客户的回款情况，对未按期结算回款的客户及时联络和反馈信息给总经办。

（八）相关人员在收账时，若收取银行票据时应注意开票日期、票据抬头及其金额是否正确无误，如不符时应及时联系退票并重新办理；若收汇票时须客户背面签名，并查询银行确认汇票的真伪性；如为汇票背书时要注意背书是否清楚，注意一次背书时背书印章是否与汇票抬头一致，背书印章名称是否与发票印章名称一致。

（九）收账人员收取的汇票金额大于应收账款时，非经部门负责人同意，现场不得以现金找还客户，而应作为暂收款收回，并抵扣下次账款。

四、坏账管理

（一）财务部门对于坏账的确认、核销，应建立严密的书面审核批准程序，并明确规定审批权限。

（二）对已核销的坏账，×× 街道（社区）CCHC 居家养老综合服务中心财务部与办公室应建立跟踪回收记录；财务部应建立坏账备查账。各 ×× 街道（社区）CCHC 居家养老综合服务中心应根据实际情况随时与客户保持联系，继续催讨欠款。

CCHC体系的货币资金管理制度

编号 CCHC1-3-13

一、总则

（一）为加强 CCHC 体系内资金管理，确保资金安全完整，提高资金运营效率，促进 CCHC 体系资金规范操作，根据《内部会计控制规范——货币资金》、《现金管理暂行条例》、《银行账户管理办法》、《支付结算办法》等规定和条例，结合 CCHC 体系经营特点和管理要求，特制定本制度。

（二）本制度所指的货币资金是指 CCHC 体系各级机构所拥有的现金、银行存款、其他货币资金（含外埠存款、银行汇票存款、银行本票存款、信用卡存款、信用证保证金存款、存出投资款）。

（三）本制度规范的对象为 CCHC 体系各级机构。

二、岗位管理

（一）CCHC 体系内各级机构的资金专管员和出纳为相应各单位的货币资金直接责任人员。

（二）除按照财务管理制度可以代为收取货款的人员代收的货款外，所有的货币资金的收取和支付只能由出纳或资金专管员进行；除以上人员外，禁止其他工作人员直接接触 CCHC 体系内的现金和现金支票。

（三）除只设一个出纳兼部分会计职责之外的出纳人员不得兼任稽核、会计档案保管和兼管收入、支出、费用、债权债务账目的登记工作。

（四）CCHC 体系内各级机构均应严格履行货币资金的授权审批制度。凡涉及货币资金的业务，各相应经办和管理、决策人员应严格按照审批权限规定的职权进行审批和办理；对于特殊事项和意外应急事项须临时收付现金的，须按审批程序中规定的人员口头同意后先给予办理，事后及时补办手续。禁止未经授权操作货币资金，禁止超越审批权限批复资金。

三、支付程序

（一）支付申请：各用款单位或个人需向外付款时，应提前向审批人提交货币资金支付申请（付款申请单），注明款项的用途、金额是否属于预算内款项或列明预算金额、支付方式、支付时间，并附经济合同或相关证明文件；内部费用报销参照费用管理制度执行。

（二）支付审批：审批人根据审批流程中规定的权限和程序对支付申请进行审批，对不符合规定的资金支付申请，审批人应予以拒绝。

（三）支付复核：相应的会计人员对批准后的货币资金支付申请进行复核，主要复核的内容为：

1. 支付申请的批准范围、权限、程序是否正确。

2. 手续及相关单证是否齐全。

3. 金额计算是否准确。

4. 支付方式、支付单位是否妥当。

（四）支付额度和时间控制：财务付款周期：5000 元 / 批次，付款周期至少为 35 天；5001—10000 元 / 批次，付款周期至少为 45 天；10001 元 / 批次，付款周期至少为 90 天。对单笔支付额度达 5 万元的付款或当货币资金余额不足时，款项的支付时间由财务负责人根据资金留存的需要进行审批。

（五）办理支付：相应的出纳人员应根据复核无误的支付申请办理货币资

金支付，同时登记好出纳流水账。

四、现金管理

（一）现金的使用范围

CCHC 体系内各级机构只能在下列规定的范围内使用现金，除此之外，财务支付款项一律采用银行转账：

1. 个人劳务报酬。（CCHC 体系规定劳务工工资原则上通过银行代发，遇特殊情况需现金发放的，须经本级机构负责人审批。）

2. 根据国家规定颁发给个人的科学技术、文化艺术、体育等各种奖金。

3. 出差人员必须随身携带的差旅费。

4. 零星支出。

5. 中国人民银行确定需要支付现金的其他支出。

超过结算起点以上的支出应报经财务部审核批准或总经理批准。

（二）现金的库存管理

1. 库存现金限额的核定，由财务部门根据现金支用量的多少，结合本级机构具体情况与开户银行共同商定。

2. 财务部门应严格执行银行核定的库存现金限额，超过部分及时存入银行。库存现金限额不足时，应及时向开户银行提取。

3. 当日收款交存银行后还有余额的，应全额存放入保险柜，以保证现金的安全完整。

4. 保险柜在未经本级机构负责人同意的情况下，不得存放私有财产。凡经发现，一律作为公款现金溢余处理。

5. 不得出借银行账号，所有银行账户的开设均需有海阳集团正式的批准手续，对所属 CCHC 体系内各级机构的基本存款账户的开设变更还得经财务部的批准同意，以确保银行账户处于受控状态。

（三）现金收支的日常管理

1. 取得的现金收入，应于当日送存开户银行。当日送存确有困难的，按开户银行确定的时间送存。

2. 出纳人员从银行提取现金时，应当填写“现金领用单”，并注明用途和金额、支票号码等，经所在单位财务负责人批准后提取。

3. 未经银行批准，不准坐支、套取现金；不准私自挪用公款和借支私用；不准白条顶库。因特殊情况需坐支现金的应当经过批准，并在核定的范围和限额内进行，同时，收支的现金必须入账反映。

4. 派人到外地采购时，其采购款项，一般由财务部门通过银行汇款，不得携带大额现金到外地采购。

5. 职工预借差旅费时，财务部门应按出差时间长短、路途远近，预算出所需金额，由出差人员填制借款单，按权限规定审批后借支。

6. 财务部门要加强备用金借款的管理，及时办理报账手续，严禁私人非公务借款。差旅费借款须在公务完毕回程后三个工作日内办理报销手续，上次借款未清的，不得办理新的公务借款。对不按时办理报销手续的，财务部门应发出书面通知，经催办仍不办理报账手续者，可从借款经办人下月工资奖金中抵扣。

7. 对于现金的收入，现金专管员或出纳人员必须当面点清款项并验明货币的真假；对于当面没有履行点验手续而事后发现短缺或假币的，由相应的现金专管员或出纳负责。

8. 对于现金的支出，收款人必须当面点清款项并验明货币的真假，否则，除非有确切的证据证明短款或假币，财务部门及出纳人员不负责任。

9. 出纳人员应当建立健全现金账目，逐笔记载货币资金的收入和支出，账目应当日清月结，每日下班前盘点，做到账款相符。若有长短款要及时向财务部门负责人报告，查明原因及时处理。

10. 财务部门对库存现金要进行不定期的检查，出纳员每日应盘点库存，保证账款相符。

11. 负责保管库存现金及支票、空白收据、有关印章的责任人，须做好相关台账并确保其安全和完整无损，如有短缺，要追究其经济、法律责任。

（四）结算范围

CCHC体系内各级机构生产经营过程中，与其他有关单位和个人（供应商、客户、职工等）发生的各种结算业务，除按《现金管理暂行条例》可以使用现金以外，一律要通过银行办理转账结算，不得直接支付现金和开具现金支票。

（五）账户的开设

1. CCHC体系内各级机构应当严格按照国家的有关规定，加强银行账户的管理，严格按照规定开立账户，办理存款、取款和结算。

2. CCHC体系内各级机构设立账户，必须事先向上级机构财务部门提出申请，在获得批准后方可开立账户。

3. CCHC体系内各级机构账户必须置于上级机构财务部门监控范围之内，账户设立后报财务部备案并将查询密码报财务部负责人。

4. CCHC体系内各级机构必须由财务部门统一设立银行账户，禁止非财务部门开立账户，禁止在财务体系之外开立账户，禁止收款不入账。

（六）账户的使用

1. CCHC体系内各级机构应当严格按照《支付结算办法》的规定使用银行账户。

2. 任何人不得利用银行账户办理CCHC体系财务业务以外的收支结算，海阳集团银行账户由财务部负责人负责管理，CCHC体系内各级机构账户由财务主管或主办会计负责管理。

3. 不准签发空头支票和没有资金保证的其他票据，不准签发远期支票。

4. 不准签发、取得、转让没有真实交易和债权债务的票据。

5. 对于向 CCHC 体系以外单位支付的项目，结算金额达到支票结算起点金额的，必须以转账方式进行结算。

6. CCHC 体系内各级机构会计应会同出纳编制第二日资金使用计划，列示存款余额、一天内的到款业务和付款业务、现金提取业务，由资金专管员或出纳执行。

7. CCHC 体系内各级机构会计必须在每个月核对当月的银行对账单并编制银行存款余额调节表；对于调节的事项必须查证原始凭证；对于调节不符的事项应查明原因，及时向财务部负责人汇报。

8. CCHC 体系内各级机构会计须每月对银行存款变动情况进行检查。

（七）日常管理

1. CCHC 体系内各级机构应当按开户银行名称以及存款账户等，分别设置“银行存款日记账”，由指定人员，根据收付款凭证逐笔顺序登记，每日终了应结出余额。

2. CCHC 体系内各级机构应当指定专人定期核对银行账户，每月至少核对一次，编制银行存款余额调节表，使银行存款账面余额与银行对账单调节相符。如调节不符，应查明原因，及时处理。

3. 任何人不得违反银行结算法律法规和制度，不得贪污挪用公款。否则，一经查出，将严肃处理，触犯刑律的，一律依法追究当事人的刑事责任。

五、其他货币资金管理

（一）CCHC 体系对外发生的经济往来，除用现金和银行存款结算外，用其他货币资金结算办法，主要包括：外埠存款、银行汇票存款、在途货币资金和信用证存款等。

（二）对外埠存款、银行汇票存款、在途货币资金、信用证存款等其他货币资金，统一由财务部门管理。

（三）财务部门应建立明细分类账和台账，确定专人负责及时记账和督促有关业务部门清理。

（四）业务部门需要采用外埠存款、银行汇票存款形式办理结算时，须编制用款计划，经财务负责人同意，财务部门方可办理存款手续。

六、财务印章管理

（一）开立银行账户时，必须在开户银行预留以下印章印模，作为银行收、付款的必备印鉴：

1. 财务专用章。

2. 法定代表人或指定人员印章。

（二）×× 区（县）CCHC 居家养老综合服务总部的财务专用章由财务部负责人保管；分支机构的财务专用章由分支机构财务会计负责人保管；法定代表人或指定人员印章由印鉴所有人指定人员保管或委托财务人员保管。严禁财务负责人、法定代表人或指定人员印章保管员之间相互委托保管印章（不论临时的还是长期的），严禁委托出纳员保管印章。

CCHC体系的资金计划管理制度

编号 CCHC1-3-13-1

一、总则

（一）为提高 CCHC 体系资金使用效益，加强资金筹集、使用的计划性，规范 CCHC 体系内资金计划管理工作，特制定本制度。

（二）本制度规定所称资金，系指库存现金、银行本外币存款及各种有价证券，包括资金的收入、支付、结存。凡适用本规定的单位均应将所有资金业务纳入 CCHC 体系资金计划。

（三）本制度规定适用于 CCHC 体系内各级机构资金计划的管理。

二、资金计划的编制内容

（一）资金计划是指 CCHC 体系的货币资金收支计划，它是根据 CCHC 体系未来一定时期的销售、生产、开发、基本建设以及投资计划，预计这一时期内货币资金的收支状况，并进行货币资金综合平衡的计划。

（二）资金计划按内容分为资金收入计划和资金使用计划，CCHC 体系内各级机构均应分别按年度、月度编制。对于年度、月度资金计划中涉及金额较大或重要项目，应在当年度、月度资金计划中相应编制项目子计划，包括：

1. 管理费用计划。

2. 项目工程款支出计划。

3. 固定资产购置计划。

4. 融资计划。

5. 还本付息计划。

6. 销售计划。

7. 其他。

（三）资金收入计划

1. 销售收入：CCHC 体系内各级机构依据各种销售条件及收款期限，编列可收（兑）现计划数。

2. 劳务收入：各单位生产部门收受同业产品代为加工，依 CCHC 体系收款条件及合同规定编列可收（兑）现计划数。

3. 退税收入：CCHC 体系内各级机构财务部门依据申请退税进度，编列可退税计划数。计划可退税虽非实际退现，但因能抵缴现金支出，视同退现。

4. 其他收入：凡无法直接归属上述收入的都属于其他收入，包括废料收入、营业外收入等。其中，计划数额在十万元以上的，均应加以说明。

（四）资金支出计划

1. 资本支出

土地：CCHC 体系内各级机构资金管理部门依据购地支付计划，编列资金开支计划。

房屋建筑物：CCHC 体系内各级机构基建部门依据兴建工程进度，预计所需支付资金，编列资金支付计划。

机器设备：CCHC 体系内各级机构采购部门依据采购计划和进度，预计所需支付资金，编列资金支付计划。

2. 偿还借款支出

CCHC 体系内各级机构资金管理部门根据长期借款、短期借款的还款期限、利息支付方式以及新的融资计划，预计归还的本金和利息，编列资金支付计划。

3. 材料支出

CCHC 体系内各级机构采购部门按照生产计划，编列外购商品的资金使用计划。

4. 薪资支出

CCHC 体系内各级机构工资管理部门依据工资、奖金制度及产销计划、最近实际发生数等资料，斟酌预计编列资金支付计划。

5. 制造费用支出

CCHC 体系内各级机构生产管理部门依据生产计划，参照以往年度、月份制造费用占生产量的比例推算编列。

6. 税款支出

CCHC 体系内各级机构财务部门依据销售计划，参照以往年度、月份税款支出占销售额的比例，预计所需支付资金，编列支付计划。

7. 期间费用

销售费用：CCHC 体系内各级机构销售部门依据销售、营业计划，参照以往年度、月份销售费用占销售额、营业额的比例推算编列。

管理费用：CCHC 体系内各级机构办公室参照以往实际数及管理工作计划编列。

财务费用：CCHC 体系内各级机构财务部门依据资金融资情况，核算利息支付编列。

8. 其他支出

凡不属于上列各项的支出都属于“其他支出”。其中，计划数额在十万元以上者，均应加以说明。

（五）银行借款及其他

财务部门根据整个本级机构的收支计划、资本结构，合理计划安排融资包括短期借款、长期借款等，以保证 CCHC 体系经营所需资金。

三、资金计划的编制管理

（一）资金计划的编制要求

1. 资金计划应真实、全面地反映本单位资金运作的实际情况。

2. CCHC 体系各级机构应按统一格式编制资金计划（由财务部制定）。

3. CCHC 体系各级机构应准确、及时地报送各期资金计划。

4. 资金计划中各项资金的收入、支出均按收付实现制原则确定。

5. 严格按照资金计划开展经营活动，并做好相应的监控、考核。

6. 实行资金计划分级管理原则，各计划编制机构负责人和财务负责人对计划的编制、执行承担责任。

（二）资金计划的编制程序

1. CCHC 体系资金计划的编制实行自下而上编报和自上而下下达执行的程序。

2. CCHC 体系内各级机构各部门按年、季、月编制本部门货币资金收支计划，并上报本级平台财务部门。

3. 本级机构财务部门审查、汇总各部门计划后，经本级平台领导批准上报上级平台财务部门。

4. 上级 CCHC 体系机构财务部门审核汇总所属 CCHC 体系内各级机构资金计划并有综合平衡后，上报本级机构负责人批准，统一安排各下属各机构资金计划。

5. 各下属机构财务部门层层下达本机构或部门的年、季、月货币收支计划。

（三）资金计划的编制时间

1. 每月 25 日前完成并上报下月的月度资金计划。

2. 每季度最后一个月的20日前完成并上报下季度的季度资金计划。

3. 每年12月15日前完成并上报下一年度的年度资金计划。

（四）资金计划的上报要求

1. 各部门的资金计划须经本部门负责人签字后，方可上报。

2. CCHC体系内各级平台的资金计划须经本平台主要负责人和财务负责人签名并加盖公章后，并附有关支持和说明文件后才能成为上报的有效资金计划。

四、资金计划的控制管理

（一）资金计划的执行

1. CCHC体系内各级机构在日常资金收付业务中，应严格执行上级机构批准的资金计划。

2. 业务人员在办理资金收付业务时，应将有关收付款单据和支持文件（包括合同、发票等）按CCHC体系资金管理办法设置的审批权限送本单位计划管理人员或财务部核准后，并完成后续审批程序方可办理支付手续。

（二）资金计划的调整

1. 资金计划的调整是指在计划执行期间，由于项目预算调整、出现无法预测的经济业务等原因，需额外追加资金或变更原计划资金用途。调整资金计划时，须编制“资金计划调整表”。

2. 资金计划的调整由各单位具体负责项目投资、管理的业务部门提出，具体操作由资金管理部门跟进。

3. 资金管理部门详细填写“资金计划调整表”，说明变更计划的必要性和合理性，经机构负责人签字并加盖公章后，附调整后的项目投资计划、合同等支持性文件，上报上级领导批准。

（三）资金计划的监控

1. CCHC体系内各级机构于月、季、年末编制机构的资金收支计划执行情况表，并根据资金收支计划执行情况表，检查本机构各部门资金计划执行情况，分析偏离计划的原因，提出解决问题的应对办法，报上级财务部门。

2. 上级财务部门审核汇总所属机构的资金收支计划执行情况，汇总编制资金计划执行情况报告，并且分析计划偏离的原因，提出提高资金计划执行效果的建议，汇总报告负责人。

3. 报告经负责人批准后，由财务部门下达各单位执行。

CCHC体系的暂借款管理制度

编号 CCHC1-3-13-2

一、总则

（一）为提高 CHC 体系内资金使用效益，减少资金占用，特制定本办法。

（二）本制度所指的暂借款是指因特殊用途的临时性借款，包括差旅费借款零星购物借款、其他临时性借款。

（三）本制度适用于 CCHC 体系内各级机构。

二、暂借款管理

（一）因公出差需借支差旅费时，必须先到财务部领取并填写借款凭证，注明预借金额，并经相关人员审核批准后方予借支。前次借支出差返回时间超过三个工作日未报销者，不得再借款。

（二）对于零星购物借款，应由采购部门做出书面采购计划，经相关人员审核批准后方予借支。财务部以采购请款单为借款依据。

一般零星购物借款限额为 1000 元，采购主管可领取定额借款（备用金），定额标准由各部门负责人拟订（CCHC 体系内各级机构由各机构负责人拟订）报上级机构负责人批准。

（三）试用人员借支旅差费或临时借款，须由正式员工出具担保书或签认担保方能办理。若借款人未能偿还借款，担保人应负有连带责任。

（四）借款人应按规定期限及时报销或还款：

1. 对出差人员，在返回单位 3 个工作日内报销差旅费。

2. 对领用支票、汇票结算的购物借款，使用后 3 个工作日内报销。

（五）借款人超过报账期限未报的，将在其当月工资中扣回借款。

（六）员工借款应由本人办理，禁止代其他人办理借款事宜。

三、备用金管理

（一）各部门人员为保证公务的合理需要，按审批权限报批后，可向财务部预支一定数额的备用金。

备用金是为保证公务需要而设，因私不得借支备用金。

（二）借支备用金时，借支人必须填制借支单，经相关人员审核批准后方予借支。借支 2000 元以上的大额备用金须提前一天通知财务部。

（三）办公室公务较多的人员可申请实行定额备用金制度，即可预支保证公务合理需要的一定限额备用金，报销时可不抵借支，直接支取现金。

实行定额备用金制度的人员须经财务部和总经理认可。

（四）借支人必须按规定时限及时结清备用金，前款不清后款不借。

备用金借支人须在公务完毕后 3 个工作日内到财务部结清备用金，实行定额备用金的借支人须每 2 个月结清一次。

每年 12 月 31 日前，除 12 月下旬借支的之外其余所有个人借支的备用金都必须结清归还，逾期不还的，一次或分次从工资中扣回。

（五）借款单是财务账务处理的依据之一。借款单一式三联，借款时三联全部交出纳处，报销费用时出纳在第一联（结算回执）、第二联（结算凭证）上填好实际报销金额、结余金额或超支金额后退回借支人借款单第一联（结算凭证）；借支人归还多借备用金时，出纳不另行开具收据给借支人，仅予归还借支单。

四、监督和处罚

（一）借款人应严格按照借款用途使用借款，不得挪做他用；否则，应按情节轻重追究责任。

（二）财务部门应定期、不定期清理暂借款。对逾期未还、未报者，发送报销催办单通知当事人；仍未改进者，可采取扣除工资或其他措施。

CCHC体系的采购仓储管理制度

编号 CCHC1-3-14

一、适用范围

本制度适用于 CCHC 体系内各级机构在从事有关采购、仓储、领用业务时必须遵循的规定和约束。

二、目的

健全物料管理制度、控制管理成本，防止重复采购，减少浪费，做到物尽其用。防止物品浪费、积压、过期、锈蚀、报废，预防人为损坏、牟利、肥私等不良现象产生。保证仓库材料供应不延误各部门所需。

三、具体要求

规范物料的采购、仓储、领用等的手续和环节，严格控制物料采购的数量和质量，缩短库存周期，严格执行仓库管理制度。

四、申请采购工作流程和工作标准

（一）工作流程

采购审批管理工作流程图

执行部门 执行流程	总经理	财务部	采购人员	仓库管理员	物料使用部门
1					采购申请
2					获得主管签字
3				检查库存	
4				是否有代用品	
5				移交	
6			整理汇总		
7			填写采购申请		
8	获得批准				
9			联系供应商		
10			筛选/比较		
11			谈妥价格		
12		审核			
13	审核				
14			二审通过采购		

（二）工作程序及其标准

1. 各有关部门人员应根据各自工作特点，将需要购买的物品（料）的种类、数量、质量（品牌）要求等要素汇总，填写《物料请购单》交有关部门主管签字确认后转交仓库（见表1-3-14-1）。

2. 仓库保管人员应根据部门提交的采购申请单，检查库存中是否已有要

物料请购单

表1-3-14-1

材料名称	型号规格	数量	价格	请购用途

申请人/日期：　　　　主管/日期：　　　　经理/日期：

求购买的物品，或是否有已经购买但尚未到货的情况，或有无代用品可用。

3. 在排除上述三种情况后，仓库保管人员则可将部门采购申请单移交采购人员、交主管负责人签字确认并报总经理批准。

4. 采购人员根据以往的采购纪录来筛选供应商，优先选择信誉记录良好、质量有保证、价格合理的供应商。购买材料时尽可能面对供应商，有利于做好退货工作以减低公司损失。

5. 购买材料的总体原则为：货比三家，同等材料优质价便服务好者中标。在保证质量的前提下确定价格和付款方式。对于采购金额超过 2 万元以上且技术含量较高的物资一般采用分期付款的方式解决，并且要严格关注售后服务等要素。

6. 财务部主管应审核该采购要求是否符合预算计划，以监督预算执行情况。如果审核未获通过，则返回采购人员进行处理；如果审核通过，则根据价值的大小区分，报经相应职级的公司领导核准后，再交采购（部）人员安排采购。

五、仓储管理流程和工作标准

（一）工作流程

仓储管理工作流程图

执行部门 执行流程	总经理	财务部	采购人员	仓库管理员	领用部门经理	物料领用人员
1				进库核查		
2				填制入库单		
3			办理结算			
4				分区摆放		
5				定期检测		
6				造册登记		
7-1						填写领用单
7-2					获得签字	
8				检查单据		
9				检查库存		
10			安排采购			
11				发放物料		
12						签收
13						领取物品
14				登记		
15				整理物品		
16				季度盘点		
17		年度盘点				

（二）入库工作程序

1. 仓库保管人员应对购进物料的数量和规格与购货发票进行严格检查和

核对，一旦验收发现不符，应拒绝进库，并通知采购人员进行后续跟进工作。

2. 对于符合要求的物料予以进库，并根据发票上列明的物料名称、规格、单位、单价、数量和金额等填制一式三联“入库单”，其中留存联待交财务备查，记账联用于仓库记账，结算联交采购人员办理货款结算手续。

3.“入库单”开具完毕，应交财务注销。

（三）库品管理

1. 物资入库后，需按不同类别、性能、特点和用途实行分区管理，其中待检品为尚未进行定期检测的物品，合格品为经检测符合要求的物品，不合格品为经检测已过有效期，或变质、变形等失效物品。

2. 进仓物品应一律按物料名称、型号、品种、规格等分区域集中固定位置堆放。堆放要有条理，注意整齐美观，不能挤压的物料要用层架平放。

3. 库存物品要逐项建立登记标识卡，注明品名、规格、产地、入库时间、有效期等，物品进库时在卡片上注明增加数，出库时注明减少数，每季度结出余数。标识卡固定在物品正前方的中间显眼处。

4. 仓库保管人员应对物料认真看管、勤于检查，将物料的损耗率降到最低程度。对于所有物品应定期检测，发现失效物品应及时上报，并归入不合格品区管理。

5. 仓库保管员要及时登记各类货物明细账，做到日清月结，达到账账相符、账物相符、账卡相符，禁止隔天做账。

（四）出库工作程序

1. 物品使用部门人员应在正常办公时间内前往库房领取物品。

2. 凡300元（含）以下的一般物料由领班（或主管）按需要量直接填写“物料领用单”（见表1-3-14-2）领取；300元以上的一般物料由领班（或主管）填写“物料领用单”并经部门经理签字后领取；超过5000元的物料领用应经CCHC体系各级机构负责人审批。

物料领用单

表1-3-14-2

品　　名	型号规格	数　　量	价　　格	用　　途

部门经理：　　　　　　　　主管：　　　　　　　　领用人：
日　　期：　　　　　　　　日期：　　　　　　　　日　期：

3. 仓库人员应按物品名称、规格、数量等填制一式三联“出库单”，其中留存联留存，记账联用于仓库记账，发货联交收货人，结算联交财务备查，收货人应在出库单上做签收记录。

4.“出库单”开具完毕，应交财务注销。

5. 个人工具由使用人员填写《工具领用登记表》（见表 1-3-14-3）经使用人员与主管签字后领取。

工具领用登记表

表1-3-14-3

序号	工具名称	规格型号	领用人	领用日期	归还日期	备　　注
1						
2						
3						
…						
14						
15						

6. 固定资产由仓库管理员填写财产登记卡片，保管人员签字后才能领用，采取“谁使用谁承担”的保管责任制度。

7. 仓库管理员在发放物料时应检查所递交的领用单据，库存情况是否满足其领用要求，如不满足，应迅速报告，要求安排采购。

8. 仓库管理员在正常发放领用物品时，对药品一类物品应小心取用。洗涤剂类物品应严格区分酸性和碱性。

9. 物品的直接领用人员在现场应详细核对物品数量、种类，在确认无误后签字领取。

10. 每次被领取一批物料后，仓库管理员应及时重新摆放物品，严格按照物品类别有序存放。执行物品保管规定，造册登记并存档各种领取物料纪录，包括领取物料种类、数量、时间、经办人等要素。

（五）库存盘点

1. 仓库管理员每月底，要对当月各种货物盘点对账并予以汇总，编制报表上报部门主管人员。每季度对所管物料进行盘点检查，确保账、物、卡三相符。

2. 财务部每半年度派员组织一次大盘点，将物品清点结果记录在《物品库存明细表》（见表1-3-14-4）中，也可根据需要进行不定期抽查。

物品库存明细表

表1-3-14-4

名　　称	规格型号	入库时期	单价	金额	库存数量	物品单位

统计人：　　　　　　　　　　　　　　　　统计日期：

（六）库存账管理

1. 仓库设立库存物品账簿，按物品名称、规格设置明细账。

2. 根据入库单、领用单登记填列进出数量。

3. 采用加权平均法核算发出物品金额，月末结出库存数量和金额。

（七）仓库安全管理制度

1. 除仓管人员和因工作需要进库人员外，任何人未经批准不得进入仓库。

2. 因工作需要进入仓库的人员，必须办理入库登记手续（见表 1-3-14-5），在入库登记表中签字，并有仓库人员陪同。

进入库房人员登记表

表1-3-14-5

日　期	姓　名	进入事宜	进入日间	离开日间	登记人

3. 如仓库人员休息或应急情况时需要进入仓库，应由部门主管陪同进库（至少 2 人）。

4. 仓库内不允许抽烟，不得堆放易燃易爆物品（确有需用易燃品应按照国家有关规定存放）。

5. 上班必须检查仓库门锁有无异常，物品有无丢失。下班检查是否锁门、拉闸、断电及安全隐患。

6. 仓库应定期检查防火、消防设施，确保物资安全管理。

六、报废工作流程和工作标准

（一）工作流程

物料报废管理工作流程图

执行部门 执行流程	总经理	技术人员	采购人员	使用部门经理	物料使用人员
1					填写报废单
2				获得签字	
3-1			召集鉴定		
3-2		检查论证			
4-1			鉴定未通过		
4-2					自行修复
5-1			鉴定获通过		
5-2	取得审批				
6-1	审批未通过				
6-2				撤销报废申请	
6-3					自行修复
7	审批获通过				
8			报废处理		
9			市场寻价外售		
10			办理物品注销		

（二）工作程序及其标准

1. 物品使用部门如提出报废要求，应专题填写《报废单》，表中应详细表述报废原因和理由。此表由采购（部）人员提供。

2. 采购人员应会同有关技术人员（必要时可外判）进行鉴定是否需要报

废，包括论证、检查其可修复性和修复成本等问题。

3. 凡鉴定未通过同意报废的物品，应及时要求使用部门设法进行维修、修复；而鉴定通过同意报废的，则上报 CCHC 体系各级机构负责人进行审批。

4. CCHC 体系各级机构负责人根据物品使用部门工作效率以及工作重要性，结合财务状况和整体效益考虑是否准予报废。如果审批不获通过，则物品使用部门撤销报废申请，自行组织维修然后继续使用；如果审批通过，则安排进行报废处理。

5. 对报废物品在尽量修复具有使用功能的情况下（避免单纯作为废品处理），应以市场出售的方式获得较好的收益，售出后获得的报废残值，在上缴财务部后，由财务部注销设备财务账目，而物资管理人员同时注销该设备目录。

CCHC体系的合同管理制度

编号 CCHC1-3-15

一、总则

《CCHC 体系的合同管理制度》主要体现和满足海阳集团以及 CCHC 体系各级机构的管理需求。适用于海阳集团以及 CCHC 体系各级机构及其部门，在从事有关合同签订、执行、档案保管等业务时必须遵循的规定和约束。

二、制定目的

健全合同管理制度，控制合同执行风险，提高合同执行效率，通过合同执行的分析总结，不断提高经营水平，维护 CCHC 体系的合法利益。

三、具体要求

强化法律意识与风险防范意识，减少经济活动中的随意性；严格合同文本条款的审核，保证合同条款的可操作性与逻辑严密性；妥善归档保管书面合同文本文件。

四、合同管理工作流程和工作标准

（一）工作流程

主办部门：市场部

流程名称：合同管理工作流程

合同管理工作流程图

执行部门 执行流程	集团负责人	市场部	办公室	各职能部门负责人	各职能部门
1					明确合同责任范围
2					合同起草（销售类\采购类\工程类\外包类等）
3				审核	
4		审核			
5	审核				
6			盖章		
7					签收
8		复印存档	存档	复印存档	
9-1					执行
9-2		跟踪执行情况			
10-1					执行异常
10-2		法律手段配合			
11	审核			执行情况小结	
12		汇总总结			

（二）工作程序及其标准

1. 各职能部门应相应承担其工作责任范围内的合同管理工作，市场部为合同档案的管理部门。本制度中合同的概念包含两个主体以上签订并盖章的协议书、备忘录、会议纪要等。

2. 合同的拟定与签署要以国家法律或者相关法规为依据，要以维护CCHC体系的根本利益为基础，本着合理合法的原则与相关各方进行谈判。

3. 合同签署的步骤是：

（1）业务员提供草拟合同文本；

（2）部门负责人在会签单上签署意见；

（3）合约部门经理在会签单上会签；

（4）副行政负责人在会签单上签署意见；

（5）法定代表人在合同文本上签字；

（6）加盖公章；

（7）业务员签收；

（8）CCHC 体系一方原件存档并向当事业务部门市场部分别提供复印件以供合同的执行与监督之用。

4. 业务员在受托对外谈判时，在自己觉得难以把握谈判条件的分寸时，应及时向上级领导直至法定代表人报告，不得擅自超越委托范围。

5. 合同系 CCHC 体系档案的重要组成部分，合同一旦生效后，应由市场部、办公室牵头与该合同业务相关执行部门商议，决定本合同应该一式几份，包括正本与副本、复印本，分别由何人、何机构、何部门保管。档案管理部门（合约）都应记录在案。

6. 合同执行的部门或个人应该接受海阳集团、×× 区（县）CCHC 居家养老综合服务总部、×× 街道（社区）CCHC 居家养老综合服务中心负责人及其领导监督机构和市场部的监督，随时汇报合同执行过程中的进度、质量和遇到的问题，预报合同到期和续期的可能、必要与否的意见。合约部门、个人有责任对照合同的内容，检查合同执行的情况，了解执行的动态，及时监督、帮助合同执行过程中出现问题的解决。

7. 当该合同执行完毕或者中止时，档案管理部门应该按照文档管理相关规定进行留存或者销毁处理管理，其他部门与个人不得擅自处理已经执行完毕或者中止合同的文本。

8. 合同在执行中遇到困难或产生经济纠纷时，业务员在通过协商仍然不能解决问题，应及时上报部门负责人以及市场部，共同商量对策，在维护我方合法权益的前提下，有理有节地寻求解决办法，促使合同继续履行。

9. 对于不能顺利履行的合同并且给我方造成一定数量的权益损害，凡主要责任或过错是因对方造成的，业务部门应将全部合同执行材料（各种证据资料原件）收集齐全后，移交市场部以备进行法律诉讼程序。

10. 将合同管理列入海阳集团、×× 区（县）CCHC 居家养老综合服务总部、×× 街道（社区）CCHC 居家养老综合服务中心三级法人单位的日常管理，每年 5 月、11 月由市场部、办公室牵头召开一次合同管理联席会议，检查合同执行的情况，并将结果向法定代表人（行政负责人）汇报。市场部、办公室也有职责随时向海阳集团法定代表人报告合同执行的情况。

11. 合同执行中，凡因我方责任或人为原因而造成我方违约而被对方追究违约责任，或者因我方责任或人为原因而让对方逃脱、躲避了应承担的义务与责任，此两种情况下，均应查明具体事实情况，分清责任人和具体应承担的工作失职责任，并纳入到考核范围，体现出相应的处罚标准。

CCHC体系的设备设施管理制度

编号 CCHC1-3-16

一、总则

《CCHC 体系的设备设施管理制度》主要体现和满足海阳集团以及 CCHC 体系各级机构的设备、设施管理的需求。

二、适用范围

（一）本制度适用于海阳集团及其 CCHC 体系各相关部门，在从事有关设备、设施管理业务时必须遵循的规定和约束。

（二）本标准规定了 CCHC 体系中有关设施、设备服务操作的基本要求，涵盖了给排水设备、电气设备、空调设备、智能化系统设备、消防系统设备等管理的操作标准。对于居家养老老年人住家的设施属于委托性质，可以逐项比照执行。

三、目的

健全设备、设施管理制度，控制管理与运营成本。

四、设施设备管理的基本要求

（一）CCHC 体系中的设施设备应由专门从事设施设备维护、管理的专业部门负责。

设施设备的管理，从CCHC体系各级机构初期设施设备的安装直至设施设备的更新的全过程管理，具体内容有：设施设备基础资料、设施设备运行、设施设备维护和维修、设施设备更新改造等管理。

（二）设施设备的档案管理

1. 档案管理。

设施设备档案管理，既是设施设备管理的基础性工作，也是持之以恒认真仔细的工作，从设施设备的安装开始直至设施设备的更新，不断地汇集和积累各种有关设施设备的资料，从而形成设施设备完整有效的档案。良好的设施设备档案管理可以为设施设备管理、维护、维修和改造提供可靠的依据和保证。因此要求每一名设施设备管理的相关人员，在日常的管理过程中重视和严格执行设施设备资料的收集、记录、整理和保管。设施设备档案主要包括设施设备的技术资料、设施设备的管理资料等。

2. 设施设备技术资料包括：

（1）设施设备原始资料：有设施设备清单、产品质量合格证明书、设施设备验收报告、工程竣工验收报告及验收记录等；

（2）设备台账和设备卡：设备台账（见表1-3-16-1）和设备卡（见表1-3-16-2）都是记录设备技术数据的基础资料，设备台账和设备卡既有相同之处，又有区别。相同之处有：设备名称、规格型号、生产厂家、出厂日期、主要技术指标、编号等。区别在于：设备台账是装订成册以便核查与核对，设备台账可以记录设备更换零部件及维修的内容，因此每次设备维修结束后，一定要在设备台账上详细简要记录设备维修内容或更换的器件；设备卡则张贴在设备上，标明该设备的一些参数，并也标明了该设备日常维护的责任人。每当新安装或更新设备后要及时建立设备台账和设备卡；

（3）图纸资料：图纸资料是指在所管辖的物业中所有设施设备的图纸，即有CCHC体系的建筑在建造时设计的设施设备各类图纸，也包括增加和更

设备台账

所属系统： №： 表1-3-16-1

<table>
<tr><td colspan="2">设备名称</td><td></td><td colspan="2">设备型号</td><td></td><td>设备编号</td><td></td></tr>
<tr><td colspan="2">安装位置</td><td></td><td colspan="2">厂　　家</td><td></td><td>出厂日期</td><td></td></tr>
<tr><td colspan="2">使用日期</td><td></td><td colspan="2">设备价格</td><td></td><td>出厂序号</td><td></td></tr>
<tr><td colspan="2">设备使用寿命</td><td></td><td colspan="2">设备折旧率</td><td></td><td>折旧年限</td><td></td></tr>
<tr><td rowspan="8">设备本体主要参数</td><td rowspan="8" colspan="2"></td><td rowspan="8">附属主要零部件及其参数</td><td rowspan="4">电机</td><td>额定电压</td><td></td><td>转　　速</td><td></td></tr>
<tr><td>额定电流</td><td></td><td>产　　地</td><td></td></tr>
<tr><td>频　　率</td><td></td><td>出厂序号</td><td></td></tr>
<tr><td>功　　率</td><td></td><td>出厂日期</td><td></td></tr>
<tr><td rowspan="4">控制柜</td><td>型　　号</td><td></td><td>出厂序号</td><td></td></tr>
<tr><td>额定电压</td><td></td><td>出厂日期</td><td></td></tr>
<tr><td>额定电流</td><td></td><td>产　　地</td><td></td></tr>
<tr><td>功　　率</td><td></td><td></td><td></td></tr>
<tr><td rowspan="10">零部件更换及大修记录</td><td>日　　期</td><td colspan="6">内　　　容</td><td>维修人签名</td></tr>
<tr><td></td><td colspan="6"></td><td></td></tr>
<tr><td></td><td colspan="6"></td><td></td></tr>
<tr><td></td><td colspan="6"></td><td></td></tr>
<tr><td></td><td colspan="6"></td><td></td></tr>
<tr><td></td><td colspan="6"></td><td></td></tr>
<tr><td></td><td colspan="6"></td><td></td></tr>
<tr><td></td><td colspan="6"></td><td></td></tr>
<tr><td></td><td colspan="6"></td><td></td></tr>
<tr><td></td><td colspan="6"></td><td></td></tr>
<tr><td>备注</td><td colspan="8"></td></tr>
</table>

设备卡

№： 表1-3-16-2

设备名称		负 责 人	
型　　号		使用日期	
功　　率		出 产 厂	
额定电压		出厂日期	
额定电流		折旧年限	
工厂编号		使用地方	
标准编号		运行状况	

新的设施设备图纸。图纸资料有竣工图、设施设备安装图、电路图、系统图、接线图等。图纸资料是最重要的基础技术资料，没有它设施设备维护管理工作就困难重重；

（4）操作说明：包括设备操作说明书和系统操作说明书，主要用于对设备或设备系统的使用进行指导和说明，防止误操作；

（5）设备运行与维修记录：要求设备的操作人员和设备维护维修人员一定要按规定对设备运行时的一些主要数据，或设备维护维修的项目和内容，对于它们都要做好记录。有些设施设备经政府规定的职能部门的定期检验、检查、检测后出具的报告、证书等也是设施设备的一种具有法定意义上的记录。真实、仔细、完整的记录反映了设备的现实状态，也反映了管理人员对待工作的态度和责任心，也有助于指导设备管理的实际意义；

（6）技术标准：这里的技术标准是指国家及政府各专业部门根据实际要求制定的、具有权威性的文件，设施设备维护人员（以下简称维护人员）在工作中必须遵照执行。包括：《区域环境噪声标准》、《生活饮用水卫生》、《住宅装饰装修验收标准》等；

（7）在设施设备管理过程中一定要注意收集和保管好设施设备的各种图纸及资料，特别是对一些新增设备或改造设备的各种图纸及资料的收集和保管，并且要检查这些图纸及资料的正确性和完整性。

3. 设施设备管理资料包括：

（1）操作规程与规章制度：操作规程是规范进行设备维护维修和设备操作的要求或程序；规章制度主要是确定各岗位的职责和规范对员工的管理，它们是CCHC体系进行管理的重要依据；

（2）设备的操作规程由海阳集团设施设备管理职能部门负责制订，并且负责定期培训操作人员学习并掌握相关岗位的操作规程，海阳集团或CCHC

体系各级机构还应定期对操作人员进行检查考核评定。设备操作人员应严格遵守设备操作规程，设备的操作规程在实际的操作和实践中不断修订和完善，使之更加合理、更加具有可操作性；

（3）政府职能部门颁发的有关政策、法规、条例等强制性文件：这些文件具有法律约束性，设备管理时应严格贯彻执行。包括《特种设备安全监察条例》、《消防安全标志》、《中华人民共和国消防法》、《建筑内部装修设计防火规范》、《生活饮用水卫生标准》、《电梯使用管理与维护保养规则》等；

4. 资料的保管。

设施设备档案中各种资料都是设施设备管理非常重要的文档，作为维护人员和从业人员要重视且有责任建立、整理、爱护和保管好这些资料。按规定认真严格做好设施设备的运行、维护、维修等记录，对设施设备的日常管理或运行的记录必须按月整理齐全后交服务中心物业管理部门归档，满一年后按年份将各设施设备的记录资料或检验报告等分门别类整理整齐，装订成册，妥善保管。

（三）设施设备的常规管理

1. 明确设施设备管理的责任人。

（1）为了能切实做好设施设备的管理、维护、保养工作，也使维护人员了解和明确自己的设施设备管理的范围，将设施或设备按工种划分给相应的维护人员负责管理，做到明确范围，明确内容，明确责任，按要求或规定做好各自的工作。

（2）将所有设施或设备所对应的责任人按设施或设备分类，整理编写成《设施设备与责任人对照表》（见表1-3-16-3）的文档，作为设施设备管理部门的正式文件。同时又将设备责任人以编号的形式写在设备卡（见表1-3-16-2）的责任人一栏内。

设施设备与责任人对照表

表1-3-16-3

序号	设备名称	设备编号	安装位置	人员编号	备　注

（3）对于设施设备的外判服务合同也要指定维护人员负责。要求熟悉外判服务的内容和要求，协调外判服务过程中的一些事务，督促和监督外判服务的情况和质量，发现问题及时指出并要求整改。外判服务情况每次要向组长汇报，如有问题则及时解决，视情况以书面函通报外判服务企业。每次外判服务人员到现场服务后，合同责任人要填写《外判服务执行情况表》(见表1-3-16-4)，外判服务合同以及短期外判服务合同即将结束前，由组长负责填写《外判服务评定表》(见表1-3-16-5)，实事求是的评判外判服务的质量，作为是否继续签订外判服务合同的基本依据之一。

（4）设施设备维护部门的负责人（以下简称负责人）或组长应定期或不定期，根据设施设备保养要求（或规范），对设施或设备的保养情况进行检查，发现问题及时纠正和整改，对于不予纠正和整改或多次发现保养存在问题的人员，按规章制度给予严肃处理，甚至除名。检查的结果要与员工的工作质量相结合，纳入员工的日常考核。

外判服务执行情况表

表1-3-16-4

<table>
<tr><td>项目名称</td><td colspan="7"></td></tr>
<tr><td>合同名称</td><td colspan="3"></td><td>编号</td><td colspan="3"></td></tr>
<tr><td>服务内容</td><td></td><td colspan="2">设备编号</td><td colspan="2"></td><td>数量</td><td></td></tr>
<tr><td>服务地点</td><td></td><td colspan="2">负责人</td><td colspan="2"></td><td>电话</td><td></td></tr>
<tr><td>对方公司名称</td><td></td><td colspan="2">联系人</td><td colspan="2"></td><td>电话</td><td></td></tr>
<tr><td>合同有效期</td><td colspan="2"></td><td colspan="2">服务周期</td><td colspan="3"></td></tr>
<tr><td colspan="8">服务情况</td></tr>
</table>

日　期	到达时间	工作内容	执行人	跟进人

外判服务评定表

表1-3-16-5

<table>
<tr><td>单位名称</td><td colspan="2"></td><td colspan="2">公司电话</td><td colspan="2"></td></tr>
<tr><td>单位地址</td><td colspan="2"></td><td colspan="2">邮政编码</td><td colspan="2"></td></tr>
<tr><td>联系人</td><td colspan="2"></td><td colspan="2">联系电话</td><td colspan="2"></td></tr>
<tr><td>单位概况</td><td colspan="6"></td></tr>
<tr><td>单位性质</td><td></td><td>成立年月</td><td></td><td colspan="2">服务方式</td><td></td></tr>
<tr><td>评定意见</td><td colspan="6">（从服务形式、技能、态度、响应时间、价格、其他等进行评定）：</td></tr>
<tr><td>改进建议</td><td colspan="6">评定人：　　　　日期：</td></tr>
<tr><td>负责人意见</td><td colspan="6">经　理：　　　　日期：</td></tr>
<tr><td>总经理意见</td><td colspan="6">总经理：　　　　日期：</td></tr>
</table>

2. 制定设施设备管理工作计划。

（1）工程服务分中心设施设备管理要做到有计划性，对日常的管理工作和维护工作都要做到心中有数。清楚了解和知道要做些什么，哪些事必须要做，哪些事要有条件才做；哪些事先做，哪些事后做；哪些事自己做，哪些事要外判服务等等。有了合理完整的工作计划，在管理上才能井井有条。

（2）管理工作计划主要是每个月的工作计划。负责人在日常工作时要经常深入班组了解设施设备的管理、维护保养、维修、检查和外判服务的详细情况，根据掌握的情况，再结合设施设备的定期保养维护计划（见表1-3-16-6）制定出强电、弱电和给排水（包括空调）的每月工作计划（见表1-3-16-7）。每月的工作计划由负责人制定，在上个月的最后一周内完成，交到班组按工作计划执行。

（3）各组长则根据月工作计划，以及日常对设施设备管理的具体情况，在每周五制定下一周的工作计划（见表1-3-16-8）。

____年度设施设备维保计划表

班组：　　　　　　　　　　　　　　　　　　　　　　　　　　　　　表1-3-16-6

序号	维保项目	月份												操作要求	记录表格	责任人
		1	2	3	4	5	6	7	8	9	10	11	12			
	说明：															

编制人：　　　　　　　　　　　　　　　　审核人：
日　期：　　年　　月　　　　　　　　　　日　期：　　年　　月

______年____部____月工作计划执行表

班组：　　表1-3-16-7

序号	工作内容	1	2	3	4	··	··	··	··	28	29	30	31	负责人	完成情况

检查人/日期：　　复查人/日期：

周工作计划表

班组：　　表1-3-16-8

工作时间 工作进度 工作内容	年第 周 月 日至 月 日							主要执行者	配合者	监督（组长）	备　注（主要工具、材料）
	1	2	3	4	5	6	7				

检查人/日期：　　复查人/日期：

（4）负责人要经常检查督促月工作计划和周工作计划执行的情况和进度，及时指示协调和解决工作过程中产生的问题。

（5）组长每天要对当天的工作情况及进度进行检查，掌握和督促工作计划执行的质量。

（四）设施设备维修管理

1. 设备、设施维修保养的定义。

设备维护是通过日常经常性的保养，使设备始终处于良好的状态；设备维修是通过修复或更换磨损部件，排除故障，恢复设备原有功能。

2. 维护保养工作。

设备在使用过程中会发生污染、松动、泄漏、堵塞、磨损、震动、发热、压力异常等各种故障，影响了设备的正常使用，严重时会酿成设备事故。设备操作人员在使用和操作设备的同时，应认真做好维护保养工作，确保设备始终保持完好能用状态。维护保养工作的主要内容如下：

（1）加强对设备的巡视工作。通过“听（有无异常声响）、摸（有无异常温升和振动）、看（有无跑、冒、滴、漏）、闻（有无异气味）”等方法，对设备的运行状况进行了解，并且按规定记录巡检设备的运行状况。

（2）加强设施设备的日常及定期维护保养工作。通过对设施设备的清洁和清扫、润滑设施设备的转动部位、紧固松动的螺丝或螺母等对设施设备的保养，确保设施设备始终完好的状态。

3. 设备设施的维修计划管理。

设施设备的维护或维修要有计划性。设施设备计划性维护或维修是保证设施设备能否正常运行的主要手段，设施设备的维护或维修计划由负责人编制。

（1）每年的10月份，负责人和组长共同对各类建筑的设施设备按各个系统进行深入细致的检查，并汇总和确定设施设备需要大修、中修、维修、改造等结论。

（2）每年的11月份，负责人根据大检查所做出的结论，以及对各类设施、设备定期应该进行各种级别维护的相关规定，提出下一年度《年度待维修工程设备清单》(见表1-3-16-9)，并提出实施的时间和编制次年的《年度维修计划报告》，报海阳集团或CCHC体系各级机构负责人。

年度待工程维修设备清单

日期：　　年　月　　　　　　　　　　　　　　　　表1-3-16-9

序号	名称	形式	数量	部位	设备/设施状况	维修方式	预计费用	解决方案	备注

（3）在批准《年度维修计划报告》后，负责人将该计划编入下年度设施设备的定期维修和保养维护计划内（见表1-3-16-6）。

4. 计划性检修工作。

计划性检修工作一般分为项修、小修、中修、大修和系统大修等：

（1）项修：根据某一设备某一功能出现故障而进行的维修。

（2）小修：也称年度修理。涉及零部件或元件的更换和修复、清洗、调整较少部分的机件和精度、紧固和润滑等。建筑构件或者设备、设施使用在一年以上应进行的整修或更新。

（3）中修：工作量介于大修与小修之间，相应对设备进行部分解体。维修费用在新建、新置价格的20%以下，主体结构中修在7—10年以上，设施、设备中修期限在2—5年左右，或者按照使用说明书的规定。

（4）大修：以全面恢复设备功能而由专业队伍承担的大工作量的计划维

修。要对设备全部或者部分拆卸、分解，从中修复标准件，更换和修复磨损件，使整体达到原有水平。建筑结构或者设施、设备一次大修的费用在新建、新置价格的 25% 以上，主体结构大修在 15 年以上，设施、设备大修期限在 6—8 年左右，或者按照使用说明书的规定。

（5）系统大修：是指对一个系统或几个系统甚至整个物业设备系统的停机大检修。系统大修的范围很广，通常将所有设备和相应的管道、阀门、电气系统及控制系统都安排在系统大修中进行检修。

5. 设施设备大、中修、新置安装的验收。

（1）设施设备大、中修的验收。

A. 在设施设备大、中修结束后，由施工方提出验收申请。

B. 由设施设备管理职能部门负责组织相关部门的人员，对大、中修的设施设备进行验收。

C. 验收内容：

a. 大、中修设施设备维修报告。

b. 更换器件的名称、数量，以及器件的质量保证书等技术资料。

c. 维修设施设备的调试报告。

d. 根据设施设备大、中修方案或合同等文件中有关规定进行逐项检查或测试。

e. 对验收的设施设备在《设施设备维修整改记录表》（见表 1-3-16-10）上进行登记和记录。

（2）新置安装设施设备的验收。

A. 在新置安装设施设备结束后，由施工方提出验收申请。

B. 由设施设备管理职能部门负责组织相关部门的人员，对大、中修的设施设备进行验收。

设施设备整改记录表

表1-3-16-10

设备名称		型号规格		安装位置		整改日期	
整改原因	检查人： 日期：						
整改方案	建议人： 日期：						
施工情况	监督人： 日期：						
投入运行情况	验收人： 日期：						
审核意见	审核人： 日期：						

C. 验收内容。

a. 新置设施设备的安装调试报告。

b. 新置设施设备的名称、数量、合格证书、使用说明、原理图、接线图（表）等资料。

c. 根据新置设施设备的方案或合同等文件中有关规定进行逐项检查或测试。

d. 对验收的设施设备在《设施设备维修整改记录表》(见表 1-3-16-10) 上进行登记和记录。

6. 设施设备维护维修要注意的事项

（1）维护人员在设施设备维护、维修、施工之前要充分做好准备工作和实施方案；在设施设备维护、维修、施工时要按照有关规定进行操作，做好安全防范措施，例如：设置围栏、路障、系好安全带等，在工作现场要放置告示牌，提示正在施工；在设施设备维护、维修、施工当日无法完工或者完工结束后，要对施工现场做好防护措施，并及时清理施工现场。

（2）在维护或维修时，凡涉及需要停水或停电的事宜，一定要认真仔细地考虑各因素，尽量减小或不影响正常的经营。然后确定停水或停电的日期和时间，由组长填写《停水（电）审批单》（见表1-3-16-11），经负责人批准后交工程员工执行。

（3）凡因设施设备的维护、调试、维修等会对使用者产生影响的，必须提前一周向受到影响的使用者进行书面告知，说明所受影响的原因、时间、注意事项及表示歉意等等。在设施设备维护、调试、维修前要考虑全面而周密的实施方案，制定相应的预案；在实施过程中要严格按技术要求、相应的规范、确定的方案操作，而且在确保质量的前提下，尽量减少对使用者影响的时间；在实施工作结束后要认真核查无误后，尽快恢复正常的工作秩序，以及派员工到使用者处检查或协助恢复工作。

（4）设施设备每次维护保养后都要按《设施设备维保记录表》（见表1-3-16-12）上的内容进行登记，登记工作由各设施设备责任人负责。《设施设备维保记录表》每月汇总整理后上交管理部门保管。

（5）当设施设备大、中修、新置安装、改造等验收合格后，将随机资料、附件和《设施设备维修整改记录表》交管理部门保管存档，并记录到《设备台账》。

（6）设施设备在维护、保养和维修时，应在正在维护、保养和维修的设施设备或控制设备启动部位悬挂红色检修牌，以提示使用者禁止使用；同样

停水（电）审批单

表1-3-16-11

<table>
<tr><td>停水（电）申请人</td><td colspan="2"></td><td>申请日期</td><td></td></tr>
<tr><td>停水（电）起止时间</td><td colspan="4">年　月　日　时　分至　　年　月　日　时　分</td></tr>
<tr><td>停水（电）部位</td><td colspan="4"></td></tr>
<tr><td>注意事项
（安全措施）</td><td colspan="4"></td></tr>
<tr><td>停水（电）原因</td><td colspan="4"></td></tr>
<tr><td>工程主管签字</td><td colspan="2"></td><td>日　　期</td><td></td></tr>
<tr><td colspan="5">管理部门意见及客户特殊要求：

签字：　　　　　　日期：</td></tr>
<tr><td colspan="5">工程经理审批意见：

签字：　　　　　　日期：</td></tr>
<tr><td rowspan="2">停水（电）
执行情况</td><td>通告执行情况</td><td colspan="3"></td></tr>
<tr><td colspan="4">工作执行情况：

执行人：　　　　　　日期：
复查人：　　　　　　日期：</td></tr>
</table>

________年设施设备维保记录表

项目名称：　　　　　　　　月份：　　　　　　　　表1-3-16-12

日期	设备名称	维保内容	保养人	检查人

如果设施设备未维修好，也要在需要维修的设施设备或控制设备启动部位悬挂红色检修牌禁止使用。一旦维护、保养和维修工作完成后，及时摘掉红色检修牌提供使用。

（五）员工的管理

1. 作为CCHC体系设施设备维护人员所从事的工作，有着两种不同的角色，在面对设施设备时是一个管理角色，用掌握的专业知识和操作技能管理好设施设备；而面对被服务者维修时则又是一个服务角色，要用良好的态度及熟练的技能为被服务者服务，使被服务者满意。

2. 维护人员在实施服务的过程中要体现良好的礼貌礼仪：

（1）上班时要按规定着装，佩戴工作牌；

（2）工作服必须保持清洁、整齐，不得带有污迹、折皱、开线、掉扣；

（3）着装应将纽扣扣齐、拉链拉好。不允许卷衣袖、裤腿。不得敞胸露怀、穿背心、短裤或穿拖鞋上班；

（4）工作时态度要自然、大方、稳定、热情、有礼；

（5）常用礼貌用语："您好"、"请"、"对不起"、"很抱歉"、"不客气"、"稍等"，严禁使用"不知道"、"不归我管"、"不懂"、"不行"、"没有"等词，接听电话应先问候，后讲话；

（6）与客人谈话时应彬彬有礼，站立端正，面带微笑，语言文雅，语气温和，用心聆听客人的讲话。不得左顾右盼，低头哈腰或昂首叉腰，不得与对方争执，强词夺理，语言粗俗及声音过高；

（7）听到客户的意见和怨言，要冷静对待，虚心倾听，耐心解释，认真改正。如有不同意见不允许当面争执，可及时向上级回报；

（8）在工作中不议论被服务对象，不交头接耳，严禁与客户开玩笑、打闹；

（9）在工作区域行走或站立时，不得插兜、叉腰、抱肩，不得东张西望，摇头晃脑，不得扎堆聊天。

（10）注意公共卫生，不随地吐痰，丢垃圾，严禁在工程服务工作区域内吸烟。

3. CCHC 体系要对维护人员进行岗前培训，使之能了解和掌握本岗位的专业知识、操作技能和一些相关的规章制度。

（1）维护人员的培训包括：职业规范、业务知识、预案演习和公司文件学习等。

（2）维护人员的培训要有年度计划（见表 1-3-16-13）或临时计划。每年 12 月下旬之前制定下年度的培训计划，交培训督导部负责人审核批准后备案存档。每次培训前预先通知培训的时间、地点和内容，培训时做好培训的记录（见《CCHC 体系的培训管理制度》编号 CCHC1-3-6 中表 1-3-6-2），参加培训的人员都要在培训记录上签名，以作考核。

（3）工程服务分中心凡涉及业务工作的会议也一定要有书面的记录。书面记录可以是培训记录的形式，也可以是会议纪要的形式。

______年度培训计划

部门： 表1-3-16-13

序号	培训项目	月份												培训对象	培训人
		1	2	3	4	5	6	7	8	9	10	11	12		
其他要求															

编制人： 审核人：
日　期： 日　期：

4. 工作记录

要求维护人员每天做好《岗位记录表》(见表 1-3-16-14）的工作,《岗位记录表》也是每位员工的工作日志，要求每位员工认真、详细记录员工每天的工作情况。工作记录有几条基本的原则：

______岗位工作记录表

姓名：　　　　表1-3-16-14

日　期	时　间	事　　项	备　　注

（1）岗位记录表首先是日期，然后是分配的工作，当班记录的最后一条是“当班结束”与当班人签名。岗位记录的每一条都要写上时间，这时间是以 24 小时计算。

（2）记录当班期间所处理或管理的事情。如实记录维护人员的工作内容、工作量、工作效果、工作中遇到或存在的问题、需要解决的问题和对管理方面的意见或建议等。

（3）如果在工作时有情况发生，除报告外，还要在工作记录本上做好记录，写明所发生的事情以及所采取的行动。

（4）岗位记录表是很重要的文件，必须很好地保存，不得私自带回家。岗位记录表中的当班记录不得让无关人员翻阅。

（5）维护人员每天下班前将岗位记录交工程组长，组长每天要查阅工程人员的岗位记录，了解每天的工作情况，并在阅后签名。组长每天上班后将岗位记录交负责人，负责人每天要查阅维护人员的岗位记录，了解每天的工作安排和工作情况，并在阅后签名。

5. 对政府规定的某些工种必须持证上岗，如电工等。要定期参加各工种验证学习和考试，取得相应的合格证书。凡是没有或没有取得合格的证书，不得再上岗从事原来的工作。

6. 维护人员的交接班

（1）值班人员应按统一安排的班次值班，不得迟到、早退、无故缺勤，不能私自调班、顶班。因故不能值班者，必须提前征得组长同意，事先办妥手续。

（2）交接班双方人员必须做好交接班的准备工作，准时进行交接班。交接班的准备工作包括：查看运行记录；介绍运行状况和方式，以及设备检修、变更等情况；清点仪表、工具；检查设备状况等等。交班时，双方值班人员在运行交接班记录（见表1-3-16-15）上签字。

______运行交接班记录

表1-3-16-15

交班人		交班人		交班人	
交接时间	年 月 日 时	交接时间	年 月 日 时	交接时间	年 月 日 时
运 行 记 事		运 行 记 事		运 行 记 事	
备注		备注		备注	

（3）因维护人员互相倒班值勤不能当面交接班时，各自将本班值勤的情况，包括上述的各项内容简要、清晰地记录在值班日志上；接班的维护人员在值班前必须先阅读前一班的值班日志后，才能开始值班。

（4）在下列情况下不得交接班：

A. 在事故处理未完成或重大设备启动或停机时；

B. 交接班准备工作未完成时；

C. 接班人数未达到规定人数的最低限度时；

D. 由负责人或组长指定替代的人员未到时；

E. 接班人员因故未到时；

F. 接班人员有酒醉现象或其他神志不清情况而未找到顶班人时。

（六）维护人员报告制度

建立维护人员报告制度可以让负责人、组长及时了解设施设备的使用和运行情况，以及设施设备维修管理情况，及时发现设施设备管理中存在的问题，以便及时解决。具体内容有：

1. 发现以下情况时，应向组长报告：主要设备非正常操作的开、停、调整及其他异常情况；设备出现故障或停机检修；零部件更换或修理；维修人员工作去向；维修材料的领用；运作人员暂时离岗；需要与其他班组及上级联系。

2. 发现以下情况时，应向负责人报告：重点设备非正常操作的启动、调整及异常情况；采用新的运行方式；重点设备发生故障或停机抢修；系统故障及检修；重要零件更换、修理、加工及改造；成批和大件工具、备件和材料领用；员工加班、调休、补休、请假。

3. 发现以下情况时，应向海阳集团或CCHC体系各级机构负责人报告：重点设备发生故障或停机修理；影响楼宇的设备故障或施工；系统运行方式的重大改变，主要设备的技术改造；重点设备主要零件更换、修理或向外委托加工，设备的增改或向外委托加工；组长以上岗位调整。

4. 下列情况必须撰写《CCHC体系突发事件报告单》[见《CCHC体系

的突发事件管理制度》(编号 CCHC1-3-18）中表 1-3-18-1]：设备发生重大事故，并有经济损失或人员伤亡；管道发生漏水，并引起设备或装修损坏；意外的停电、停水、停空调、停煤气等事故；外墙门、窗意外坠落；地库由于各种原因严重积水；其他异常（有损失或有重大影响的情况）。

5. 撰写《突发事件报告》要实事求是、简明扼要地说明事件的发生日期和时间、确切位置、起因、过程和结果，并所采取的措施和处理的方法。

（七）管道管理

1. 这里所指的管道主要是指内部输送流体的各系统的各种管道。包括：供水管道、污水管道、雨水管道、消防水管道和供气管道等。

2. 各种管道的标识，见表 1-3-16-16。

管道标识

表1-3-16-16

序号	名　称	说　明	标识颜色	备　注
1	供水管道	提供生活用水的管道	绿色	
2	污水管道	提供排泄污水的管道	黑色	
3	雨水管道	提供排泄雨水的管道	银灰色	
4	消防水管道	提供消火栓和喷淋水的管道	红色	
5	供气管道	提供燃气的管道	黄色	

3. 各类管道除了在外露部位涂上相应的标识颜色外，还要求在管道壁上涂上该管道的功能名称、作用的楼层范围、流体的流向箭头等标识。涂刷标识的要求是：直管每隔 7—10 米进行一次标示；管道的起点、终点、交叉点、转弯处、阀门和穿墙孔两侧等的管道上和其他需要标识的部位。

4. 各类管道要有专人负责日常的维护和管理。每半年按年度设施设备的定期保养维护计划（见表 1-3-16-6）进行一次，发现问题及时解决，涉及管道油漆的工艺和要求严格按相关的国标规定执行。若管道或器件要包保温材料，同样应先按相关的国标要求除锈和涂防锈漆，然后再包保温材料。每次维护和管理的内容和结果要进行记录（见表 1-3-16-12）。

5. 对有些室外供水管道，要注意冬季防冻保护，对冬季闲置不用的管道要放空管内的剩水；对无法放水的管道要采取管道包保温材料的方法，以减轻寒冷对管道的影响，如室外消火栓水管等。每年 11 月下旬对室外管道的保温措施进行一次检查和保养，当寒流袭来时，要每天安排检查两次水管保温情况，发现问题及时处理。每次维护和检查的内容和结果要进行记录（见表 1-3-16-12）。

6. 检查的内容和标准，见表 1-3-16-17：

表1-3-16-17

序　号	项　　目	标　　准
1	管道外表	无锈蚀
2	油　　漆	无脱落
3	标　　识	清晰完好、无脱落
4	保温材料	无脱落、损伤
5	接　　口	无泄漏
6	螺　　栓	无松动、锈蚀、缺少、损伤
7	支 撑 件	无松动、锈蚀、损伤

7. 各类建筑煤气管道的管理和维护方法参照上述要求执行，煤气管道的颜色标识为黄色。

（八）工具管理

1. 维护人员在设施设备维护、保养和维修的过程中需要使用一些工具。有些工具是专用工具，有些工具则是易耗品；有些工具属个人使用，有些工具则是属班组使用。因此对工具的购买、领用、使用、保管和报废做相应的规定。

2. 对一般常用而且容易损坏的工具，如螺丝刀、电笔等工具以采购材料的形式，填写《物料请购单》[见《CCHC体系的采购仓储管理制度》(编号CCHC1-3-14）中表1-3-14-1]即可；对一些在工作中需要的专用工具、特殊工具等则要求负责人提出申请报告，说明其理由、用途、型号、价格等，经行政负责人批准后再采购；

3. 无论以何种形式采购的工具必须先进仓库，使用者到仓库领取。员工每次领用工具都要在《工具领用登记表》[见《CCHC体系的采购、仓储管理制度》(编号CCHC1-3-14）中表1-3-14-3]上进行登记。如果所用工具是非个人使用，则必须要有专人负责领取和保管，并登记在该保管人的《工具领用登记表》上。

4. 工具在使用时要物尽其用。要妥善保管和爱护工具，爱护好工具也反映了一个人对待工作的态度，对工具要经常养护，保持整洁，摆放有序，不要杂乱无章，工作完毕要清点工具是否正确，避免不必要的损失。

5. 正确和合理地使用工具，注意工具使用的范围和要求，不要蛮干，避免损坏工具；要安全地使用工具，不要因使用不当或保护不妥，造成人身意外伤害或设施设备损坏或工具损坏。

6. 工具损坏或不能使用提出报废时，要在《报废工具登记表》(见表1-3-16-18）上进行登记。登记表每年交管理部门保存归档。

报废工具登记表

表1-3-16-18

序号	工具名称	型号规格	报废数量	报废日期	申请人	核准人	备注

7. 工具更新原则是，先报废后申领，以旧换新，并且同时在《报废工具登记表》和《工具领用登记表》上进行登记和注释。

（九）物料请购

1. 在设备管理上需要的一般常用零件和低值易耗材料只要填写《物料请购单》。由组长负责按请购单的要求逐项填写，负责人审核，CCHC 体系各级机构负责人批准后交采购员采购。

2. 除了日常设施设备的零星小修外，对维修的设施设备要更换金额较大的器件（300 元以上）或维修系统中更换设备时，事先由负责人提出维修申请报告，说明原因、用途、型号规格、技术参数、单价（原则上要做到货比三家）、数量等以及建议意见，经 CCHC 体系各级机构负责人审核批准后即可实施。

3. 对一些需要外协维修或加工的器件，负责人必须填写《设备设施委外协作申请单》（见表 1-3-16-19），经 CCHC 体系各级机构负责人批准后即可实施。

4. 凡采购的材料、器件等先办理入库手续，需要领用时由组长负责到仓库办理领用手续；对采购的设施设备，先由维护人员对采购物品按申请报告的要求进行入库前的验收，然后再办理入库手续。

设备设施委外协作申请单

年　月　日　　　　　　　　　　　　　　　　　　表1-3-16-19

设备设施名称			
设备设施委外要求			
委外数量		费　用	
委外单位名称			
申请部门			
负责人意见： 签名：　　　　日期：			
机构负责人意见： 签名：　　　　日期：			

（十）报废制度

1. 对由于无法修复或无使用价值或其他原因需要报废的设施设备，由负责人填写《报废单》（见表 1-3-16-20），交海阳集团或 CCHC 体系各级机构负责人批准。

报废单

使用部门：　　　　　　　　　　　　　　　　　　　　　　　　表1-3-16-20

名　　称		编　号		起用时间	
型号规格		原价格		报废申请人	
报废原因：					
审批意见： 批准人：　　　　日期：					
备注：					

CCHC体系的安全管理制度

编号 CCHC1-3-17

一、总则

《CCHC 体系的安全管理制度》主要体现和满足对 CCHC 体系各级机构的管理需求。

二、适用范围

本制度适用于海阳集团以及 CCHC 体系各级机构及其相关部门，在从事有关安全管理业务时必须遵循的规定和约束。

三、目的

健全安全管理制度。控制安全隐患，防止事故产生，确保人身安全。

四、具体要求

（一）电气安全管理规定

1. 电气作业人员必须严格执行：《电力生产安全工作规定》。

2. 一切电气作业人员都必须熟悉触电急救方法。

3. 电气作业人员作业时，必须穿戴好劳动保护用品。

4. 做好经常性的电气安全检查工作，发现问题及时消除。

5. 电气设备的接地装置禁止与防雷接地合用。

6. 运行人员必须严格执行操作票、工作票制度，工作许可证制度，工作监护制度、工作间断转移和终结制度。

7. 在高压设备和大容量低压总盘上倒闸操作及带电设备附近工作时，必须由两人执行，并由技术熟练的人员担任监护。

8. 凡电气设备和线路无电应作有电看，严禁以手随便触摸。

9. 未经试验合格的一切电气安全用具禁止使用。

10. 在高度2米以上工作时，须有人监护以及有相应的安全措施。

（二）移动电具安全管理规定

1. 移动电具包括：电风扇、排风扇、手电钻、手提砂轮机、移动水泵、电焊机等，以及其他类似的单相、三相流动使用的电器用具。

2. 移动电具要求专人负责保管、维修及检查，检查内容有：电具本身有无损伤，绝缘电阻是否符合要求，电源引线有无破损、老化、绝缘不良现象，导线规格是否合适，插头、插座是否齐全，有无破损，相线和保护接地的接法是否统一，金属外壳或金属支架接地是否可靠。

3. 移动电具的引线及插头都必须完整无损。220V和380V电压的移动电具引线分别使用三芯或四芯绝缘良好的橡套或塑套铜芯软导线，中间不得有接头，要保证电具金属外壳接地。

4. 工作行灯的电压不允许超过36V，在特别潮湿的地方和金属容器内部等危险场所使用的行灯，应用12V电压，其电源由双圈变压器供给，并将变压器金属外壳、铁芯及二次线圈一端可靠接地。220V电源线长度不超过5米，禁止使用自耦变压器代替行灯变压器。

5. 在易燃易爆场所使用的移动电具必须采用防爆型。

6. 搬运移动电具时，一定要先切断电源。

（三）电气检修安全

1. 电气检修必须由领班安排指定工程人员实施。

2. 一般情况不准带电作业（无论高压与低压），停电后应在电源开关处上锁后，拆下熔断器，并挂标示牌。工作未结束或未得到许可，不准任何人随意拿掉标示牌或送电。

3. 必须带电检修时（限 500V 以下设备），必须遵守下列规定：

（1）必须经得到电气负责人批准；

（2）利用绝缘物可靠地将邻近各相分离开，并穿戴好绝缘鞋、手套、帽子，不准穿汗背心及卷起袖子工作；

（3）在电工领班或电气技术人员监护下进行工作；

（4）工作点附近各相与地相连的金属物必须隔开，以免触到；

（5）应由一定经验的电工担任，并遵守有关安全规程，监护人认真监护，但监护与操作人要有一定的距离，最近不得小于 2—3 米。

4. 在停电设备和线路上装设地线前，必须放电、验电、确认无电后，在工作地段两端挂接地线，凡有可能送电到停电设备和线路工作地段的分支线，也要挂接地线。

5. 停电、测电、验电的检修作业，必须由有实践经验的人员担任监护，否则不准进行作业。

6. 对有两个以上供电电源的线路检修时，应采取切实可靠的措施，防止误送电。

（四）动力及照明检修作业规程

在检修 500V 以下线路的各种电动机时，应采取下列措施：

1. 拉开开关与断路器将电动机从线路电网中断开。

2. 待电动机完全停止后，在配电盘对应的开关操作柄上挂“有人工作，禁止合闸”的标示牌。经测验确证无电后，摘除辅助线路上的保险丝。

3. 在转动的设备旁工作时，应注意下列规定：

（1）转动设备与工作人员之间的距离无论伸手或挥动工具时都不可小于0.7 米；

（2）禁止任何人触摸正在转动的各类设备。若必须靠近时要采取防护措施。

（五）低压电维修工安全操作规程

1. 检修及维护人员要熟悉所用设备的性能、原理，不要随意拆卸电器设备。

2. 维修人员应做好值班监视工作，经常巡视各种执行机构动作是否正常，定期测试，定期检查。

3. 经常保持机房和电气设备的清洁。

4. 进行高处作业时，严格遵守“高处作业安全操作规程”。

5. 在处理线路故障时，要注意弱电与强电交叉接触处。如辨别不清时，应先验电。

6. 设备机房等严禁明火作业。易燃物品必须妥善保管。用汽油或酒精擦洗设备时，必须加入 70% 的四氯化碳。清洗时应戴上防毒面具。

7. 充电时应按充电工安全操作规程进行。

（六）油漆工操作

1. 油漆工的作业场所严禁存放易燃等物品，工作场地不准吸烟和进行焊接等一切明火作业，操作者必须熟悉附近灭火器的位置及其使用方法。

2. 无论是喷油漆还是刷油漆作业，都严禁踏在喷刷漆未干的物件上，以防滑倒。

3. 油漆涂料凝结时，不准用火烤。

4. 两人在同一物件上作业时，应互相协作，防止碰撞。

5. 刷油漆，应通风良好，并使用必要的防护用品。

6. 油漆原料、稀释剂，应专人妥善保管，注意防火。

7. 油纱一定要放在桶内，及时处理，不得乱抛。

8. 在室内或容器内喷涂，要保持通风良好，喷漆作业周围不准有火种。在喷漆作业场所 10 米以内严禁明火作业。

9. 操作打光除毛刺时要戴口罩或防护眼镜，使用手提砂轮时必须有防护罩。

10. 高处作业及使用梯子作业时，应按“登高作业安全操作规程”[见本安全管理制度第四条第（七）和“梯子的安全使用方法”（见本安全管理制度第四条第（八）]。

（七）登高作业安全操作规程

1. 参加高处作业人员应按规定要求戴好安全帽、系好安全带，衣着符合高处作业要求，穿软底鞋，并要认真做到“十不准”：

（1）不准违章作业；

（2）不准工作前和工作时间内喝酒；

（3）不准在不安全的位置上休息；

（4）不准随意往下面扔东西；

（5）严重睡眠不足者不准进行高处作业；

（6）不准打赌斗气；

（7）不准乱动消防及危险用品用具；

（8）不准违反规定要求使用安全用品、用具；

（9）不准在高处作业区域追逐打闹；

（10）不准随意拆卸、损坏安全用品、用具及设施。

2. 施工人员必须树立牢固的风险、危险意识。

3. 高处作业人员随身携带的工具应装袋精心保管，较大的工具（如管子钳等）应放好、放牢，施工的物料要放在安全不影响通行的地方，必要时要捆好。

4. 认真检查登高器具是否符合规定要求，登高器具是否安全可靠。

5. 施工人员要坚持每天下班前清扫制度，做到工完料净场地清。

6. 夜间高处作业必须配备充足的照明。

7. 对带电、重要危险性作业，必须严格执行安全施工作业票制度。

8. 高处作业必须有可靠的防护措施。

（八）梯子的安全使用方法

1. 使用前先检查，损坏的梯子应搬离工作现场。

2. 梯子放置位置应平整坚固。

3. 梯子的材质是否满足工作场所的特殊要求，比如：

（1）带电区域不允许使用金属梯子；

（2）酸碱腐蚀区域不允许使用易受酸碱腐蚀材质的铝合金梯子。

4. 如果必须将梯子置于门后、门口、通道口和通道拐弯处，应将门或通道设一围栏或设监护人。

5. 必须放在门前使用，要采取防止门突然开启的措施。

6. 如是人字梯，则中间的拉杆必须可靠固定。

7. 上下梯子时应面朝着梯子。

8. 上下梯时，手上不要拿任何物件，而妨碍双手抓住梯子。

9. 使用梯子时不得超过梯子倒数第三档以上部位。

10. 使用梯子时必须保证始终有人扶着梯子。

11. 在梯子上工作时要面对梯子，如果背向梯子或在某些其他状况下，应使用安全带。

12. 任何时候，只能一人在梯子上工作。

13. 人员上到两米高度时必须要系挂安全带。

14. 在梯子上工作所需要的所有工具和材料应通过梯子扶持人员以外的第三人传递来完成（或使用绳索上下传递），禁止上下抛、投、扔工具材料。

15. 梯子斜梯放正确的立足角，大致是 75°（相当于水平及垂直长度的比例为 1:4）。

16. 搬动梯子等长物，应放倒后由两人搬运，并与带电体保持足够的安全距离。

CCHC体系的突发事件管理制度

编号 CCHC1-3-18-1

一、总则

（一）《CCHC 体系的突发事件管理制度》主要体现和满足海阳集团以及 CCHC 体系各级机构的管理需求，是涉及 CCHC 体系各级机构管理工作中发生的突发事件管理的法规。

（二）《CCHC 体系的突发事件管理制度》是体现“以人为本”、“客户至上”的服务理念，使 CCHC 体系管理从“粗放型管理”向“精细型服务”目标转换的措施之一。

（三）《CCHC 体系的突发事件管理制度》是使在 CCHC 体系管理的工作处于可控状态的对策。

二、实施范围

本办法适用于 CCHC 体系各级机构管理工作中所有的相关业务。

三、突发事件界定

突发事件是指 CCHC 体系各级机构管辖范围因各种自然因素（如风、雨、雷击、地震）或人为因素引起的设备运行、工程维修、治安保卫、车场管理、消防管理及其他有关方面发生的事故、故障、纠纷、损害等事件以及在

CCHC 体系各级机构管理中发生的各种紧急、重要事项、事件或事故。

四、突发事件处理

（一）对突发事件的处理原则是：迅速通报情况，及时解决问题。

（二）遇有突发事件时，要沉着冷静，胆大心细，机智灵活，高度警惕，正确分析和判断情况，根据事件性质启动相应的应急预案进行处置。

（三）在突发事件的状态下，必须统一指挥，有领导有次序地进行对事件的处置工作：

1. 在火灾、台风、地震等紧急状态下，由总部或中心行政负责人担任现场总指挥，负责领导和协调现场的各种处置工作。

2. 在发生刑事、治安等突发事件时，由安全部门负责人担任现场负责人，负责领导、协调及处理现场情况。

3. 在发生停电、水浸、燃气泄漏及其他工程方面的突发事件时，由工程分中心负责人担任现场负责人，负责领导、协调及处理现场情况。

4. 当上述负责人不在现场时，由各责任部门的副职负责人或当班主管（领班）担任现场负责人。

5. 节假日或非上班时间发生突发事件，由当值负责人担任现场负责人。

五、突发事件后续处理实施办法

（一）实施步骤（详见图 1-3-18-1-1）

1. 突发事件处置完后，事件处理人或现场负责人应将突发事件经过填写到《CCHC 体系突发事件报告单》（见表 1-3-18-1（-1）），详细记录事件的日期、时间、地点、过程、处置方法及结果。

2. CCHC 体系各级机构在收到《报告》后，应立即记录在案，并向 CCHC 体系各级机构负责人报告。

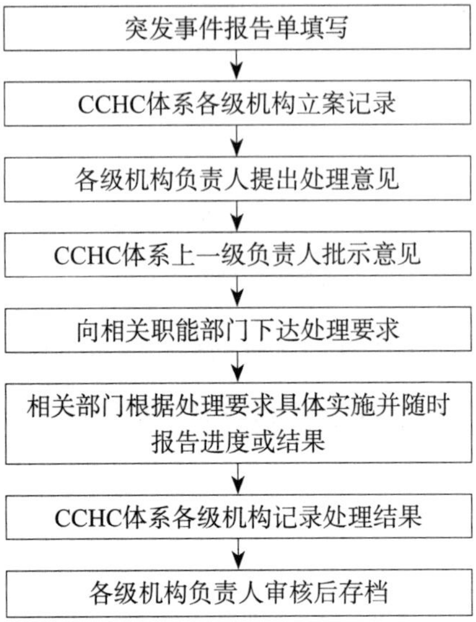

图1-3-18-1-1　CCHC体系突发事件后续处理流程图

CCHC体系突发事件报告单

表1-3-18-1-1

发生时间	年　月　日　时　分	事件发生地点	
事件内容： 报告部门：　　　报告人：　　　报告时间：　年　月　日　时　分			
应急处理措施： 部门：　　　处理人：　　　处理时间：　年　月　日　时　分			
现场负责人意见： 签字：　　　日期：			
机构负责人批示： 签字：　　　日期：			
事件处理结果记录： 总经理审核签字：　　　日期：			

备注：如果上面表格不够书写，可以另行书面报告，作为本突发事件报告单的附件。

3. 相关 CCHC 体系机构负责人根据实际情况提出对突发事件的事后初步处理意见，包括对事件的总结、整改、落实、检查以及涉及相关人员的处理等。

4. 海阳集团或者 CCHC 体系上一级机构负责人的批示处理意见。

5. 向与本事件相关的业务部门布置处理要求。

6. 相关的业务部门根据处理要求具体实施，并随时报告进度或结果。

7. CCHC 体系各级机构将最终结果记录在《突发事件报告单》上。

8. 经海阳集团或者 CCHC 体系各级机构负责人审核签字后归档。

六、突发事件报告

（一）根据政府有关养老服务管理事件报告的制度，当所管辖的 CCHC 体系各级机构发生重大事件时需向所在地政府进行报告。重大事件的主要内容：

1. 一级管理重大事件

（1）在 CCHC 体系各级机构管理区域内发生火灾、水患、爆炸及自然灾害等造成人身伤亡或房屋危险的。

（2）房屋或设施设备发生安全隐患，且在 4 小时内难以排除，严重影响业主和使用人使用安全的。

（3）CCHC 体系各级机构管理企业有关服务人员擅自集体撤离，造成 CCHC 体系服务中断，严重影响业主和使用人正常生活。

2. 二级管理重大事件

（1）CCHC 体系各级机构所在区域内发生整幢楼断水、断电、断气等事故，且在 6 小时内难以解决的。

（2）楼内电梯运行发生困人事故，专业维修人员到达现场后，在 30 分钟内难以处置的。

（3）整幢楼发生水箱二次供水污染事故的。

（4）被服务人员因CCHC体系管理问题引发5人以上连续2次到市、区有关行政管理部门群访的。

（5）房屋供水、供电、供气等主要共用设施设备发生被盗、损坏，严重影响CCHC体系各级机构正常生活的。

（6）业主大会通过规定程序选聘管理企业，新聘企业与退出企业在交接时发生纠纷，严重影响CCHC体系服务正常实施的。

（7）CCHC体系各级机构管理企业因服务不善，被所在地区主要新闻媒体曝光的。

3. 三级管理重大事件

（1）CCHC体系各级机构管理区域内发生业主委员会全体成员集体辞职事件的。

（2）CCHC体系各级机构管理企业发生重大经营亏损造成清算、查封、歇业、倒闭等，可能导致服务不能正常实施的。

（3）CCHC体系各级机构管理区域内发生群发性财产被盗事件，造成严重影响的。

4. 四级管理重大事件

（1）CCHC体系各级机构内的服务人员发生工伤事故。

（2）CCHC体系各级机构内发生企业或职工财产被盗事件。

（3）CCHC体系各级机构内发生服务人员与被服务人员之间纠纷，且当场无法有效处置的。

5. 无级：其他管理特别事件。

七、CCHC体系机构突发事件的报告程序和时限

CCHC体系机构内重大事件报告制度以“分级管理、快速处置和越级及时报告”为原则，并按事发、事中、事后不同阶段，突发事件所在地的负责

人分别向 ×× 区（县）CCHC 居家养老综合服务总部和海阳集团报告。

报告等级	事发报告程序	事中报告程序	事后报告程序
一级（红色）	事发5分钟内值班负责人通报××区（县）CCHC居家养老综合服务总部和海阳集团等负责人	事发30分钟内向海阳集团通报突发事件情况原因及处理预案	应急处置完毕1小时内向海阳集团提交书面处理报告
二级（橙色）	事发5分钟内值班负责人通报××区（县）CCHC居家养老综合服务总部和海阳集团等负责人	事发1小时内向海阳集团通报突发事件情况原因及处理预案	应急处置完毕2小时内向海阳集团提交书面处理报告
三级（黄色）	事发10分钟内值班负责人通报××区（县）CCHC居家养老综合服务总部和海阳集团等负责人，同时采取应急处理措施	事发1小时内向海阳集团通报突发事件情况原因及处理预案	应急处置完毕2小时内向海阳集团提交书面处理报告
四级（蓝色）	事发10分钟内值班负责人通报××区（县）CCHC居家养老综合服务总部负责人，同时采取应急处理措施		应急处置完毕3小时内部门负责人向××区（县）CCHC居家养老综合服务总部负责提交书面处理报告
无级			

CCHC体系的突发事件处理方法

编号 CCHC1-3-18-2

一、总则

当CCHC体系内的各级工作人员了解或掌握了《CCHC体系的突发事件处理规程》后，当在CCHC体系各级机构内发生的各类突发事件时，各级工作人员就能尽快地采取有效措施，及时阻止或中断事件的继续发展。

二、突发事件处置原则

（一）快速反应原则：当发现或接到突发事件后当值负责人迅速赶至现场。

（二）统一指挥原则：处理突发事件有辖区负责人统一指挥；特殊情况下，由当值负责人统一指挥。

（三）服从命令原则：当事工作人员应无条件服从现场指挥人员的命令，按要求采取相应的应急措施。

（四）安全第一原则：处理突发事件应以不造成新的损失为前提，不能因急于处理而不顾后果，造成更大的且不必要的人身、财产损失。

（五）团结协作原则：当事工作人员应团结一致、同心协力地处理突发事件。

三、突发事件处理规程

（一）火警应急处理程序

1. 发现火情的人应保持镇静，立即启动手动报警器，拿起电话向管理部门报警，报警时应讲话声音清楚，说明起火地点，燃烧物质的种类，是否有人被围困，火势的情况以及是否正在采取扑救措施等，并注意倾听管理部门的补充询问，认真回答，得到允许后方可挂断报警电话。

2. 当管理部门接到火情报告，并确认属实后，立即拨打“119”报告消防部门，并上报上一级主管负责人，同时，安排人员到路口对消防部门的车辆、人员进行引导。在向消防部门告警时要详细报告火灾现场的情况，包括火场的单位名称和具体位置、燃烧物资、人员围困情况、联系电话和姓名等信息。

3. 火灾现场的人员要在自身安全的情况下，第一时间利用现场的灭火设施迅速采取灭火行动；其他人员协助被服务者从安全通道有秩序撤离，启动消防设施、设备，将电梯迫降到首层，消防电梯进入消防状态；并对起火区域的煤气、电源等进行关闭，防止火灾引发其他次生事故。

4. 当班执勤人员要做好治安防范工作，以防坏人浑水摸鱼，趁火打劫。

5. 所有员工应听从统一指挥，无条件服从领导的调配，本着“先人员，后财产”的原则，按照消防预案的分工，各负其责，勇往直前，扑救抢险。

（二）灭火工作程序

1. 各级机构负责人

（1）接到火灾报警后，应立即赶赴火场，并与现场负责人一同研究灭火方案。

（2）指挥义务消防员参加灭火战斗。

（3）根据火势变化，及时制定相应对策。根据现场的情况对参与消防扑救的人员进行初步分工，分别成立灭火组、抢救组、供水组、后勤组等，做好消防队到来之前的辅助性工作。

（4）消防部门赶到后，现场总指挥应立即向消防队员详细汇报火灾情况，包括燃烧物资、人员围困情况以及前期扑救情况，协助消防队制订灭火扑救方案，以便消防部门迅速采取合理的扑救措施。

2. 现场负责人

（1）现场负责人接到火情报警后，应立即赶赴火场，根据实际火情协助各级机构负责人制订灭火举措，并进行火灾情况的调查、人员受困情况的初步估计、各消防设备的准备就绪、救灾道路的畅通等，并随时与消防部门保持联系以及时汇报现场情况。

（2）在各级机构负责人未到达火场之前，组织并指挥义务消防队员进行灭火工作和疏散工作人员。

3. 其他人员

（1）义务消防队员在消防部门赶到前，对初起火灾进行扑救，依据就近原则运用灭火器材（如灭火器、消防栓等）扑灭火源，灭火时应注意：

A. 灭火人员应配备必要的自我防护工具，如防火服或用水将自身淋湿等，要在保障自身安全的前提下，对火灾进行扑救。

B. 针对不同的着火物质，正确选用灭火装置。

C. 先控制、后消灭，即首先制止住火势蔓延，在扼制火势发展的基础上，集中优势兵力，迅速扑灭火灾。控制火势与扑灭燃烧是同时进行的，即在控制火势时灭火；在扑灭燃烧中控制火势发展，互相配合，互为补充，取得最佳灭火效果。

D. 事故现场附近有易燃易爆物品时，应立即转移，防止火势扩大或发生爆炸。

（2）疏散工作人员做好人员救护、疏散及物品的营救工作。负责疏导客人从安全出口处撤离，发现有人被围困时，应先营救被困人员脱离危险场所。

（3）设备维护人员在接到火情通知后，密切注意火场附近的电力运行情况，随时准备切断火场的电力供给，当接到切断火场电源指令后，应立即按指令控制设备，并且保障供水以配合火灾的扑救工作。

（4）其他管理人员在接到火情通知后，采取相应对策，整理好现金、账目、单据等物品，做好疏散准备工作；关闭计算机，携带分管的重要资料，锁好房门，及时赶至通知的集合地点（不能带走的文件应统一锁在保险柜内，将钥匙保管好）。

（5）保持高度的警惕性，加强警戒，维持好秩序，对进出人员严加控制。

（6）听从现场总指挥的调度以参与火灾扑救工作中去，并且积极配合医疗救护人员受伤人员进行急救护理工作，尽量减少人员伤亡。重要部位的人员必须严格坚守岗位，未接到各级机构负责人下达的全体员工撤离火场的命令，不得擅自脱岗。

4. 消防安全事故善后措施

（1）协组公安消防部门对火灾现场进行警戒封锁，保持现场和相关证据不被破坏。

（2）积极协助公安消防部门对事故原因及受灾情况进行调查和统计，相关在场人员应如实汇报事故现场情况。

（3）在得到公安消防部门的允许后，方可对事故现场进行清理。

（4）环境维护人员应对现场进行清理，扫除积水、清除损毁物。

（5）共用部位、设施设备维护人员应对现场的设施设备进行检查，特别是水、电、气等设施。

（6）对事故进行详细记录，整理相关资料并存档，组织相关人员对事故进行总结，吸取经验教训，杜绝类似情况再次发生。

（三）盗窃应急处理程序

1. 客户投诉

（1）接到被偷窃投诉信息后，应记录下时间及地点，并询问投诉者是否决定向警方报警。

（2）立即通知工作人员驻守被盗单元外，保护现场，禁止无关人员进出。

（3）接报后，立即通知当值负责人；当值负责人安排管理人员加强出入警戒，安排人员对整幢建筑进行全面安全检查，若有需要应暂停客户和访客出入，以防匪徒逃逸。

（4）记录整件事件（包括拍照留证），了解相关时间安全工作状况及相关人员报告，调查有关案发理由。

（5）警方到场后，由当值负责人表明身份，带领警方至案发现场，尽力提供帮助。

2. 员工发现

（1）工作人员在当值中接获有抢劫报警，应立即拨打“110”，向警方报警，并做好各通道闭锁和警戒工作（大门、卷帘门）。

（2）查清案发地点、时间，并派管理员携警戒、对讲机至现场核查，工作人员对所有通道、进出口进行搜寻，排查嫌疑人员。

（3）不论任何地点、管理员遭遇匪徒时，应保持镇静，尽量避免与之正面冲突，并拖延时间，以利警方到现场处理。

（4）如工作人员到现场时，匪徒已逃逸建筑，或阻拦无效，而警方仍未到场时，应现场调查匪徒之体表特征及逃跑方向，并通知警方处理。

（5）如案情不明及涉嫌人员未离开建筑，应和警方一起开展建筑整体安全检查，并携带好对讲机及警械，随时通话保证通讯畅通。

（6）遇被匪徒捆缚，应尽力松缚或设法向其他人士报警求助。

（7）做好当事人安抚工作，如有伤者，应即时拨打“120”救护电话，速召救护车救助，并做好记录。

（四）殴斗应急处理程序

1. 建筑公共区域内禁止任何人士殴斗，工作人员一旦发现有打架斗殴的行为或接到打架斗殴的报案时：

（1）应立即上前制止或迅速赶赴现场进行制止防止该行为的扩大而造成不必要的损伤。同时，应立即用通信器材向当值负责人报告具体位置，已伤的人数，参与打架斗殴的人数以及请求支援的范围；

（2）将现场围观的人员隔离或劝离现场，维护现场的道路交通秩序，保护好现场；

（3）将因打架斗殴造成伤亡的人员，视其伤势的轻重送医院抢救。

2. 当值负责人接报告后，并迅速赶赴现场指挥。

（1）到达现场立即了解案情及相关资料，根据现场的事态做出布置。

A. 调遣机动工作人员对打群架的事件进行增援，并保护现场进行保护；

B. 询问、调查、收集（拍照留证）、记录事件经过；

C. 对事态轻微的事件进行调解；

D. 当殴斗行为扩大或造成人身受伤，财产损失时，应立即报警处理；

E. 调派车辆对重伤有生命危险的人员送医院抢救；

F. 对严重或造成不良影响的打架斗殴事件的当事人暂时看管，并交由公安机关处理。

（2）工作人员将收集的资料及做出的工作布置向当值负责人汇报，请示做出进一步的工作指示。

（3）工作人员处理好善后的工作，对于事态严重造成人员伤亡时，应立即与公安机关协调有关的处理工作，并报告本级机构负责人。

（4）工作人员处理殴斗事件时应避免动用武力。

（五）凶杀应急处理程序

1. 当发现有凶杀行为或接到凶杀报案时：

（1）立即赶赴现场制止违反犯罪行为，并对现场进行保护，同时用通信器材向当值负责人报告；

（2）造成人身伤害的，应立即通知医疗机构（120），对伤员进行救治；

（3）设置警戒线，保护案发现场，疏散围观人员，禁止无关人员进入，歹徒留下的凶器、作案工具等不要用手触摸。保护抢劫现场遗留的痕迹、物证，等待公安机关调查取证；

（4）封锁案发现场，在公安人员到达前，坚决禁止任何人进出现场（如公司领导、受害者家属、朋友等）；

（5）对建筑各出入口、通道进行严格控制，防止歹徒逃逸，并通知监控中心密切监控各个区域，监视歹徒行踪；

（6）在公安人员到达时，实向警方汇报案发现场情况，协助公安机关破案。

2. 当值负责人接报后立即上报上一级领导，并迅速赶赴现场指挥。

（1）调遣指挥现场附近的工作人员对现场进行警戒封锁，严格检查出入人员；

（2）维护和疏导现场及交通秩序，抢救伤者；

（3）登记目击者和事主的情况，及时向目击者和周围群众了解案件发生、发现经过，并做好记录；

（4）协助公安机关工作，提供资料及线索。

3. 将案情向公安机关通报，并协助和指挥工作人员配合公安人员工作。

4. 警方未勘查现场或现场勘察未完毕，当班执勤秩序维护员不能离开现场。在得到公安机关的许可后，方可对事故现场进行清理。

（六）可疑爆炸物品应急处理程序

1. 为了确保管理区域的所有人员及财产的安全，对可能可疑爆炸物品部位必须采取切实可行的应急措施，积极防范，迅速消除隐患，做到发生意外爆炸事故时能及时扑救，使损失减少到最低程度。

2. 如果任何人接到报警后应立即报告当值负责人，经确认情况属实，迅速向警方报警。

3. 现场所有人员不要轻易接触可疑爆炸物，如可能用软质毛毯覆盖在上面，尽可能保护控制现场。

4. 管理区域各出入口杜绝一切人员进入危险区域。

5. 各部门人员到场后的职责：

（1）当值负责人立即组织临时指挥部，根据各部门汇报的情况，组织指挥协调各项工作，统一下达指令，采取有力措施进行扑救，布置有关部门做好善后工作。

（2）组织人力，布置以可疑爆炸物或爆炸物为中心的警戒线，控制现场。设立路障加安全隔离带，可位于管理区域周边并尽可能远离紧急事件的发生地点。

（3）公安人员到场后，听从公安人员指挥，配合公安人员做好工作，随时将现场情况报告公司有关领导。

（4）组织搜寻小组检查所有管理区域，是否仍有人未疏散，强制人员疏散，并做好标记及记录。

（5）设备维护人员立即关闭附近可疑爆炸可能引起恶性事故的设备，撤走现场附近可以移动的贵重物品。根据需要按照现场当值负责人的命令切断电源及煤源。

（6）协调各部门工作，详细记录现场处理经过，负责向各人员解释发生的情况和安定各人员情绪的工作。

（7）组织疏散小组疏导各人员从安全通道疏散至集合地点。

（8）在疏散集合地点，工作人员清点疏散人员并做好记录。

（9）做好抢救伤员的准备，及时与医疗急救中心联系。

（七）恐吓电话应急处理程序

1. 在当值中接到任何恐吓电话或任何有危险性发生的电话，管理人员需保持镇静，尽量与对方详谈，了解对方动机与要求及所处地点背景，以便报警方查处。

2. 如对方收线，不要挂断电话，待警方找寻对方电话来源。

3. 通知当值负责人，并及时报警处理。

4. 接报后，当值人员应加强进出人员控制，以备有人在大厦内滋事。

（八）煤气泄漏应急处理程序

1. 接到有燃气泄漏或疑似燃气泄漏事故信息后，迅速通知就近秩序维护人员前往查看（不少于2名员工）。

2. 现场人员应注意：

（1）关闭随身一切电器（如手机、对讲机等），如需电筒照明应在到达现场前先打开，且调查时严禁吸烟或点火；

（2）如需乘电梯应将电梯停在距现场两层的位置，然后步行前往现场；

（3）到达现场后，将现场及附近的门、窗立即尽量打开，并疏散在现场人士，如需进房内检查，不可按门铃，只可用手敲门；

（4）到达现场后，不可开关任何电器设备（如电灯、电视机等）；

3. 撤离危险区域，到达安全地点后向管理部门报告情况。

4. 设备维护人员关闭有关阀门。

5. 向当值负责人报告。

6. 疏散撤离相关区域内的人员，对相关区域实施通道控制。

7. 发现煤气中毒者，立即施救，将其移至户外，呼吸新鲜空气，松开衣扣和腰带，并通知医疗机构前往救治。

8. 必要时可采取用水冲等方式稀释燃气浓度。

9. 巡查人员应顾及自身安全，若在巡查过程中吸入气体而感不适，应立即离开现场并求助。

10. 若未能进入现场而不能确定是否有气体泄漏，应立即通知管理部门采取相应救急措施。

11. 在必要的情况下向警方、煤气公司、消防局求助。

12. 通知燃气公司对管网进行维修。

（九）水浸应急处理程序

1. 目的

当发生水浸事故时，最大限度地控制事态发展，明确责任及分工，尽量减少负面影响，能迅速、果断、有效地进行处理，避免因突发事件给建筑及业户的财产造成损失。

2. 总则

（1）发现出现水浸事故时，应当在第一时间使用就近的沙袋或采取其他一切有效措施，防止水蔓延到电梯井、重要设备房、单元或其他楼层；

（2）发现漏水的目击者应当同时管理部门漏水层面的基本情况，并在支援人员到达以前尽量控制现场水势，防止水浸范围扩大；

（3）管理部门人员及时通知设备维护人员、保洁人员和当值的工作人员等，并各自采取相应的应急措施；

（4）工作人员应及时把电梯升至受浸楼层以上位置停泊，切断电源，以免电梯受损；若电梯轿厢控制面板已经进水，则应立即切断电源，切忌升降电梯，以防故障扩大；

（5）接到漏水通知时，负责人应第一时间赶到现场协助指挥。各工作人员需各尽其职，并加强各人员之间的联络和沟通。

3. 处理程序

（1）设备维护人员接报建筑范围内水浸，应立即赶到事发现场，尽快查明浸水原因，采取有效的阻截措施。

A. 关闭相关电源；

B. 水浸来自建筑外的暴雨洪水，应当在各低于水位的出入口使用备用拦水闸板和沙包；

C. 水浸来自市政地下水反溢，应当暂时将反溢的地下水道通往建筑的入口封闭，并用排水泵将建筑的积水抽排出建筑外；

D. 水浸来自各类建筑机管设施的损坏或故障，应当先关闭控制有关故障部位的水阀或供水泵；

（2）工作人员接报建筑范围内水浸事故时：

A. 对出入建筑的所有人员进行维护及控制，做好耐心的解释工作；

B. 安排人员对水浸情况进行拍摄记录；

C. 安排人员对受浸楼层现场维持秩序，严禁无关人员进入现场，并提示受浸楼层客户行走注意安全或避开水浸区域安全通行；

D. 安排人员对受浸楼层以下楼层进行检查，查看是否有渗漏或者水浸的发生；

E. 视情况协助参与水浸的应急工作。

（3）管理部门接报建筑范围内水浸事故时：

A. 与客户做好沟通和安抚工作；

B. 如客户的物品遭受水浸时，协助客户共同尽快搬移受损物品，使损失降到最小；

C. 配合有关部门统计受损情况。做好受损物品统计清单；

D. 其他文字的记录；

E. 向保险公司报案。

（4）保洁人员接报建筑范围内水浸事故时：

A. 保洁人员尽快赶赴现场，利用专业工具及时排除积水；

B. 水浸排除后，清理现场环境。

4. 其他。

（1）设备维护人员以最短的时间修复故障，恢复在应急处理时关闭的相关阀门，尽快恢复建筑的正常工作；

（2）设备维护人员负责查明故障原因，并做好记录；

（3）水浸事故处理结束后，由 CCHC 体系各级机构的负责人组织各人员进行情况汇总。

（十）客户意外应急处理程序

1. 当发现有客户或任何人士在建筑范围内突然晕倒或意外受伤时，必须通知当值负责人，并及时拨打救护中心电话求助。

2. 尽力协助伤者或病者，安置适当地方休息，打电话通知其家人。

3. 妥善保管伤者财物，如有必要时通知警方，直到警方到达时交警方处理。

4. 安抚伤者，善言相劝（只要受过急救训练者方可急救伤者）。

5. 劝离其他人员及闲杂人员不要围观，尽量将伤者或病人与围观者隔离。

6. 做好整件事件发生的记录工作（伤者姓名、性别、单元号、联系电话、来建筑目的、救护车号、送往医院、警署、警号等）。

（十一）自杀应急处理程序

1. 迅速报告上级领导。

2. 自杀行为未实施时：

（1）立即到场劝解，向对方晓之以理，以谈家庭等方式分散其注意力；

（2）视情况通知警方；

（3）将现场围观的人员隔离或劝离现场，维护现场的道路交通秩序，保护好现场；

（4）如有条件应迅速铺设垫子。

3. 自杀行为已实施时：

（1）立即通知警方；

（2）保护现场，避免有人触摸现场物品，包括自杀者所用之利器、药物等；

（3）避免开关任何电器，以免破坏证据或发生危险；

（4）将现场围观的人员隔离或劝离现场，维护现场的道路交通秩序，保护好现场。

4. 如自杀者采用煤气自杀，应按泄漏气体事件处理。

5. 配合警方调查后，清理现场，并记录事件的详细经过。

（十二）电力故障应急处理程序

1. 建筑发生突然停电，立即通知当值电工查明停电原因。

2. 外网停电：

（1）确系外网停电后，立即与供电部门进行联系咨询停电原因、恢复时间等事项，并将详细情况通报管理部门。

（2）工作人员检查、释放、安抚电梯被困人员。

（3）工作人员做好对建筑内客户的安抚、解释工作。

（4）工作人员做好停电后建筑的安全保卫工作。

A. 向住户做好解释工作，并禁止一切物品离开大厦。

B. 外来人员一律不准进入建筑内。

（5）当外网电源恢复供电后，当值电工按供电操作步骤恢复供电。

3. 内部非计划性停电：

因过载、故障或人为操作失误等原因造成的停电。

（1）当值电工接到停电报修后，立即赶赴现场查看，确定事故原因；

（2）确系内部原因，立即进行抢修；

（3）工作人员共同检查、释放、安抚电梯被困人员。

（4）工作人员做好停电后建筑的安全保卫工作。

A. 向住户做好解释工作，并禁止一切物品离开大厦。

B. 外来人员一律不准进入建筑内。

（5）抢修工作完毕后，当值电工按供电操作步骤恢复供电。

4. 无论是何种情况停电恢复供电后，当值电工送电工作结束后，应认真巡视检查各楼层设备恢复供电后的运行情况，如有用电异常情况应立即进行处理直至正常；

5. 待供电全部正常后，方可转入常规运行工作。

（十三）电梯困人应急处理程序

1. 接到电梯应急电话报电梯故障有人被困时，立即将电梯的具体方位、电梯编号、停留的楼层立即拨打电梯公司报修。

2. 管理人员立即至现场，在电梯外安抚客人、告知客人："我们的工作人员正在抢修，很快就会恢复正常，请不要惊慌……"，安慰被困者保持镇静，了解被困者的健康状况，尽力做好解释安慰工作。

3. 被困者被救出后，应继续询问其：是否有不适，是否需要帮助等；要求其提供姓名、地址、联系电话；如被困者不合作及自行离去，则记录在案。

4. 救出被困人员后，设置停止使用标识并进行故障的抢修。

5. 监控中心人员记录下电梯困人至放人整个过程时间及管理人员、维修人员到场时间、被困人员获得解困的时间、电梯恢复正常运作的时间等。

（十四）台风、雷暴雨应急处理程序

1. 遇台风、暴雨来临之前，各级机构向各人员发出通告，并做好防暴风雨的准备工作。

2. 当各级机构发出进入戒备状态通知时，各人员应进入抗灾害准备工作：

（1）各级机构应留意天文台发出的有关天气报告；

（2）工作人员加强辖区巡查，并

A. 关好门窗并移走窗台上可能被风吹的物品；

B. 检查建筑所有门窗是否关闭及牢固；

C. 检查建筑外附属物是否牢固；

D. 检查建筑外的广告、店牌等是否牢固，并及时进行维修加固；

（3）保洁人员清理雨水井、地漏、排水口等处的堵塞物，保证排水顺畅；

（4）设备维护人员检查并试运行各排水泵，准备临时使用的电线电缆、开关、应急工具及应急照明灯具等；

（5）各级机构要做好必要的物资储备如绳索、电池、雨衣等。

3. 雷雨、暴雨灾害发生时

（1）当值工作人员要坚守岗位，密切注意各种情况，若天气趋暗时应适时亮灯。发现异常情况，立即向管理部门报告，工作人员要加强巡视检查；

（2）注意和指挥车辆进出安全行驶；

（3）设备维护人员到场做好准备工作，加强对建筑排水情况和公共部位的巡查，及时排除险情；

（4）因受雷雨或暴雨吹倒的树木、指示牌等影响建筑正常工作的，必须及时排除；对存在安全因素的树木、指示牌等必要时用绳子拉开警戒线；

（5）保洁人员在暴雨期间，要检查各地段的雨水井、地漏等排水口，发现堵塞应立刻清理；

（6）当值负责人指挥全面工作。

4. 雷雨、暴雨灾害发生后

（1）立即组织保洁人员对积水、沙土、树枝（叶）、玻璃碎片等垃圾进行清理，对排污设施进行疏通；

（2）搬离所有水浸的处理沙包，打扫卫生。

（3）各部门统计在雷雨、暴雨灾害期间所发现的问题上交管理部门，安排计划予以整改。

（十五）地震应急处理程序

1. 当遇到地震时，管理部门应立即启动报警装置，并通过广播呼叫，告知建筑内的所有人员地震灾害发生，并告知相关注意事项和紧急自救措施：

（1）请大家保持冷静并尽快熄灭火源；

（2）地震时不要随意跑动，不要使用电梯逃生；

（3）应立即用软物体（如：厚衣物、棉被等）护住头部等身体的重要部位；

（4）建筑内的人员应就近寻找建筑物坚固的部位（如：消防楼梯、承重墙拐角处等）进行躲避；

2. 工作人员对各出入口、通道，进行通道控制，对人员进行有序疏导，维护公共秩序，按照“只出不进”的原则，防止不法之徒乘乱滋事、浑水摸鱼。

3. 设立警戒岗位，打开所有通道出口大门，保证人员迅速安全离开，注意人多拥挤而造成损伤，尽可能引导人员从安全通道离开。

4. 设备维护人员应立即切断建筑内煤气总阀，当人员大多撤离情况下，切断建筑内供电及供水系统；地震过后，检查建筑内所有设备损坏情况，并予以修缮，尽早恢复对建筑供水、供电。

5. 安置疏散下来人员于空阔地带（马路）休息，并安排人员清点人员人数，必须保证不遗留有人在大厦内。

6. 禁止任何人试图返回建筑内。

7. 迅速致电国家地震部门，查询地震情况及余震情况，在由其确认安全后方可允许住户返回。

8. 对有伤者，应立即送至附近医院急救，并记录以上情况（做好安抚工作）。

9. 地震过后，全面核对建筑财产是否有损失，并拍照存档。

10. 地震灾害发生后，管理部门负责人应立即召开紧急会议部署抗灾救援相关工作：

（1）立即组织人员对人员伤亡情况和建筑区划受灾情况进行统计，并及时上报所在地街道办事处。发生严重破坏性地震造成严重人员伤亡和经济损失的，应立即向相关政府部门提出紧急援助请求；

（2）设备维护人员对共用部位、共用设施设备进行检查，对受损的设施设备应立即停止使用，并统计共用部位、共用设施设备的震损情况；

（3）立即设立警戒岗，对建筑物（特别是受损的）进行隔离，在未经政府权威部门发布有关的安全信息前，尽量劝阻任何人试图返回建筑物内；

（4）与政府相关部门保持密切联系，及时收集政府相关部门发布的权威信息，并及时向建筑内的客户发布，防止谣言传播；

（5）积极安抚客户的情绪，密切关注人员的身体状况，特别是老人、伤残人士以及患有心脏病、高血压者；

（6）加强防范由此引起的一系列社会问题。

（十六）高空坠物应急处理程序

1. 未有人受伤时：

（1）接报后，立即派人进行调查，寻找肇事者；

（2）根据情节严重程度，在必要时向其发出警告，知会警方。

2. 有人受伤时：

（1）接报后立即拨打 120 救护电话及 110 报警电话；

（2）协助照顾伤者，可做安抚工作（只有受过紧急救护训练者，方可救护伤者）；

（3）设法寻找肇事者、证人及坠物地点等；

（4）封锁现场，等待警方人员到场处理；

（5）做好以上处理过程中的记录工作，并拍照记录。

（十七）交通意外应急处理程序

1. 事故中无人受伤，但其驾驶车辆或本物业财物受损时：

（1）接报后，维持秩序，疏导车辆，疏散围观群众，使现场交通恢复畅顺；

（2）用粉笔画线将交通意外车辆定位，并拍照取证；

（3）迅速将事故车辆移至路旁，等待交通警察部门解决；

（4）如本建筑设施因意外受到损坏可能危及其他人员安全，应将该范围封锁；

（5）如造成建筑设备设施损坏，立即通知建筑维修人员到场采取行动，并扣下肇事者押金；

（6）记录事件整个过程，包括事故车辆车型，车牌号及到场警员警号，及拍照以做存档备案。

2. 意外事故中有人受伤时：

（1）报后维持秩序，保护好现场，疏导车辆，疏散围观群众，使现场交通恢复畅顺；

（2）将受伤者移离危险位置进行必要救治（只有受过紧急救护训练者，方可实施救护伤者）；

（3）通知救护中心（120）及警方（110）；

（4）用粉笔画线将现场受伤人员及肇事者车辆定位，保护现场；

（5）记录事件整个过程，包括事故车辆车型，车牌号及到场警员警号，及拍照以做存档备案。

（十八）拾获财物应急处理程序

1. 在建筑内公共地方，如走廊、楼梯、洗手间等地拾获财物或接到他人交来之拾获财物，应立即向当值负责人报告并记录一切资料（拾获者个人资料、日期、时间、地点、财物详情）。

2. 尽量寻找失主、交回失物。失主领回失物时应说出失物日期、地点及失物详情，如有冒领，可报警处理。

3. 当物主领回失物时，按失物认领流程登记。

4. 如拾获有价值或名贵物品在短时间内无法寻回失主，应移交警署后由警方处理。

（十九）醉酒闹事应急处理程序

1. 醉酒者强行进入建筑内或在建筑逗留，当值人员应进行劝阻或拦阻，让其离开建筑区域。

2. 及时通知其家属或工作单位，由他们领回，并采取控制和监护措施。

3. 如有危害建筑及人身安全行为时，可将其强制送到公安部门处理或拨打 110，请警方协助。

4. 当值人员必须做好整个事件的工作记录，并记录下警署、警员的姓名及警号。

（二十）精神病人闹事应急处理程序

1. 建筑各出入口、公共区域，都要对可疑人员进行盘问。

2. 可采用跟踪观察、谈话等方式探明来人是否有精神病，并查清来建筑的原因。

（1）看：来人神色是否正常，衣着穿戴是否整洁；

（2）闻：来人身体上的气味，是否有酒气或异常气味；

（3）交谈：来人谈吐是否颠三倒四，头脑是否清醒，如有异常现象应立即控制，并妥善处理。

3. 各部门员工如发现上述人员，应采取如下措施：

（1）首先劝说稳定或制服来人，以免事态扩大，可采取：

A. 劝说：稳定对方情绪，耐心劝导对方；

B. 诱导：稳定对方情绪，在适当时机劝导对方至安全隐蔽地点或非建筑区域；

C. 强制：在适当时机迅速强行控制对方，并立即带到休息室。

（2）迅速将来人带入办公室或无客户区域。

（3）查明来人身份、目的、工作单位和住址。

4. 迅速将其送交公安机关。

5. 尽量在不惊扰客户的情况下，调动一切可调动的力量，采取一切可能的手段，将闹事苗头迅速制止，尽最大的努力把上述人员控制在一定范围或管理区域外围避免造成较大影响，处理过程中，严禁打骂侮辱对方。

（二十一）供水故障处理应急方案

1. 任何人员发现给排水故障时，必须在第一时间通知设备维护人员。

2. 当值负责立即赶赴现场，了解情况，负责设施抢修的指挥工作，并通知管理人员向客户做好解释工作。

3. 维修人员接报后立即赶到现场查看，判断设施故障原因，采取相应的处理措施：

（1）当供水不能短时间内恢复，可能影响正常供水时，及时向客户通告情况；

（2）水压降低造成供水不足时，需要查看水表、阀门是否损坏，经确定无其他原因造成水压降低时，管理处及时与供水部联系，并把情况及时通知客户；

（3）管道和阀门损坏产生喷水，立即关闭进水阀门，同时立即组织人员进行抢修；

（4）如市政供水设施故障，管理处及时联系供水部门。

（二十二）二次供水污染应急处理方案

1. 建筑发生二次供水污染突发事件后必须立即停止供水，关闭供水水泵的运行以及供水管总阀门，第一时间通知总部或中心主要领导和上报政府相关部门（区卫生局、区疾病预防控制中心）。

2. 管理部门要及时用通告建筑内停止用水。

3. 保护好现场状况，了解事件经过，开展各项调查，分析原因。

4. 管理人员在客户中了解到或客户投诉发现客户出现异常情况，及时拨打120急救电话，将相关病人送往医院，稳定用户情绪。

5. 若需公安部门配合，应立即拨打报警电话，同时配合相关部门作好取证、取样工作等调查工作。

6. 做好卫生防疫工作，配合上级部门做好善后处理。

7. 对水箱、水池反复冲洗消毒，等水样送检合格后恢复正常供水。

第四部分
CCHC居家养老模式体系的服务管理标准

编号 CCHC1-4

CCHC居家养老模式体系的医疗服务的服务标准

编号 CCHC1-4-1

一、适用范围

本标准规定了在CCHC居家养老模式体系中，家庭医生、家庭病床、远程影像诊断会诊、远程慢性病管理、康复辅助服务等服务领域的服务规范和基本要求。

二、家庭医生服务的基本要求

（一）定义

家庭医生制是实施家庭健康管理服务的制度，以依托全科团队的全科医生为主体，在签约服务的基础上，采取各种服务相结合的形式，为家庭成员提供综合、连续、有效的基本卫生服务。

（二）健康管理流程

家庭医生通过健康监测，建立居民健康档案，对其健康数据进行分析及对健康风险进行评估预测。对于患有疾病的居民，确定治疗方案，并依据病情决定是否住院或门诊治疗，进行跟踪随访。对于处在亚健康状态的人群，如：肥胖，血脂异常，生活方式不合理的人群进行营养、心理、生活方式、运动等多种方式的干预，预防疾病的发生。而对于健康人群，进行合理的生活指导。家庭医生严格遵守各项技术操作规程，认真做好翔实记录。

（三）家庭医生式服务人员工作职责

1. 家庭医生，主要负责诊疗、健康体检和健康指导咨询服务：

（1）承担社区一般常见病、多发病、慢性病、传染病的诊治，负责院外急救与转诊；

（2）进行双向转诊；

（3）承担高血压、糖尿病等慢性非传染性疾病的二、三级预防为主的管理工作；

（4）开展社区诊断，根据本社区主要健康问题制定、实施工作方案并进行评价；

（5）承担社区健康人群与重点人群的健康管理；

（6）建立、管理社区居民健康档案和医疗保健服务合同；

（7）组织并指导社区护理、社区康复、社区健康教育、社区计划生育咨询指导等社区卫生服务工作；

（8）配合精神科专业医生开展社区精神卫生服务；

（9）开展社区卫生服务科研与教学活动；

（10）承担社区卫生服务信息管理工作。

2. 社区护士

（1）参与社区居民健康档案和医疗保健合同的建立与管理；定期为社区居民体检；

（2）参与社区诊断，根据本社区主要健康问题制定、实施护理计划；提供以人群为对象的护理服务；

（3）正确执行医嘱，熟练掌握各项护理技术操作；开展社区护理服务；

（4）诊断社区居民需求，进行促进健康、预防疾病、防治意外伤害等健康教育工作；对患者家属进行必要的护理技术指导；

（5）参与社区老年护理、社区康复、社区精神卫生、社区慢性病预防与管理、社区传染病预防与控制、社区营养指导等工作；

（6）完成社区护理科研、教学工作；参与其他社区卫生服务科研工作；

（7）协调社区内居（家）委会、居民、医务人员、志愿者等各方关系；

（8）完成家庭健康医生交办的其他工作。

CCHC体系的慢性病管理服务标准

编号 CCHC1-4-1-1

一、定义

慢性病是指不构成传染、具有长期积累形成疾病形态损害的疾病的总称。一旦防治不及，会造成经济、生命等方面的危害。远程慢性病管理指将各地的多家权威医院（如复旦大学附属华山医院）等的专家、知识库等资源直接与基层医疗机构进行共享。对于重大疾病、慢性病等疑难疾病直接可以进行远程会诊和诊疗、康复指导。

二、慢性病健康管理服务内容

根据患者自身的实际情况、各种检验检查结果等信息，结合慢性病专业防治方案以及专家自身的诊断和治疗方案，为慢性病患者制定出个性化、切实可行的诊疗、康复和回访计划，并且对患者今后一段时间内的慢性病干预进行具体的指导。定期自动提醒患者和专家，及时完成相应的工作；并可在当前方案基础上，不断优化调整，提高患者的治疗效果。

三、慢性病健康档案内容

包括个人基本信息、实验室检查信息、体格检查信息、影像学检查信息、诊断信息、治疗信息、临床随访记录、健康评价。

四、远程慢性病健康管理服务项目

（一）翔实的体检信息管理

患者根据需要，将自己的体检结果如实的在系统中进行记录，系统自动生成相关身体检查指标的曲线图。并与慢性病健康档案相结合，为慢性病的诊疗和救治提供有益的支持。

（二）自动化短信提醒

慢性病短信平台根据专家的方案定期对慢性病患者进行服药、锻炼、检查、复诊、病情等多种短信提醒。

（三）先进的运动管理

根据患者的实际情况，由专家制定出适合的运动管理方案，让患者的运动更加科学合理。

（四）智能化的饮食管理

为慢性病患者制动出合理的饮食计划。对患者每天的饮食做出适当的指导，并长期跟踪、调整。

（五）用药及病情管理

患者将自己日常用药情况和病情情况在系统中进行记录，由后台专家结合慢性病患者的实际情况，对患者的用药和病情进行指导。帮助患者正确用药，更好地进行治疗和康复。

（六）专业的慢性病健康教育

系统集成慢性病的成因、类型、治疗、用药、心里、运动、康复等各种相关知识，为慢性病患者学习和了解慢性病相关知识提供健康教育支持。

（七）方便快捷的医患互相交流

患者可以向专家就慢性病的相关问题进行咨询，专家就相关的问题进行回答，为慢性病就诊过程中的各种问题和情况进行交互式沟通。

CCHC体系的康复辅助服务标准

编号 CCHC1-4-1-2

一、定义

康复是指综合地、协调地应用医学的、教育的、社会的、职业的各种方法，使病、伤、残者（包括先天性残）已经丧失的功能尽快地、能尽最大可能地得到恢复和重建，使他们在体格上、精神上、社会上和经济上的能力得到尽可能的恢复。

二、基本内容

（一）群体康复。

（二）个体康复。

三、服务要求

（一）康复辅助应在专业人员指导下进行。

（二）康复辅助应符合老年人的生理心理特点。

（三）康复辅助过程中应注意观察老年人的身体适应情况，防止损伤。

（四）康复辅助根据需要配备相应的康复器具。

（五）群体康复一般借助社区卫生和养老服务等公共服务场地设施，指导和组织老年人开展肢体功能性康复训练。

（六）个体康复一般提供：

1. 被动运动的肢体功能性康复训练。

2. 辅助运动的肢体功能性康复训练。

3. 保健性康复。

CCHC居家养老模式体系的医疗服务的操作标准

编号 CCHC1-4-2

一、适用范围

本标准规定了在CCHC居家养老模式体系中，家庭医生、家庭病床、远程影像诊断会诊、远程慢性病管理、康复辅助服务等服务领域的操作规范和基本要求。

二、家庭医生服务操作要求

（一）家庭医生工作规范

1. 家庭医生文明礼仪规范：

（1）忠于职守，尊重患者，对待服务对象一视同仁；

（2）精益求精，慎言守密，不得泄露服务对象的隐私；

（3）重视沟通，语言文明，使用文明用语，不讲服务忌语；

（4）尊重同事，团结协作，一切以服务对象利益为重。

2. 家庭医生岗位道德规范：

（1）严格执行各项规章制度和诊疗常规，操作服务规范；

（2）尊重患者的知情同意权和隐私保护权，维护患者的合法权益；

（3）合理检查、合理治疗、合理用药、合理收费；

（4）遵纪守法，廉洁行医，不收受服务对象的馈赠和红包。

3. 家庭医生服务规范：

家庭医生要严格执行《国家基本公共卫生服务规范（2011版）》十大类十一项和各项诊疗常规、技术操作规范、《病历书写基本规范》及相关医疗核心制度，保证基本医疗卫生服务质量和安全。

（二）家庭医生服务工作流程

1. 宣传。

各社区卫生服务团队通过多种渠道与辖区家庭取得联系，宣传和解释家庭医生式服务，充分告知并引导居民签订协议。

2. 签约。

按照自愿原则，与愿意接受服务的居民签订服务协议并存放于家庭健康档案中，共同履行协议条款。居民可根据自身健康需求，在医生建议下，选择具体所需的服务项目。原则上为一年一签。

3. 服务。

照协议约定，各团队落实各项服务承诺，并将各类服务详细内容记入健康档案、工作表格，以备考评。

4. 评价。

各团队为居民提供服务后，应及时掌握居民评价，根据居民反映，对服务内容和服务质量进行不断改进及提高。

5. 总结。

各社区卫生服务机构应及时填报《家庭医生式服务月报表》，并定期收集、上报工作动态。

三、家庭病床服务的基本要求

（一）范围

本标准规定了家庭病床服务的定义、服务对象、服务内容和管理要求等。

本标准适用于上海市家庭病床服务管理。

（二）定义

家庭病床服务是指对需要连续治疗，又需依靠医护人员上门服务的患者，在其家中设立病床，由指定医护人员定期查床、治疗、护理，并在特定病历上记录服务过程的一种社区卫生服务形式。家庭病床服务对象是居住在辖区内提出建床需求，且符合家庭病床收治范围的患者。

（三）收治范围

家庭病床的收治对象应是诊断明确、病情稳定、适合在家庭条件下进行检查、治疗和护理的患者。具体包括：

1. 诊断明确，需连续治疗的慢性病患者，因行动不便，到医疗机构就诊确有困难，并经医师确认病情稳定适合家庭病床治疗者。

2. 经住院治疗病情已趋稳定，出院后仍需继续观察和治疗，并经医师确认适合家庭病床治疗者。

3. 其他诊断明确、病情稳定的非危、重症患者，需连续观察和治疗，并经医师确认适合家庭病床治疗者。

4. 处于疾病终末期需姑息治疗，并经医师确认适合家庭病床治疗者。

（四）服务机构与人员

1. 原则上由具备开设家庭病床资质的社区卫生服务机构开展家庭病床服务。

2. 从事家庭病床工作的医生、护士，应具有注册执业医师和注册护士资质，并具有 2 年以上临床工作经历，能独立工作。

3. 社区卫生服务机构建床数量应与其配备的医师、护士数和管理服务能力相适应，以保证家庭病床服务质量。

（五）服务项目

1. 服务项目应为适宜在家中开展的诊疗服务，其提供应以安全有效为准则。应是在家庭中医疗安全能得到保障、治疗效果较确切、消毒隔离能达到要求、医疗器械能拿到家庭使用、非创伤性、不容易失血和不容易引起严重过敏的项目。

2. 检查项目一般有血常规、尿常规、粪常规三大常规检查、心电图、测血糖、抽血化验等。

3. 治疗项目一般有肌肉注射、静脉注射、静脉输液、皮下注射、换药、褥疮护理、导尿、吸氧、康复指导、护理指导、针灸、推拿等。

（六）医疗安全

1. 以下药物不得在家庭病床静脉输注：青霉素类药物、化疗药物、生物制品、升压药物、降压药物及其他临床上易引起不良反应的药物。

2. 确需在家中进行静脉输液或其他特殊治疗的患者，须告知患者（或家属）有关医疗风险。在患者（或家属）签订知情同意书后，方可进行相应治疗。

3. 静脉输液等治疗过程中应有具备完全民事行为能力的患者家属或看护人员陪同、观察。

四、家庭病床服务的操作要求

（一）常用器材配置

1. 开展家庭病床服务应装备有适应工作需要的小型、便于携带的诊断、检查、治疗的器材和必要的通信设备。家庭病床服务应配置出诊包、急救箱（含常用急救药品）。出诊包主要包括听诊器、血压计、体温表、手电筒、压舌板、注射换药器材及与所开展服务项目相关的器材等。

2. 各种器材应符合 GB15980、GB15981 要求，保证处于良好状态。

（二）建床

1. 患者（或家属）提出建床申请。社区卫生服务机构根据收治范围和患者情况确定是否建床。确定予以建床的，应指定责任医师和护士。

2. 责任医师、护士详细告知患者（或家属）建床手续、服务内容、患者及家属责任、查床及诊疗基本方案、收费和可能发生意外情况等注意事项，给予家庭病床建床告知书。责任医师或护士指导患者（或家属）按规定办理建床手续，签订家庭病床服务协议书。

3. 责任医师首次访视应详细询问建床患者病情，进行生命体征和其他检查，并作诊断，对建床患者制订治疗计划。

4. 责任医师应完整填写相关信息，规范书写家庭病床病历。

5. 患者居住房间应安静明亮，通风良好。房间、桌面、病床、床单被褥和患者衣服应清洁。为避免感染，需进行输液、换药等治疗的患者的家庭环境应具备相应卫生条件。

（三）查床

1. 责任医师应根据病情制定查床计划，一般每周查床 1 次。病情较稳定、治疗方法在一段时间内不变的患者可两周查床 1 次。患者病情需要或出现病情变化可增加查床次数，必要时请上级医师查床。

2. 定期查床时应作必要的体检和适宜的辅助检查，并作出诊断和处理。向患者或家属交代注意事项，进行健康指导。

3. 对新建床患者，上级医师应在 3 天内完成二级查床，并在病情变化或诊疗改变时进行二级查床。上级医师应对诊断、治疗方案和医疗文书书写质量提出指导意见。

（四）护理

1. 责任护士根据医嘱执行相应治疗计划。

2. 责任护士执行医嘱时，应严格遵守各项护理常规和操作规范，严格执行查对制度，严格遵循无菌操作原则，避免交叉感染和差错发生。

3. 责任护士应指导家属进行相关生活护理和心理护理，如防褥疮、翻身和口腔护理等。

（五）撤床

1. 建床患者符合下列情况之一的，责任医师应开具家庭病床撤床证，指导患者（或家属）按规定办理撤床手续，并书写撤床记录：

（1）经治疗疾病得到治愈；

（2）经治疗病情变得稳定或好转；病情变化，受家庭病床服务条件限制，需转诊至本社区卫生服务机构病房或上级医院进一步诊治；

（3）患者能自行到医院就诊；

（4）患者由于各种原因自行要求停止治疗或撤床；

（5）患者死亡。

2. 建床患者（或家属）要求停止治疗或撤床，责任医师应将该情况记录在撤床记录中，经患者（或家属）签字后办理撤床手续。

3. 撤床后，家庭病床病历归入患者病史，由社区卫生服务机构一并保存，并按病历存档要求进行存档保管。

五、远程影像诊断会诊服务的基本要求

（一）定义

通过基于混合云技术构建的影像云平台，由医学影像专家为中国患者提供优质的远程影像诊断服务。

（二）远程影像服务内容

1. 存储。

通过影像云平台，记录患者在区域内各个医疗卫生机构内所做的医学影像检查，如 CT、DR、MR、X 线等，以及相关影像的诊断报告等。

2. 诊断。

根据患者上传的医学影像及病史数据，由大型医疗机构具有执业资格的

报告医师提供影像诊断服务。

3. 会诊。

对于疑难病症，可提供资深影像专家的会诊服务。

（三）安全保护

1. 患者网络身份识别认证。

采用公安部正式颁布和实施的 EID 技术，防止数据的泄露和大数据对个人的追踪。

2. 专家行为认证

机构存储的个人信息通过个人 eID 的远程授权，机构可依合法利用。行为人的行为也无法抵赖，以此认证医疗专家的诊断行为。

3. 隐私保护

本地预处理进行数据加密通信，保护患者隐私；传输完成后进行数据校验，确保数据传输的完整性；重重安全保障，满足医疗卫生机构三级等保的需求。

六、远程影像诊断会诊服务的操作要求

（一）医生资质

1. 提供诊断服务的医生需为具备资质的医学影像诊断专业医师。

2. 提供会诊服务的医生需为具备资质的医学影像诊断专业副主任以上医师。

（二）影像服务操作流程

1. 患者信息登记。

登记患者的个人基本信息，以满足专家对患者的自身情况的评判。

2. 病历文书采集。

对患者本次就诊期间的各类病历文书进行数据采集。支持对病历文书进

行拍照，以图片形式进行保存。

3. 影像数据采集。

对患者的各类影像数据进行数据采集，支持对影像文件进行导入。

4. 数据上传。

在完成数据采集后，将所采集的患者信息、病历文书和影像数据上传到医学影像云平台。

5. 报告调阅。

申请医师查询申请单列表，调阅会诊专家给出的会诊意见，支持打印会诊意见。

CCHC体系的慢性病管理操作标准

编号 CCHC1-4-2-1

一、高血压管理的操作要求

（一）档案管理

对本社区发现的高血压患者建立《上海市社区高血压患者管理卡》，随访填写《上海市社区高血压患者管理卡》（随访记录）。管理卡的编号方法由市疾控中心制订。

重点管理对象和一般管理对象的管理卡均由社区卫生服务中心（乡镇卫生院）保存，并分类存放。

（二）随访管理

1. 随访内容

一组（重点组）：检测血压；了解患者自觉症状和药物、非药物治疗执行情况；健康教育；开具健康处方；测量 BMI（每三个月）；建议患者每年检测一次血尿常规、肾功能、心电图、空腹血糖、血脂和眼底检查；督促患者规范服药。

二组（好转组）：检测血压；了解患者自觉症状和药物、非药物治疗执行情况；健康教育；开具健康处方；测量 BMI；建议患者每年检测一次血尿常规、空腹血糖、血脂（总胆固醇）；督促患者规范服药。

三组（稳定组）：检测血压；了解患者自觉症状和药物、非药物治疗执行情况；健康教育；开具健康处方；测量 BMI；督促患者规范服药（适用已使用药物治疗的患者）。

一般管理对象参照三组（稳定组）的随访内容执行。

2. 随访要求

随访医师应根据利民便民的原则安排随访，根据患者的临床评价和管理组别，为每例高血压患者制定个体化干预方案。随访时应监测患者的血压、危险因素、临床情况改变和治疗效果，并让患者了解自身病情和存在的危险因素，了解控制血压的重要性和终生治疗的必要性。对所有高血压患者均应进行健康教育，指导其掌握自我管理的技巧，改变不良生活方式。

随访医师要密切注意一组（重点组）患者的病情发展和药物治疗出现的副作用，一旦发现异常情况，及时向患者预警，督促患者到医院作进一步治疗；要督促血压控制评估为不良的患者及时到医疗机构调整治疗方案，直至血压基本得到控制。

二、糖尿病管理的操作要求

（一）随访内容

一组（血糖控制不佳组）：血糖监测，建议患者每一个月进行一次血糖监测；了解患者自觉症状和药物、非药物治疗执行情况；健康教育；开具健康处方；提出运动和合理营养的建议；督促患者到医院就诊，在医生指导下调整治疗方案；建议患者每 3 个月作一次眼底和微蛋白尿检查，如伴有高血压、高血脂等其他病症，应同时监测血压和血脂情况；指导患者掌握足部自我护理的方法。

二组（血糖控制良好组）：血糖监测，建议患者每三个月进行一次血糖监测；了解患者自觉症状和药物、非药物治疗执行情况；健康教育；开具健康处方；提出运动和合理营养的建议；建议患者一年作一次眼底和微蛋白尿检查，如伴有高血压、高血脂等其他病症，应同时监测血压和血脂情况；指导患者掌握足部自我护理的方法。

三组（前期组）：健康教育；鼓励患者自我检测尿糖；建议患者每半年进行一次血糖监测，出现糖尿病临床症状者或尿糖、血糖、血脂异常随时做进一步诊断。

一般管理对象：糖尿病患者参照二组的随访内容执行；糖调节异常患者参照三组的随访内容执行。

（二）随访要求

随访医师应根据患者的临床情况和管理组别，为每例糖尿病患者制定个体化干预方案。随访时应监测患者的血糖、危险因素、临床情况改变和治疗效果，并让患者了解自身病情和存在的危险因素，了解控制血糖的重要性和终生治疗的必要性。对所有糖尿病患者均应进行健康教育，指导其掌握自我管理的技巧，改变不良生活方式。

随访医师应根据利民便民的原则安排随访，临床监测可参考患者在其他医疗机构检测的临床检验单据。

随访医师要密切注意一组患者的病情发展和药物治疗出现的副作用，发现异常情况，及时向患者预警，督促患者到医院作进一步治疗；要督促血糖控制不佳的患者及时到医疗机构调整治疗方案，直至血糖基本得到控制。

CCHC体系的康复辅助操作标准

编号 CCHC1-4-2-2

一、脑卒中的康复护理

（一）物理疗法对多数脑卒中患者来说，物理疗法是康复过程的基础，理疗师通过训练运动以及对脑卒中病人的肢体进行物理推拿，以恢复病人的活动、平衡和协调功能。帮助患者重新学习日常的一些简单活动，如走、坐、站、卧以及从一种动作向另一种动作转换的过程。

（二）作业疗法包括运动和训练，旨为使病人重新学习日常活动，如吃、喝和吞咽、穿衣、洗澡和做饭，读和写，以及梳洗和如厕等，帮助病人独立或半独立。

（三）言语疗法当脑部损害发生在语言中枢时，患者会出现语言不利，甚至丧失部分语言功能，由于大脑具有学习和改变的重要能力（称为脑的可塑性），因此其他区域可以逐渐适应，恢复一些丧失的功能。

（四）心理／精神疗法由于病灶的影响及病后致残的痛苦，患者多表现有心理障碍。改善其心理状况，可以促进脑卒中的康复。有研究表明，经常与患者及家属联系，进行适当的心理治疗对脑卒中的康复有积极的意义。

二、心肌梗死的康复治疗

心肌梗死的康复治疗主要包括运动疗法和康复处方，针对心梗恢复的不同时期（急性期、恢复期、复原期），确定适合的康复指导内容。

（一）急性期康复治疗

为初发病3周内，多在医院CCU（重症冠心病加强护理病房）或心脏专科病房。目前，此期主要以早期被动活动、早期起床、早期行走，并争取早出院为中心的康复医疗。可建议患者循序做以下活动。

1. 卧床休息；改善梗死区血流灌注和营养，预防并发症

（1）擦脸；被动活动，每次5分钟，每日2次；

（2）床上靠坐；漱洗、进餐；床边用便盆；

（3）床上静坐，每次5分钟，每日2次；

床边静坐，每次10分钟，每日2次；

（4）就餐时坐椅子上，30分钟；

（5）床边靠立，每次10分钟，每日2次；

（6）床边站立数次；

（7）床边走动，步行30米，每日2次；

（8）步行50米，每日2次；

（9）上午卧床踏车（25瓦），下午步行100米；

（10）步行100米，每日2次；

（11）下一层楼，再乘电梯上楼每日2次；步行150米，每日2次；

（12）步行200米，每日2次；

（13）上午踏车（50瓦）；下午步行250米；

（14）下两层楼，再乘电梯上楼，每日2次；步行300米，每日2次；

（15）步行350米，每日2次；

（16）步行400米，每日2次；

（17）步行450米，每日2次；

（18）踏车（100瓦）（准备出院）。

2. 恢复期康复治疗

为初发病4—8周，病人在门诊或转疗养康复后进一步康复。此期则应鼓励病人尽量自理生活，并主张坚持低水平症状限制性步行训练，遵照循序渐进原则增加步行距离和次数。

3. 复原—维持期康复

（1）为第3—6个月，本期重点是提高耐力。一般根据运动试验对心脏功能的评估以及达缺血阈值的限制心率来作为选择合适运动程度的依据。对老年病人还是以健身操、步行、功率车、太极拳等最为适宜；

（2）运动训练中需严格掌握运动量，切勿操之过急。这适度的“量”，通常是由医师用运动处方的形式来指导。运动处方应包含强度、时间、频率三要素；

（3）强度：通常以最大氧耗量（$VO2_{max}$）或代谢当量（METS）来表示强度指标，但由于测量不便，实际应用中利用心率与机体氧耗量呈正相关的原理，常以心率指标作为强度限制。冠心病人合适的运动强度为50%—70%$VO2_{max}$，相当于70%—85%最大心率（HRmax），这里所指最大心率为患者在运动负荷试验中所能达到的最高心率；

（4）时间：一般至少30分钟，达靶心率（target heart rate，THR）时间不少于10—15分钟。

频度：每日或隔日1次，若停止训练超过3—4天，则运动效应消失，疗效减低。

（二）在实施运动处方时，必须掌握以下原则：

1. 处方量仅是指导训练时的参考标准，在具体训练过程中必须注意观察病人的客观反应，遇有任何不适或感觉很疲劳，应随时调整或暂停训练。

2. 遇有感冒、发热、腹泻或由于气候条件难以适应时，应暂停或减量运动，不可机械执行。

3. 每次增运动量均须由医生指导更改。

CCHC居家养老模式体系的助浴服务的服务标准

编号 CCHC1-4-3

一、适用范围

本标准规定了在CCHC居家养老模式体系中，由海阳集团及其下属机构单位派出员工帮助失去自理能力或者半自理能力的老人或残疾人（统称被服务者）沐浴、擦浴、洗头业务（广义的“助浴”）时，应该达到的服务质量和工作质量的基本要求。本标准也可以在帮助非海阳集团系统需要制定有关标准中引用。

二、工作目标

通过海阳集团员工提供规范、热情、友好、文明的助浴服务，使失去自理能力或者半自理能力的老人或残疾人在需要沐浴、擦浴、洗头等日常生活项目中，得到及时、到位的帮助，让他们得到如同正常人需求头部和身体清洁度的享受和尊严。这也是提供服务方与被服务方（也称客户）之间，在签订合同、检验服务质量应用的文字表述。

三、基本要求

本标准根据被服务方需要的助浴的服务项目的类型不同，提供不同性质的服务，但为居家养老的老人或残疾人的基本态度，不能因为价格高低而改变。对于助浴员工的基本要求是：

（一）助浴人员要敬业爱岗，尽职尽责，遵纪守法，文明上岗，坚持原则。

（二）助浴人员要熟悉助浴服务的基本内容，掌握帮助老人或残疾人沐浴、擦浴、洗头服务的服务程序和操作规程。海阳集团系统的助浴员工应经过专项培训，明白了本岗位的应知应会和岗位职责后，方能上岗。

（三）助浴人员上门服务应携带海阳集团相关带有相片证件或胸卡，仪表仪容整洁端庄。

（四）助浴人员的直接领导，应该合理、正确、细致、全面填写助浴人员的上门服务任务单，助浴人员应该按照任务单（见表1-4-3-1）到指定岗位为指定被服务者服务。服务内容和服务人员在开始操作前，应得到客户或者家属的确认。

海阳集团CCHC体系上门服务任务单

部门： №： 表1-4-3-1

被服务者姓名		联系人		联系电话	
被服务住址					
服务内容					
被服务者基本状态		预约上门日期		预约上门时间	
受理人		受理服务日期		受理服务时间	
接受任务人		接受任务日期		接受任务时间	
服务质量评议					
服务态度	优 □	良 □	较好 □	差 □	很差 □
服务技能	优 □	良 □	较好 □	差 □	很差 □
服务结束时间		被服务者签名			

（五）操作规范化，管理科学化。助浴服务做到准时、及时、适时，不搞客户或者家属不需要的额外有偿服务。

（六）爱护并珍惜由客户自备或者由我方提供的各种沐浴、擦浴、洗头等助浴的设施、设备和其他材料。不得使用对被服务者及其家属、家庭有损伤的设施、设备和其他材料。

（七）熟悉各种沐浴、擦浴、洗头等助浴的设施、设备和其他相关材料。

（八）服务完毕要清理服务现场，恢复到服务前的正常的状态。

（九）保护环境，节约能源。

（十）文明服务，最大限度地减少对周围环境和客户家属正常的生活、工作的影响。

（十一）严格按照操作规程作业，最大程度地保证被服务者的人身安全，避免由于我方服务不当而引起的事故。

（十二）每次派单服务中，最后一道工序没有达到标准，就不能算完成任务。

（十三）助浴服务人员应按照海阳集团相关部门单位的要求，参加业务培训，学习新技术和先进经验，提高文明水平和安全意识。

（十四）助浴人员的主管领导，应该熟悉本标准，在委托非本部门或者非海阳集团的单位承接助浴业务时，要依据本标准来签署协议和合同。

CCHC体系的协助沐浴服务的基本要求

编号 CCHC1-4-3-1

一、协助沐浴的定义

对于失去自理能力或者半自理能力的老人或残疾人协助其头部（淋浴时附带，盆浴时不附带）、头颈以及以下躯干和四肢沐浴洗澡的服务，称为协助沐浴，简称：助浴（狭义）。而对于助浴服务又可分为两种：一种是对于具有半自理能力的老人或残疾人，让其到家中的浴室或者在卧室中洗澡（其中又分为盆浴和淋浴两种），助浴人员在沐浴过程中帮助其擦身，掌握室温、水温等基本服务。另一种是对于完全丧失自理能力的老人或残疾人，通过人力或者提供专业洗澡设备，由别人让其完成沐浴的服务。

本《CCHC（持续照料社区）居家养老模式服务管理标准 1.0》只制定前一种的服务和操作标准。同时对后一种服务及其设备作为下一步《标准 2.0》发展的方向予以提出。这也是对标准制定形式的一种创新。

二、协助沐浴服务的要求

（一）确认过家属或者由我方提供助浴的基本的洗头液（淋浴时使用）、沐浴露或者肥皂、毛巾、助浴擦身用品、指甲剪、梳子等，防滑拖鞋、防滑垫器材、洗浴凳（或坐浴板），以及被服务者替换的衣服是否齐全。

（二）确认过为被服务者沐浴的场所的室温是否符合 24°C—26°C 的要求。

（三）确认过为被服务者沐浴的用水，是否能够持续提供符合 40°C—45°C 左右水温的要求。

（四）确认过被服务者对服务者的性别要求的限制。

（五）确认过被服务者一方是否有与我方一起助浴的人员在场。

（六）我方服务人员在工作时，不能戴首饰。

（七）助浴主管者在接受被服务者委托时，应该掌握不同季节每周沐浴的次数。尤其在冬天掌握在 1—2 次以内，防止过度洗澡对被服务者健康不利。

（八）在完成了助浴的最后一道工序后，被服务者已经被清洗的部位，干净并无残留水痕，检查者用大拇指搓动被洗的部位，不能有残余的污垢产生。

（九）结束本次服务，被服务者或者家属（或保姆）在任务派单上签字，此单才能被认为本次服务有效。

CCHC体系的擦浴服务的基本要求

编号 CCHC1-4-3-2

一、擦浴的定义

对于失去自理能力或者半自理能力的老人或残疾人，协助其头颈以及以下躯干和四肢，躺在床上进行温水擦洗或酒精擦拭的服务，通称为擦浴。擦浴包括床上擦浴和酒精擦浴两种方式。

二、擦浴服务的要求

（一）确认过家属或者由我方提供床上擦浴基本所需的沐浴露或者肥皂、小毛巾、助浴擦身用品，酒精擦浴用的 25%—35% 专用酒精 100—200ml，冰袋加套，热水袋加套以及被服务者替换的衣服是否齐全。

（二）确认过为被服务者擦浴的场所的室温是否符合 27°C—30°C 的要求。

（三）确认过为被服务者沐浴的用水，是否能够持续提供符合 50°C 左右水温的要求，酒精擦拭的酒精品牌是否符合海阳集团推荐或者纳入海阳集团专用目录的医用酒精。

（四）确认过被服务者对服务者的性别要求的限制。

（五）确认过被服务者一方是否有与我方一起擦浴的人员在场。

（六）我方服务人员在工作时，应戴口罩，不能戴首饰。

（七）擦浴主管者在接受被服务者委托时，应该掌握不同季节每周擦浴的次数。防止过度擦澡对被服务者健康不利。

（八）在完成了擦浴的最后一道工序后，被服务者已经被擦拭的部位，干净并无残留水痕，检查者用大拇指搓动被洗的部位，不能有残余的污垢产生。

（九）床上擦洗时，要随时注意被服务者身体的遮盖，减少其翻动次数以及保暖。

（十）床上擦洗的水温和室温要随时注意保持规定范围内，及时更换热水、调节温度。

（十一）床上擦洗时，要随时注意被服务者的神态、脸色，发现有异常，及时停止作业。

（十二）擦拭会阴处的毛巾，要与其他部位擦拭的毛巾分开使用。擦拭会阴处应该戴手套。

（十三）结束本次服务，被服务者或者家属（或保姆）在任务派单上签字，此单才能被认为本次服务有效。

CCHC体系的协助洗头服务的基本要求

编号 CCHC1-4-3-3

一、协助洗头的定义

对于失去自理能力或者半自理能力的老人或残疾人，协助其头部进行清洗的服务。又分为座位洗头和床上洗头两种，其中床上洗头又包括床上洗头器、马蹄形垫洗头和扣杯式洗头三种。本基本要求主要规定了座位洗头和床上扣杯式洗头的标准。

二、协助洗头服务的要求

（一）确认过家属或者由我方提供肥皂、洗头液、梳子、水盆、座椅、毛巾、污水桶、口杯、纱布、棉花球以及小毛巾，必要时需要的电吹风。

（二）确认过为被服务者擦浴的场所的室温是否符合 24°C—26°C 的要求。

（三）确认过为被服务者洗头的用水，是否能够持续提供符合 40°C—45°C 左右水温的要求。

（四）确认过被服务者对服务者是否需要在头部清洗后，对其做免费的头皮按摩。

（五）确认过被服务者一方是否有与我方一起擦浴的人员在场。

（六）我方服务人员的手在提供服务时，不能留长指甲，不能戴首饰。

（七）洗头主管者在接受被服务者委托时，应该掌握不同季节每周洗头的次数，防止过度洗头对被服务者健康不利。

（八）在完成了洗头的最后一道工序后，被服务者已经被清洗的部位，干净并无残留水痕，不能有残余的污垢存在。

（九）在协助洗头时，要随时注意被服务者的神态、脸色，并口头询问舒适度，发现有异常，及时停止作业。

（十）结束本次服务，被服务者或者家属（或保姆）在任务派单上签字，此单才能被认为本次服务有效。

CCHC居家养老模式体系的助浴服务的操作标准

编号 CCHC1-4-4

一、适用范围

本标准规定了在CCHC居家养老模式体系中，由海阳集团及其下属机构单位派出员工帮助失去自理能力或者半自理能力的老人或残疾人沐浴、擦浴、洗头业务（广义的“助浴”）时，应该达到的服务操作的基本要求。本标准也可以在帮助非海阳集团系统需要制定有关标准中引用。

二、助浴服务操作的基本要求

（一）员工行为规范

1. 员工守则

（1）遵守国家法律、法规、法令、政策，遵守行为道德规范，遵守集团、公司的规章制度；

（2）按照海阳集团要求填写各种报表，提供有效证件，不得隐瞒或造假；

（3）按照海阳集团的要求，参加各类培训及考核，接受相关的业务指导；

（4）服从领导，听从指挥，团结同事，按时按质完成各项任务；

（5）严格遵守劳动纪律，按照质量标准要求进行作业，上班时间不去与工作无关的场所；

（6）尊重社会公德和职业道德，严守单位机密，廉洁奉公，维护集体利益和单位声誉；

（7）爱护公用、单位、客户的设施，自觉维护公共和客户的环境卫生；

（8）节约能源、水和其他材料；

（9）衣着整洁，精神饱满，待人热情，文明用语；

（10）不拿公家、客户的财物，拾到遗留物品要还给本人，或上缴主管部门，不得占为己有；

（11）热爱海阳集团、公司，关心单位发展。弘扬先进文化。

2. 工作态度

（1）服从领导：不折不扣地服从上级领导安排的工作和调配；

（2）敬业爱岗：热爱本职工作，钻研业务，谦虚向别人学习；

（3）诚实真诚：对领导、同事、客户，尤其是被服务者要真诚相待，不搞当面一套，背后一套；

（4）团结协作：海阳集团内部部门之间，单位班组之间，同事之间，作业时与配合的家属、保姆之间，都要齐心协力，讲究配合；

（5）勤勉高效：既要踏实，又要注意工作效率。

3. 服务态度

（1）礼貌：员工对领导、同事，对客户，尤其是对被服务者，任何时候，任何场合都要礼貌用语，所谓“请”字当头，“谢”字不离口；

（2）乐观：以能够以乐观的态度对待客户，尤其是对待被服务者；

（3）友善：以微笑和和善的态度对待同事和客户，尤其是被服务者。

（4）热情：尽可能把麻烦、困难留给自己，给客户，尤其是被服务者带去方便；

（5）耐心：对客户，尤其是被服务者要有耐心聆听他们的要求；

（6）平等：对待客户，尤其是被服务者没有贫富之分，一律平等。

4. 仪表仪容

（1）平时要衣冠整洁，按照规定着装，上岗时要佩戴或者悬挂工作胸卡；

（2）工作场合不得穿着与场合不适应的服装和鞋袜；

（3）男职工不要留胡子、长发，男女职工的发型都要大方；

（4）女职工打扮化妆要避免浓妆艳抹，工作场合不能戴首饰；

（5）保持口腔清洁，上岗前不要吃异味食品；

（6）不允许在客户家喝酒、抽烟。

（二）基本作业技能

1. 如何掌握作业水温。

2. 如何控制作业室温。

3. 何种作业需要什么材料和工具。

4. 洗涤剂选用的基本知识和使用技能。

5. 毛巾、浴巾配置和使用的基本知识和技能。

6. 洗擦过程中，被服务者的被子如何上下折叠与浴巾遮盖的配合。

7. 水盆放置与其他物品位置知识和技能。

8. 梳理头发技能和吹风技术。

9. 剪指甲和趾甲的技能。

10. 清水与污水的给排技能。

（三）工作调配与质量检查

1. 业务承接

（1）CCHC 的助浴业务可以根据海阳集团各级部门、窗口接到的业务订单，运用互联网途径到海阳集团助浴主管部门信息集中。可以签订长期服务协议，也可以采取短期服务或一次性服务；

（2）主管部门将任务发配给助浴服务的具体执行部门与单位；

（3）具体执行部门的主管填写“上门服务任务单”[见《CCHC 居家养老

模式体系的助浴服务的服务标准》(编号CCHC1-4-3）中的表1-4-3-1]交给上门服务人员。上门服务人员要在接受任务的记录簿上签名，确认接受了任务。凭任务单到器材、材料保管部门或人员处领取除原来由服务人员自己保管以外的相关物品；

（4）具体执行部门的主管领导以收到经过客户签字确认任务完成，此案才算完成；

（5）具体执行部门的主管领导要通过互联网把完成情况报告助浴主管部门备案。

2. 质量检查

（1）自检：员工在完成任务最后一道工序后，按照《CCHC（持续照料社区）居家养老模式服务管理标准1.0》检查服务质量是否符合要求；

（2）客户检查：被服务者或者家属（含保姆）可以按照《CCHC居家养老模式体系的助浴服务的服务标准》(编号CCHC1-4-3）来验收作业结果；

（3）具体执行部门的主管领导有职责对员工的作业结果进行抽查；

（4）海阳集团的助浴主管部门应该派员对助浴工作质量进行监督；

（5）如果发生客户与我方对于员工的服务质量和工作质量不一致的意见时，可以现在内部逐级按照《CCHC（持续照料社区）居家养老模式服务管理标准1.0》进行甄别，直至邀请第三方进行鉴定。

CCHC体系的协助沐浴服务操作的基本要求

编号 CCHC1-4-4-1

一、业务范围

凡属《CCHC（持续照料社区）居家养老模式服务管理标准1.0》中从事《CCHC体系的协助沐浴服务的基本要求》（编号CCHC1-4-3-1）界定的服务业务的助浴人员，均应本要求来进行操作。如有由此与助浴服务相关延伸的事宜操作标准的制定，也应服从本基本要求的精神来执行。

二、基本要求

（一）按照助浴任务派单的要求，按时到指定地点为指定服务对象进行协助沐浴的服务，并在标准规定的时间内，完成标准要求的所有操作工序。

（二）携带规定由我方提供助浴的材料和器材，如由被服务方自己准备的物品，尤其是第一次上门服务，最好也事先告知被服务者或者家属（含保姆）。

（三）有义务让被服务者及其家属（含保姆）知道我方的相关服务标准，便于互相监督。

（四）助浴的主管领导应该有职责有计划地对助浴人员的服务质量和工作质量进行实地检查。

三、助浴（狭义）的操作工序

（一）盆浴

1. 向被服务者和家属（含保姆）说明清楚后，关闭洗澡浴室或其他洗澡场所有的门窗。

2. 调节洗澡场所的室温，确认符合 24°C—26°C 的要求。

3. 将相关物品在澡盆附近放置妥当方便的地方。

4. 在澡盆内倒入 1/3 的水温在 40°C 左右的热水，或按被服务人习惯的水温调节好。

5. 用手放入水试温，感觉到不烫手为宜。

6. 搀扶被服务者到洗澡浴室或其他洗澡场所，也可以用轮椅运送。

7. 脱去衣裤，如肢体有偏瘫的被服务者，先脱健侧，后脱瘫侧。

8. 搀扶被服务者到进入澡盆坐稳，必要时将其抱入。嘱咐被服务者手握扶手。

9. 先用肥皂或沐浴液加清水洗净被服务者的耳朵后部及颈部。

10. 用肥皂或沐浴液加清水洗净被服务者的上肢、胸部、腹部和背部。

11. 用肥皂或沐浴液加清水洗净被服务者的双腿、会阴部和双脚。

12. 另外用清水给被服务者擦洗面部，必要时也可用肥皂或沐浴液。

13. 再用些清水从颈部到下身清洗一遍，不留肥皂或沐浴液的泡沫残留。

14. 将被服务者搀扶起来，用毛巾将全身擦干。

15. 给被服务者穿上衣裤，先穿瘫侧，再穿健侧。也可以用大毛巾裹上其身躯，在室温符合要求的前提下，将被服务者送至床上穿衣。

16. 给被服务者盖好被子，必要时为被服务者修剪指甲。

17. 刷洗澡盆，擦干地面。

18. 处理被服务者换下的脏衣裤交家属或保姆清洗。

19. 整理沐浴用物。

20. 打开沐浴场所的门窗。

21. 请被服务者或者家属（含保姆）确认任务完成情况并签名。

（二）淋浴

1.、向被服务者和家属（含保姆）说明清楚后，关闭洗澡浴室或其他洗澡场所有的门窗。

2. 调节洗澡场所的室温，确认符合 24°C—26°C 的要求。

3. 将相关物品在淋浴盆附近放置妥当方便的地方。

4. 把水温调至 40°C 左右（先开冷水，后开热水，以免烫伤浴者），或按被服务人习惯的水温调节好。

5. 搀扶被服务者到洗澡浴室或其他洗澡场所，也可以用轮椅运送。

6. 搀扶被服务者坐稳在洗浴凳上。

7. 为被服务者洗头，洗头时嘱咐其紧闭双眼，以防进水。

8. 用清水给被服务者擦洗面部，必要时也可用肥皂或沐浴液。

9. 先用肥皂或沐浴液加清水洗净被服务者的耳朵后部及颈部。

10. 用肥皂或沐浴液加清水洗净被服务者的上肢、胸部、腹部和背部。

11. 用肥皂或沐浴液加清水洗净被服务者的双腿、会阴部和双脚。

12. 再用些清水从颈部到下身清洗一遍，不留肥皂或沐浴液的泡沫残留。

13. 将被服务者搀扶起来，用毛巾将全身擦干。

14. 给被服务者穿上衣裤，先穿瘫侧，再穿健侧。也可以用大毛巾裹上其身躯，在室温符合要求的前提下，将被服务者送至床上穿衣。

15. 为被服务者梳理头发，必要时为其吹干头发。

16. 给被服务者盖好被子，必要时为被服务者修剪指甲。

17. 刷洗澡盆，擦干地面。

18. 处理被服务者换下的脏衣裤交家属或保姆清洗。

19. 整理沐浴用物。

20. 打开沐浴场所的门窗。

21. 请被服务者或者家属（含保姆）确认任务完成情况并签名。

CCHC体系的擦浴服务操作的基本要求

编号 CCHC1-4-4-2

一、业务范围

凡属《CCHC（持续照料社区）居家养老模式服务管理标准 1.0》中从事《CCHC 体系的擦浴服务的基本要求》(编号 CCHC1-4-3-2）界定的服务业务的擦浴人员，均应按照本要求来进行操作。如有由此与擦浴服务相关延伸的事宜操作标准的制定，也应服从本基本要求的精神来执行。

二、基本要求

（一）按照助浴任务派单的要求，按时到指定地点为指定服务对象进行擦浴的服务，并在标准规定的时间内，完成标准要求的所有操作工序。

（二）携带规定由我方提供擦浴的材料和器材，如由被服务方自己准备的物品，尤其是第一次上门服务，最好也事先告知被服务者或者家属（含保姆）。

（三）有义务让被服务者及其家属（含保姆）知道我方的相关服务标准，便于互相监督。

（四）助浴的主管领导应该有职责有计划地对擦浴人员的服务质量和工作质量进行实地检查。

三、擦浴的操作工序

（一）床上擦浴

1. 向被服务者和家属（含保姆）说明清楚后，关闭所有的门窗。

2. 调节洗澡场所的室温，确认符合 24°C—26°C 的要求。

3. 问询被服务者是否需要排便，排泄完毕再进入擦浴程序。

4. 将擦浴用品摆到适合作业的地方。用品应该包括：干燥的大浴巾 1 条，中毛巾 1 条，小毛巾 2 条，污水桶（接污水用），沐浴液或者肥皂，梳子、指甲剪，水盆 2 只（其中 1 只洗会阴处用），乳胶手套。也可备些爽身粉、松节油、胶带、棉签、1% 龙紫胆等医用用品。清洁被子和衣裤。

5. 把 40°C—45°C 的热水倒入水盆中，用手试温，并问被服务者是否合适。

6. 擦拭面部

（1）将浴巾铺在枕头上，毛巾盖在胸前；

（2）小毛巾浸湿拧干，对折成 4 层，用四个角分别擦洗双眼的内眦（眼角）和外眦；

（3）擦净双眼后，洗净小毛巾；

（4）将小毛巾裹在手上；

（5）运用肥皂或沐浴液加清水擦拭额部、鼻子、两颊、耳朵后部、颈部；

（6）洗净毛巾，擦干面部残留的水迹。

7. 擦拭手臂

（1）脱去被服务者一侧的衣袖；

（2）掀开被子，将被洗的手臂置于半铺半盖的浴巾中；

（3）将小毛巾裹在手上；

（4）运用肥皂或沐浴液加清水，由下向上擦拭干净手腕、手臂；

（5）洗毕，用浴巾擦干被洗的手腕、手臂；

（6）撤下浴巾，盖好棉被；

（7）用相同方法清洗另一只手臂。

（8）将水盆放在浴巾之上，将被服务者的双手手掌放入水盆中；

（9）协助被服务者洗手，帮其擦干。

8. 擦拭胸部

（1）将被服务者的被子的上端部，往下折叠一段；

（2）暴露胸部，用浴巾盖住胸部；

（3）将小毛巾裹在手上；

（4）运用肥皂或沐浴液加清水擦拭胸部各部位。重点注意擦拭皮肤皱褶处、腋窝、乳房下垂部位。擦洗过程中注意及时遮盖浴巾；

（5）把洗过的部位擦干；

（6）为被服务者盖好被子。

9. 擦拭腹部

（1）将被服务者的被子的上端部，往下折叠若干段，至大腿上部；

（2）暴露胸腹部，用浴巾盖住；

（3）将小毛巾裹在手上；

（4）运用肥皂或沐浴液加清水，从上腹部向下腹部擦拭，注意肚脐皱褶处的清洁和保暖；

（5）把洗过的部位擦干；

（6）为被服务者盖好被子。

10. 擦拭背部

（1）协助被服务者翻身侧睡，背向服务者；

（2）将被服务者的被子的纵向一边，折叠往上翻，让要擦拭的背部和臀部暴露出来；

（3）用大浴巾一半垫在躯干的下侧，另一半把要擦拭部位遮盖起来；

（4）将浸湿的小毛巾裹在手上；

（5）掀开上部分遮盖的浴巾，由腰部向肩部方向，呈螺旋形向上擦拭背部；

（6）掀开下部分遮盖的浴巾，用呈环形擦拭臀部；

（7）用浴巾擦干背部和臀部；

（8）让被服务者躺平；

（9）帮助被服务者更换上衣。

11. 擦拭下肢

（1）掀开被服务者的被子，将会阴以下的部位暴露出来；

（2）将其裤子脱下来；

（3）再把被子盖上，露出一侧下肢；

（4）将浴巾半铺半盖于腿下；

（5）一只手扶住被擦洗下肢的踝部；使之固定成屈膝状。另一只手包裹小毛巾，进行擦洗；

（6）运用肥皂或沐浴液加清水，由小腿往大腿方向进行擦洗达到干净程度；

（7）用浴巾将其擦干；

（8）用相同方法擦洗另一侧；

（9）盖好被子。

12. 擦拭会阴

（1）拿出专用水盆和毛巾；

（2）倒入适量热水；

（3）协助被服务者暴露会阴部；

（4）臀部底下垫上尿垫或浴巾；

（5）戴上手套；

（6）专用小毛巾蘸清水，从会阴上部向下部擦洗至肛门，可多次擦洗至清洁直至无异味。尤其是注意会阴、腹股沟皱褶处的清洁，如被服务者可擦，也允许其被服务者自己擦拭会阴部；

（7）洗完擦干；

（8）撤去尿垫或浴巾；

（9）协助被服务者更换清洁的裤子。

13. 擦拭足部

（1）将被服务者的被子下端往上折叠若干层，露出双足的足部；

（2）用一只软枕垫放在被服务者的膝下；

（3）将橡胶或塑料单和浴巾铺在被服务者的足下；

（4）脚盆放在浴巾之上；

（5）将被服务者的一只脚或两只脚放进水盆进行清洗；

（6）清洗干净后，放在浴巾上，撤去水盆；

（7）可用浴巾或脚布擦干双脚。

14. 根据需要给被服务者剪指甲和趾甲。

15. 让被服务者按照舒适的体位睡好，盖好被子。根据需要可以更换清洁的褥子、床单。

16. 整理床铺和将周边由于擦洗造成的物品位置变化恢复原状。

17. 打开因擦洗关闭的门窗。

18. 清理各种擦洗用品。

19. 处理更换下来的衣裤。

20. 请被服务者或者家属（含保姆）确认任务完成情况并签名。

（二）酒精擦洗（略）

CCHC体系的协助洗头服务操作的基本要求

编号 CCHC1-4-4-3

一、业务范围

凡属《CCHC（持续照料社区）居家养老模式服务管理标准 1.0》中从事《CCHC 体系的协助洗头服务的基本要求》（编号 CCHC1-4-3-3）界定的服务业务的协助洗头人员，均应按照本要求来进行操作。如有由此与洗头服务相关延伸的事宜操作标准的制定，也应服从本基本要求的精神来执行。

二、基本要求

（一）按照协助洗头任务派单的要求，按时到指定地点为指定服务对象进行洗头的服务，并在标准规定的时间内，完成标准要求的所有操作工序。

（二）携带规定由我方提供洗头的材料和器材，如由被服务方自己准备的物品，尤其是第一次上门服务，最好也事先告知被服务者或者家属（含保姆）。

（三）有义务让被服务者及其家属（含保姆）知道我方的相关服务标准，便于互相监督。

（四）协助洗头业务的主管领导应该有职责有计划地对协助洗头人员的服务质量和工作质量进行实地检查。

三、协助洗头的操作工序

（一）座位洗头

1. 关闭或根据气温适当调节门窗开启程度。

2. 准备好水温在 40°C—45°C 的热水水盆，放置于适当高度的架子或桌子上。

3. 搀扶被服务者到水盆前的椅子上坐稳。

4. 将一条干的干净毛巾围于被服务者的肩部。

5. 嘱咐被服务者双手扶住盆沿，低头、闭上双眼。

6. 服务人员一只手托住被服务者前额，另一只手用湿毛巾蘸热水淋湿被服务者的头发。

7. 涂抹洗发液或肥皂。

8. 揉搓头发并用手指的指腹按摩头皮。

9. 用 1—3 次更换的干净的热水冲洗洗净头发，利用洗净的湿毛巾初步擦去头发上的水滴，并擦去留在脸部的水迹。

10. 利用披在肩部的毛巾再一次擦拭头发。

11. 用梳子梳理头发，必要时用电吹风适当吹干头发。

12. 整理洗头用品，将因洗头引起的周边物品位置变化恢复原状。

13. 请被服务者或者家属（含保姆）确认任务完成情况并签名。

（二）床上口杯式洗头

1. 适当扶起被服务者的上身，使其头部离开枕头。

2. 将枕头下移至被服务者的肩部。铺上橡胶或者塑料等防水的材料，上面再铺上大浴巾。

3. 在原放置枕头的部位，放上水温在 40°C—45°C 的热水水盆，水盆中心与倒扣水杯的中心在同一直线上，倒扣水杯的顶部铺上小毛巾。

4. 让被服务者躺下，头的枕部落在水杯顶部的小毛巾上，调节体位到舒适、安全程度。

5. 解开被服务者的衣领，颈部围毛巾。

6. 棉花塞耳朵、纱布遮眼。

7. 用湿毛巾蘸热水淋湿被服务者的头发。

8. 涂抹洗发液或肥皂。

9. 揉搓头发并用手指的指腹按摩头皮。

10. 利用虹吸管 1—3 次更换的干净的热水冲洗洗净头发，利用洗净的湿毛巾初步擦去头发上的水滴，并擦去留在脸部的水迹。

11. 扶起躺下状态的被服务者，利用围在颈部的毛巾再一次擦拭头发。

12. 撤去遮眼的纱布和塞耳朵的棉花。

13. 用梳子梳理头发，必要时用电吹风适当吹干头发。

14. 撤去水盆，将枕头恢复原位。

15. 整理床铺，让被服务者躺下睡好。

16. 整理洗头用品，清理因洗头引起的周边物品位置变化。

17. 请被服务者或者家属（含保姆）确认任务完成情况并签名。

CCHC居家养老模式体系的餐饮服务的服务标准

编号 CCHC1-4-5

一、总则

（一）本标准规定了在CCHC居家养老模式体系中，由海阳集团及其CCHC体系下属机构单位派出员工帮助失去自理能力或者半自理能力的老人或残疾人（统称被服务者）餐饮服务业务（广义的“餐饮服务”）时，应该达到的服务质量和工作质量的基本要求。本标准也可以在帮助非海阳集团系统需要制定有关标准中引用。

（二）老人餐饮是老年生活的重要组成部分，除了有独立生活能力，并且喜欢自制的餐饮老人外，有相当数量的居家养老老人已经没有兴趣也没有精力把时间花在餐饮上面了。社会供应成为他们必然的选择。目前的老人餐饮多半是社区办食堂以及送餐上门的方式。尤其是在社会管理水准还达不到要求的水平时，这是目前比较普遍的老年人助餐的方式，也是我们的重要服务业务之一。一般说来社区一级办食堂比较合适，因为老年用餐，政府是需要予以补贴的，居委会没有这个财力。我们的驿站到可以成为饭菜送餐的重要集散地。

（三）依据现代社会的标准，社区办食堂一般很难达到科学营养配餐的要求，老人的情况也各不相同。CCHC体系模式主张采用“平台经济”加上物联网的方式得到解决。就是由“××街道（社区）CCHC居家养老综合服务中心”担当“第三方”的角色，向社区范围的老人征求餐饮的品种和数量，与社会多家专业餐饮供应企业签订采购合同，可以大大扩大品种种类去满足不同饮食要求的老人，同时第三方还有监督权确保饮食品质。社区补贴老人的伙食费，可以在与餐饮供应企业结算时贴进去。这样有利于提高饮食供应商科学开发老人饮食的水平。“××街道（社区）CCHC居家养老综合服务中心”也可以提供场所让一部分老人聚集在一起用餐，也可以让供应商或委托驿站送到每家每户。这种形式体现了养老事业的服务社会化。

二、工作目标

通过CCHC体系提供规范、热情、友好、文明的餐饮服务，使失去自理能力或者半自理能力的被服务者在需要餐饮服务项目中，得到及时、到位的帮助，让他们得到餐饮服务的享受。也是提供服务方与被服务方之间，在签订合同、检验服务质量应用的文字表述。

三、基本要求

本标准根据被服务方需要的餐饮服务的项目类型不同，提供不同性质的服务，但为居家养老的被服务者的基本态度，不能因为价格高低而改变。

（一）老年人饮食基本特点

1. 饮食结构：冬季要适当进补，适量摄取富含蛋白质和脂肪的食物，如瘦肉、奶酪、豆浆等，以增加体内热量，增强抗御风寒的能力。

2. 食物品类：肉类可选牛、羊、鸡、鱼等富含动物蛋白的品种；油脂类以植物油为主，如花生油、菜籽油等，对降低胆固醇有一定作用。

3. 酌情选食：老年人每至冬季常常出现皮肤干燥瘙痒或夜尿频多等等现象，在饮食方面可酌情进行选择。如预防冬季瘙痒症可多吃具有润肤除燥的食物，如鱼、鸭、鸡、瘦肉、百合、萝卜、大枣、芝麻、核桃及新鲜蔬菜，少吃或不吃辛辣刺激性食物，不饮酒、不喝浓茶等等；防止夜尿多者，可多食些富含维生素A或适量含糖食物（如水果），限制食盐和水分的摄入量，特别是晚餐不宜过量吃流质食物，避免饮茶喝酒等。

（二）老年人饮食注意事项

1. 忌暴饮暴食。

2. 忌过度饮酒。

3. 要控制高热量的食物。

4. 少吃多餐。

5. 饮食宜清淡可口。

6. 适当进食一些延年益寿、防老抗衰的食物。

（三）延年益寿食品常识

1. 蜂蜜：每天早晨空腹吃一些蜂蜜，能安五脏、止痛解毒，防止血管硬化，久服可延年益寿。

2. 花生：花生含人体所需的多种氨基酸，经常食用能增强记忆，降低血压，延缓衰老。

3. 大红枣：枣营养丰富，含有较多的糖、维生素、矿物质，有“天然维生素丸”之称。

4. 大蒜：大蒜有很强的杀菌、抗癌作用，人们把它誉为地里长的“青霉素”和“天然抗生素”。

（四）老年人进食基本方法

1. 宜缓；

2. 宜软；

3. 宜温；

4. 宜早；

5. 宜少；

6. 宜淡。

（五）老年人进食注意事项

1. 戒偏食；

2. 戒暴饮暴食；

3. 戒烫食；

4. 戒吞食。

（六）老年人餐品注意事项：食物要烂、软、碎、易于消化吸收。

（七）对于餐饮服务员工的基本要求

1. 餐饮服务人员要敬业爱岗，尽职尽责，遵纪守法，文明上岗，坚持原则。

2. 餐饮服务人员要熟悉餐饮服务服务的基本内容，掌握助餐服务的服务程序和操作规程。海阳集团系统的餐饮服务员工应经过专项培训，明白了本岗位的应知应会和岗位职责后，方能上岗。

3. 餐饮服务人员上门服务应携带CCHC体系相关带有相片证件或胸卡，仪表仪容整洁端庄。

4. 餐饮服务人员的直接领导，应该合理、正确、细致、全面填写餐饮服务人员的《上门服务任务单》[见《CCHC居家养老模式体系的助浴服务的服务标准》(编号CCHC1-4-3）中的表1-4-3-1]，餐饮服务人员应该按照任务单到指定岗位为指定的被服务者服务。服务内容和服务人员在开始操作前，应得到客户或者家属的确认。

5. 操作规范化，管理科学化。餐饮服务服务做到准时、及时、适时，不搞客户或者家属不需要的额外有偿服务。

6. 爱护并珍惜由客户自备或者由我方提供的各种餐饮服务的器具、餐品和其他材料。不得使用对被服务者及其家属、家庭有损伤的器具、餐品和其他材料。

7. 熟悉各种餐饮服务的器具、餐品和其他相关材料。

8. 服务完毕要清理服务现场，恢复到服务前的正常的状态。

9. 保护环境，节约资源、能源。

10. 文明服务，最大程度地减少对周围环境和客户家属正常的生活、工作的影响。

11. 严格按照操作规程作业，最大程度保证被服务者的人身健康与安全，避免由于我方服务不当而引起的不当或事故。

12. 每次派单服务中，最后一道工序没有达到标准，就不能算完成任务。

13. 餐饮服务人员应按照海阳集团 CCHC 体系相关部门单位的要求，参加业务培训，学习新技术和先进经验，提高文明水平和健康、安全意识。

14. 餐饮服务人员的主管领导，应该熟悉本标准，在委托非 CCHC 体系部门或者非海阳集团的单位承接餐饮服务业务时，要依据本标准来签署协议和合同。

CCHC体系的餐饮服务的基本要求

编号 CCHC1-4-5-1

一、CCHC 体系餐饮服务的定义

（一）对于具有自理能力或者半自理能力的被服务者提供餐饮的服务，称为餐饮服务，具体要求如下：

1. 餐饮服务主要分为集中用餐、上门送餐及上门做餐。

2. 符合国家食品安全法律法规的规定和食品行业标准。

3. 提供膳食服务应根据营养学、卫生学要求，老年人特殊需求，地域特点、民族、宗教习惯制定菜谱，为老年人提供营养丰富、全面合理的均衡饮食。

4. 送餐应及时，饮食应保温、保鲜、密闭、防止细菌滋生，提供符合保温、保鲜要求的设备及运输工具，保证及时、准确、安全地将餐饮送达。

5. 提供膳食服务应获得卫生许可证，膳食服务人员应持有健康证，膳食服务可转介有相关资质的第三方提供。

6. 洗、煮饭菜应干净、卫生，无焦煳。

7. 尊重服务对象的饮食生活习惯。

8. 注意营养，合理配餐，每周有食谱。

9. 助餐点应配置符合服务对象的无障碍设施，助餐工具应保持清洁卫生，餐具做到每餐消毒。

（二）本《CCHC（持续照料社区）居家养老模式服务管理标准 1.0》只制定前一种即集中用餐、上门送餐及上门做餐的服务和操作标准。同时对后一种即由社会化服务及其设备作为下一步《标准 2.0》发展的方向予以提出。这也是对标准制定形式的一种创新。

二、餐饮服务的基本要求

（一）确认过由家属或者由我方提供餐饮服务的基本的餐具、餐品是否齐全。

（二）确认过为被服务者餐饮的场所的环境是否符合卫生、健康、舒适度等的要求。

（三）确认过为被服务者餐饮的餐具、餐品，是否能够持续保持卫生、健康、入口温度的要求。

（四）餐饮服务主管者在接受被服务者委托时，应该掌握不同季节、不同需求者每周餐饮的合理搭配设计。

（五）在完成了餐饮服务的最后一道工序后，被服务者确认满意。

（六）结束本次服务，被服务者或者家属（或保姆）在任务派单上签字，此单才能被认为本次服务有效。

CCHC居家养老模式体系的餐饮服务的操作标准

编号 CCHC1-4-6

一、适用范围

本标准规定了在CCHC居家养老模式体系中，由海阳集团及CCHC体系下属机构单位派出员工帮助自理能力或者半自理能力的被服务者餐饮服务业务（广义的“餐饮服务”）时，应该达到的服务质量的基本要求。本标准也可以在帮助非海阳集团系统需要制定有关标准中引用。

二、餐饮服务质量的基本要求

（一）员工行为规范

1. 员工守则

（1）遵守国家法律、法规、法令、政策，遵守行为道德规范，遵守集团、公司的规章制度；

（2）按照海阳集团及CCHC体系要求填写各种报表，提供有效证件，不得隐瞒或造假；

（3）按照海阳集团及CCHC体系的要求，参加各类培训及考核，接受相关的业务指导；

（4）服从领导，听从指挥，团结同事，按时按质完成各项任务；

（5）严格遵守劳动纪律，按照质量标准要求进行作业，上班时间不去与工作无关的场所；

（6）尊重社会公德和职业道德，严守单位机密，廉洁奉公，维护集体利益和单位声誉；

（7）爱护公用、单位、客户的设施，自觉维护公共和客户的环境卫生；

（8）节约能源、水和其他材料；

（9）衣着整洁，精神饱满，待人热情，文明用语；

（10）不拿公家、客户的财物，拾到遗留物品要还给本人，或上缴主管部门，不得占为己有；

（11）热爱海阳集团及CCHC体系，关心单位发展。弘扬先进文化。

2. 工作态度

（1）服从领导：不折不扣地服从上级领导安排的工作和调配；

（2）敬业爱岗：热爱本职工作，钻研业务，谦虚向别人学习；

（3）诚实真诚：对领导、同事、客户，尤其是被服务者要真诚相待，不搞当面一套，背后一套；

（4）团结协作：海阳集团、CCHC体系内部部门之间，单位班组之间，同事之间，作业时与配合的家属、保姆之间，都要齐心协力，讲究配合；

（5）勤勉高效：既要踏实，又要注意工作效率。

3. 服务态度

（1）礼貌：员工对领导、同事，对客户，尤其是对被服务者，任何时候，任何场合都要礼貌用语，所谓“请”字当头，“谢”字不离口；

（2）乐观：以能够以乐观的态度对待客户，尤其是对待被服务者；

（3）友善：以微笑和和善的态度对待同事和客户，尤其是被服务者；

（4）热情：尽可能把麻烦、困难留给自己，给客户，尤其是被服务者带去方便；

（5）耐心：对客户，尤其是被服务者要有耐心聆听他们的要求；

（6）平等：对待客户，尤其是被服务者没有贫富之分，一律平等。

4. 仪表仪容

（1）平时要衣冠整洁，按照规定着装，上岗时要佩戴或者悬挂工作胸卡；

（2）工作场合不得穿着与场合不适应的服装和鞋袜；

（3）男职工不要留胡子、长发，男女职工的发型都要大方；

（4）女职工打扮化妆要避免浓妆艳抹，工作场合不能戴首饰；

（5）保持口腔清洁，上岗前不要吃异味食品；

（6）不允许在客户家喝酒、抽烟。

（二）基本作业技能

1. 如何掌握菜、汤温、饭温度。

2. 如何保持与控制菜、汤温、饭温度。

3. 何种作业需要什么材料和工具。

4. 餐饮服务的基本知识和使用技能。

5. 菜具配置和使用的基本知识和技能。

6. 餐饮服务过程中，被服务者的菜具的配合。

7. 餐饮服务的其他知识和技能。

三、工作调配与质量检查

（一）业务承接

1. CCHC 体系的餐饮服务业务可以根据海阳集团各级部门、窗口接到的业务订单，运用互联网途径到海阳集团餐饮服务主管部门集中信息。可以签订长期服务协议，也可以采取短期服务或一次性服务。

2. 主管部门将任务发配给餐饮服务服务的具体执行部门与单位。

3. 具体执行部门的主管填写“上门服务任务单”［见《CCHC 居家养老模式体系的助浴服务的服务标准》（编号 CCHC1-4-3）中的表 1-4-3-1］交给上

门服务人员。上门服务人员要在接受任务的记录簿上签名，确认接受了任务。凭任务单到器材、材料保管部门或人员处领取除原来由服务人员自己保管以外的相关物品。

4. 具体执行部门的主管领导以收到经过客户签字确认任务完成，此案才算完成。

5. 具体执行部门的主管领导要通过互联网把完成情况报告餐饮服务主管部门备案。

（二）质量检查

1. 自检：员工在完成任务最后一道工序后，按照《CCHC（持续照料社区）居家养老模式服务管理标准 1.0》检查服务质量是否符合要求。

2. 客户检查：被服务者或者家属（含保姆）可以按照《CCHC 居家养老模式体系的餐饮服务的服务标准》（编号 CCHC1-4-5）来验收作业结果。

3. 具体执行部门的主管领导有职责对员工的作业结果进行抽查。

4. 海阳集团及 CCHC 体系的餐饮服务主管部门应该派员对餐饮服务工作质量进行监督。

5. 如果发生客户与我方对于员工的服务质量和工作质量不一致的意见时，可以先在内部逐级按照《CCHC（持续照料社区）居家养老模式服务管理标准 1.0》进行甄别，直至邀请第三方进行鉴定。

CCHC体系的餐饮服务操作的基本要求

编号 CCHC1-4-6-1

一、业务范围

凡属《CCHC（持续照料社区）居家养老模式服务管理标准 1.0》中从事《CCHC 体系的餐饮服务的基本要求》（编号 CCHC1-4-5-1）界定的服务业务的餐饮服务人员，均应本要求来进行操作。如有由此与餐饮服务服务相关延伸的事宜操作标准的制定，也应服从本基本要求的精神来执行。

二、基本要求

（一）按照餐饮服务任务派单的要求，按时到指定地点为指定服务对象进行餐饮服务，并在标准规定的时间内，完成标准要求的所有操作工序。

（二）携带规定由我方提供餐饮服务的材料和器材，如由被服务方自己准备的物品，尤其是第一次上门服务，最好也事先告知被服务者或者家属（含保姆）。

（三）有义务让被服务者及其家属（含保姆）知道我方的相关服务标准，便于互相监督。

（四）餐饮服务的主管领导应该有职责有计划地对餐饮服务人员的服务质量和工作质量进行实地检查。

三、餐饮服务（狭义）的操作工序

（一）集中餐饮服务

1. 向被服务者和家属（含保姆）说明清楚后，根据室内温度及通风情况，关闭或开启所有的门窗。

2. 调节餐饮场所的室温，确认符合就餐者舒适的要求。

3. 将餐品送到就餐者附近，放置妥当方便就餐的地方。

4. 观察被服务者状况，如需帮助，应及时提供所需的帮助。

5. 被服务者如需添加饭或饭应及时安排提供。

6. 被服务者完成就餐，应及时收拾餐具，清洁桌面。

7. 整理就餐用物。

8. 清理餐饮场所。

9. 请被服务者或者家属（含保姆）确认任务完成情况并签名。

（二）个别餐饮、送餐服务

1. 向被服务者和家属（含保姆）说明清楚后，根据室内温度及通风情况，关闭或开启所有的门窗。

2. 调节餐饮场所的室温，确认符合就餐者舒适的要求。

3. 将餐品送到就餐者附近或家里，放置妥当方便就餐的地方。

4. 观察被服务者状况，如需帮助，应及时提供所需的帮助。

5. 被服务者如需添加饭或饭应及时安排提供。

6. 被服务者完成就餐，应及时收拾餐具，清洁桌面。

7. 整理就餐用物。

8. 清理餐饮场所。

9. 请被服务者或者家属（含保姆）确认任务完成情况并签名。

CCHC居家养老模式体系的生活照料服务的服务标准

编号 CCHC1-4-7-1

一、总则

生活照料服务不是居家养老的全部，但是CCHC居家养老模式体系中必不可少的一个重要部分，也是CCHC居家养老模式体系能否成功的重要一环。本标准主要是为部分或者全部丧失生活自理能力对的老人，提供生活照料服务，使老人在家中同样得到机关养老的服务待遇，充分享受美好的晚年生活。

二、CCHC居家养老模式的生活照料服务的功能

根据服务对象的不同要求，可分为住家、包月钟点工、钟点工、全护理工、一般辅助护理工、临时用工等不同服务，其定义如下（见表1-4-7-1-1）：

表1-4-7-1-1

类别	住　　家	包月钟点工	钟点工	全护理工	一般辅助理工	大扫除保洁	临时用工
服务类型定义	根据合同约定用的服务内容，为所服务家庭提供全天候全面多项的家庭服务。	按月固定时间使用固定的人前来服务。服务内容根据合同约定，一般以计件形式。	固定时间使用固定的人提供服务。服务内容根据合同约定，一般以计件形式。	在家中为老人提供全护理服务，时间可以双方约定。	根据双方在内容和时间的约定，实施一般护辅助理工作。	房间居住使用了一段时间之后，需要对其进行全面的检修维护，以保证主人拥有一个舒适卫生的居住环境。	按需

生活照料服务可分为：一般家务、一般辅助护理、家庭理财、家庭餐制作、全护理、家庭秘书、家庭安全员、陪伴、管家。根据家务服务员所具备的任职条件和技能要求不同，划分为普通、一星级、二星级、三星级共四个级别（见表1-4-7-1-2）。高一级别家务服务员除具备上一级别服务员所需的知识技能外，还应具备本级别规定的要求，不同级别有不同的报酬。

表1-4-7-1-2

类别	普通	一星级	二星级	三星级	四星级
服务类型定义	一般家务、一般辅助护理	一般家务、一般辅助护理、家庭理财、家庭餐制作	一般家务、一般辅助护理、家庭理财、家庭餐制作、全护理、家庭秘书	一般家务、一般辅助护理、家庭理财、家庭餐制作、全护理、家庭秘书、家庭安全员、陪伴	一般家务、一般辅助护理、家庭理财、家庭餐制作、全护理、家庭秘书、家庭安全员、陪伴、管家

三、CCHC居家养老模式的生活照料服务的服务标准

（一）一般服务：制作家庭便餐、家居保洁、衣物洗涤、园艺等等，以器物的服务为主

1. 制作家庭便餐：以中式便餐为主，饭食类有三菜一汤套餐、炒饭、烩饭、各类盖浇饭。面条类有加上各种浇头的汤面、炒面、拌面以及类似于面条的米粉、米线等。面点类有包子、馄饨、饺子、烧卖、煎饼等。

2. 家居保洁：包括整洁居室（客厅、卧室、厨房、卫生间）和清洁灶具；主要客厅和居室的对门框、台面、地面（地砖、地板、地毯）、开关盒、室内玻璃、厨房龙头、下水道、水槽、卫生间抽水马桶内外、清洁灶具。

3. 衣物洗涤：洗涤内衣、外衣、拆洗被褥，晒被子、熨烫衣物和保养。

4. 园艺：主要对家庭绿化和室外草坪进行植物摆放、灭虫、施肥、修剪、托管等保养和护理。

（二）一般辅助护理：照料、陪护老人，主要提供洗漱、进餐、床边用便盆、下床稍稍走动、使用轮椅陪伴老人外出等服务。

（三）家庭理财：对客户老人日常生活开支的管理，包括采购、记账等。

（四）家庭餐制作：根据不同季节的老人需求的家庭餐，原辅料的采购、餐前准备（择菜、洗菜、切配等）、菜品制作、餐后整理、清洗水果等。

（五）全护理：在家庭照料、看护老人。主要是指护理体温、脉搏、呼吸、血压、瞳孔等，这些生命体征的变化都反映出疾病的好转或者恶化。因此病情观察是基础护理的重点内容。此外，还应注意皮肤黏膜的变化和呕吐物及大小便的颜色、量、性状、次数等。

1. 医疗护理：

（1）治疗护理，如退热、输液、输氧、排气、排炎、导尿等采用治疗手段时的护理；

（2）用药护理，督促病人用药，正确服用，观察药物不良反应等；

（3）诊察护理，如化验标本的正确采集，做各类检查时的护理等。

2. 生活护理：生活护理内容主要是照顾病人的清洁卫生，如洗头、口腔清洁、淋浴、更衣、辅床、修剪指（趾）甲等，以及一些必要的消毒。

3. 饮食护理：根据病人病种病情的需要，制作特定的病号饭，科学合理安排病人饮食，以补充足够的营养，促进机体恢复。

4. 休息睡眠：任何疾病的好转、康复都需要充足的休息和睡眠，因此，必须创造安宁的环境，保证病人充分的休息与睡眠。

5. 心理护理：当人患病后，特别是一些较严重的疾病会使人产生不同程度的心理负担，恐惧、焦虑，这些都将影响病人的康复。因此减轻病人心理压力也是护理的内容之一。

（六）家庭秘书：帮助老人对文书档案进行处理、电脑操作、公关事务、汽车驾驶等。

（七）家庭安全员：一类是负责老人家庭器物的维修与安全，如水电、电器、电脑、住宅的维修服务与安全等，又称家庭技术员和保安员。

（八）陪伴：陪同购物或聊天，主要满足老人舒缓情绪，排遣孤独感，或通过其他陪伴方式满足老人的心理需求。

（九）管家：对客户的家庭事务进行全面安排，既能主理家务，又能处理事务；既懂琴棋书画，又懂养生美食；既会待人接物，又会礼仪着装。能针对客户家人的不同特点，调配膳食，美化家庭环境，科学体育锻炼，安排老人休闲娱乐、旅游，迎送宾客，指导合理的作息。日常采购、洗衣熨烫、宠物饲养等都在管家的服务范围之内。

CCHC居家养老模式体系的生活照料服务的操作标准

编号 CCHC1-4-7-2

一、总体思路

为了确保《CCHC 居家养老模式体系的生活照料服务的服务标准》(编号 CCHC1-4-7-1)的服务内容得到有效落实，更好地为老人提供优质的服务，结合海阳集团对居家养老的要求，特制订《CCHC 居家养老模式体的生活照料服务的操作标准》。

二、CCHC 居家养老模式体系的家政服务操作标准

（一）管理

1. 社区老年服务分中心生活照料工作者管理分中心为生活照料工作者的管理部门。

2. 社区老年服务分中心生活照料工作者管理分中心负责招募生活照料工作者，基本要求：年龄在 18 岁到 55 岁之间，初中以上文化程度，无精神病史和各类传染病，同时还要符合海阳集团 CCHC 居家养老模式体系下的“生活照料工作者”招聘条件。

3. 负责接单，按照“住家、包月钟点工、钟点工、全护理工、一般辅助护理工、临时用工”上门或电话沟通，进一步明确服务时间、服务内容，了解难易程度，确定服务费用，并根据老人的服务要求和特点，签约后安排

与老人相适应的生活照料工作者，为老人提供服务，并将老人的年龄、性别、爱好、漫病、宗教信仰、家庭其他成员等信息进入资料库，填入“上门服务任务单”［见《CCHC 居家养老模式体系的助浴服务的服务标准》（编号 CCHC1-4-3）中的表 1-4-3-1］和电子文档。

4. 对生活照料工作者的工作进行回访，将回访记录（见表 1-4-7-2-1）做成月度评估，作为绩效考核的依据，并纸质和电子存档。

5. 定期上门抽查生活照料工作者的工作情况，检查是否符合标准要求，并纸质和电子存档（见表 1-4-7-2-2）。

6. 加强与老人的沟通，收集信息，以便改进工作，并纸质和电子存档（见表 1-4-7-2-3）。

CCHC——生活照料服务回访表

表1-4-7-2-1

序号	回访日期	回访人	被访者	联系方式	应回访项数	被访内容									
						一般家务	一般辅助护理	家庭理财	家庭餐制作	全护理	家庭秘书	家庭安全员	陪伴	管家	总评
1															
2															
3															
…															
…															
…															
19															
20															

备注：每项得分10分，总评＝回访项数得分总和/应回访项数得分总和×100。

CCHC——生活照料服务检查表

表1-4-7-2-2

序号	检查日期	检查人	被访者	联系方式	应检查项数	被访内容									
						一般家务	一般辅助护理	家庭理财	家庭餐制作	全护理	家庭秘书	家庭安全员	陪伴	管家	总评
1															
2															
3															
4															
…															
…															
17															
18															
19															
20															

备注：每项得分10分，总评=检查项数得分总和/应检查项数得分总和×100。

CCHC——信息沟通表

表1-4-7-2-3

序号	沟通日期	沟通人	被服务者	联系方式	被访内容
1					
2					
3					
4					
5					
…					
…					
…					
17					
18					
19					
20					

7. 以社区老年服务分中心生活照料工作者管理分中心为单位，每月开一次“生活照料工作者”会议，点评本月“生活照料工作者”的工作情况，反馈检查和老人的意见，对做得好的予以表扬，指出存在不足，不断提升服务质量，并以会议纪要形式存档。

8. 每年评选一次“优秀生活照料工作者”。条件：根据当年生活照料工作的要求，制定相应“优秀生活照料工作者”评选条件，年初公布。每年修订一次。

9. 核实并记录生活照料工作者的资质情况，以帮助生活照料工作者的星级评定。“星级评定”工作每两年一次，以确保生活照料工作者的队伍稳定，降低流失率。

（二）生活照料工作者必须具备的基本条件

1. 具有国家劳动部门颁发的相应级别的《职业资格证书》。

2. 具备相关法律法规基础知识。

3. 掌握家务服务的基本知识与技能。

4. 仪容仪表端庄、大方，着装统一、规范、整洁，统一佩戴工号牌，便于识别。

5. 表情自然、亲切，提倡微笑服务。提倡使用普通话，语调语速适当，语言简洁、准确、生动，与老人打招呼时应礼貌问好，亲切诚恳。主动服务，符合相应岗位的服务礼仪规范，让老人感到尊重。

6. 讲究个人卫生，不留长指甲，男士不留长头发，工作服定期清洗。

7. 尊重老人的生活习俗和宗教信仰。

8. 严格遵守保密纪律，不得在任何情况下向任何人透露服务对象的任何情况。

（三）生活照料工作者的上门纪律

1. 生活照料工作者上门服务前做好充分准备，带好需要使用的工具前往。

2. 上门服务时须按一长两短的方式敲门。开门后，生活照料工作者须面带微笑招呼老人，同时穿鞋套进门（绿化员在进行花园日常养护时须带两双鞋套随时更换，不可弄脏业主家地面）。

3. 通过海阳集团 CCHC 居家养老体系平台的定制手机软件先向 ×× 街道（社区）CCHC 居家养老综合服务中心报到，并请老人在装有家庭探头的地方确认（可根据服务对象对移动终端的熟悉情况来选择通过手机软件确认，或者电话确认），假如老人家中没有探头，那么生活照料工作者则要使用手机进行录像并上传视频，确认家政工作者到位。

4. 若业主无特殊要求，则按常规操作程序进行。

5. 生活照料工作者在工作场所走时必须步履轻盈，且不可东张西望，不抽烟，不可向业主提任何要求（包括喝水等），不可接受业主的任何馈赠及钱物，不可乱翻老人的任何东西；洁身自律，不顺手牵羊拿任何东西，一经发现，以偷窃论处，并移交公安机关处理。

6. 在进行室内清洁时，保洁员必须及时提醒老人收藏好贵重物品，以免引起误会。

7. 因生活照料工作者粗心大意或是工作不细心造成物品损坏或是遗失，承担相应的赔偿责任，具体的经双方协商而定。

8. 操作现场必须干净整洁。作业完成后，清理现场，所有工具必须全部带回，不可留在操作现场。

9. 工作结束后，使用海阳集团 CCHC 居家养老体系平台的定制手机软件，回复 ×× 街道（社区）CCHC 居家养老综合服务中心完成服务，并在有家庭探头的地方，请服务对象确认（可根据服务对象对移动终端的熟悉情况来选择通过手机软件确认，或者电话确认），假如老人家中没有探头，那么生活照料工作者则要使用手机进行录像并上传视频，方可离开。

（四）生活照料工作的各类操作标准

1. 一般家务

（1）保洁操作标准

A. 遵循原则：从里到外、自上而下，从里到外、先易后难的原则；

扫地拖地：由内而外，从两边开始再向中间清扫；

擦拭物品：从上到下、从左到右，再清洗边角；

垃圾袋更换：垃圾箱不能超过2/3满，白天出现异味、较脏、垃圾袋破损等现象时，要及时更换垃圾袋；

推尘：沿地面直线成行操作。

B. 掌握技能

掌握不同类型地砖、大理石、木地板、地毯的清扫擦拭常识和程序，能够运用正确方法清洁一般地面；

掌握家具的有关常识，能够正确擦拭一般家具及用品；

掌握一般清洁剂的性能和使用常识，能够按照要求正确清洁厨房、卫生间。

C. 达到目标

室内玻璃门窗要保证边框以及推拉轨道不能有残留的污渍以及灰尘，严格遵守玻璃透明光洁、不能留下水印或者痕迹的原则；

开关或者电源盒的时候要保证外壳和内部的整洁和干净；

厨房和卫生间要保证地板瓷砖的干燥、干净整洁，不能留下水印、灰尘等痕迹，下水道无异味；

门窗的门框、门头都要清洗，凹凸的地方也要妥善地进行处理，保证整个门的干净；

在不破坏墙面整体形象的前提下进行正确的墙角清理工作。

（2）衣物的洗涤和保管

A. 掌握技能

了解衣物和洗涤剂的一般特性，并能够依据衣物的特性正确选用洗涤剂；

了解衣物洗涤的一般常识，正确使用手洗和机洗的方法洗涤衣物；

掌握晾晒和叠放衣物的正确方法。

B. 更换和洗涤要求

区分内衣内裤和深浅颜色不同，分开洗涤；

老人衣服更换周期：贴身内衣裤每天更换；秋衣秋裤，冬天每周更换两次，春秋天每周更换三次，夏天每天更换。被褥一周更换一次（也可根据天气情况而定，但最多不超过10天）；

适时清洗窗帘；

夏天每天擦席子。

（3）园艺

A. 掌握花草的不同生长特性，制定工作安排程序，进行浇水、松土、剪叶、施肥、除虫；

B. 熟悉常规家用花草树木的基本养殖技术，合理布局花草树木的品种和数量；

C. 懂得花草树木的名称、特性和培植方法，并对较为名贵、稀有或数量配套的品种在适当的地方告知其名称、种植季节，生长特征、管理办法等，供老人欣赏；

D. 台风季节，要注意将室外花盆移到安全处，确保安全。

2. 一般辅助护理

照料、陪护老年人：要求身体健康，特别是需要制作简餐的，一定要有健康证明。

（1）简餐：掌握蒸、煮、炒、炖、拌技能，烹饪菜肴。掌握切丁、片、丝、块、段的刀工技法处理鱼肉；具备食材和食用调料质量好坏的鉴别能力。

（2）老人进食的照护

A. 进食前的准备：整理室内环境，进食前半小时打扫卫生，清除垃圾、尿布、污物等，征求老人同意后，将与进食无关的物品收拾起来；室内通风，目的是排除令人不快的气味；适宜的照明，一定的室内光线有利于进食，眼睛表明，最事宜进食的颜色是黄色，故进食时宜打开黄色灯光；

B. 用物准备：准备餐具，根据老人需要准备碗、盘、筷子或勺子等；对餐桌、椅的要求，配置与老人相匹配高度的餐桌和合适的椅子（椅子应有椅背，必要时还应有扶手，方便老人站起）进食；

卧床老人：将老人的床摇高至30°位置，同时轻轻地帮助老人翻身倾斜至30°位置，再根据老人需要准备碗、盘、筷子或勺子等，放在床边。

C. 进食前的护理：生活照料工作者洗净手，经过老人同意，将餐巾纸围于老人胸前，以保持衣服或被单的清洁，叮嘱老人做好进餐准备。若有饭前服用的药，则在饭前半小时先服药；

D. 进食时的护理：食物温度在38°C到40°C之间；假如老人有吞咽困难，还要进行碾磨后方可喂食；喂食速度适中，顺序为一口汤、一口饭、一口菜。尽量鼓励老人自己用餐，以达到锻炼目的，如老人愿意自己进食，可设置“时钟形”平面图放置食物，告知方法及食物名称，以利于老人按食物摆放顺序摄取，如6点处放饭，12点处放汤，9点处和3点处放菜等，但生活照料工作者不得离开，给予必要的帮助，协助用餐；

E. 进食后的护理：及时撤去餐具，督促协助老人或帮老人洗手、漱口或做口腔护理；卧床老人要半小时后，方可调整床的方向位置，防止食物反流。

（3）帮助老人正常如厕

A. 工作准备→沟通→协助如厕→整理

步骤1　工作准备：环境准备，环境整洁，温湿度适宜；护理员准备，服装整洁，洗净双手；物品准备，卫生间有从便器及扶手设施、卫生纸，必要时床旁备坐便椅。

步骤2　沟通：询问老年人是否需要排便，根据老年人自理程度采取轮椅推行、搀扶、床上的方式。

步骤3　协助如厕：生活照料工作者使用轮椅推行或搀扶老年人进入卫生

间，协助其转身面对生活照料工作者，双手扶住坐便器旁的扶手；生活照料工作者一手搂抱老年人腋下（或腰部），另一手协助老年人（或老年人自己）脱下裤子；双手环抱老年人腋下，协助老年人缓慢坐于坐便器上，双手扶稳扶手进行排便；老年人便后自己擦净肛门或身体前倾由生活照料工作者协助用手纸擦净肛门；老年人自己借助卫生间扶手支撑身体（或生活照料工作者协助老年人）起身，老年人自己（或生活照料工作者协助）穿好裤子；按压坐便器开关冲水，然后洗手擦干。

能采取坐位但行走不便的老年人，生活照料工作者可协助其在床旁使用坐便椅排便，方法同上。

步骤 4　整理：生活照料工作者使用轮椅推行或搀扶老年人回房间休息，卫生间开窗通风或开启抽风设备清除异味，之后将其关闭；协助老人使用坐便椅排便后，倾倒污物，清洗消毒便盆，晾干备用。

B. 生活照料工作者注意事项：房间尽可能靠近卫生间，方便老年人如厕。卫生间设有坐便器并安装扶手，方便老年人坐下和站起；卫生用品放在老人伸手可以方便取到的位置；保持卫生间地面整洁，无水渍，以免老年人滑倒。

（五）家庭理财

1. 生活照料工作者必须具备基本的职业道德和财务知识，方可服务于老人。

2. 家庭理财最简单、最直接的方式就是记账（见表 1-4-7-2-4），要求简单方便，一目了然；每日小计，每 10 天小结，每月合计，每季汇总，每年总计；每天记账让老人过目并确认；账目中较大或较重要的收支项目前可用红笔标注，便于老人查询；更重要的是记账后要定期进行统计和分析，让老人知晓分析结果，以便更好地管理资金。

CCHC——记账表

（单位：元）　　　　表1-4-7-2-4

时间	生活	物业费	保险	旅游娱乐	车辆	水	电	煤	通信	其他	日计（元）	说明
1日												
2日												
3日												
…												
…												
9日												
10日												
小计1												
11日												
12日												
…												
…												
19日												
20日												
小计2												
21日												
22日												
…												
…												
30日												
31日												
合计												

记录人：　　　　年　　月

3. 科学性记账，分门另类，一目了然。

平时在超市帮助老人购买的食品发票，可以贴在冰箱上，这样就会清楚冰箱里还有什么食物，还需要填补什么食物，不会造成浪费；在家里可以备用五到十枚信封，存放发票，以便核账，在信封上做好有效的标识。

（六）家庭餐的制作操作标准

1. 除了前面提到的上岗证外，家庭餐的生活照料工作者必须满足基本条件。

经过培训获得任意级别的厨师证和健康证明；了解食品安全和膳食营养搭配的基本知识；掌握常见家用厨具以及厨房常用家电的正确操作方法；了解菜品色、香、味、形、器的基本知识；了解一般常见病的饮食禁忌并能够制作适宜的菜品。

2. 制定适合老人的菜谱。

征询老人对家庭餐的制作要求；了解老人的宗教信仰和饮食习惯；制定家庭餐食谱并经过老人确认。

3. 家庭餐的制作原辅料采买。

了解食材、调味料等食品的质量标准；掌握原辅料存储的基本常识；进行采买记账。

4. 家庭餐的制作前准备。

掌握常见蔬菜的选、削、择、洗的方法；掌握切、剁、削、刮、的刀法；掌握常见动物类食物的洗涤和加工技术；掌握干货的涨发基本方法；能够根据所要制作的菜品，备好相应的餐具。

5. 家庭餐制作。

掌握蒸、炒、炖、拌、煮、煎 4 种以上烹调技法；了解基本调味品、火候的使用常识，准确鉴别食品成熟性状；掌握 2 种以上凉菜拌制方法；掌握 4 种以上主食、3 种以上的汤品、2 种以上的粥品的制作技法；掌握常见水果的加工和制作。

6. 菜品盛放。

生活照料工作者应了解器皿的选用知识，掌握常见菜品装点和美化常识，在条件允许的前提下，做到菜品色香味形器的最佳组合。

7. 餐后整理

掌握餐具整理和清洁知识，对常用餐具进行整理、清洁、消毒和存放；能够正确掌握炊具、刀具、灶具的整理和清洁；调味料、原料放回原处、未食用的食品妥善存放；餐桌用热水反复擦拭，去除油污，之后用干抹布擦拭干净；厨房、餐厅地面清理干净，并将餐厨垃圾分类收集及时清除干净。

8. 老人意见征集和改进

生活照料工作者及时征求老人对家庭餐的意见和建议，并以积极的态度进行持续改进。引用本章节表 1-4-7-2-3。

（七）全护理操作标准

除了前面提到的上岗证外，全护理的生活照料工作者必须持有相应的护理证书。

家庭护理主要是针对病患者需要，进行医疗（如生命体征）、日常生活、饮食、休息睡眠、心理等进行护理的一个过程（更衣周期同“一般服务”），对日常的体温、脉搏、呼吸、血压、瞳孔等家庭护理最基本的项目，每天做好详细记录（见表 1-4-7-2-5），记录以电子档和纸质档并存。

全护理记录表

表1-4-7-2-5

时间	护理人员	被服务者	更衣和床单	饮食			体温	脉搏	血压	呼吸	瞳孔	睡眠	心理护理	备注
				早餐	午餐	晚餐								
1日														
2日														
3日														
…														
…														
…														
30日														
31日														

年　　月

1. 长期卧床老人，床单清洁护理方法：

（1）清洁床单：协助老人翻身至对侧，松开近侧床单，用床刷从床头至床尾扫净床单上的渣屑，应注意将枕下及老人身下各层彻底扫净，然后将床单拉平铺好，协助老人翻身卧于扫净侧。转至对侧依照上法逐层清扫，并拉平床单铺好；整理铺盖，将棉被拉平，为老人盖好；取下枕头揉松，放于老人头下。

（2）更换床单：协助老人翻身至对侧，松开近侧床单，将脏污床单卷起，塞入老人身下，扫净垫褥上的渣屑；将清洁床单铺在床的一边（正面在内），床单中线与床中线对齐，将上半幅卷起塞在老人身下，靠近侧的半幅自床头、床尾、中间，先后铺平拉紧塞入床垫下，帮助老人侧卧于清洁床单上，面向护理人，转至对侧，将脏污床单自床头至床尾边卷边拉出，然后将清洁床单拉平，同上法铺好，帮助老人取仰卧位；盖好棉被，使老人舒适平卧；一只手扶住老人的头颈部，另一只手速将枕头取出，更换枕套，给老人枕好。

（3）翻身侧卧：双手抬起老人的头肩部，并转向对侧，在老人的背部放置软枕，以维持体位，胸前放一软枕，支持前臂，使老人舒适；将老人上腿弯向前方，下腿微屈，两膝之间，垫以软枕，防止两腿之间相互受压及摩擦。

2. 护理技术操作要求：

（1）了解护理对象的护理内容，及时向专业医护人员请教，使病人得到尽可能完善的护理服务。

（2）病人居室光线要充足，温度、湿度要适宜。

（3）护理动作要迅速、轻柔，切忌生拉硬拽，避免给老年病人增加不必要的痛苦。

（4）注意老年病人的卧位，姿势要舒适，除需要暴露部分外，其余部分要遮挡，注意保暖。

（5）注意清洁操作，护理者要衣帽整洁，最好戴口罩，操作前后要用肥皂洗手。

（6）做好心理护理，了解病人心理状态，做好解释工作。对病人要和蔼可亲，语言要温柔，使病人尽可能处于接受治疗的最佳心理状态。

（7）护理操作完毕后，整理好病人的衣服被褥，使病人感觉舒适。

（8）做好病情观察记录和护理记录。

3. 卧床老年病人的口腔护理：

（1）正常人口腔内含有大量的溶菌酶，具有杀菌作用。长期卧床的病人，由于机体抵抗力低下，饮水、进食减少，口腔内的微生物趁机大量繁殖，引起口腔炎、舌炎，甚至由于感染导致并发症的发生。做好口腔护理，既可以预防疾病，又能使病人感到舒适，促进食欲。

（2）卧床的老年病人，有假牙者应选取下假牙。口腔护理时，自己能坐起来的，应让他自己像正常人一样刷牙、漱口。不能坐起的病人让其头偏向一侧或侧卧，颈下垫一干毛巾，口角处放一小碗，由老年病人自己刷牙。不能自理的病人，应协助刷牙。如果病人动嘴困难或神志不清时，可用消毒后的镊子夹紧盐水棉球，或用手指缠绕上消毒纱布，由外至内擦净牙齿各面、舌及口腔黏膜，擦拭时注意多更换几次棉球。擦洗完毕，擦干面部，清点棉球数，整理用物。

（3）做口腔护理时，动作要轻，防止损伤口腔黏膜。盐水棉球不可过湿，避免吸入呼吸道。口腔有溃疡时，涂以1%冰硼散或双料喉风散。

（4）对镶假牙的患者，应取上假牙用冷水冲洗刷净，放入清水中保存，禁用热水，以防龟裂或变形。

口腔护理至少早晚各一次，必要时餐前餐后也应进行。

4. 卧床病人的晨、晚间护理：

（1）晨间护理。晨间护理要给病人以一个振奋的面貌迎接新的一天，并给病人一天生活创造一个整洁、舒适的环境；

（2）每天早上要将门窗开启一段时间，更换室内空气，冬季开窗时注意病人保暖；

（3）给病人洗脸、洗手，大小便失禁的病人还要清洗会阴及擦浴；

（4）对病人进行口腔护理，帮其梳头；

（5）给病人翻身，按摩背部及骨突出部；

（6）观察病情变化，如脉搏体温、呼吸等；

（7）整理床铺，清扫床单，拉平、铺好床单及盖被，根据换洗衣物的周期，帮助老人更换衣服、床单；

（8）晚间护理。晚间护理可使病人清洁、舒适，利于睡眠；

（9）给病人进行口腔护理或协助漱口；

（10）给病人洗脸、洗手、洗脚，女病人冲洗外阴；

（11）给病人翻身、按摩；

（12）整理床铺，盖好盖被；

（13）熄灯或调节灯光，避免强光和噪音；

（14）难入睡的病人可给予少量饮食。

（八）家庭秘书

1. 除了前面提到的上岗证外，家庭秘书的生活照料工作者还必须持有小型机动车驾驶证。

2. 掌握文档管理的基本知识，在老人允许下，对老人的私人照片、生活信息等等，分门别类地进行归类整理，并存电子档。处理结束后，告知老人此次操作的信息存放路径，以便老人自己浏览。

3. 熟练掌握电脑的“办公自动化”的应用，并能进行各类移动终端与电脑的联机使用，互倒数据。

4. 具备一定公关能力、沟通技巧和各项家庭事务处理常识、流程、注意事项、常用的家庭事务处理工具，如天气预报查询、健康食谱、旅游攻略、机票预订、交通查询等，在老人同意的情况下，可以下载类似“小年糕”的APP，选择老人喜欢的照片进行编辑，使老人可以欣赏到自己的美照。

5. 熟练掌握七座以下各种车型的车子的驾驶，在老人允许下驾车外出处理老人事务，带老人外出旅游、带老人就医等等。

6. 负责对老人的汽车进行保养、加油、验车等。

（九）家庭安全员

1. 熟练掌握家用电器和燃气具使用，了解家用电器的性能和使用注意事项，能够安全使用家用电器。

2. 掌握煤、煤气、天然气等的使用常识，能够安全使用燃气具，妥善处理常见的意外情况。

3. 掌握水电的相关知识，了解老人家里空气开关的位置和对应关系，处理简单的如跳闸之类的问题；假如遇到自己不能处理的问题发生，及时联系物业，解决问题。

4. 了解家中弱电线路的走向，简单维修通信线路上的小问题，遇到不能处理的问题，及时联系相关运营商。

（十）陪伴

1. 陪伴老人的生活照料工作者，要具备观察能力、逻辑思维能力、表达能力、人际沟通能力、自我控制能力和较强的保密意识。

2. 陪伴老人聊天时要注意：

（1）声音大点。毕竟人老了，耳朵有一点听不清楚也是在情理之中的。所以就需要我们声音大一点，不要因为这一点小小的障碍而导致我们不能接下来进行愉快的聊天。

（2）敞开心扉。老人毕竟老了，活得时间长了，许多东西都看淡了。许多事只要不违背道德、法律的事都会在老人这得到支持，这并不奇怪。所以，并不需要像与父母长辈聊天那样小心翼翼地聊天，大可以将老人当成一个知心朋友，将生活上的种种烦恼告诉他。

（3）聆听。有的时候陪老人聊天并不需要我们多会说，只需要我们静静地聆听就行了。老人在世的时间比我们长得多得多，经历过的风风雨雨是需要聆听才能知道的。经过时间的沉淀，老人还能记住的事情一定都会是一些生平最重要的东西，慢慢听老人讲，对后来人也是有所启发的；

（4）与老人分享自己的故事。听过老人的故事以后也可以向老人讲讲自己经历过的一些事，能更好地增进与老人之间的距离；

（5）请教。在生活上许多不能理解或不知道该怎么做的事情可以向老人请教，经历过风风雨雨几十年的老人对于生活的理解肯定是远高于我们这些年轻人的，所以向老人请教是不错的选择；

（6）理解。在与老人聊天的时候，或许他（她）说的一些事情的处理方法跟你对事情的处理方法有一点不同，但请不要急忙否定老人的做法。因为时代不同、年纪不同，以前的做法可能跟现在有一些不同。他（她）这么做一定有他（她）的道理，或许你现在并不能理解，但时间会给你答案，随着时间的流逝，你会慢慢理解当时他（她）为什么会这么做。

（十一）管家

1. 担任的生活照料工作者，必须具备较强的综合能力和管理能力，具备以上各分项的资质。

2. 负责整个家中的事务，合理调配其他生活照料工作者的日常工作，工作目标是令老人的生活舒适、愉悦。

3. 负责老人个性化档案建立，内容包括：家庭人口数及构成、职业、年龄、联系电话、兴趣爱好、特长、宗教信仰、病史、宠物情况、关注的节日、对物业服务的个性化需求、物业使用过程中投诉或重大维修记录等，同时提交中心数据库存档。

4. 根据老人的健康档案和要求，制定适合老人的个性化膳食；管理家庭生活，每天都要安排人打扫各个房间，并且通过插花、家庭器物摆放等来起到美化环境的作用；规划老人的生活，家庭管家科学安排适合老人的锻炼项目和锻炼时间；为老人家庭安排休闲生活，摸清老人家庭的兴趣所在，投其所好，安排休闲旅游；接送家中的客人；安排老人作息时间。

5. 严格遵守保密纪律，不向任何人透露老人的任何情况。

CCHC居家养老模式体系的一般服务的服务标准

编号 CCHC1-4-8

一、总则

（一）本标准规定了在CCHC居家养老模式体系中，由海阳集团及其CCHC体系下属机构单位派出员工帮助失去自理能力或者半自理能力的老人或残疾人（统称被服务者）进行一般服务业务（广义的“一般服务”）时，应该达到的服务质量和工作质量的基本要求。

（二）本标准也可以在帮助非海阳集团系统需要制定有关标准中引用。

二、工作目标

通过海阳集团员工提供规范、热情、友好、文明的一般服务业务，使被服务者在需要一般服务等日常生活项目时，得到及时、到位的帮助，让他们得到一般服务的享受。也是提供服务方与被服务方之间，在签订合同、检验服务质量应用的文字表述。

三、基本要求

本标准根据被服务方需要的一般服务时服务项目的类型不同，提供不同性质的服务，但为居家养老的老人或残疾人的基本态度，不能因为价格高低而改变。对于一般服务员工的基本要求是：

（一）一般服务人员要敬业爱岗，尽职尽责，遵纪守法，文明上岗，坚持原则。

（二）一般服务人员要熟悉一般服务服务的基本内容，掌握帮助老人或残疾人一般服务的服务程序和操作规程。海阳集团 CCHC 体系的一般服务员工应经过专项培训，明白了本岗位的应知应会和岗位职责后，方能上岗。

（三）一般服务人员上门服务应携带海阳集团 CCHC 体系相关带有相片证件或胸卡，仪表仪容整洁端庄。

（四）一般服务人员的直接领导，应该合理、正确、细致、全面填写一般服务人员的上门服务任务单，一般服务人员应该按照任务单到指定岗位为指定被服务者服务。服务内容和服务人员在开始操作前，应得到客户或者家属的确认。

（五）操作规范化，管理科学化。一般服务要做到准时、及时、适时，不搞客户或者家属不需要的额外有偿服务。

（六）爱护并珍惜由客户自备或者由我方提供的各种一般服务的设施、设备和其他材料。不得使用对被服务者及其家属、家庭有损伤的设施、设备和其他材料。

（七）熟悉各种一般服务的设施、设备和其他相关材料。

（八）服务完毕要清理服务现场，恢复到服务前的正常的状态。

（九）保护环境，节约能源。

（十）文明服务，最大程度地减少对周围环境和客户家属正常的生活、工作的影响。

（十一）严格按照操作规程作业，最大程度地保证被服务者的人身安全，避免由于我方服务不当而引起的事故。

（十二）每次派单服务中，最后一道工序没有达到标准，就不能算完成任务。

（十三）一般服务人员应按照海阳集团及其CCHC体系相关部门单位的要求，参加业务培训，学习新技术和先进经验，提高文明水平和安全意识。

（十四）一般服务人员的主管领导，应该熟悉本标准，在委托非本部门或者非海阳集团的单位承接一般服务业务时，要依据本标准来签署协议和合同。

CCHC体系的一般服务的基本要求

编号 CCHC1-4-8-1

一、一般服务的定义

居家养老的老人中有相当数量的老人具有一定的自理能力，一般不需要生活照料工作者上门服务。但他们也会有一些力不从心的事情需要人帮助，或者需要人关心。如购置比较重的物件，家中需要大扫除，这就需要别人给予一次性的帮助或服务。类似此类服务可以采取有偿服务和义务帮助相结合的办法。以 ×× 街道（社区）CCHC 居家养老综合服务中心志愿者工作站为主，建立居家养老老人的一般服务分系统或子系统，编制《居家养老老人的一般服务项目一览表》，明确服务项目的内容、服务的时段，需要花费的时间和成本，费用支付的方式，是义务还是收费等，由谁提供服务等等。社会上流行的“时间银行”即以年轻人帮助耄耋老人为自己积攒服务资源的办法，也可纳入其中。

（一）一般服务主要分为集中服务、上门服务。

（二）符合国家安全法律法规的规定和行业标准。

（三）提供一般服务应根据老年人需求，为老年人提供丰富、全面的服务。

（四）服务应及时，选择合适的设备及工具，保证及时、准确、安全地做好一般服务。

（五）提供一般服务应获得相关许可证，凡涉及用电方面的服务人员应持有电工证，修理服务人员应持有维修上岗证，某些专业服务可转介有相关资质的第三方提供。

二、一般服务的要求

（一）确认过家属或者由我方提供一般服务的基本资料是否齐全。

（二）确认过为被服务者场所环境清洁需求。

（三）确认过为被服务者的设施、设备修理、安装需求。

（四）我方服务人员在工作时，有相应的一般服务技能。

（五）一般服务主管者在接受被服务者委托时，应该掌握服务需求总体情况。

（六）在完成了一般服务的最后一道工序后，被服务者已经被清洗的部位，干净并无残留水痕，检查者用大拇指搓动被洗的部位，不能有残余的污垢产生。安装、修理后的设施、设备能够正常使用或运转。

（七）结束本次服务，被服务者或者家属（或保姆）在任务派单上签字，此单才能被认为本次服务有效。

三、一般服务的内容

一般服务内容不包括生活照料（清洗：清洗换气扇、油烟机、煤气灶类应做到清洗干净、卫生，符合老年人要求）、医疗（预防保健、医疗协助—测量血压和体温等、康复护理—协助老年人正确使用康复和保健仪器、健康咨询—预防保健和康复护理及老年期营养、心理健康等）、购物、室内外大扫除、登高作业、起居服务、文化教育、体育健身之外的项目。

一般服务包括：清理和清扫（剪指甲、理发或头发护理、一次性大扫除）、家具家电安装维修（门窗、纱窗，热水器、净水器、洗衣机、电脑、灯具、窗帘等安装维修）、疏通（水池、浴缸、坐便器、蹲坑、地漏疏通等应按照老年人要求进行疏通，疏通后能正常使用）、代办（代换煤气、代办各种手续、代缴各种费用）、陪同（陪同老人看望亲朋好友、出席活动、去非社区医疗机构看病、旅游、上街购物等）等。

四、一般服务的时段

一般服务维修类、疏通类应及时提供，在5—10分钟内到达服务现场，清理和清扫、安装、代办、陪同等非急需类服务，或超出规定的特殊需求，需提前协商决定。

五、一般服务的费用

需要花费的时间和成本（见表）。

项　　目		标准耗时（分钟）	标准收费	备　　注
清理和清扫	剪指甲	15	×	上门服务对象身体自理能力较差，同时来回路程占用一定的营业时间，增加20元上门服务费
	修　脚		×	
	治疗鸡眼		×	
	上门理发	15	×	
	头发护理	30	×	
	染　发	30	×	
	协助洗澡		×	
	一次性大扫除	60	×	
家具家电安装维修	门窗、纱窗	30	×	
	热水器	30	×	
	换普通水龙头	15	×	
	换普通软管	15	×	
	换角阀	10	×	
	换修水咀	15	×	
	换修台盆	30	×	
	净水器	15	×	
	洗衣机	60	×	

（续表）

项目		标准耗时（分钟）	标准收费	备注
家具家电安装维修	电脑	30	×	
	灯具	15	×	
	窗帘	15	×	
疏通	水池	30	×	家庭疏通保一周，总管保半个月
	浴缸	30	×	
	坐便器	30	×	
	换坐便器盖		×	
	蹲坑	30	×	
	地漏疏通	30	×	
代办	代换煤气	60	×	代办购物、取药、代买等40元/小时，生活照料服务中一些难以按件计算的服务，以小时为单位收费
	代办各种手续	30	×	
	代缴各种费用	30	×	
陪同	陪同老人看望亲朋好友	60	×	组织观光旅游按旅游线路成本价收费，近郊陪游15元/小时，埠外陪游50元/小时。陪游览、陪购物、陪走亲访友40—50元/小时或者100元/天
	出席活动	60	×	
	去非社区医疗机构看病	60	×	
	旅游	60	×	
	上街购物	120	×	

CCHC居家养老模式体系的一般服务的操作标准

编号 CCHC1-4-9

一、适用范围

本标准规定了在CCHC居家养老模式体系中，由海阳集团及其CCHC体系下属机构单位派出员工帮助失去自理能力或者半自理能力的老人或残疾人进行一般服务业务（广义的“一般服务”）时，应该达到的服务操作的基本要求。本标准也可以在帮助非海阳集团系统需要制定有关标准中引用。

二、一般服务的基本要求

无论是CCHC体系员工抑或是志愿者均需按照同样的要求执行。

（一）员工、志愿者行为规范

1. 员工、志愿者守则。

（1）遵守国家法律、法规、法令、政策，遵守行为道德规范，遵守集团、公司的规章制度；

（2）按照集团及其CCHC体系要求填写各种报表，提供有效证件，不得隐瞒或造假；

（3）按照集团及其CCHC体系的要求，参加各类培训及考核，接受相关的业务指导；

（4）服从领导，听从指挥，团结同事，按时按质完成各项任务；

（5）严格遵守劳动纪律，按照质量标准要求进行作业，上班时间不去与工作无关的场所；

（6）尊重社会公德和职业道德，严守单位机密，廉洁奉公，维护集体利益和单位声誉；

（7）爱护公用、单位、客户的设施，自觉维护公共和客户的环境卫生；

（8）节约能源、水和其他材料；

（9）衣着整洁，精神饱满，待人热情，文明用语；

（10）不拿公家、客户的财物，拾到遗留物品要还给本人，或上缴主管部门，不得占为己有；

（11）热爱集团、公司，关心单位发展。弘扬先进文化。

2. 工作态度：

（1）服从领导：不折不扣地服从上级领导安排的工作和调配；

（2）敬业爱岗：热爱本职工作，钻研业务，谦虚地向别人学习；

（3）诚实真诚：对领导、同事、客户，尤其是被服务者要真诚相待，不搞当面一套，背后一套；

（4）团结协作：海阳集团及其CCHC体系内部部门之间，单位班组之间，同事之间，作业时与配合的家属、保姆之间，都要齐心协力，讲究配合；

（5）勤勉高效：既要踏实，又要注意工作效率。

3. 服务态度：

（1）礼貌：员工对领导、同事，对客户，尤其是对被服务者，任何时候，任何场合都要礼貌用语，所谓“请”字当头，“谢”字不离口；

（2）乐观：以能够以乐观的态度对待客户，尤其是对待被服务者；

（3）友善：以微笑和和善的态度对待同事和客户，尤其是被服务者；

（4）热情：尽可能把麻烦、困难留给自己，给客户，尤其是被服务者带去方便；

（5）耐心：对客户，尤其是被服务者要有耐心聆听他们的要求；

（6）平等：对待客户，尤其是被服务者没有贫富之分，一律平等。

4. 仪表仪容

（1）平时要衣冠整洁，按照规定着装，上岗时要佩戴或者悬挂工作胸卡；

（2）工作场合不得穿着与场合不适应的服装和鞋袜；

（3）男职工不要留胡子、长发，男女职工的发型都要大方；

（4）女职工打扮化妆要避免浓妆艳抹，工作场合不能戴首饰；

（5）保持口腔清洁，上岗前不要吃异味食品；

（6）不允许在客户家喝酒、抽烟。

三、基本作业技能

（一）如何掌握作业清理、维修工具。

（二）如何控制作业安全。

（三）何种作业需要什么材料和工具。

（四）洗涤剂选用的基本知识和使用技能。

（五）电脑配置和使用的基本知识和技能。

（六）服务过程中，照顾被服务者的生活不被干扰。

（七）工具放置与其他物品位置知识和技能。

（八）梳理头发技能和吹风技术。

（九）剪指甲和趾甲的技能。

（十）清水与污水的给排技能。

四、工作调配与质量检查

（一）业务承接

1. CCHC 体系的一般服务业务可以根据海阳集团及其 CCHC 体系各级部

门、窗口接到的业务订单，运用互联网途径到海阳集团一般服务主管部门集中信息。可以签订长期服务协议，也可以采取短期服务或一次性服务。

2. 主管部门将任务发配给一般服务服务的 ×× 街道（社区）CCHC 居家养老综合服务中心具体执行部门与单位。

3. 具体执行部门的主管填写“上门服务任务单”［见《CCHC 居家养老模式体系的助浴服务的服务标准》（编号 CCHC1-4-3）中的表 1-4-3-1］交给上门服务人员。上门服务人员要在接受任务的记录簿上签名，确认接受了任务。凭任务单到器材、材料保管部门或人员处领取除原来由服务人员自己保管以外的相关物品。

4. 具体执行部门的主管领导以收到经过客户签字确认任务完成，此案才算完成。

5. 具体执行部门的主管领导要通过互联网把完成情况报告一般服务主管部门备案。

（二）质量检查

1. 自检：员工在完成任务最后一道工序后，按照《CCHC（持续照料社区）居家养老模式服务管理标准 1.0》检查服务质量是否符合要求。

2. 客户检查：被服务者或者家属（含保姆）可以按照《CCHC 居家养老模式体系的一般服务的服务标准》（编号 CCHC1-4-8）来验收作业结果。

3. 具体执行部门的主管领导有职责对员工的作业结果进行抽查。

4. 海阳集团、×× 区（县）CCHC 居家养老综合服务总部或 ×× 街道（社区）CCHC 居家养老综合服务中心的一般服务主管部门应该派员对一般服务工作质量进行监督。

5. 如果发生客户与我方对于员工的服务质量和工作质量不一致的意见时，可以现在内部逐级按照《CCHC（持续照料社区）居家养老模式服务管理标准 1.0》进行甄别，直至邀请第三方进行鉴定。

CCHC体系的一般服务操作的基本要求

编号 CCHC1-4-9-1

一、业务范围

凡属《CCHC（持续照料社区）居家养老模式服务管理标准 1.0》中从事《CCHC 体系的一般服务的基本要求》（编号 CCHC1-4-8-1）界定的服务业务的一般服务人员，均应本要求来进行操作。如有由此与一般服务相关延伸的事宜操作标准的制定，也应服从本基本要求的精神来执行。

二、基本要求

（一）按照一般服务任务派单的要求，按时到指定地点为指定服务对象进行一边服务，并在标准规定的时间内，完成标准要求的所有操作工序。

（二）携带规定由我方提供一般服务的材料和器材，如由被服务方自己准备的物品，尤其是第一次上门服务，最好也事先告知被服务者或者家属（含保姆）。

（三）有义务让被服务者及其家属（含保姆）知道我方的相关服务标准，便于互相监督。

（四）一般服务的主管领导应该有职责有计划地对一般服务人员的服务质量和工作质量进行监督指导和实地检查。

（五）生活照料服务必须做到客户满意，如客户指出生活照料服务的工作缺失，保洁主管必须带责任家政人员上门向客户致歉，并无条件返工到客户满意为止。

三、一般服务（狭义）的操作工序

（一）清理和清扫类

1. 总体要求

（1）向被服务者和家属（含保姆）说明清楚后，开始清理或清扫；

（2）控制清理或清扫工作节奏，确认不骚扰到被服务者，包括最低程度的扬尘；

（3）将相关物品覆盖并放置妥当方便的地方；

（4）清理和清扫出的垃圾装袋随手带走；

（5）整理用物；

（6）打开场所的门窗，通风换气；

（7）请被服务者或者家属（含保姆）确认任务完成情况并签名。

2. 分类要求

（1）房间清洁保养（含门、窗、天花板、家具等）：

清洁前准备好干净的干湿抹布若干块、玻璃清洁水、去污粉、鸡毛掸等，按先天花板、家具、门、窗的顺序进行清洁，清洁时注意易碎品，要轻拿轻放。房间清洁按客户要求操作。

（2）厨房清洁（含抽油烟机）：

清洁前准备好干净的干湿抹布若干块、去污粉、洗洁精等。首先清洁厨房天花板与厨柜上端的灰尘；其次对抽油烟机进行清洁，一些抽油烟机需要拆开才能清洁干净；然后对油污多的地方进行清洁，如燃气灶、炊具等；最后对剩余部分进行全面彻底的清洁。

（3）卫生间清洁及消毒：

清洁前准备好卫生间专用或一次性抹布若干块、消毒水、洗衣粉、工作用手套、木刷等，清洁顺序为卫生间天花板、镜、护理生活用品台、洗手盆、浴缸或淋浴器、墙面、坐厕、地面等，全面彻底地清洁卫生间。

（4）地毯清洗：

清洗前检查地毯清洁机、抽水机运转情况。准备好地毯专用清洁水、洗衣粉等，从内至外全面清洗地毯，对有污渍的地方着重清洗。清洗干净后马上用抽水机抽水，以便使地毯尽快干燥，保持原有状况。

（5）地板打蜡：

打蜡前检查地板打蜡机运转情况，准备好地板专用打蜡水，从内至外全面对地板进行打蜡，打蜡时要注意平均用力，使打蜡水均匀铺于地板。

（6）吸尘器清洁要求：

A. 家用吸尘器连续使用不能超过 1 小时，不能吸液体、黏性物体和金属粉末；

B. 对于物品架上摆放的落满灰尘的玩具娃娃、小花瓶、小工艺品等，若用吸尘器进行清扫，正确的使用方法是用废旧的女士长筒袜套在吸尘器的吸管上，然后再吸尘；

C. 使用吸尘器时如果要消除从排气口排出的臭气，正确的使用方法是在使用吸尘器之前，用棉花蘸上柠檬汁，放在吸尘器污物筒里，再去吸尘，即可除臭。

（7）餐具清洁：

A. 清除油腻时，可将餐具浸入碱水、淘米水清洗；

B. 去除茶垢用细盐末擦拭，也可用牙膏擦拭；

C. 去除积垢可用食盐或醋擦洗；

D. 蒸蛋后的餐具，先在碗里放一点食盐，然后再擦洗。

（8）原木家具的清洁保养方法：

A. 去除油污：用剩茶水擦洗，用干布反复擦拭；

B. 去除水渍痕迹：可用湿布盖在水迹上，然后用熨斗小心地按压湿布数次，直至水痕迹蒸发；

C. 除黄：白色家具泛黄后可用牙膏擦拭；

D. 去除油漆味：可把煮开的牛奶倒在杯子里，放在新油漆过的家具内，关紧家具门，过3—5小时左右，油漆味便可消除。

（9）玻璃器皿的清洁方法：

污垢用牙刷蘸牙膏刷洗。擦拭细长的玻璃杯，可放入水和马铃薯的皮剧烈晃动，即可清除污垢；油渍可先涂上一层醋，等浸软后再擦去。

（10）整理床铺：

A. 要关好门窗，移开床旁桌、椅。如病情许可，放平床头，便于彻底清扫；

B. 协助老人翻身至对侧，松开近侧床单，用床刷从床头至床尾扫净床单上的渣屑，应注意将枕下及老人身下各层彻底扫净，接着将床单拉平铺好，协助老人翻身卧于扫净之一侧；

C. 转至对侧以上法逐层清扫，并拉平床单铺好；

D. 然后整理被盖，将棉被拉平，为老人盖好。

（11）更换床单：

A. 应该酌情关好门窗，移开床旁桌、椅；

B. 要放平老人，帮助老人侧卧在床之一边，背向护理人，枕头与老人一起移向对侧；

C. 然后将脏污床单卷起，塞入老人身下，扫净垫褥上的渣屑。将清洁床单铺在床的一边（正面在内），迭缝中线与床中线对齐，将上半幅卷起塞在老人身下，靠近侧的半幅自床头、床尾、中间、先后履平拉紧塞入床垫下，帮助老人侧卧于清洁床单上，面向护理人，转至对侧，将脏污床单自床头至床尾边卷边拉出，然后将清洁床单拉平，同上法铺好，帮助老人取仰卧位。

（12）玻璃保洁：

A. 使用工具——玻璃刮、玻璃涂水器、铲刀等。

使用材料——玻璃清洁剂，亮光剂。

B. 擦拭方法：先用玻璃涂水器蘸玻璃清洁剂和混合好的水均匀擦洗玻璃表面；再用玻璃刮刀将玻璃上的污垢刮掉；其次用玻璃刮水器将玻璃上的水刮净；然后用专用抹布将玻璃表面未刮净的水迹和边框上的水迹抹净。如仍有斑迹可在局部用清洁布或者刮刀清除干净。

（13）灯具保洁：

先用吸尘器除尘，再用毛巾擦拭。处理灯具卫生时须小心细致，注意玻璃挂件安全。

（14）开关盒：

先用湿润毛巾进行擦拭，再用干爽毛巾擦拭。处理开关盒卫生关键是面板除迹程序，不要伤及面板。

（15）门及门框、衣柜保洁：

首先分清门的材质，用吸尘器除尘；再用湿润毛巾蘸上专业清洁剂稀释后叠成方块从上到下，从左到右进行擦拭；有胶渍的地方可用除胶剂或塑料刮刀做处理，要做到无遗漏、无死角。

（16）窗台、阳台保洁：

先用刮刀对痕迹进行清除，涉及容易产生刮痕的位置，应用塑料刮刀小心处理，再用吸尘器预先除尘，湿润毛巾擦拭（涉及油漆墙面除尘即可），最后用白色干爽毛巾进行擦拭。

（17）踢脚线：

用毛巾擦拭，用刀片去掉踢脚线上面的各种胶迹、涂料点等。

（18）地面：以上保洁工作做完以后，开始做地面的清洁。

A. 木地板：

先用塑料刮刀、去胶剂对地面污渍进行处理，再用吸尘器除尘，最后用稀释剂湿润的毛巾包裹在尘推上对地面进行拖抹。

B. 瓷砖地板：

先用刮刀、去胶剂对地面污渍进行处理，再用吸尘器除尘，最后用稀释剂湿润的毛巾包裹在尘推上对地面进行拖抹。

C. 石材地板：

先用刮刀、去胶剂对地面污渍进行处理，再用吸尘器除尘，最后用稀释剂湿润的毛巾包裹在尘推上对地面进行拖抹。

注意：地面处理须分清材质后选择专用清洁剂按比例稀释后才能开始清理，按照先房间后客厅的工序进行，最后一道工序做完后应全面检查，确认无遗留。

（19）一次性大扫除：

A. 卫生间

天花板：针对卫生间的特殊性，天花板清洁应采用湿润毛巾蘸上稀释后的专用除污剂擦拭，再用干爽毛巾进行擦拭（包含灯具）。

墙面：用胶刷上清洗剂擦洗，用湿润毛巾擦拭。

挂件：用湿润毛巾上专用清洁剂擦拭，再用干爽毛巾擦拭。

镜面：按照玻璃清洁程序进行。

洗手盆：先用刮刀对顽固污渍进行清理，再用湿润毛巾蘸上稀释漂白水擦拭、消毒。

浴缸：先用刮刀对顽固污渍进行清理，用湿润毛巾蘸上稀释漂白水擦拭、消毒。

蹲厕：用专用胶刷上洁厕剂对面瓷进行刷洗，对顽固污迹采用酸性清洗剂处理，最后用清水冲洗。

马桶：用专用胶刷上洁厕剂对面瓷进行刷洗，对顽固污迹采用酸性清洗剂处理，再用用清水冲洗，最后用白色湿润毛巾蘸上稀释漂白水擦拭、消毒。

B. 厨房：程序同洗手间，清洁剂以去油渍专用清洁剂为主。

注：炉灶、油烟机、排风扇需要清洗，需另行收费。

C. 房间天花板：吸尘器除尘，灯具保洁（先用湿润毛巾蘸上清洗剂擦拭，再用干爽毛巾擦拭）。

墙面：吸尘器除尘。

挂件：先用湿润毛巾上清洗剂擦拭，再用干爽毛巾擦拭。

衣柜：程序同门及门框。

D. 大厅：

天花板、墙面、挂件、木饰：程序同房间天花板。

器物表面：用湿润毛巾上清洁剂擦拭，再用干爽毛巾擦拭。

注：橱柜内器物一般比较贵重，故不作擦拭。

E. 门窗、阳台、窗台。

F. 清洁地面。

（二）家具家电安装维修

1. 向被服务者和家属（含保姆）说明清楚后，出示相关证件（如需要）。

2. 问清故障、损坏部位、事发缘由。

3. 预估安装或维修费用，向被服务者确认费用。

4. 实施安装或维修工作。

5. 安装或维修完毕，向被服务者说明使用注意事项。

6. 请被服务者或者家属（含保姆）确认任务完成情况并签名。

（三）疏通

1. 向被服务者和家属（含保姆）说明清楚后，出示相关证件（如需要）。

2. 问清堵的部位、事发缘由。

3. 向被服务者确认费用。

4. 实施疏通工作。

5. 工作完毕，向被服务者说明使用注意事项。

6. 请被服务者或者家属（含保姆）确认任务完成情况并签名。

（四）代办

1. 向被服务者和家属（含保姆）说明清楚后，出示相关证件（如需要）。

2. 问清代办事项、所需证件、资料、费用、地点、联系方式。

3. 向被服务者确认时间、费用。

4. 实施代办工作。

5. 工作完毕，向被服务者一一交代代办完成情况，返还相关资料。

6. 请被服务者或者家属（含保姆）确认任务完成情况并签名。

（五）陪同

1. 向被服务者和家属（含保姆）说明清楚后，出示相关证件（如需要）。

2. 问清陪同安排，商量、确认陪同计划，包括时间长短、路线安排、出行方式。

3. 向被服务者确认费用。

4. 实施陪同工作。

5. 工作完毕，向被服务者说明使用注意事项。

6. 请被服务者或者家属（含保姆）确认任务完成情况并签名。

CCHC居家养老模式体系的精神心理慰藉管理服务的服务标准

编号 CCHC1-4-10

一、适用范围

本标准规定了在CCHC居家养老模式体系中，由海阳集团及CHCC体系其下属机构单位员工对居家养老老人进行心理慰藉服务时，应该达到的服务质量和工作质量的基本要求。本标准也可以在帮助非海阳集团系统需要制定有关标准中引用。

二、工作目标

老年人容易出现一系列特殊的心理问题，其集中表现在五个方面：

一是沉湎于回忆，生活消极；

二是自命清高，过度自尊；

三是固执多疑，过分防卫；

四是自我封闭，拒绝交往；

五是过度活跃，无事生非。

居家养老除了关注老年人的生活起居，还要对老年人的精神需要给予特别关注，为老年人提供心理疏导、精神慰藉。我们要尽可能把居家养老的老年人积极发动组织起来，集中在一起开展日间休闲活动，积极组织开展适应老年人身心健康的文体活动。鼓励老人参与社区组织的各种活动，交朋结友，互吐心声，让老年人的心情开朗，幸福养老。对不能参加集中活动的老人，要组织人员上门、电话、视频等多种方式提供心理疏导、精神慰藉。通过 CCHC 体系员工提供规范、热情、友好、文明的精神心理慰藉服务，让老人们感到精神上的满足、心情上的舒畅，快快乐乐、安安心心地度过晚年时光。

三、基本要求

本标准根据老人的不同情况，无论是集中活动还是上门服务，对于进行心理慰藉的 CCHC 体系的员工的基本要求是：

（一）精神慰藉服务人员要敬业爱岗，尽职尽责，遵纪守法，文明上岗，坚持原则。

（二）要了解老年人的生理和心理特点。

（三）要尊重老年人的基本看法和态度。

（四）要耐心、积极倾听老年人的谈话，与老年人建立信任关系。

（五）要学会运用医学知识妥当地判断老年人的行为，尊重老年人的选择，为老年人提供个别化的服务计划。

（六）关注老年人的现在而非过去，充分协调、利用各种资源为老人提供帮助。

（七）做到在人格上尊重老人，在情感上慰藉老人，在心理上满足老人，在行为上肯定老人。

CCHC体系的组织老人集中心理慰藉活动的服务要求

编号 CCHC1-4-10-1

一、组织老人集中活动的内容

（一）定期邀请心理专家到社区进行心理健康知识培训。通过讲座、团体心理辅导，提高社区老人和社区员工对心理健康的认识，增强心理保健意识，及时发现与早期干预老年人的心理行为问题。

（二）每月或不定期地为老年人开展心理咨询活动。根据社区的实际情况，对老年人常见的心理障碍与调适、老年心理保健、老年人心身疾病的心理特点、老年人婚姻家庭中的心理调适、离退休的社会适应、心理健康的维护技巧、婚姻家庭与心理健康、亲子关系与家庭教育、人际关系与心理健康等开展咨询。

（三）积极宣传当代人的健康新观念；编写心理健康和老年人心理保健手册、折页等宣传册；利用宣传栏或发放宣传册的形式有组织地向老年人宣传心理健康常识；倡导老年人健康的生活方式。

（四）设立聊天室。各个社区可针对社区精神慰藉需要的人群设立“谈心交流”聊天室、“读书看报室”等，每周组织开展一次活动。如“开心星期一”、“快乐星期三”、“欢聚星期五”，每次活动选定一个主题。如缅怀过去、现代社会知识、自我独立性、生理和心理的变化、家庭人员的关系、社区资源的利用、适应环境、闲暇生活与文化生活等。让孤独寂寞的老年人通过谈心交流叙旧情、交新友的聊天活动，获得轻松和谐的精神慰藉，以满足心理需求。

（五）开展老年心理健康团队训练活动。定期组织老年人开展心理游戏活动体验——以一种放松的方式体会心灵的快乐成长。让参与人员体验团体辅导的氛围和积极作用，并鼓动老年人在今后积极参与相关的活动。可选择开展亲子沟通、人际交往、幸福快乐车等心理游戏团队训练活动，使老年朋友相互认识，相互理解，团队成员之间协调配合，尤其是让某些老人退休后不愿与人交往、性情孤僻、愁眉苦脸、灰心丧气、怨天尤人的不正常心理得到有效缓解，增进了老人之间心与心的沟通和情感交流。

二、组织老人集中活动的服务要求

（一）服务人员要敬业爱岗，尽职尽责，遵纪守法，文明上岗。

（二）服务人员要有明确的服务对象，分工包干，为服务对象建立心理健康档案，积极做好老年人的个案工作。

（三）在集中活动中，服务人员要做好热情的接待工作；对个别外出有困难的老人，尽可能做好接送工作；让老人有到家的亲切感。

（四）服务人员要做有心人，及时了解服务对象的需求，主动提供安慰与帮助，给老人有种遇到亲人的感觉。

（五）服务人员要学习一定的医学常识和心理保健知识，能主动、及时发现老人的变化，以提供更好的服务。

（六）服务人员在活动中要严禁推销产品、不礼貌用语等情况出现；严禁泄露老人及家庭的隐私。

CCHC体系的不能参加集中活动老人的心理慰藉服务要求

编号 CCHC1-4-10-2

一、服务内容

（一）上门服务：居家养老除了关注老年人的生活起居，还要对老年人的精神需要给予特别关注，为老年人提供心理疏导、精神慰藉。如在传统的节日、老人生日、老年节或在老人生病的时候，要做好走访慰问工作；平时也要定期上门提供心理疏导。

（二）开通“老年人心里话”热线，公布96550热线电话。除了我们服务人员外还可聘请热心于公益事业的心理咨询师参加，定期地进行慰问及探访，以疏解老人们心中的烦恼。

（三）有条件的老人可以开通视频聊天，和服务热线一样，有我们服务人员和聘请热心于公益事业的心理咨询师参加，定期地进行面对面的视频慰问及探访，做好老人的心理慰藉工作。

（四）对有需要的老人，可帮助他们签订“精神赡养”协议，如老人的子女必须每周探望老人一次，身在外地的子女必须每个月至少和老人通一次电话，“制度化”的亲情协议可以让老人心理更踏实。老人最希望的是，儿女们能经常回来看看，多陪陪自己。

二、服务要求

（一）服务人员要敬业爱岗，尽职尽责，遵纪守法，文明上岗；上门服务应携带海阳集团相关带有相片证件或胸卡，仪表仪容整洁端庄。

（二）服务人员要有明确的服务对象，分工包干，为服务对象建立心理健康档案，积极做好老年人的个案工作。

（三）服务人员上门（聊天）前，要熟悉老人的身体、家庭情况，了解老人的心理状况，有针对性地聊天，主动提供安慰与帮助，让老人有亲切感。

（四）服务人员回来要及时记录老人的情况，以便更好地服务老人。

（五）服务人员要学习一定的医学常识和心理保健知识，能主动、及时发现老人的变化，以提供更好的服务。

（六）服务人员在活动中要严禁推销产品、不礼貌用语等情况出现；严禁泄露老人及家庭的隐私。

CCHC居家养老模式体系的精神心理慰藉管理服务的操作标准

编号 CCHC1-4-11

一、适用范围

本标准规定了在CCHC居家养老模式体系中，由海阳集团及CCHC体系下属机构单位员工对居家养老老人进行心理慰藉服务时，应该达到的服务质量和工作质量的基本要求。本标准也可以在帮助非海阳集团系统需要制定有关标准中引用。

二、精神心理慰藉服务操作的基本要求

（一）员工行为规范

1. 员工守则

（1）遵守国家法律、法规、法令、政策，遵守行为道德规范，遵守集团、公司的规章制度；

（2）按照海阳集团要求填写各种报表，提供有效证件，不得隐瞒或造假；

（3）按照海阳集团的要求，参加各类培训及考核，接受相关的业务指导；

（4）服从领导，听从指挥，团结同事，按时按质完成各项任务；

（5）严格遵守劳动纪律，按照质量标准要求进行作业，上班时间不去与工作无关的场所；

（6）尊重社会公德和职业道德，严守单位机密，廉洁奉公，维护集体利益和单位声誉；

（7）爱护公用、单位、客户的设施，自觉维护公共和客户的环境卫生；

（8）节约能源、水和其他材料；

（9）衣着整洁，精神饱满，待人热情，文明用语；

（10）不拿公家、客户的财物，拾到遗留物品要还给本人，或上缴主管部门，不得占为己有；

（11）热爱海阳集团，关心单位发展，弘扬先进文化。

2. 工作态度

（1）服从领导：不折不扣地服从上级领导安排的工作和调配；

（2）敬业爱岗：热爱本职工作，钻研业务，谦虚向别人学习；

（3）诚实真诚：对领导、同事、客户，尤其是被服务者要真诚相待，不搞当面一套，背后一套；

（4）团结协作：集团、公司内部部门之间，单位班组之间，同事之间，作业时与配合的家属、保姆之间，都要齐心协力，讲究配合；

（5）勤勉高效：既要踏实，又要注意工作效率。

3. 服务态度

（1）礼貌：员工对领导、同事，对客户，尤其是对被服务者，任何时候，任何场合都要礼貌用语，所谓“请”字当头，“谢”字不离口；

（2）乐观：以能够以乐观的态度对待客户，尤其是对待被服务者；

（3）友善：以微笑和和善的态度对待同事和客户，尤其是被服务者；

（4）热情：尽可能把麻烦、困难留给自己，给客户，尤其是被服务者带去方便；

（5）耐心：对客户，尤其是被服务者要有耐心聆听他们的要求；

（6）平等：对待客户，尤其是被服务者没有贫富之分，一律平等。

4. 仪表仪容

（1）平时要衣冠整洁，按照规定着装，上岗时要佩戴或者悬挂工作胸卡；

（2）工作场合不得穿着与场合不适应的衣服和鞋袜；

（3）男职工不要留胡子、长发，男女职工的发型都要大方；

（4）女职工打扮化妆要避免浓妆艳抹；

（5）保持口腔清洁，上岗前不要吃异味食品；

（6）不允许在客户家喝酒、抽烟。

（二）基本作业技能

1. 要礼貌用语，所谓“请”字当头，“谢”字不离口；

2. 要求能用标准的语言（普通话、上海话、方言），会称呼，让被服务者感到亲切；

3. 要学习掌握一定的医学常识；

4. 要学习掌握一定的心理保健知识；

5. 要熟悉被服务者的身体、家庭情况，了解其心理状况，有针对性地聊天，主动提供安慰与帮助；

6. 要及时记录好被服务者的情况。

（三）工作调配与质量检查

1. 业务承接

（1）CCHC 体系的心理慰藉服务可以根据海阳集团各级部门、窗口接到的业务订单，运用互联网途径到海阳集团主管部门集中信息；

（2）主管部门将任务发配给心理慰藉服务的具体执行部门与单位；

（3）具体执行部门的主管填写“心理慰藉服务的上门服务任务单”交给上门服务人员。上门服务人员要在接受任务的记录簿上签名，确认接受了任务；

（4）具体执行部门的主管领导以收到经过客户签字确认任务完成，此案才算完成；

（5）具体执行部门的主管领导要通过互联网把完成情况报告主管部门备案。

2. 质量检查

（1）自检：员工在完成任务后，按照《CCHC（持续照料社区）居家养老模式服务管理标准 1.0》检查服务质量是否符合要求；

（2）客户检查：被服务者或者家属（含保姆）可以按照《CCHC 居家养老模式体系的精神心理慰藉管理服务的服务标准》（编号 CCHC1-4-10）来验收作业结果，在任务单上填写服务意见并签字；

（3）具体执行部门的主管领导有职责对员工的作业结果进行抽查，回访听取意见。

CCHC体系的组织老人集中心理慰藉活动的操作要求

编号 CCHC1-4-11-1

一、服务人员要对每一次集中活动做好充分的准备工作，确定出席人员、安排活动过程、明确目标要求。

二、服务人员要规范用语和礼貌用语，所用语言要让服务对象能清晰听懂；要礼貌用语，所谓“请”字当头，“谢”字不离口。

三、服务人员在组织活动时应衣着整洁，精神饱满，上岗时要佩戴或者悬挂工作胸卡。

四、服务人员在组织活动时要做有心人，及时了解服务对象的需求，主动提供安慰与帮助，让老人有种遇到亲人的感觉。

五、服务人员要学习一定的医学常识和心理保健知识，能主动、及时发现老人的变化，以提供更好的服务。

六、在集中活动中，服务人员要做好热情的接待工作；对个别外出有困难的老人，尽可能做好接送工作；让老人有到家的亲切感。

七、服务人员要有明确的服务对象，分工包干，为服务对象建立心理健康档案，积极做好老年人的个案工作。

八、服务人员在活动中要严禁推销产品、不礼貌用语等情况出现；严禁泄露老人及家庭的隐私。

CCHC体系的不能参加集中活动老人的心理慰藉操作要求

编号 CCHC1-4-11-2

一、对每一次上门（或电话或视频）进行的心理慰藉服务，服务人员都要做好充分的准备工作，了解服务对象的身体健康情况、心理健康情况，安排慰藉聊天内容，明确目标要求。

二、服务人员要规范用语和礼貌用语，所用语言要让服务对象能清晰听懂；要礼貌用语，所谓“请”字当头，“谢”字不离口。

三、服务人员在上门（或视频）进行心理慰藉服务时，应衣着整洁，精神饱满，上岗时要佩戴或者悬挂工作胸卡。

四、服务人员在上门（或电话或视频）进行心理慰藉服务时，要做有心人，及时了解服务对象的需求，主动提供安慰与帮助，让老人有种遇到亲人的感觉。

五、服务人员要学习一定的医学常识和心理保健知识，能主动、及时发现老人的变化，以提供更好的服务。

六、每次上门（或电话或视频）进行心理慰藉服务时，可选定一个主题。如缅怀过去、现代社会知识、自我独立性、生理和心理的变化、家庭人员的关系、社区资源的利用、适应环境、闲暇生活与文化生活等。让孤独寂寞的老年人通过谈心交流叙旧情、交新友的聊天活动，获得轻松和谐的精神慰藉，以满足心理需求。

七、心里慰藉服务结束后，要及时记录老人的情况，为服务对象建立心理健康档案，认真做好每个服务对象的个案工作，便于更好地服务老人。

八、服务人员在上门（或电话或视频）进行心理慰藉服务时严禁推销产品、不礼貌用语等情况出现；严禁泄露老人及家庭的隐私。

CCHC居家养老模式体系的老人用品购物服务标准

编号 CCHC1-4-12-1

一、总则

从总体上看，我国养老服务业还处于发展初期，养老服务和养老产品供应不足问题十分突出，目前，老年人迫切需求的生活照料、长期护理、精神慰藉、文化娱乐等服务的发展都比较缓慢。

在互联网、物联网的技术环境下，随着智慧养老、远距医疗、远程照料等新型服务形态的出现，越来越多的智能化科技老龄产品将出现在老年人日常生活中。

二、购买老年产品应遵循的原则

（一）功能合理原则

由于老年人生理机能的逐渐衰退，他们在使用现有的常规产品时存在着一定的障碍，所以，我们要了解老年人有哪些特别的需求，针对现有产品存在的问题，有针对性选择为老年人的需要而设计出的产品，但所选购的产品定位要准确，功能不要过于复杂，在满足功能的同时，还要符合老年人的行为需求、心理需求、审美需求，使其成为名副其实的老年用产品。

（二）简洁性原则

选购的老年人的生活用品要避免出现尖锐角、突出物，功能和形态要恰如其分地融合在一起，尽量减少装饰性的形态，重视产品外观的简洁和完整，避免机械性的冰冷。老年人比较保守，接受新事物比较慢，产品造型应在满足功能需求的前提下突出稳健、大方、亲切的感觉，色彩上对比不宜过强，宜选购较明快的中间色调，局部配件可采用较纯的色彩，具点缀装饰性。

（三）易学易用的原则

选购产品时要考虑易学易用的原则，也即“零”学习原则，所谓“零”学习，并不是不要学习，而是指对产品的使用不需经过专门训练，参照产品说明书，做到一看就会，或者稍加适应和指点就会用。

（四）安全性原则

安全性是选购老年人用品时最需要考虑的因素。老年人因为身体机能不可抗拒性的老化，不可避免地会对他们的生活产生一些不便，对生活上的影响会直接危及老年人的生理安全。老年人的皮肤反馈速度慢于年轻人，在使用日常用品的时候，不能及时对外界的刺激做出反应，比如在使用杯具时，应当注意是否是开水，会不会烫伤。所以，在选购供老年人使用的杯具时，应考虑：

1. 是否有保护层或隔绝层；

2. 是否选用传导速率慢的材料；

3. 是否会用如颜色变化之类的形式提醒老年人注意。

（五）便利性原则

便利性是老年人生活中十分注重的一个事项。现实生活中，有很多老年人在使用日常用品的时候，并不指望自身使用的东西是多么富有新意，多么新潮，或多么具有跨时代意义，他们需要的只是简简单单的好用、实用，以最少的步骤、最简单的动作，达到他们想到得到的目的，这种设计才是最符合他们的意图的设计。比如：

1. 老年人需要使用牙膏时，只是希望顺手拿到牙膏，能以最简单的形式打开盖子，以最轻松的方式挤出牙膏使用即可。

2. 老年人在使用接线板的时候，只希望自己的插头是连上之后就能使用的，转换插座一类的事情对于他们来说，都是太麻烦且不必要的。

CCHC居家养老模式体系的老人用品购物操作标准

编号 CCHC1-4-12-2

一、总则

老年人生活辅助用品是我们设计的重点内容，如：给老人使用的助听器、给手颤老人扣纽子的套扣夹、方便老人使用的粗杆笔、加木柄的餐刀、方便读数的温度计、辅助步行工具、舒缓疲劳的揉捏椅，适合老人操作的电脑和移动电话、带有防滑和按摩功能的浴盆、易于清洗和穿脱的衣服……这些产品都是设计师根据老人的具体需求设计的。对生活辅助产品的需求是老年人群普遍存在的一种需要。护理用品和医疗器械是针对高龄和疾病缠身，生活不能完全自理的老人设计的产品。

二、老年人日常用品的选择及购买

老年人用品覆盖领域广，涉及长期照料、医疗康复、营养保健、饮食服装、休闲旅游、文化传媒、日常居家等方方面面。CCHC 体系可以运用从运营商对养老市场的需求比较了解的优势，通过集成创新的方法，从购物服务开始向形成老年用品产业链的方向发展，也可以运用“网上销售”等电子商务的形式。为了便于管理，鼓励这些企事业联合成立“老年产品企事业协会”，×× 区（县）CCHC 居家养老综合服务总部、×× 街道（社区）CCHC 居家养老综合服务中心的负责人也可以在协会里担任兼职负责人，便于协调。

在此基础上，通过举办类似“CCHC 居家养老模式老年用品和服务展览会”活动的途径，把各种可以被吸纳成为海阳集团外围合作的供应厂商，集中到一起，选择其中有潜力的产品或者厂商，邀请他们加入或者合伙，成为创建海阳集团养老产业链的共同合作伙伴。

很多对于年轻人来讲无关紧要的高度要求，对老年人来讲却是必不可少的。比如有的家庭卫生间的淋浴器安得太高了，老人洗澡想调一下水流方向，踮起脚尖才能够到，容易滑倒。这些问题在居室装修前就应该充分考虑，否则装修完毕，再想改动就困难了。

那么，什么才是适合老年人的科学高度呢？专家为老年人的生活制定了一个健康的科学高度表：

（一）桌子

高度为 72—75 厘米，应比年轻人的桌子略低。老年人大多眼花，阅读时眼睛需要离书本距离远一点，书桌略低会更方便。有的老人在家要伏案工作，所以应重视写字台的高度。

（二）写字台

台面高度应为身体坐正直立，两手掌平放于桌面上时，不必弯腰或弯曲肘关节为佳。如老人使用电脑，注意计算机键盘的高度应相当于笔直平坐后，手腕平直、手臂前伸的高度。使用这一高度的写字台和电脑，可以减轻因长时间伏案而导致的腰酸背痛。

（三）座椅

椅面距地面的高度应低于小腿长度 1 厘米左右。椅子太低，老人的膝盖就会拱起来，会有不舒适的感觉，而且起立时较为困难，椅子太高，则体压分散至大腿部分，使大腿内侧受压，造成下腿肿胀等。

（四）睡床

可略低于老年人的膝盖，这样方便老年人上下床。

（五）电源插座

插孔距离地面 85—90 厘米为宜，比书桌高十几厘米，这样可减少老人弯腰的机会。电源开关应选用宽电压防漏电式按键开关，以便于手指不灵活的老年人用其他部位进行操作，开关高度离地面应为 1.4—1.5 米，如果考虑轮椅使用者的话，最好设置在 1 米左右。

选购老年人的生活用品的高低也有讲究，如手杖、鞋等的高度等。

（六）手杖

为老人挑选手杖时，要让老人穿鞋站立，手臂肘关节弯曲 150°，手背朝上，脚的小趾前外侧 15 厘米处至手掌之间的距离就是手杖的长度。测定时，老人要穿常穿的鞋子站立。手杖长度合适有利于老人保持平衡，更好地支持体重，增强肌力。挑选手杖时，最好让老人拿着手杖反复试试，根据自身的要求增减长度。

（七）鞋

有许多老年人喜欢穿平底鞋，认为穿平底鞋轻便、舒适、安全，实际上这种观点是不科学的。老年人的鞋后跟高度以 1.0—2.5 厘米为宜，过高过低都不利于老年人的健康。

三、老年人护理辅具、行动辅具、居家生活辅具、沟通与信息辅具、康复器材等产品的选购

1. 智能家庭监控系统

（1）红外摄像头

由于摄像头可以最直观地对影响数据进行采集，因此摄像头是各类监控系统中不可或缺的一种设备。

（2）各类型传感器

A. 压力传感器：该传感器安放于床铺、椅子和马桶上，一旦长时间地处

于压力状态则可判定为异常；

B. 烟雾传感器：当室内烟雾达到一定浓度时，该传感器在向主控单元发送信息同时开启报警器；

C. 火灾传感器：当室内出现火灾时，该传感器在向主控单元发送信息同时开启报警器和自动灭火装置。

（3）电 / 水表监控处理装置

该装置具有对电表和水表监控和处理两种功能，在监控方面主要用于对日常用电 / 用水情况予以监控，一旦发现诸如水 / 电较长时间，较大量的输出则视为异常。在处理方面，一旦发现异常情况及该装置会立即切断水 / 电供应，避免危害的长时间持续。

（4）急救报警按钮

该急救报警按钮一方面用于空巢、独居老人在家中突发疾病时手动报警，布置于卧室、卫生间等突发疾病易出现区域；另一方面同时具有误报解除功能。

A. 报警功能：当报警启动后，除了向云端发送信息之外，室内也同时会以声音和光闪方式报警，便于急救人员及周围邻居及时发现出事地点。

B. 误报解除功能：由于老年人受到思想意识及行为敏捷程度的制约，极有可能误碰急救按钮的情况。为了在向其提供方便性同时避免因误报而引起资源浪费，为急救报警按钮提供了误报解除功能

（5）房门开启装置

对于空巢、独居的老人来说，突发性疾病已经成为造成其死亡的主要因素。在每年因突发性疾病造成死亡的老年人当中，其中有很大一部分原因是是因为没能在有效时间得到救治而造成的。尤其是在城市中居住的空巢、独居的老年人，因为楼层高及安装防盗门窗等原因，常常使得救援人员需要耗费大量的时间及精力，因而致使救援时间延误。

2. 体温计

体温是反应健康状况的重要指标。电子体温计由温度传感器、液晶显示器、纽扣电池、专用集成电路及其他电子元器件组成。它能快速准确地测量人体体温，具有读数方便、测量时间短、测量精度高、能记忆并有蜂鸣提示的优点。尤其是电子体温计不含水银，对人体及周围环境无害，特别适合于家庭。电子体温计一般有硬质棒式电子体温计、软质棒式体温计。

（1）硬质棒式电子体温计是采用腋窝测量和口腔测量两种方式的一种温度计。一般的家庭都普遍适用。测量时为了得到准确的测温数据，请始终保持一定的测温部位。腋下时，应紧贴感温部位，舌下时应紧插于舌根部位。

（2）软质棒式电子体温计是软头设计，前端可任意弯曲，避免折损，多方位，无死角，适合各部位的测量，一般可采用口腔、腋下、肛门三种量法。

（3）红外线电子体温计是一种利用红外接收原理测量人体体温的测量计。使用时，一般只需方便地将探测窗口对准额头位置，就能快速、准确地测得人体温度。无镭射点，免除对眼睛的潜在伤害；无须接触，免除传染性，简单测温，排查流感；还可用来测量皮肤及各种物体表面温度及水温。

3. 血压计

（1）比起传统水银血压计来说，电子血压计使用更方便安全。拥有家用电子血压计，在家里便可随时监测血压的变化，如果发现血压异常便可及时去医院治疗，可预防脑出血、心功能衰竭等疾病猝发的作用，危险的时候可能救人一命。针对不同的人群设计有臂式电子血压计和腕式电子血压计。一般患有血液循环障碍的病人，如糖尿病、高血脂、高血压等病适合使用臂式血压计，因为这类病症会加速动脉硬化，从而引起末梢循环障碍。这些患者的手腕与上臂的血压测量值相差很大。所以建议这类患者及老年人选择臂式电子血压计来检测自己的血压值，以便随时了解自身的血压情况。

（2）腕式电子血压计适用人群比较广泛，普通人都可以使用，它具备液晶显示屏，能迅速、准确地测出血压值与脉搏数，帮助使用者定期检测血压及脉搏。它还拥有超压3秒钟无条件快速放气功能，使操作更加简单、更加安全，也让使用者能够随时随地掌握自己的健康状况。

4. 按摩垫

按摩垫根据按摩部位不同可分为按摩坐垫、按摩枕、颈腰靠垫和腰背部靠垫。按摩坐垫根据功能设计可以车家两用。它具备推拿、敲击两个手法，减轻人体紧张和压迫感，使全身舒畅无比，从而达到防病保健之效。按摩棒又称按摩锤，主要利用前端圆球形按摩头对身体某个部位进行锤击按摩。其功能从简单的按摩到具有四个按摩突头、负离子功能等。流线设计使其容易使用，轻巧方便让您随时随地都能享受按摩的乐趣。

5. 按摩床

按摩床又称理疗床，一般常见于理疗医院等场所。有玉石、诸石按摩床、智能温玉按摩床等，主要应用于脊椎矫正、指压按摩、远红外线光波、热疗法等。它能消除疲劳、有效缓解风湿、血气不通等疼痛症状，全面提高人体免疫力，改善亚健康。

6. 按摩椅

按摩椅根据使用人群以及地点可以分为简约型按摩椅和豪华型按摩椅。简约按摩椅造型简单、类似普通的办公椅，豪华型按摩椅体积比较大，功能当然更加强大，能对全身进行按摩，两者都可以带有音乐功能。

7. 行动辅具

常听老人说“人老了，腿脚不灵了”，腿部力量、柔软性和协调性的减弱是人体衰老的明显征兆，尤其在风湿 / 类风湿、中风、帕金森氏病、腰膝疾患影响会更使老人的生活、起居危险重重。而在西方国家，各种类型的行动辅具在老年人中如同家用电器一样普及，是必备的家用器械。那么，什么样的人需要行动辅具呢？西方医学专家将需要行动辅具的人分为三类。

（1）第一类，腿部力量弱或僵直、轻度中风或近期髋部骨折的病人。这类人可以在座位上弯腰从地上捡起东西不会摔倒，也可以独自站立不用搀扶，独立行走还算稳当。建议病人在疾患严重时期使用老人助行器或老人代步椅，症状缓解后转用手杖以帮助病人身体平衡和稳定。老人助行器又称为助行架或滑动助行器，通常前腿带小滑轮，病人借此慢慢行走。老人代步椅又称老人购物车或老人休闲车，带有座凳及购物筐，通常带四个滑轮和安全手闸，不但帮助行走平衡，也方便老人购物和就地休息，是西方国家老人最常用的手动交通车。电动代步车是西方国家老人最常用的电动坐骑，老人们骑着代步车聚会、逛街、郊游，时尚而又神气。代步车为城市社区老人生活带来方便和乐趣。代步车分三轮和四轮、大多为单人骑，也有双人骑，老两口可一起出行。挑选时注意载重、最高时速和续行里程，还要注意长宽尺寸。

（2）第二类，中度中风、中度帕金森氏病、单腿截肢或严重髋部骨折病人。这类人可在座位上一手扶住把手，一手从地上捡起东西、可靠手扶东西站立、行走需要搀扶或辅具。建议病人在双手功能正常的前提下使用老人助行器或老人代步椅。四腿手杖也是中风病人必备行动辅具。

（3）第三类，严重髋部骨折或其他健康问题、中过风年老体衰或近期重度中风、重度帕金森氏病、重度风湿病、体弱已有一段时间未行走。这类病人无法从地上捡起东西，需要搀扶才能站起、保持平衡和行走。建议病人使用无前轮老人助行器及轮椅，甚至用坐便轮椅。

8. 轮椅

其实轮椅的种类很多，选择合适的轮椅可以使病人的生活和护理更加方便。轮椅的主要类型包括：

（1）大轮轮椅

大轮轮椅，前轮直径6—8寸（1寸=3.33厘米），后轮直径22—24寸，病人可自己用手转动双轮向前后左右驱动轮椅，也可由他人从后方推动，有的类型带手刹车便于护理人员操控。大轮轮椅在商店里最为常见，缺点是轮子太大占空间、携带不便。挑选时应注意展开宽度和承重。

（2）小轮轮椅

小轮轮椅，前轮直径5—6寸，后轮直径8—16寸，适宜于缺乏自控能力的病人，由他人从后面推动，有的型号带有手刹车便于护理人员操控，此类轮椅折叠后占空间较小，携带相对方便。挑选时应注意展开宽度和承重。

（3）旅游折叠轮椅

旅游折叠轮椅，轻便体积小，轮子直径为4—8寸，折叠后可放在包里随身携带，是西方国家老人旅游度假、乘坐飞机火车最常带的行动辅具。国内零售店内很少提供这类轮椅，建议带老人或病人外出旅游的家庭配备这种工具，它会让旅程更加安全、美满。

（4）高靠背轮椅

高靠背轮椅，在普通大轮轮椅基础上，后背加高并可向后躺倒，方便病人休息，根据后躺最大角度分为可半躺和可全躺两种类型。多数高靠背轮椅带有可调节脚架，椅背后躺时可将脚架升起，将腿抬高，增加病人舒适感；一些有腿部疾患的病人，需要将腿抬高。

（5）坐便轮椅

坐便轮椅，分大轮和小轮两种，大轮坐便轮椅前轮7—8寸，后轮22—24寸，有的型号带高背，有的带可调节脚架；小轮坐便轮椅又称移动坐便椅，带小型滑轮和脚刹车。病人可以坐在轮椅上大小便，不用被移来移去。还有不带轮子的坐便椅，不能移动。

（6）运动轮椅

运动轮椅，为下肢有残疾的年轻人户内外运动休闲工具，通常前轮较小约4寸，后轮22寸左右，靠背较低，方便使用者灵活控制。在残疾人运动会上可以见到运动员驾驭着运动轮椅驰骋赛场，威风凛凛，让四肢健全呐喊助威的观众们赞叹不已。

（7）电动轮椅

电动轮椅，为行动困难甚至瘫痪的老人和残疾人提供最大的行动方便，通常有两种类型，普通型和雅致型。普通型就像普通轮椅配上驱动马达，重量较轻，价钱也相对便宜些。雅致型外观更显时尚富贵。电动轮椅通常由单手摇把控制方向，手轻轻将摇把向前、后、左、右推动，轮椅便向前、后、左、右移动。

（8）助站式轮椅等

目前的助站式轮椅大多为站、坐两用轮椅，主要供截瘫或脑瘫患者进行站立训练，通过训练可以防止患者骨质疏松，促进血液循环和加强肌力训练。国内已有自主设计的辅助式站立轮椅。而国外在此方面研究的比较早，在辅助机械座椅的标准中有包括一般事项及机构的制造、材料、性能等方方面面的严格要求。国外某公司开发出了一款步行辅助装置，该产品用来支撑身体重量，减少膝关节压力，以帮助人们站立并做出蹲伏的姿势。此外，有的产品中使用电脑、电动机、传动装置、电池以及传感器等领域的先进技术提高其性能。

9. 助听器

助听器可使耳聋的老人重新听到正常的声音，对老年人的身心健康有着非常重要的影响。选购助听器时应注意频率范围、最大声增益、频率响应和音调调节、信号噪声比等。针对不同的人群和外观设计分为：

（1）盒式助听器

盒式助听器又叫口袋式或袖珍式。体积似香烟盒，挂在胸前小袋内或衣袋内。主机经一根导线连接耳机插入外耳道内使用，可装置多种功能调节开关，提供较好的声学性能，针对听力损失的不同程度可对应选择大、中、低功率不同的助听器，儿童和老人都可使用，价格也很实惠。

（2）眼镜式助听器

眼镜式助听器同时能满足屈光不正和耳聋患者的需要，旧式的是将传声器（话筒）、放大器、受话器（耳机）、电池盒及各种功能开关全部安装在眼镜腿内。而近年则将普通眼镜的一只腿末端与耳背式助听器连接在一起，便于维修和更换。对于一侧耳全聋、一侧耳正常或一耳全聋、另一侧耳聋程度较轻者可以使用信号交联式助听器，其用途主要是帮助单耳全聋者接受全聋侧的声刺激，以利安全与对话；眼镜式助听器实现此功用较方便。

（3）耳背式助听器

耳背式助听器，形似香蕉曲度，一般长约4—5厘米。受话器开口与一硬质塑料管制成的导声钩连接，把它挂在耳郭上缘根部，由此钩经软塑料管和耳模耳塞放进耳甲腔及耳道口助听，机壳有各种肤色，伏于耳后为头发所隐蔽，往往不为外人发现，很能满足聋人心理要求。在某些国家已成为最受欢迎的普及型助听器，一般使用 率达到60%左右。

（4）耳内式助听器

耳内式助听器，使用时直接放在耳甲腔或耳道内，不需要任何电线或软管 ，十分隐蔽。噪音低，失真小，体积小、隐蔽性好、佩戴舒适。适用于轻度听力损失人士使用。

（5）助听电话

老人助听电话可将音量提高30倍。集成语音处理技术可以调节语音频率，解决听得到但听不清的问题。超大拨号键，可将最亲近的人的电话预存在里面，直接拨号，避免记不住的烦恼；超大铃声，超亮来电指示灯，这样不但解决了老人的听觉问题，同时还能解决老人视力不行的问题。

10. 移动马桶

移动马桶是专为老年人设计的可随意移动的马桶，移动马桶看上去和一般马桶区别不大，也有桶盖、坐便器等。只是坐便器的内桶可以取出，内桶上面还有一个拎手，如厕后将内桶提出来清洗就可以了，密封性强，可防止异味散发。整个马桶上小下大，非常稳固，不易翻倒，并且使用抗菌材料制成，不影响老人健康。由于马桶可以移动，携带方便，不论老人夜间还是外出活动使用都非常方便。

11. 移动坐便椅

移动坐便椅，便桶从后侧撤出，方便清洗。四角带轮，方便移动，同时后轮带脚刹，有的四脚还可调节高度，方便不同高度的人使用，有些可折叠，存放不占空间，功能多，移动不便的老人残疾人既可作轮椅使用又可当坐便椅使用。

12. 马桶安全支架

马桶安全支架又称马桶扶手架，通常是双扶手架，无须安装，放置于坐便器前，便于腿部力量不足的老年人如厕后站起时支撑身体。扶手处防滑处理，有的类型左右两边配有杂志篮，让老人在如厕时能够看看杂志，如厕完了以后可以安全站起。

13. 马桶增高器

马桶增高器又称马桶加高器，或马桶增高垫，顾名思义是增加马桶高度用，为下蹲不便人士提供方便。高度可调，为确保安全，带有锁定装置，防滑处理，有些类型还带扶手，方便起身。无须安装，大部分马桶都适用。

14. 其他

老年人除了在听觉方面逐渐下降外，视觉、洗刷、吃饭等等一系列日常基本自理能力大多也都存在很大的问题，有些老人甚至出现记忆力下降，经常忘东忘西的现象。针对这些问题有关专家都研制出了相对应的日常辅助用品。比如针对老年人视力下降，我们可以为老人准备老花镜、放大镜等，老花镜可在眼镜店配相应度数，而放大镜的则适合视力问题不是特别严重的老年人看书读报。无须佩戴，不存在戴老花镜的不舒适感。目前老年人常用的有可夹台式放大镜、手柄带灯放大镜。人到老年，对钙等营养的吸收也不好，很容易造成牙齿松动，脱落，建议老年人在增加钙吸收量的同时，可以去医院配一副假牙，而对假牙的护理清洗也是非常重要的，超声波假牙清洗器就是专为清洗老年人假牙而设计的，它能够达到很好的杀菌抑菌清洗效果，智能定时清洗，自动关闭，省心省力。

CCHC居家养老模式体系的老人用品指导标准

编号 CCHC1-4-12-3

一、总则

老年人用品覆盖领域广，涉及长期照料、医疗康复、营养保健、饮食服装、休闲旅游、文化传媒、日常居家等方方面面。同时，老年人需要符合自己价值观、审美观和舒适度的产品，包括实物和服务，老年人对于食品、日用品、服饰、化妆品、家居用品、文化体育用品等都有着和其他人群不一样的喜好和需求。进入老年期后，失能、疾病是老年人面临的两大主要风险，随着年龄的增长，老年人对生活照护、健康维护、疾病治疗的需求是非常突出的。

在互联网、物联网的技术环境下，随着智慧养老、远距医疗、远程照料等新型服务形态的出现，越来越多的智能化科技老龄产品将出现在老年人日常生活中。CCHC 体系可以运用从运营商对养老市场的需求比较了解的优势，通过集成创新的方法，从购物服务开始向形成老年用品产业链的方向发展。驿站作为最为接近居家老人的驻在单位，接受老人委托，从为居家养老的老人代购或者陪同购物开始，逐渐摸索到老年人比较需求的物品或者服务是什么，再过渡到通过招商的办法，由可以提供产品和社会化服务的企事业，按照规模不一，在“×× 区（县）CCHC 居家养老综合服务总部”设立办事机构或者陈列室，在驿站设立代购点，管理和监督设在 ×× 街道（社区）CCHC 居家养老综合服务中心里的“老年用品专卖商店”和“服务接待窗口”，也可以运用“网上销售”等电子商务的形式。为了便于管理，鼓励这些企事业联合成立“老年产品企事业协会”，总部、中心的负责人也可以在协会里担任兼职负责人，便于协调。社会化服务性产品可以包括：保险、养老住房条件改善、理财、殡葬、法律、旅游、特需医疗等；实物产品可以包括：老年食品、老年服饰、老年医疗辅助用品、老年文化用品等。在此基础上，通过举办类似“CCHC 居家养老模式老年用品和服务展览会”等活动的途径，把各种可以被吸纳成为海阳集团外围合作的供应厂商，集中到一起，选择其中有潜力的产品或者厂商，邀请他们加入或者合伙，成为创建海阳集团养老产业链的共同合作伙伴。

二、老年人用品定义

老年人用品的定义是：以老年人为主要消费人群的任何器械、器具、用具和物品，包括所需的软件，以满足老年人因残障、疾病、体弱或其他特殊的身体、心理特点而产生的对物品的特殊需求。

三、“CCHC 体系”老年人用品目录

表1-4-12-3-1

智能家庭监控系统	红外摄像头	
	各类型传感器	压力传感器
		烟雾传感器
		火灾传感器
	电/水表监控处理装置	
	急救报警按钮	
	房门开启装置	
老年食品	养生食品类	无糖食品
		现磨五谷杂粮等
老年服饰及便利日用品	便利生活类	放大镜
		老花镜
		穿针器
		假牙清洁剂
		定时提醒药盒

（续表）

老年服饰及便利日用品	便利生活类	快速干发
		方便杂用品
		老年假发等产品
	居家生活类	桌子
		写字台
		座椅
		睡床
		电源插座
		手杖
		鞋等产品
老年文化体育用品	休闲锻炼类	太极剑
		太极扇
		象棋
		收音机等产品
老年个人自理、护理、医疗、康复等辅助用品	检测类	电子血压计
		电子血糖仪
		便携式电子体温计
		便携式心电监测仪产品等
	康复类	老人轮椅
		拐杖
		制氧机
		翻身床
		按摩垫
		按摩床
		按摩椅
		助听器产品等
	理疗类	经络理疗仪
		电子脉冲理疗仪产品等
	护理类	氧气袋
		颈椎牵引器
		防褥床垫
		大小便护理仪
		防褥疮气床垫
		移动马桶
		移动坐便椅
		马桶安全支架
		马桶增高器等产品
	行动辅具类	代步车等系列产品

CCHC居家养老模式体系老年活动室管理标准

编号 CCHC1-4-13-1

一、总则

（一）老年活动室是老年人的重要活动场所，也有可能成为组成 CCHC 居家养老体系的重要部分，办好老年活动室，加强管理，提供专业优质服，需要管理者和活动者共同维护。

（二）依法依规开展相关活动，使之成为安全、健康、优雅、文明、和谐的老年人活动场所，以《老年法》等法律法规为依据，制定此管理标准。

二、服务对象

服务对象为 CCHC 居家养老体系中本社区的老年人。

三、开放时间

周一至周日（法定假日另行通知）

上午 8:00—12:00

下午 1:00—6:00

四、老年人活动室日常管理规章制度

（一）本活动室是老年人学习娱乐、交流思想、沟通信息、建立友谊、消除孤独、扩大交往的理想园地，需要管理者和活动者共同维护。

（二）本活动室的指导思想是，以“老有所乐、老有所学”为中心，加强精神文明建设、破防迷信思想、崇尚科学文化推动老年人精神文化健康发展，不得在本活动室从事本活动室提供内容以外的活动，尤其是杜绝迷信、赌博、诈骗、邪教等不健康的活动。如要举办本活动室提供内容以外的活动，要征得主要管理者的批准。

（三）本活动室坚持要做到室内整洁卫生、环境优雅，需要管理者和活动者共同维护，做到不随地吐痰，不乱丢杂物，不高声喧哗，不在室内吸烟。

（四）老年活动人员应爱护公物，活动设施设备不得随意挪动，如有损坏照价赔偿。

（五）管理者和活动者共同增强防火防盗意识，防止意外事故发生，确保老年人身、财产及室内公共财产的安全。活动者自行保管好随身携带物品，活动者之间也提倡互相提醒防忘。

（六）提倡节能，节约用水，提倡勤俭节约，杜绝一切不必要的资源浪费。

（七）本活动室工作人员要认真履行职责，忠于职守。按时上下班、周到服务、礼貌待人、对待老人亲如家人，不怕脏、不怕累，不厌其烦地做好本职工作。管理者接受活动者监督，如果工作人员有对老人违规行为，活动者及其家属可以批评，投诉，直至检举。

（八）本活动室工作人员应具备一定的医学知识和掌握急救通信方式，活动室应备有应急物品、药品，如创可贴、速效救心丸等。

（九）首次进入本活动室的老年人应进行登记，工作人员应建立老年人活动电子档案和亲属联系电话，活动者及其家属有义务予以配合。

（十）管理者和活动者都要自觉遵守活动时间，自觉维护活动秩序。活动者要尊重服从工作人员的管理和安排。如有屡次不听劝告，违反本制度的活动者，管理者有权清退该活动者离开活动室。

以下内容在服务标准和操作标准中体现。

五、老年人活动室安全管理制度

（一）消防安全教育、培训制度

1. 定期学习消防法规和各项规章制度，做到依法防火。

2. 对消防设施维护保养和使用人员应进行实地演示和培训。

（二）防火巡查、检查制度

1. 每月进行一次防火检查并复查追踪改善。

2. 检查中发现火灾隐患，检查人员应填写防火检查记录，并按照规定，要求有关人员在记录上签名。

3. 检查中发现的火灾隐患及时整改。

（三）安全疏散设施管理制度

1. 要保持疏散通道、安全出口畅通，严禁占用疏散通道，严禁在安全出口或疏散通道上安装栅栏等影响疏散的障碍物。

2. 应按规范设置符合国家规定的消防安全疏散指示标志和应急照明设施。

3. 严禁在营业期间将安全出口上锁。

4. 严禁在营业或工作期间将安全疏散指示标志关闭、遮挡或覆盖。

（四）灭火和应急疏散预案演练制度

1. 制定符合自身实际情况的灭火和应急疏散预案。

2. 组织人员学习和熟悉灭火和应急疏散预案。

3. 每次组织预案演练前应精心开会部署，明确分工。

4. 应按制定的预案，至少每半年进行一次演练。

5. 演练结束后应召开讲评会，认真总结预案演练的情况，发现不足之处应及时修改和完善预案。

（五）燃气和电气设备的检查和管理制度

1. 应按规定正确安装、使用电器设备，相关人员必须经必要的培训，获得相关部门核发的有效证书方可操作。各类设备均需具备法律、法规规定的有效合格证明并经维修部确认后方可投入使用。电气设备应由持证人员定期进行检查（至少每月一次）。

2. 防雷、防静电设施定期检查、检测，每季度至少检查一次、每年至少检测一次并记录。

3. 电器设备负荷应严格按照标准执行，接头牢固，绝缘良好，保险装置合格、正常并具备良好的接地，接地电阻应严格按照电气施工要求测试。

4. 各类线路均应以套管加以隔绝，特殊情况下，亦应使用绝缘良好的铅皮或胶皮电缆线。各类电气设备及线路均应定期检修，随时排除因绝缘损坏可能引起的消防安全隐患。

5. 未经批准，严禁擅自加长电线。各部门应积极配合安全小组、维修部人员检查加长电线是否仅供紧急使用、外壳是否完好、是否有维修部人员检测后投入使用。

6. 电器设备、开关箱线路附近按照本单位标准划定黄色区域，严禁堆放易燃易爆物并定期检查、排除隐患。

7. 设备用毕应切断电源。未经试验正式通电的设备，安装、维修人员离开现场时应切断电源。

8. 除已采取防范措施的部门外，工作场所内严禁使用明火。

9. 使用明火的部门应严格遵守各项安全规定和操作流程，做到用火不离人、人离火灭。

10. 场所内严禁吸烟并张贴禁烟标识，每一位员工均有义务提醒其他人员共同遵守公共场所禁烟的规定。

CCHC居家养老模式体系老年活动室服务标准

编号 CCHC1-4-13-2

一、总则

（一）坚持“关爱老人,老吾老以及人之老”的服务理念。关爱老人不仅是一种美德，更是一种义务与责任。

（二）在工作中要处处为老年人着想，在实际行动中体现以老年人为本的理念，从老年人的根本利益出发，满足老年人的合理需要，切实保障老年人的权益，让老年人体会到全社会对他们的尊敬和关怀，让发展的成果惠及全体老年人。

二、适用范围

本标准规定了老年活动室接待和服务的基本要求，凡老年活动室的工作人员均须遵照此服务标准为老年人提供服务。

三、老年人活动室接待服务的基本要求

（一）老年人活动室工作人员的服务态度是主动热情、耐心周到、文明礼貌，尊重老年人和家属。

（二）实行周一至周日专线电话在 8:00—18:00 内开通老年人活动室电话预约和咨询服务，并做好电话记录。每日工作结束前检查该记录，力求做到

当日事当日毕，若不能及时解决，则需给老年人明确的解决问题的期限。

（三）实行周一至周日 8：00—18：00 老年人活动室现场接待服务，接待老年人时应公开活动室制度，公开服务标准，公开收费项目和标准，提醒活动注意事项，并根据老年人需求，及时提供延伸服务。

（四）老年活动室工作人员应按照活动室规定统一着装，佩戴胸牌，仪表仪容整洁干净。

（五）老年活动室工作人员在接待老年人交谈时，应文明礼貌用语、亲切、耐心，提倡讲普通话或是老人使用的方言。

（六）老年活动室工作人员在服务过程中热情、细致、周到，主动询问并及时为老年人提供服务，帮助老年人解决行动、语言有困难的事情。

（七）及时、认真地做好工作日志、小结，老年人要求回馈等记录工作，字迹清晰，数据正确。

（八）老年活动室工作人员必须廉洁自律，拒贿拒礼，严禁以职务之便索贿，或者暗示对方给予好处。

（九）定期做好服务回访专访工作，听取老年人对管理与服务方面改进的意见和建议，并应及时告知老年人公示反馈意见。

（十）设立并公开意见信箱和服务电子邮箱，及时处理老年人的信件书面意见和建议。

（十一）定期进行老年人满意度调查。

（十二）老人在活动室期间有异状情况出现，应及时向其家属或监护人反映。

CCHC居家养老模式体系老年活动室操作标准

编号 CCHC1-4-13-3

一、总则

（一）针对老年人的心理生理特点，在开展老年人活动时，工作人员协助、辅导老年人通过肢体活动、语言交流等形式开展各类老年康乐活动，以满足老年人心理和生理的需要，促进其健康，提高生活质量。

（二）本标准是作为CCHC体系的老年活动室的工作人员，为确保上述为老年人服务的质量到位，而制定的具体作业指南。

二、适用范围

本标准规定了老年活动室工作人员在实施老年人服务时的基本操作规程。

三、工作人员操作的基本要求

（一）一般行为

1. 工作态度

（1）微笑待老年人，微笑给老人以亲切而轻松愉快的感觉；

（2）急老年人之所急，及时反馈；

（3）无论是常规的服务还是日常管理工作，都应尽职尽责；

（4）工作人员之间应互相配合，不得互相推脱责任，应同心协力解决疑难；

（5）有事必报，有错必报，不可提供虚假情况，不得文过饰非、阳奉阴违；

（6）公开、公平、公正地帮助老年人解决问题，廉洁自律、拒贿拒礼；

（7）不得主动向老年人推销任何产品。

2. 接听电话

（1）来电应在三声之内接听，并先说："您好！老年活动室，请问有什么我们能够帮助您的?"；

（2）使用电话注意礼貌用语，并言简意赅；

（3）通话中若需要与别人交谈，应表示抱歉，请对方稍候，同时应用另一只手捂着听筒；

（4）必要时要做好记录，通话要点要问清，然后向对方复述一遍；

（5）对自己不能处理的电话，可坦白告诉对方，并马上将电话交给能够处理的同事，转交前，应先把老年人所交谈的的内容简明扼要地告诉接听人。

3. 言行态度

（1）与老年人交谈时言谈声调要自然、清晰、柔和、亲切；

（2）与老年人交谈时不要装腔作势，声量不要过高过低，以免老年人听不清楚；

（3）多使用敬语，暂时离开接待的老年人时，应讲"请稍候"；如果离开时间较长，回来后应讲"对不起，让您久等了"；

（4）与老年人谈话注意不宜节奏过快，话语太多，应留给老年人反应及思考的时间，不应过分催促。

4. 行为举止

（1）接待老年人时应热情、真诚、友好、尊重。对老年人语言、行动有困难时，应主动上前帮助解决；

（2）不准有冷落老年人的行为，不准与老年人争辩或在公共场合与同事争论；

（3）在通道、走廊里遇到老年人要礼让，不能抢行或从两人中间穿行；

（4）以老年人同时进出门（电梯），应让老年人先行，遇到需要帮助的老年人应主动提供帮助。

5. 统一着装

（1）上班时间活动室员工的仪容仪表以干净整洁，色彩淡雅，协调得体，鞋袜轻便为标准。男士不留长发、胡须、长指甲；

（2）女士不浓妆艳抹，不佩戴过多的饰物，不留长指甲，不涂指甲油，发型应干净得体。

6. 个人卫生

（1）活动室工作人员应注重个人日常卫生，饭前便后要洗手；

（2）清理活动器具后要洗手；整理老年人用品后要洗手；

（3）指甲每周剪一次，甲下不存污垢。

（二）接待老年人上门活动

1. 有老年人上门活动时，活动室工作人员应立即起立面带微笑主动招呼老年人。使用规范语言："您好，先生 / 女士，老年活动室，请问有什么可以帮您的吗？"

2. 老年活动室工作人员礼貌询问老年人姓名，查询老年人电子档案，询问了解其健康、爱好等情况，按需推荐适合的活动项目，并做好登记。

3. 带领老年人到所需要的活动设施处，辅导、协助老年人使用活动设施，并提醒活动注意事项。

4. 询问老年人是否需要其他茶水茶点等服务并予以安排。

5. 对老年人在使用活动设施时所产生的问题耐心加以解决，并做好记录。

6. 老年人结束活动后，工作人员及时整理好活动设备，以便其他老年人使用。

（三）电话受理老年人咨询，预约及投诉。

1. 应保证服务热线电话畅通。

2. 接听电话时，讲话声音要清晰悦耳，讲话速度要适当。

3. 老年活动室工作人员礼貌询问老年人姓名，仔细耐心地听取老年人的来电事由，预约活动或者其他能够及时处理的事宜在电话中加以解决，并做好登记。

4. 对老年人的投诉及时处理并回访，做好记录。对于短期内无法处理的问题，应做好解释工作，及时研究解决方案，必要时上报上级领导，共同确定解决方案，并将解决方案及时告知老年人。

（四）满意度调查

1. 老年活动室每半年进行一次“老年人满意度调查表”的问卷调查，问卷的内容包括对服务各方面的满意程度和对老年活动室的总体印象。

2. 老年人满意程度的分类：

（1）综合管理服务；

（2）老年活动室员工服务；

（3）安全管理服务；

（4）环境管理服务。

3. 根据老年活动室的服务项目为内容，活动室工作人员编制《老年人满意度表》问卷，征询老年人的满意程度。

4. 老年人满意程度以五个等级来描述：

（1）满意；

（2）基本满意；

（3）较不满意；

（4）不满意；

（5）很不满意。

5. 根据《老年人满意度调查表》的反馈情况进行分析统计，按老年人对活动室的满意程度进行测评，每次调查表的回收率应达80%以上。

6. 根据满意度调查中老年人提出的意见和建议逐个上门回访，虚心听取和了解老年人提出意见或建议的具体情况，耐心解答老年人提出的问题，坦诚回复对这些意见或建议的处理或解决的方法或结果，取得老年人的谅解和认可，并做好记录。

CCHC居家养老模式体系老年活动室消防安全标准

编号 CCHC1-4-13-4

一、总则

（一）CCHC 老年人活动室的工作人员都应该学习执行本标准。

（二）消防安全对于行动迟缓的老年人而言，尤其重要，因此单独建立本标准便于学习执行。

二、操作标准的学习和执行

（一）消防安全教育、培训制度

1. 定期组织全体员工学习消防法规和各项规章制度，做到依法治火。

2. 对消防设施维护保养和使用人员应进行实地演示和培训。

3. 对老年人也要定期进行消防安全普及教育活动。

（二）防火巡查、检查制度

1. 每月进行一次内部防火检查并复查追踪改善。

2. 检查中发现火灾隐患，检查人员应填写防火检查记录，并按照规定，要求有关人员在记录上签名。

3. 对检查中发现的火灾隐患及时整改。

（三）安全疏散设施管理制度

1. 要保持疏散通道、安全出口畅通，要明确地布置疏散标记。严禁占用疏散通道，严禁在安全出口或疏散通道上安装栅栏等影响疏散的障碍物。

2. 应按规范设置符合国家规定的消防安全疏散指示标志和应急照明设施。

3. 严禁在开放期间将安全出口上锁。

4. 严禁在开放或工作期间将安全疏散指示标志关闭、遮挡或覆盖。

5. 遇到发生火警事故，马上打119电话报警，工作人员要不慌不忙，先有组织地将老人救离火场，不得只管自己逃生，不管别人。

（四）灭火和应急疏散预案及演练制度

1. 制定符合自身实际情况的灭火和应急疏散预案。

2. 组织人员学习和熟悉灭火和应急疏散预案。

3. 每次组织预案演练前应精心开会部署，明确分工。

4. 应按制定的预案，至少每半年进行一次演练。

5. 演练结束后应召开讲评会，认真总结预案演练的情况，发现不足之处应及时修改和完善预案。

（五）燃气和电气设备的检查和管理制度

1. 应按规定正确安装、使用电器设备，相关人员必须经必要的培训，获得相关部门核发的有效证书方可操作。各类设备均需具备法律、法规规定的有效合格证明并经维修部确认后方可投入使用。电气设备应由持证人员定期进行检查（至少每月一次）。

2. 防雷、防静电设施定期检查、检测，每季度至少检查一次、每年至少检测一次并记录。

3. 电器设备负荷应严格按照标准执行，接头牢固，绝缘良好，保险装置合格、正常并具备良好的接地，接地电阻应严格按照电气施工要求测试。

4. 各类线路均应以套管加以隔绝，特殊情况下，亦应使用绝缘良好的铅皮或胶皮电缆线。各类电气设备及线路均应定期检修，随时排除因绝缘损坏可能引起的消防安全隐患。

5. 未经批准，严禁擅自加长电线。各部门应积极配合安全小组、维修部人员检查加长电线是否仅供紧急使用、外壳是否完好、是否有维修部人员检测后投入使用。

6. 电器设备、开关箱线路附近按照本单位标准划定黄色区域，严禁堆放易燃易爆物并定期检查、排除隐患。

7. 设备用毕应切断电源。未经试验正式通电的设备，安装、维修人员离开现场时应切断电源。

8. 除已采取防范措施的部门外，工作场所内严禁使用明火。

9. 使用明火的部门应严格遵守各项安全规定和操作流程，做到用火不离人、人离火灭。

10. 场所内严禁吸烟并张贴禁烟标识，每一位员工均有义务提醒其他人员共同遵守公共场所禁烟的规定。

11. 对非电气的专业人员也要定期进行电气知识的培训教育，确保万一发生事故能够及时报警或处理，防止事故扩大。

CCHC居家养老模式体系老年活动室室内环境标准及操作标准

编号 CCHC1-4-13-5

一、适用范围

CCHC 体系老年人活动室及其附属用房。

二、活动室环境要求

（一）空气质量

1. 经常开扇通风，使室内空气流通，保持空气清新，活动室内每周空气消毒。

2. 洗手间应安装排风扇。

3. 勤打扫。

4. 禁止室内吸烟。

5. 房间内科学养植一些对净化空气有益的植物，如仙人掌、吊兰等。

（二）温度湿度

1. 温度调节：老年人冬季室温可推荐在 18°C—20°C，夏天可适当高些，以人体感觉舒适为宜。除使用空调，取暖和降温设施外，也可通过关闭或开窗调节室温。

2. 湿度调节：活动室内温度推荐在 60% 左右为宜，空气干燥时可在地上洒些水或是用湿拖把拖地或者在取暖器周围放盆水增加湿度。

（三）整齐清洁卫生

工作人员应每天对活动室进行打扫，对活动器材进行擦拭，使室内物品摆放有序。每周进行一次大扫除，用 84 消毒液拖地，对房间进行空气消毒。

（四）符合老年人活动需求

老年活动室是老年人重要的活动休闲场所。活动室设施应符合老年人的需求，如洗手间设坐便式马桶、马桶旁边设扶手、室内房门应朝外开，以防老人发生意外事故时而无法及时救助、设无障碍门槛、物品摆放应符合老年人使用和放回等。

CCHC居家养老模式体系驿站服务标准

编号 CCHC1-4-14-1

一、总则

（一）CCHC 居家养老模式，可以概括为：小机构、大社区、全天候、零距离。最具有特色的特征之一，就是在社区（乡镇）的最基层——居委会（村）一级设立“×× 小区 CCHC 居家养老综合服务驿站”（以下简称驿站）。也就是说“驿站”是扎根于最基层，最末端的第四级平台。驿站是 ×× 街道（社区）CCHC 居家养老综合服务中心的派出机构，不具有独立法人资格。

（二）“驿站”是 CCHC 居家养老模式最前沿的派出机构，也是对外服务的一个窗口，全年无休，24 小时值班；全天候服务，与居家养老的老人随叫随到，零距离接触。通过“驿站”，达到服务对于整个社区居家养老老人的全覆盖。有了驿站这样的机构，使 CCHC 居家养老模式的各种管理和服务的功能，在第一时间被居家养老的老人和家属得到分享。

二、CCHC 居家养老模式体系驿站的功能

在 CCHC 居家养老模式体系下的社区养老服务驿站的功能为：

（一）面向内部：

1. 接受上级平台指导、监督和检查。

2. 反馈老人和老人的需求。

3. 提出合理化建议，让驿站发挥更大的作用。

（二）面向社区居家养老的老人：

1. 传送党和政府对老人的关心关爱的政策，使老人最大程度地享受自己的权利。

2. 充分利用和整合社会专业服务机构、服务和社区志愿者等方面的资源，就近为有需求的居家老年人提供生活照料、陪伴护理、心理支持、社会交流等服务。

3. 听取老人对驿站工作的评价和合理意见，进一步提高驿站的服务质量。

三、CCHC 居家养老模式体系驿站服务内容

（一）日间照料方面：临托

CCHC 居家养老模式体系下的驿站不属于养老机构，难以长期提供集中居住和照料服务。为更好应对人口老龄化发展趋势，考虑居家社区老年人的现实需求和老年家属子女的喘息服务需求，驿站服务标准规定：针对有特殊服务需求的老人，可以开展短期全托，短期全托时间原则上不得超过 15 天（对于需长期托养的老年人，统一推介转送到附近的养老机构或照料中心接受全托服务）。对于行走不便的老人，CCHC 居家养老模式体系下的社区养老服务驿站，可接送需要日间照料的居家老人。积极主动为有特殊服务需求的老年人提供生活照料服务，包括协助进食、协助排泄及如厕、协助移动、更换衣物、卧位护理，以及洗发、梳头、口腔清洁、洗脸、剃胡须、修剪指甲、洗手洗脚、沐浴等内容。

（二）呼叫服务方面：

1. 助餐：助餐主要分为集中用餐、分餐和上门送餐。

提供助餐服务应根据营养、卫生要求、老年人需求、地域特点、民族、

宗教习惯制定菜谱，为老年人提供营养丰富、全面合理的均衡饮食，做到荤素搭配、干稀搭配、粗细搭配合理，每周有食谱。老人可以享用统一配餐，也可以根据菜谱和个人喜好点餐，充分享受到家的感觉。

2. 助浴：助浴主要分为来站助浴和上门助浴。

助浴前应进行健康评估和安全提示，并做好相关安全措施。有条件的驿站，可派车将老年人接到驿站。助浴过程中应注意观察老年人身体情况，如遇老年人身体不适，协助采取相应防护措施。助浴时应根据四季气候状况和老年人居住条件，注意防寒保暖、防暑降温及浴室内通风。

3. 助洁。是指上门保洁。包括：

（1）整洁居室（客厅、卧室、厨房、卫生间）和清洁灶具；

（2）门框：无尘土、触摸光滑、开关盒等表面洁净，玻璃目视无水痕、无污渍、光亮洁净；

（3）地面：木地板洁净，瓷砖无尘土有光泽；

（4）居室：地面无死角、无遗漏，洁具洁净光亮、无异味；

（5）清洁灶具：无明显污渍、不锈钢灶具光亮洁净，必要的进行定期消毒处理。

4. 助医。包括：

（1）帮助老人完成就医、服药；

（2）协助监护人陪送老年人到医院就医或代为取药；

（3）遵照医嘱，协助生活不能自理的老年人管理药品；

（4）按照监护人要求提供约定内服务，必要时可提供相关信息或转介服务。

5. 助行。包括：

（1）陪同户外散步、陪同外出；

（2）陪同户外散步一般在老年人住宅小区及周边区域内（陪同外出要注

意途中安全）；

（3）老人使用助行器具时应按助行器具的使用说明进行操作。

6. 助聊：是指陪同老人聊天，既可以来驿站也可以上门。

主要倾听老人的心声，唠唠家常。聊天方式有面对面聊天、电话聊天和视频聊天。

7. 助学：是指与老人一起学习，来驿站和上门均可。

给老人读报纸、小说等等，学习智能手机的应用、上网等。驿站定期组织各类讲座，如：老人养生、老人健身、书法、画画、唱歌等等。有条件的可以开办老年大学，丰富老年生活。

8. 助安：解决居家老人家中的突发事件。

对家中的设备：煤气点不着火或泄漏、自来水管子爆裂漏水、电源爆熔丝等等，驿站将给予紧急援助。

9. 对独居老人长时间没有走出卧室，进行报警，及时上门查看情况并处理，解决居家养老独居老人的后顾之忧。

10. 助急：主要是对紧急就医。

居家养老老人在家需要紧急医疗援助的，驿站立即赶到现场，并联系附近社区医院或三甲医院，及时处理。

11. 助乐：以活动的形式助乐。

在CCHC居家养老模式体系下的驿站，组织老人进行小型多样的活动和比赛，如乒乓球比赛，打牌比赛，唱歌比赛，书法比赛、趣味活动、益智游戏以及健身运动等，让老人在活动中享受快乐。内容包括组织书法、绘画、棋牌、唱歌、戏曲、趣味活动、益智游戏以及健身运动等。

（三）健康指导

1. 驿站设有护理站，进行不开处方的医疗帮助，可按照本市有关规定开展基础护理、专科护理、临终护理、消毒隔离技术指导、营养指导、社区康复指导、健康宣教等医疗护理服务和医疗卫生服务。

2. 不具备条件的，依托周边社区卫生服务机构开展健康服务，可与社区卫生服务机构家庭病床的设置与管理相结合；也可引入社会化专业机构，提供健康服务支持。

3. 社区养老服务驿站至少依托医疗机构提供量血压、测血糖等基本医疗卫生服务，可依托专业机构或专业人员开展慢性病管理、常见病护理、翻身拍背、养生保健、用药指导等医疗护理服务。

（四）心理慰藉

1. 驿站应及时掌握签约服务老年人的心理变化，满足老年人心理需要，促进老年人心理健康。

2. 心理慰藉主要以陪同聊天、情绪安抚等形式开展。陪同聊天以老年人感兴趣的话题为切入点，多倾听，引导老年人倾诉，与老年人建立良好的信任关系，帮助消除不良情绪反应及孤独，满足老人情感慰藉和心灵交流需求。

（五）代办服务

1. 根据老年人需求，提供代购、代领物品，代缴费用等服务。

2. 服务范围包括为老年人代购生活必需品或陪同购物，代领各种物品，代缴水费、电费、煤气费、电话费等日常费用，服务人员应准确记录购买的品种，清点钱物，按照约定购物，做到当面清点并签字。

（六）康复护理

1. 康复护理应依据医生的医嘱实施。

2. 驿站为老人提供一般康复护理。

（七）法律咨询和调解援助

1. 帮助联系有偿和义务的法律援助。

2. 依靠当地党组织、居委会或村委会进行纠纷调解。

CCHC居家养老模式体系驿站管理标准

编号 CCHC1-4-14-2

一、总则

为了使 CCHC 居家养老模式体系“驿站”的服务内容得到有效保障，更好地为老人提供服务，特制本管理标准。

二、驿站组织架构

×× 小区 CCHC 居家养老综合服务驿站（以下简称驿站）是 ×× 街道（社区）CCHC 居家养老综合服务中心（以下简称养老服务中心）的派出机构。设站长 1 人，由养老服务中心任命派遣，养老护理员与服务对象比例达到 1:6，至少有 1 名社会工作人员（可兼职）、1 名医务人员（可兼职）、1 名工勤人员（可兼职）、财务人员 1 人（可兼职）。连锁化、品牌化的驿站可根据实际需要，统一调配人员。

三、具体要求

（一）驿站资质

驿站执业应具备以下资质证明和材料：

1. 养老服务中心发给的授权证书。

2. 房产归属证明及第三方机构出具的房屋安全检测报告。

3. 第三方机构出具的消防安全检测报告。

4. 驿站服务事项和流量记录账簿或信息系统记录凭证。

5. 设置医疗卫生机构的，需取得医疗机构执业许可证管理。

（二）工作人员资质

驿站应建立工作人员公示制度。

1. 养老服务中心发给的聘任证书。

2. 专业技术人员应具有相关专业资质，持有卫生计生部门、人力社保部门颁发的专业、执业资格证书。

3. 养老护理员宜持有职业培训证书或等级鉴定证书。

4. 工勤人员应持有所从事工种的国家职业资格证书。

5. 餐饮人员应持有健康证。

（三）工作人员行为规范

CCHC 居家养老体系中的驿站人员行为规范应符合下列要求：

1. 尊老敬老，尊重人格、民族、宗教信仰和个人习惯，保护个人隐私，具有良好的职业道德。

2. 遵纪守法，礼貌、热情、亲切、友好。

3. 着装规范，服装整洁，佩戴胸卡上岗。仪表端庄、精神饱满，佩戴饰品符合行业要求，语言文明、清晰。

（四）驿站服务事项公开：

为促进驿站规范运行和服务提升，方便社会群众监督，海阳集团“CCHC 居家养老模式”规定驿站应公示服务项目、收费标准、规章制度、工作流程、服务承诺、投诉方式等信息；主动、详实地向老年人介绍服务项目、服务内容及收费价格等。同时，建立工作人员公示制度，主动公示工作人员基本情况、持证情况。

（五）驿站收费基本原则：

驿站作为居家养老服务的基础，为推进全市驿站建设，海阳集团“CCHC居家养老模式”对驿站收费基本原则作出规定，即驿站服务项目收费价格应成本价格≤收费≤本区域市场平均价格，形式可以是计时或计件，在区民政部门指导下，由驿站运营方与属地街道办事处（乡镇政府）协商确定。在文化娱乐、心理慰藉，以及量血压、健康知识讲座等方面设定公益服务项目，不收取服务对象费用。

（六）服务质量管理：

1. 对于接受短期全托服务的老人，驿站须签订临时托管协议，明确双方权利义务。

2. 上门浴应与服务对象签订服务协议，并有 2 名工作人员在场。

3. 上门助洁服务，高度超过 2 米，邀请专业人员保洁。

4. 实行集中用餐的驿站，应在醒目处公示助餐服务时间、服务须知等，保持内外环境及餐桌整洁，餐具须每餐消毒一次。给予老年人充分的用餐时间，服务过程细致、周到、亲切；注意观察老年人用餐安全，发现异常及时处理。

5. 分餐、送餐应及时，饮食应保温、保鲜、密闭、防止细菌滋生，提供符合保温、保鲜要求的设备及运输工具，保证及时、准确、安全地将餐饮送达。

6. 送餐时要注意核对老年人的姓名、菜品及数量，确定无误后签收，服务时礼貌、周到、细致。

7. 提供餐饮加工服务应获得卫生许可证，助餐服务人员应身体健康，助餐服务可转介有相关资质的第三方提供。

8. 提倡通过中央厨房方式开展助餐服务。

9. 驿站活动室应制定相关管理制度规范，明确活动设施场所的开放时段、注意事项、服务保障措施，在不同时段安排适宜的活动方式，确保不影响老年人正常休息和身体健康。

10. 所有活动遵守安全、自愿原则，满足老年人身体和精神健康的条件和需求。

11. 活动场所宜由专人定期打扫清理，确保干净整洁。

12. 心理慰藉服务应注意保护服务对象的隐私权。

13. 心理慰藉服务的人员可由心理咨询师、社会工作师、医护人员或经验丰富的养老护理员担任。

14. 要有危机处理的意识，制定相应的危机处理预案和程序。必要时可提供相关信息寻求专业支持，或转介专业服务机构提供服务。

15. 康复护理过程中应注意观察老年人的身体适应情况，防止损伤。

16. 根据需要配备相应的康复设施设备。

17. 依托社区卫生服务机构、护理站或专业医生、护士为老年人提供定期体检、上门巡诊、家庭病床、社区护理、健康管理等服务。

18. 对于老年人提出的“十助”服务以及代办等服务需求，由驿站转介或直接提供服务。假如驿站需要更换合格供方，必须提交上级批准。按老年人要求排忧解难，做到高效便捷、收费合理。

19. 驿站为老年人推荐的社会专业服务机构必须负责该服务的跟踪督导。承接服务的服务机构须是经民非或工商注册、管理规范、服务记录良好的服务机构。

20. 驿站应主动公开服务电话，选派熟悉业务、服务能力强的人员接听电话，收集老年人服务需求。对于政策咨询类电话，尽可能第一时间给予解答。对于服务需求类电话，应认真做好记录，及时转相关部门或负责人办理。

21. 代购服务中，提供产品和服务的供应商必须是海阳集团指定的供应商。假如需要更改或增加供应商，必须申报请示并同意后，方可实施。

22. 驿站要建立风险防范机制，购买相关综合责任保险，并与长期服务对象签订服务协议、知情同意书，主动出示安全须知，鼓励老年人购买意外伤害保险，降低运营风险。

23. 驿站在养老服务中心以及居委会、村委会的统筹协调下，加强与社区卫生服务中心（站）的对接，在挂号、就诊、取药、综合诊疗、转诊等方面为居家老年人就医提供便利条件。

24. 驿站应当注重保护老年人的隐私权，与所属工作人员签订服务对象隐私保密协议，对于服务过程中获取的服务对象个人隐私信息，不得泄露。

CCHC居家养老模式体系小型养老院管理标准

编号 CCHC1-4-15-1

一、适用范围

本标准规定了 CCHC 居家养老模式体系中，涉及有关小型养老院的一些各项管理的基本要求和管理标准，使各类人员在日常的管理工作中有更具体的原则和依据。

二、各岗位工作职责

（一）院长工作职责

1. 负责养老院的日常工作，制定各岗位工作人员配置方案，组织实施与协调。

2. 制定养老院发展规划、规章制度、管理手册。

3. 负责实施养老院质量方针和落实质量目标，实施质量指标，并履行监控职能。

4. 协调各方矛盾和关系，及时解决重大问题。

5. 掌握全院人员的思想、工作及生活情况，发现问题及时解决。

6. 组织全院各类会议，如院长办公会议、职工大会、质量改进会议、每季度座谈会等，研究和讨论决定重大问题，持续改进管理工作。

7. 组织护理人员进行岗前、岗中、岗后培训，定期进行技术考核，不断提高护理技术水平。

8. 确定护理人员的工作时间和分配原则，根据具体情况作适量调配。

9. 监督厨房运作，做好进出货的监督管理工作，严格把控食品卫生。

10. 负责全院的财务管理和使用工作，坚持财务开支审批制度。

11. 接待社会各界来访、参观、咨询与政府部门和有关社会团体、机构保持联络。

12. 定期向上级主管部门汇报工作、总结工作。

13. 完成上级领导交代的各项任务。

（二）院长助理工作职责

1. 主持好办公室的日常工作，贯彻执行院各项工作计划。当好院长参谋，主持起草各类文件和工作计划、工作总结，汇总全院情况。

2. 协同负责全院的各项工作的安排和实施。

3. 协助做好各部门的协调工作，搞好上传下达。

4. 负责全院会议的记录、纪要落实安排重大活动。

5. 负责水、电、气的管理工作。

6. 负责院内后勤工作。

7. 完成上级领导交代的各项任务。

（三）财务工作职责

1. 按照国家有关规定和本院制度，办好会计核算业务，严格执行《会计法》和财经纪律。

2. 认真编制本院年度收、支计划，及时做好年度决算，当好院长参谋。

3. 认真做好会计事项处理，按规定的会计科目做账。财务做到日清月结，及时编制记账凭证，做到科目准确，数字真实，凭证齐全。

4. 及时清理债权、债务，并督促有关人员执行，负责固定资产登记管理。

5. 做好财务档案保管和保密工作，发挥财务监督和保障作用。

6. 及时准确编制和上报各种财务统计报表，做好捐赠款物的接收统计。

7. 妥善保管会计凭证、账册等档案资料，做好社会捐赠物资、现金的账务工作。

8. 认真审核每项开支，严格控制各项费用的支出范围，必须做到手续完整，责任到人。

9. 做好库存现金的收付，并随时记账。

10. 各项收款及时入账，并负责妥善保管，超限额的现金必须当日存入银行，保证库存现金不超过银行规定的库存限额。

11. 凭院长签字，负责各项开支收据的报销、整理、保管工作。

12. 对违反财经纪律和不符合手续的开支，有权拒绝支付。

13. 积极完成院长交办的其他事项。

（四）医务人员工作职责

1. 全面负责的医疗保健工作。

2. 认真执行各项规章制度和技术操作常规。

3. 对新入住48小时内进行体检，书写入院病历，并对检查出的情况、处理意见告知及家属。

4. 定时巡视，全面了解每位的身体、精神状况。必要时通知家属，根据的实际情况给予治疗，根据病情及时请会诊、转院。外出就诊时帮助联系相关医院，并和护理员陪同去医院，负责介绍病情；对不积极转医院治疗的，及时与家属交流并做好书面记录。

5. 对有安全隐患的，及时与家属沟通并做好记录，指导护理人员做好安全防范工作。

6. 积极参与伙食管理，指导制定营养菜谱和各疾病保健食谱。

7. 组织每年一次体检。

8. 指导、督促护理员做好卧床的皮肤护理，预防褥疮的发生。

9. 做好药品的保存和管理工作，做到送药到手，对思维不清的老人应督促将药服下后方能离开。

10. 随时了解老人生活、思想状况，宣教保健知识、进行心理交流。

11. 组织老人开展各项保健、娱乐活动、康复训练工作。

12. 了解老人和家属对工作的意见、建议，协助院长做好管理工作。

13. 积极完成院长交办的其他事项。

（五）护工领班工作职责

1. 做好本岗位护理工作。

2. 负责发放，登记老年人的生活用品和请销假制度。

3. 熟悉护理部各项工作，能够按照院领导的要求，做出符合实际切实可行、细致周到的工作安排，并组织实施、保质保量、按时完成。

4. 负责组织老人的各类学习和各种文体活动。

5. 按照岗位责任制，指挥、检查、督促各区卫生及护理工作，并做好思想工作，提高其工作积极性、主动性、自觉性和创造性。

6. 认真学习理论和业务知识、努力提高自身修养和自身素质，并负责组织护理员的业务知识学习和护理技术培训。

7. 完成上级领导交代的各项任务。

（六）护工工作职责

1. 持证上岗，在院管理者和护工领班的指导下进行工作。

2. 承担老人生活护理（具体要求见表1-4-15-1-1）和分级基础护理（具体要求见表1-4-15-1-2）。

3. 及时解决老人日常生活问题，协助生活不能自理的老人进食、进水、协助如厕等。

4. 负责日班和晚班护理及送水送物到床头。

护工每日工作分解表

表1-4-15-1-1

序号	时间	工作项目	工　作　内　容	备注
1	5:30—7:00	起床、盥洗、冲开水	二、三级护理老人：督促老人穿衣、漱口、洗脸、洗手、梳头。 一级护理老人：帮助老人穿衣、漱口、洗脸、吸收、梳头、搀扶行动不便老人上厕所、倒便盆。 特级护理老人：为老人穿衣、漱口、洗脸、洗手、梳头、护理大小便、换尿布、倒便盆。 便盆定期消毒，每天为老人整理床铺，冲开水，热水瓶送到起居室。	
2	7:00—8:00	早餐、发药、喂药	二、三级护理老人：督促、提醒老人用餐。 一级护理老人：鼓励并帮助老人用餐。 特级护理老人：饭菜、茶水供应到床边。按时喂饭、喂水、喂药。 做好饭后的卫生工作。 发药时核对姓名、床位、剂量、药名，按时喂药。能力差的老人、痴呆老人一定要把药放其嘴里，看其咽下去，才能离开。 做好老人的安全工作，防止发生意外事故。 写好交接班记录，做好床头交接、口头交接、突发交接。	
3	8:00—8:30	晨练、做早操	配合护工领班组织晨练、做早操，做到记录详细、规范、实事求是。	
4	8:30—9:30	居室环境整洁、护理老人	打扫居室、冲洗厕所，做到环境整洁、摆放整齐、规范。 做好消毒卫生工作。 护理老人大小便，对大小便失禁和卧床不起的老人做到勤翻身，严防褥疮发生。 勤查看、勤换尿布、勤洗下身、勤更换衣被，保持老人清洁、无异味。 帮助老人翻晒被褥。被褥、气垫，床单保持干净平整、干燥柔软。	
5	9:30—10:30	督促老人参加室内外活动	视天气情况带老人到户外晒太阳。 督促老人参加院内的各种康复活动，组织老人参加院内的娱乐活动，与老人谈心。 对老人做到耐心、细心、真心、关心。态度亲切、动作轻柔、语言文明。	
6	10:30—12:00	午餐、发药、喂药	午餐前准备：消毒桌面、规范操作。 二、三级护理老人：要求老人自己进餐。 一级护理老人：鼓励和帮助老人进餐。 特级护理老人：饭菜、茶水供应到床边。按时喂饭，咽下最后一口饭才能离开。 发药时核对姓名、床位、剂量、药名，按时喂药。能力差的老人、痴呆老人一定要把药放其嘴里，看其咽下去，才能离开。 做好老人的安全工作，防止发生意外事故。	

表1-4-15-1-1　（续表）

序号	时间	工作项目	工　作　内　容	备注
7	12:00—13:30	午睡	老人午睡，护理员在居室内外巡视，细心观察老人情况，发现异常及时联系。	
8	13:30—16:30	老人个人卫生工作、收衣服、与老人谈心	老人个人卫生用水全部送到老人房内。 二、三级护理老人：督促老人做好个人卫生工作。 一级护理：帮其穿衣，洗脸，洗会阴部。冬天每周一至二次。夏季每日洗澡或擦身，并帮助老人每日擦席。（消毒灵） 特级护理：为其穿衣，护理大小便，洗脸，洗脚，洗会阴部。冬天每周一至二次。夏季每日洗澡或擦身，并帮助老人每日擦席。（消毒灵）。 收衣服，叠齐，送到老人衣柜。 安排老人看电视，活动，与老人谈心。 工作中要认真负责，以免差错，对各级护理老人提出的要求要予以满足。	
9	16:30—18:00	晚餐，发药，喂药	晚餐前的准备工作：消毒桌面，搀扶老人进饭厅，规范操作。 二、三级护理老人：要求老人自己进餐。 一级护理老人：鼓励和帮助老人进餐。 特级护理老人：饭菜，茶水供应到床边。按时喂饭，咽下最后一口饭才能离开。 发药时对名字、对床位、对剂量、对药名，按时喂药。能力差的老人、痴呆老人一定要把药放到其嘴里，看其咽下去，才能离开。 做好老人的安全工作，防止发生意外事故。	
10	18:00—20:30	安排老人休闲，做晚间卫生工作，安排睡觉	安排有能力的老人散步，看电视，闲聊。 安排一级、特级护理的老人大小便，换尿布，准备睡觉。 做好晚间卫生工作，扫地，到垃圾，倒便盆。 巡视各居室，家属探望时，做好与家属的沟通工作。 做好床头交接，口头交接，突发交接，写好交接班记录，要求详细，实事求是。	
11	20:30—4:00	加强巡视，做好环境卫生工作	2小时巡视各居室，凌晨1点至3点，每小时巡视一次。细心观察老人的状况，护理老人大小便。 对瘫痪老人2小时翻身一次，预防褥疮，并做好记录。 定时喂水，拖尿，换尿布，盖被等。（根据季节） 做好安全工作，发现异常及时联系。 做好各环节的卫生消毒工作。	
12	4:00—5:30	准备工作	做好晨间卫生工作，倒便盆，清理污物，督促老人起床。	

分级护理表

表1-4-15-1-2

分级护理标准	
等级服务标准是根据老人的年龄、生活自理程度、身体状况以及特殊要求而制定的。它分为三级、二级、一级护理和专门护理。	
三级护理人员标准	生活行为基本能自理者，不依赖他人帮助的老人。
二级护理人员标准	生活行为依赖扶手、拐杖、轮椅和升降等设施和他人帮助的老人；或年龄在80岁以上者。
一级护理人员标准	生活行为依赖他人护理者；或思维功能轻度障碍者；或年龄在90岁以上者。
专护人员标准	生活行为完全依赖他人护理且需要24小时专门护理者；或思维功能中度以上障碍者；或老人及家属要求提高护理等级，在生活服务方面要求给予特殊照顾者。
三级护理	早餐督促老人漱口、洗脸、洗手、梳头。晚上督促老人洗脸、洗手、洗脚、洗会阴部。
	督促老人定期剪指（趾）甲、理发剃须、更换衣裤。
	安排老人洗澡，每周一至两次。夏天气候炎热时，每日洗澡，并督促，帮助老人每日擦席。
	为老人整理床铺，翻晒被褥。
	每月清洗床上用品（床单，枕套，枕巾，被套）一次，保持床单清洁。
	鼓励老人到食堂用餐。
	组织老人参加院内的各种康复活动。
二级护理	早晨帮助老人漱口、洗脸、洗手、梳头。晚上帮助老人洗脸、洗手、洗脚、洗会阴部。
	帮助老人定期剪指（趾）甲、理发剃须。
	帮助老人洗澡或擦身，每周一至两次。夏天气候炎热时，每日洗澡或擦身，并帮助老人每日擦席。
	为老人整理床铺，翻晒被褥。
	每半个月清洗床上用品（床单，枕套，枕巾，被套）一次，保持床单清洁。必要时及时更换。
	每周洗涤内衣一次（夏季每日洗），每周洗涤外衣一次。
	搀扶行走不便的老人上厕所，防止摔跤。
	鼓励并帮助老人到食堂用餐。
	餐具和茶杯严格消毒，老人的毛巾、面盆做到经常清洗，便器用后及时倾倒并定时消毒。
	组织老人参加院内的各种康复活动。
一级护理	早晨帮助老人漱口、洗脸、洗手、梳头。晚上帮助老人洗脸、洗手、洗脚、洗会阴部。
	经常为老人洗头、剪指（趾）甲、理发剃须。
	口腔护理清洁无异味，皮肤护理无褥疮。
	为老人洗澡或擦身，每周一至两次。夏天气候炎热时，每日洗澡或擦身，并帮助老人每日擦席。

表1-4-15-1-2 （续表）

分级护理标准	
一级护理	为老人整理床铺，翻晒被褥。
	每周洗涤床上用品（床单，枕套，枕巾，被套）一次，保持床单清洁。必要时及时更换。被褥，气垫，被单保持清洁，平整，干燥柔软。
	每周洗涤内衣一次（夏季每日洗），每周洗涤外衣一次。
	搀扶行走不便的老人上厕所，防止摔跤。
	视天气情况，每天带老人到户外活动或接受光照1—2小时。
	饭菜、茶水供应到床边，按时喂饭、喂水、喂药。
	餐具和茶杯严格消毒，老人的毛巾、面盆做到经常清洗，便器用后及时倾倒并定时消毒。
	对痴呆老人根据情况定时巡视，防止随意外出或发生意外。
	对易发生坠床、座椅意外的老人，应提供床栏、座椅加绳托等保护器具，确保安全。
专　护	早晨帮助老人漱口、洗脸、洗手、梳头。晚上帮助老人洗脸、洗手、洗脚、洗会阴部。
	经常为老人洗头、剪指（趾）甲、理发剃须。
	口腔护理清洁无异味，皮肤护理无褥疮。对长期卧床而不能自主翻身的老人，定时翻身，变换卧位，检查皮肤受压情况，防止褥疮发生。
	做好老人大小便护理，对大小便失禁和卧床不起的老人，做到勤查看，勤换尿布，勤擦洗下身，勤更换衣被，保持老人清洁、无异味。
	为老人整理床铺，翻晒被褥。
	被褥、气垫、被单保持清洁。平整、干燥、柔软、无碎屑。
	为老人洗澡或擦身，每周一至两次。夏天气候炎热时，每日洗澡或擦身，并帮助老人每日擦席。
	搀扶行走不便的老人上厕所，防止摔跤。
	视天气情况，每天带老人到户外活动或接受光照1—2小时。
	饭菜、茶水供应到床边，按时喂饭、喂水、喂药。
	提供24小时专门护理，确保各项治疗护理措施的落实。
	细心观察并掌握老人饮食、起居及思想情绪、精神状态等情况。
	对痴呆老人根据情况定时巡视，防止随意外出或发生意外。
	餐具和茶杯严格消毒，老人的毛巾、面盆做到经常清洗，便器用后及时倾倒并定时消毒。
	对易发生坠床、座椅意外的老人，应提供床栏、座椅加绳托等保护器具，确保安全。
	对患病老人严密观察病情变化，制定针对性护理措施，并做好记录防止并发症的发生。
	为老人开展针对性个体康复活动。

5. 协助配餐员做好老年房间内的配膳工作。

6. 随时巡视房间，观察老人有无不适或异常。保护老人的安全，防止意外事件发生。

7. 做好老人入住前的准备工作和出院后的终末处理。

8. 负责室内物体表面、窗户、大厅、走廊大门等清洁、卫生工作。

9. 负责室内的紫外线消毒工作。

10. 协助做好室内的规划管理工作。

11. 做好被服、家具的管理。

12. 完成上级领导交代的各项任务。

（七）厨师工作职责

1. 必须具有良好的身体素质和仪容代表，必须持健康证上岗。

2. 负责调配好主副食品的调剂、细加工的制作，根据每日菜谱合理搭配好菜品。

3. 控制原材料的质量、数量，实行双人制签收。

4. 做好一日三餐留样备检及各类餐具的消毒工作，保证食品质量，发现问题及时上报，并做好书面记录。

5. 对饭堂生、熟案板经常进行卫生清洁工作，对厨房用具要清洗、消毒，确保厨房环境的安全卫生。

6. 保持厨房地面和台面以及储物室的干净整洁。

7. 每周一次卫生大扫除和必须对厨房所有厨具进行必要的消毒。

8. 做好用水用电安全工作，防止发生安全事故。

9. 完成上级领导交代的各项任务。

（八）保管员工作职责

1. 负责全院物资管理工作。

2. 严格物资入出库手续，物资入库要逐一验收，做好台账，出库要根据制度规定的批准权限手续发放，违反规定的有权拒付，发现余缺及时查对，做好统计报表。

3. 保持仓库环境整洁，存放要分类，排列要整齐。定期清理，打扫库房，通风通气，防止物资积压霉变。

4. 负责代为老人保存物品，并按要求出入库，给老人提供方便。

5. 负责院内入库物资的收集和保存。

6. 负责购买院内所需物资。

7. 注意防火、防盗，配备防火、防盗设施。严禁在库房内吸烟，确保库房安全。

8. 热情服务，礼貌待人，坚守岗位，按时发放。

9. 积极完成院长交办的其他事项。

（九）保洁员工作职责

1. 随时保持环境整洁。

2. 根据要求，定时做好清洁工作。

3. 及时向直属上级反映临时发生的各种情况。

4. 积极配合各项活动的开展。

5. 完成上级领导交代的各项任务。

（十）门卫工作职责

1. 遵守各项规章制度，按时上、下岗，不得迟到和早退。在岗时应仪表整洁，不得穿汗衫和短裤。

2. 严格按照有关规定办理出入手续并做好记录。

3. 接待来人与来访要有礼貌并做好相关记录，来信来件要及时处理。

4. 接待来访时要耐心，热情，接受咨询时回答要详细、周到。

5. 不得在岗时接待朋友等，以免分散注意力。

6. 完成领导交办其他的任务。

（十一）水电工工作职责

1. 积极完上级领导安排的维修任务。

2. 灭火器、每月 8—9 日检查一次签名（同时做好设备清洁工作）。

3. 消火栓、每月 10—11 日检查一次签名（同时做好设备清洁工作）。

4. 楼面配电间每月 27—28 日抄表一次（同时做好设备清洁工作）。

5. 应急灯放电每月 4—5 日（同时做好设备清洁工作）。

6. 消防泵间每月 29—30 日（同时做好设备清洁工作）。

7. 每天楼面两次电器设备检查确保安全。

8. 完成领导交办其他的任务。

三、各项管理制度

（一）行政查房制度

1. 执行每日行政查房，早晚各一次。

2. 查房重点应是对老人的生活护理、医疗护理工作及后勤保障、安全隐患工作，并做好行政查房记录。

3. 查房中发现的问题要有处置意见，如何纠正相关部门要有跟踪记录可查。

（二）财务管理制度

1. 财会人员要忠于职守，严格执行财经纪律和财政政策，正确履行《会计法》赋予的权利和义务，为院理好财，当好家。

2. 养老院的所有经营收入，有关部门捐款捐物，上级民政部门、政府的拨款、财产转让、出租收入、利息收入等均应入账。

3. 财务管理应做到增收节支，严禁铺张浪费，坚持民主理财，厉行节约的原则。

4. 严格执行审批制度，各项经费开支必须事先经院长同意，重大开支要向集团领导请示。经费报销要有原始凭证，采购货物要有专人验收，报销凭证由经办人、验收人、院长签字后方可入账，不符合手续的凭证不得入账。

5. 坚持财务公开，自觉接受老人和有关部门的检查监督，做到收支账目每季度公布一次，食堂账目每月公布一次。

6. 严肃遵守财经纪律，养老院任何经费严禁私人借用，不得以任何理由挪用。

7. 重大支出二百元以上，必须经院领导讨论，方可入账。

8. 建立健全固定资产账，购置和制作的各类生活设施，要如实登记入账，坚持一年一次的固定资产清查，并填表造册存档，确保敬老院的财产完整。

9. 集中保管闲置固定资产，落实专人管理，防止流失。

10. 按实际需要有计划地购置日常生活用品，确保入院入住人员生活需要。

（三）质量管理制度

1. 综合管理员负责各条线的质量管理工作，形成全院的管理网络。

2. 根据各条线目标责任制考核细则，规范每一项工作内容，形成质量管理标准。

3. 对每一项工作进行量化考核，每月须定期（一次）、不定期考核且有记录。

4. 对所存在的问题要采取相应措施及时予以纠正、预防。

5. 各条线之间的工作质量问题要及时予以沟通、协调、解决，并有相关跟踪记录可查。

（四）卫生管理制度

1. 保持居住环境整洁、舒适，增强身体健康。每位老人要自觉维护养老院室内外卫生，保持院内整洁、卫生、舒适。老人房间要通风、无异味、无明显灰尘、污迹和蜘蛛网，窗明地净，衣物摆放整齐；公共场所、绿化区做到无纸屑、烟头、杂物、垃圾等；水沟、下水道要保持畅通、清洁。

2. 室外要明确卫生区三天打扫一次，每个区的环境卫生要明确专人负责。

3. 室内环境卫生由老人自行打扫，坚持一天一小扫，三天一大扫。门窗要经常擦拭干净，食堂要常打扫，餐具消毒，生活用品要放置有序。

4. 个人卫生，房间整洁，勤洗衣物，勤洗澡，被子、蚊帐勤洗勤晒。

5. 室内垃圾实行袋装化，一律送往统一指定的垃圾池，不准随意堆放。

6. 个人卫生做到“五勤”：勤洗手、勤剪指甲、勤洗澡、勤理发、勤洗衣服。禁止随地吐痰、随地大小便，保持良好的卫生习惯。

7. 抓好食堂卫生管理，严防病从口入，食堂要勤打扫、餐具要勤消毒，严禁购买和使用腐烂、变质食品。

8. 对老人进行定期体检，建立老人健康档案。医务室必须备有常用药品。

9. 组织老人开展文体活动，提供有益老人身心健康的娱乐，严禁赌博行为。

10. 定期给和护理人员讲授有关心理护理、饮食护理、自我保健、老年常见疾病的护理等有关知识，提高自我防护能力。

11. 养老院管理人员每月要组织一次卫生评比，挂流动红旗，奖励先进，查找不足，确保居住环境整洁卫生。

（五）差错、事故登记报告制度

1. 设立工作整改书，对所发生的差错、事故应及时登记（记录过程）便于整改，同时跟踪整改效果。

2. 发生严重差错、事故后，保护现场。在组织处置的同时，根据突发事件处置流程，执行10分钟内汇报制度，汇报有关领导，不得隐瞒。

3. 对已发生的事故应按顺序逐级上报。

（六）服务满意度测评制度

1. 服务满意度测评主要是指老人及家属对养老服务质量的测评，从而维护入住老人的权益。

2. 在大厅公示投诉路径并设置投诉箱。专人负责受理处置，要求每宗投诉都应有回复，并有记录可查。

3. 成立院民管理委员会，每月召开民管会会议，定期、不定期地听取意见且有记录可查。

4. 采取不同形式，每月进行服务满意度测评（最好有第三方操作），并汇总分析。

（七）捐赠物品管理制度

1. 养老院对捐赠的所有物品必须建立登记手续，入库管理。处置情况有动态记录可查。

2. 处置捐赠物品必须符合捐赠人的意愿，不得擅自另行处理。

3. 对每一项物品的处置都需要有账可查，要有接收人签字。

4. 钱款捐赠需入院财务账，专款专用。不得私自挪作他用。

（八）考核奖惩制度

1. 考核奖惩主要是指对员工的工作态度和工作的过程、业绩的考核奖惩。

2. 根据养老院目标责任制考核细则（见表1-4-15-1-3），对全体员工进行考核。

3. 考核形式为定期与不定期两种，考核结果与每月绩效相关。

4. 年度考核讲评（全体员工）每一年度一次，考核结果分为优秀、合格、不合格三种。

5. 凡考核优秀者，给予一定的奖励以资鼓励。

6. 凡违反院规、院纪，按相应考核条款予以处置。

7. 凡违反操作规程、流程者按相应条款予以处置。

目标责任制考核细则

表1-4-15-1-3

序号	考核项目	考核内容	得分	评分标准
1	行政管理	1.1 每月工作有计划、有重点，并有跟踪反馈	2	无计划扣全分，无跟踪酌情扣分
		1.2 每日行政查房，并有查房记录		缺行政查房扣0.5分/次，无查房记录扣0.5分/次
		1.3 入院前申请、调访、审批程序规范		程序不规范、表式不齐全或填写不完整每项扣0.5分/人次
		1.4 完成老人入院前体检，必备项目齐全		无体检扣全分，体检每缺一项扣0.5分/人次
		1.5 签订全套“入院协议书”，且内容完整（含附件）		无协议书扣全分，附件缺一项扣除0.5分/人次
		1.6 建立入住老人信息资料且随时更新		无资料可查扣除1分/人次，资料无及时更新扣除0.5分/人次
		1.7 护理等级评估		护理等级评估不确切扣1分/人次
		1.8 持续照料评估		无跟进持续评估扣1分/人次
2	档案管理	2.1 组织召开各类会议，并记录、整理有序	1	无记录扣0.5分/次，未及时召开扣0.5分/次
		2.2 制定年度培训计划并督促按时完成，且有跟踪表		无计划扣全分，无跟踪酌情扣分
		2.3 每周五卫生大检查，有记录且有跟踪整改		缺卫生检查扣1分/次，无记录或无跟踪整改扣1分/次
		2.4 制作服务小册子或以其他文字方式告知：出入院流程、收费标准、等级划分标准、等级护理等内容		每缺一项内容扣除0.5分
		2.5 服务内容或信息有变化时能及时变更		无变更扣除0.5分，变更内容不完整扣除0.5分
		2.6 建立“老人入院档案”且材料齐全		无建立档案扣全分，材料不齐酌情扣分
3	人事财务统计管理	3.1 做好职工、入住老人的考勤工作，确保无误，按时上交	2	未按时上交扣1分/次，考勤有误扣0.5分/次
		3.2 统计当月各类数据，确保记录的真实性、及时性、准确性、完整性，跟踪日常管理结果，监督内部日常运作情况		未达到要求扣0.5分
		3.3 各种费用的收缴工作，保管好现金，及时解款指定银行，同时做好入账记录		未及时收缴扣1分/次，未及时解款扣0.5分/次
		3.4 入住老人各类信息统计，并保持持续更新		无记录扣全分，无持续更新扣1分/次

表1-4-15-1-3　（续表）

序号	考核项目	考核内容	得分	评分标准
3	人事财务统计管理	3.5 监督并考核医务室工作，并定期组织培训，做好记录		根据医生考核标准，连带扣分；无培训扣0.5分/次
		监督并考核保洁工作，并定期组织培训，做好记录		根据保洁考核标准，连带扣分；无培训扣0.5分/次
4	宣传接待	4.1 通过各种渠道，做好养老院的各类正面宣传工作，维护公司形象	1	未达到要求扣0.5分
		4.2 每月组织老人活动，每周不少于一次，并做好图片资料的保存		未达到要求扣0.5分
		4.3 日常文字档案处理规范快速		未达到要求扣0.5分
		4.4 制定培训计划，并组织实施，做好培训记录		无培训计划扣1分，无培训记录扣0.5分/次
		4.5 制定节日活动安排，并组织实施		未达到要求扣0.5分
		4.6 每月为老人举办一次集体生日会，并做好相关图片资料的保存		未达到要求扣0.5分
		4.7 安排各类会务安排、来访、参观等内外宾接待工作，并做好各类书面记录		未达到要求扣0.5分
5	后勤管理	5.1 后勤工作有全面计划，且有落实措施	2	无计划扣全分，计划不全酌情扣分
		5.2 物料仓库、日用品仓库、食堂仓库有账簿，且出入库账目清晰		无账簿扣全分，账簿内容不全扣0.5分，出入库账目不清扣0.5分/次
		5.3 全院范围内，电、水、煤、油的维护和检修工作，按要求每月/周检查，并做好记录		无检查记录扣全分，长明灯、长流水每次扣0.5分，故意损坏不及时处理扣1分/次，私拉乱接电线扣1分/次
		5.4 配合养老院做好重大活动的组织工作，做好各项准备及后勤保障工作		未达要求扣0.5分
		5.5 监督并考核食堂工作，并定期组织培训，做好记录		根据食堂人员考核标准，连带扣分；无培训扣0.5分/次
		5.6 其他临时性的后勤保障工作		未达要求扣0.5分
6	安全消防人事管理	3.1 做好安全教育与培训工作，按要求定期安全检查，做好记录	2	不能定期检查扣1分/次，出现安全隐患扣2分/次
		3.2 做好各类突发事件的预处理工作，根据应急预案，妥善处理		未达要求扣1分
		3.3 做好消防巡视工作，并做好记录		不能定期检查扣1分/次，出现安全隐患扣2分/次
		3.4 接待消防、安全各类检查工作，并做好跟踪记录		未达要求扣1分
		3.5 电梯维保单位的定期维保工作，并做好记录		半个月维保一次，未及时维保扣1分/次
		3.6 监督并考核门卫工作，并定期组织培训，做好记录		根据门卫考核标准，连带扣分；无培训扣0.5分/次
		3.7 监督并考核护工领班工作		根据护工领班考核标准，连带扣分

（九）教育培训制度

1. 落实每周培训制度，并做好培训记录。

2. 培训内容包括岗位职责、职业道德、职业心理培训、养老行业理念培训等，在不断提高行业理论知识的同时，提升操作技能。

3. 跟踪各类培训，不断监管，将继续教育工作落到实处，不断提高业务水平，提升服务质量。

（十）安全管理制度

1. 认真学习治安法规，安全常识，全面提高工作人员搞好单位安全的自觉性，工作人员有良好的安全防范意识，做到工作中知法、守法、善于用法，提高依法治理的能力。

2. 在安全防范工作中，工作人员要提醒和指导老人确保自身安全。同时，在自身各种服务活动中要确保安全，防止违反操作安全规程，发生事故。

3. 建立健全安全管理检查登记制度。

4. 严格执行差错事故登记报告制度，定期和随时召开安全分析会，讨论分析差错事故发生的原因，制订防范措施。

5. 各种抢救的药品、物品、应定位定量，处于完好备用状态。

6. 严格执行各种规章制度如：岗位责任制、查对制度及各种护理操作常规。

7. 防止创伤和坠床。躁动、痴呆的老人要使用安全保护措施。严格执行床边交接班制度。按时巡视。

8. 严格执行氧气操作规程。做到四防：防火、防油、防热、防震。

9. 经常进行“安全第一”的思想教育。

10. 严格执行消毒隔离制度，严防交叉感染。

11. 按卫生部要求加强饮食的安全管理。

（十一）消防安全制度

1. 每日进行防火巡查，巡查内容包括：

（1）用火、用电有无违章情况；

（2）安全出口、疏散通道是否畅通，安全疏散指示标志、应急照明是否完好；

（3）消防设施、器材是否保持正常工作状态，消防安全标志是否在位、完整。

2. 每月进行一次防火检查，检查内容包括：

（1）火灾隐患整改及纠正、预防措施落实情况；

（2）安全疏散通道、疏散指示标志、应急照明和安全出口情况；

（3）消防设施正常工作情况，灭火器材、消防安全标志设置和功能情况；

（4）重点工种人员及其他员工消防知识掌握情况。

3. 防火巡查人员应当及时纠正违章行为，妥善处理火灾危险，无法当场处置的，应当立即报告。发现初期火灾应当立即报警并及时扑救。

4. 用火、用电管理：严禁使用大功率用电器，定期对用电器进行安全检查，发现安全隐患及时处理；养老院内严禁使用明火。

5. 认真贯彻“预防为主、防消结合”的消防工作方针，对全体职工开展消防安全教育以及培训工作，牢固树立消防安全第一的思想，坚持逐级消防宣传教育工作。对新上岗和进入新岗位的职工应进行上岗前消防安全培训。能够达到“四懂”“五会”的要求。“四懂”即懂火灾的危险性、懂预防火灾措施、懂火灾的扑救方法、懂火场逃生方法。“五会”即会报火警、会使用灭火器材、会扑救初起火灾、会组织人员疏散、会开展消防宣传。

（十二）门卫管理制度

1. 门卫管理人员应尽心尽职，不得随便离岗。有事要离岗时应得到院领导同意后方可。

2. 所有进入本院人员必须服从其管理。

3. 凡非本院车辆不得随便进出大院，有要事者须经院领导同意后方可入内。

4. 非本院人员不准自由进出。外来人员必须说明由来（上级领导和进院帮助工作的人员除外），办好登记手续。

5. 值班前与值班期间不准喝酒。

6. 对无理取闹与违反门卫规定的人和事，不听劝告和制止的要及时向管理人员报告。

7. 老人外出必须严格履行请假手续，自觉服从门卫管理，任何人不得强行进出养老院。

8. 严格按照大门开启的作息时间，晚10点后未经管理人员许可不准开门放行，晚上要加强安全巡查。

（十三）食堂管理制度

1. 食堂工作人员必须身体健康，按时检查身体，厨房内不准吸烟，洗涤间和厨房周围无卫生死角。污水桶每餐清倒一次，不留弃物。下水道保持畅通。

2. 厨房的炊具和公共物品必须指定专人负责保管，进出物品要登记造册，损坏和消耗的物品需经院长同意方可报损。

3. 食堂的库存如大米、食油、调料等存放在保管室内，指定专人保管，进出库要登记并做到账物相符。

4. 购入食品原料要保持鲜活。严禁使用腐烂、变质食品。

5. 购入的包装食品和食品辅料、调味品等，必须要有产品说明书，应标明品名、产地、厂名、生产日期、保质期、批号、规格、配方、主要成分、食用或使用方法等，严禁使用超过保质期或保存期食品。

6. 严格做到生、熟菜分装、分存，用具分开使用，工作人员操作生熟食品时必须清洗，消毒双手及案板，刀具等工具。

7. 严格做到食具消毒，做到一清、二刷、三冲、四消毒，餐具达到干净光洁。

8. 安排好食谱，讲究干湿相济，注意营养，合理配餐，可根据老人的饮食特点或医嘱安排好伙食。

9. 坚持公开办事制度，伙食费用每月结算公布。

10. 工作人员、来客到食堂用膳应交伙食费。

11. 成立膳食委员会，由老人代表和有关人员组成，膳食委员会每月召开一次会议，听取意见，改进膳食。

（十四）仓库管理制度

1. 仓库专人负责，不允许私人物资同放库内。

2. 仓库内，所有物资必须分门别类登记造册，做到账、物相符，每季度盘库一次。

3. 仓库内应做到清洁整齐，无鼠虫害、无霉变现象发生。

4. 所有进出物资都必须开具进、出库单，写明物品、数量、用途、价值、经手人、仓库保管员、院长签字后有效，一切工具、低值易耗品都须根据入库单给予报销。

5. 对一些旧物资，应洗涤清洁，完整堆放，以备后用。属本院的物资应放回仓库，并开具入库单入账。

（十五）文书档案管理制度

1. 文件、文书、档案须按国家有关规定处理。

2. 凡上级有关单位和部门来文、来函，一律登记办理。

3. 文件须传阅和执行后，按保管期限分类立卷归档。

4. 凡向上级部门报告或请示的文书，须和答复一起分类归档。

5. 加强文件、文书、档案的保密工作，保证其局限性、时间性、永久性的保密和安全。

6. 院内的各类印章由专人负责保管使用。

（十六）维修管理制度

1. 每日一次巡视检查，发现问题及时维修。

2. 根据轻重缓急，妥善处理各项维修任务，确保机构正常运行。

3. 所有外请保修事宜，均通过公司 96890 呼叫平台寻找供应商。

4. 建立维修记录备查。

5. 维修时要按规范操作，并注意施工现场的安全以防止入住老人发生意外。

（十七）洗衣房管理制度

1. 各类衣物按规定要求分类洗涤、消毒、存放，防止交叉感染。

2. 存放衣物的盛器应按要求洗涤、消毒。

3. 天气晴好，衣物应室外翻晒，及时发放到老人房间。

4. 收发衣物要有记录。

（十八）入出院管理制度

1. 为服务对象提供准确、有效的服务信息（设施、设备配备情况、收费标准、服务内容等）。

2. 入院程序必须按规定的流程及双方约定的时间办理。

3. 必须与老人签订协议书（含附件），并对老人进行护理等级的首次评估。

4. 必须为每一位老人设立档案（入院档案、健康档案、病历档案）。

5. 为申请入院者或亲属提供了解养老院的服务内容及内部设施程序。

（十九）护理等级评估制度

1. 必须在入院前为每一位老人进行护理等级的评估。

2. 护理等级的评估应根据老人状况的变化进行持续照料评估。

3. 对每一次评估都须做详细的记录（老人的现有状况及评估的结论）。

4. 老人护理等级的评估表必须归入入院档案管理。

（二十）外出请假制度

1. 老人外出时，必须办理请假手续，持外出请假单方可离院。

2. 外出请假手续可由老人本人或老人家属办理，并须填写请假单。

3. 老人外出请假，由家属负责老人的安全，养老院不承担任何责任。

4. 老人外出时须出示出门证，并带好个人信息卡。

5. 回院后，工作人员要在请假单上注明销假的时间。

6. 老人外出请假单须整理，并保留备查。

（二十一）生活护理交接工作制度

1. 建立“生活护理交班本”，当班人员必须按规定如实书写交班记录。

2. 交班者应在下班前 20 分钟做好交班准备工作，接班者应提前 10 分钟到岗，详细阅读交班记录并向交班护工全面了解老人的情况。

3. 需要重点护理的老人交班在床边交接，不清不接。

4. 老人情况和物品尚未交接清楚前，交班人不得离开。交班人如未按时接班，交班人不得离岗。

（二十二）居室管理制度

1. 居室保持温馨、舒适。工作人员不得在居室内大声喧哗，且不准在居室内吸烟。

2. 定时打扫卫生，每日至少清扫两次，开窗通风。物品摆放整齐有序。

3. 居室内严禁吸烟，不准随地乱扔乱抛果皮、纸屑，乱吐痰和乱倒剩饭剩菜。

4. 定期召开老人座谈会，征求意见，改进工作。

（二十三）医疗保健工作制度

1. 为老人建立健康档案。保健病史每月记录一次，特殊情况随时记录。

2. 每日查房、量血压，按时发药。

3. 每月至少一次卫生宣传教育工作。

4. 组织老人每年体检一次，做好体检记录。

（二十四）健康档案书写制度

1. 新入院老人的健康档案建立，必须在 48 小时内完成。

2. 健康档案应用钢笔书写，字迹清楚整洁、不得删改、剪贴，医师签全名。应用中文书写，无正式译名的病名和药名等可以除外。

3. 保健病史每月一次。特殊情况随时记录，且需做到四有（主诉、诊断、用药、签全名）。

4. 各种检查报告单应按照顺序规范粘贴。

5. 出院小结、死亡报告应在24小时内完成。

（二十五）代发医疗药品管理制度

1. 凡要求养老院代为发放医疗药品的，双方必须签订委托书。

2. 接受医疗药品时要查阅老人就诊病历卡（医生的治疗方案）、注射证明、处置单等，发放时按就诊医生遗嘱执行。

3. 接受医疗药品时，按照要求进行登记，并双方（委托方、接受方）签字。

4. 医疗药品必须由专人、专柜保管，符合医疗药品管理制度。

（二十六）消毒隔离工作制度

1. 居室内定期消毒，并做好消毒记录。

2. 各种消毒物品应表明消毒日期、有效期。

3. 空气、桌面、体温表等消毒符合要求并做好记录，消毒液使用正确。

4. 便器使用后应清洗消毒，并做好消毒记录。

5. 对出院老人的床位进行常规消毒处理，死亡老人的床单位，进行终末消毒处理，并做好记录。

6. 疑似传染病患者，家属必须配合及时转院，确诊后应及时做好疫点处理，对病人生活的场所和杂物，进行终末消毒处理，并做好记录。

（二十七）疑似传染病登记制度

1. 严格执行当地疾病控制中心制定的各类传染病管理要求。

2. 发现有疑似传染病患者，第一时间将疑似传染病患者转院治疗。争取早期管理。

3. 建立疑似传染病患者登记本，且如实填写。

4. 配合下去做好传染病防止工作，建立可操作性应急预案。

（二十八）卫生宣传教育制度

1. 根据不同季节，积极向老人宣讲各种常见疾病的防治知识，引导老人自我保健意识。

2. 向老人宣传积极参与群体或个体康复锻炼的益处。

3. 加强饮食卫生的宣传，防止病从口入。

4. 卫生宣传教育每月一次（授课、宣传栏等多种形式）。

（二十九）打印机使用规定

为了推行低碳环保，避免纸张浪费，减少硒鼓消耗，延长机器寿命，特制定本规定。

1. 所有文档在打印前一定要预览。确认需打印的文档没有任何错误后，才开始打印。

2. 可以直接在电脑上阅读和处理又不需要纸质存档的文档一律不打印。可据需要作电子文件备份。

3. 如复印 10 份以上文件，均需电传至公司处理。

4. 除每月送区报表等对外重要文件外，其他所有文档都要采用双面打（复）印。

5. 公司内部所有文档均采用 5 号或小 4 号字体，标题采用 4 号字体。

6. 利用废纸打（复）印时，注意纸上不得有订书钉、大头针等异物。

7. 属内部阅读和处理的非公文文档一律用废纸打印（没有废纸的情况例外）。

8. 各项目点要做好打印机使用登记（见表 1-4-15-1-4），每月存档。

打印机使用登记表

表1-4-15-1-4

打印日期	使用人签字	纸张类型	使用张数	打印内容	用　　途

9. 工作人员不得私自接受打印或复印，禁止打印与工作无关的文件，如有违反按黑白 5 元 / 页、彩色 50 元 / 页赔偿。

10. 爱护使用，专人保管。打印机、复印机是比较贵重的易耗易损办公用品，应该爱护使用，按照程序操作。打印机、复印机如果发生不正常的损坏，追究当事人责任。如不能查实当事人，则由该服务社负责赔偿。

11. 定期对打印机、复印机表面进行维护，保持干净。

12. 下班后，必须对打印机、复印机进行检查，确保关闭后再离开。工作期间，长时间离开办公室或不使用，要关闭打印机、复印机。

13. 硒鼓申领须知：各项目点都配备了打印机，领用硒鼓（墨盒）须按硒鼓领用登记表（见表 1-4-15-1-5）进行登记。由于不同的打印机所配硒鼓的使用寿命也不同，公司将按照以厂商提供的硒鼓使用寿命标准对各项目点的硒鼓使用情况进行考核，各项目点负责人按照规定正确使用打印机，节约办公资源，如发现违规使用，则按照规定处理。

硒鼓领用登记表

表1-4-15-1-5

项目点	打印机品牌	打印机型号	硒鼓/墨盒型号	打印张数（5%覆盖率）	价格	领用日期

（三十）火灾应急预案

为规范和加强养老院消防安全管理，做到万一发生火灾时能沉着冷静指挥，迅速报警，及时扑灭初起火源或火势，同时安全的组织疏散老人，最大限度地减少火灾带来的危害，确保平安，特制定本应急预案。

1. 成立由　　　　任组长，以　　　　　　　　　　等人为成员的消防安全工作小组，负责火灾突发事故的处理工作。

2. 人员分工及应急流程：

（1）火灾发生时，第一目击人应立即向院长报告。

（2）院长接到报告后，立即赶到起火点，根据火情大小，立即组织灭火或拨打119、110请求援助，同时组织现场人员疏散。

（3）火灾初起时，水电工应立即切断电源，马上到相应点取灭火器；如发现人员需要救护，则应立即拨120；组织现场工作人员有秩序的引导能行动的老人从安全通道撤离火灾现场；不能行动的老人由工作人员协助撤离。

（4）医务室人员：火灾发生时如有人员受伤，在120到达前，进行现场救护。

（5）门卫人员：火情无法控制时，应立即打开大门，协助做好人员疏散工作。

3. 撤离原则：

（1）先近后远，有序撤离。

（2）疏散老人后工作人员再撤离现场。

（3）稳定老人情绪，安排老人待在安全空旷地带，不要随意走动，以免发生其他安全事故。

4. 预防措施：

（1）开展消防知识的宣传工作根据消防知识的重要性，形成人人知晓“预防为主，防消结合”的指导思想。同时与院方每位职工签订“职工安全责任书”责任书将火灾责任落实到实处。

（2）加强消防设施日常维护保养，使其始终处于良好状态，同时做好消防设施维护台账。

（3）坚持日夜巡查制，排除隐患。坚持两小时巡查制度，并做好巡查台账，保持消防通道畅通，应急灯，安全出口指示牌有效，完整。

（4）督促老人用电安全，杜绝老人房间内乱接乱拉电源线和违章使用电器设备，严禁老人卧床吸烟。

（三十一）安全生产责任承诺书

安全生产责任承诺书

1. 认真学习《中华人民共和国安全法》、《消防法》、《特种设备安全监察条例》、《劳动法》、《上海市安全生产条例》等有关法律法规，牢固树立“安全第一、预防为主”的方针，遵章守纪，恪守承诺，确保安全生产。
2. 坚决履行养老院安全生产规章制度，规范安全生产职责，强化安全生产管理，增强法制观念，自觉维护国家、集团和群众利益，认真履行安全生产义务。
3. 严格遵守安全生产规章制度，规范安全生产操作规程，积极参加国家规定的安全生产培训。

定期参加各类安全生产教育，提高安全生产操作技能，增强事故防范能力和突发事故的处理能力。

4. 积极配合院部消除安全事故隐患，积极主动做好事故隐患整改工作。
5. 附则

（1）安全生产责任承诺书签约后，如承诺人违反承诺书条款，养老院可按照相关条例给予处罚。

（2）安全生产承诺书签约后，承诺人变动或者调离时，原承诺书自然终止。

6. 承诺书有效期：　　　　年　　月　　日至　　　年　　月　　日
7. 本人承诺：

本人已熟读安全生产承诺书并已接受了养老院安全生产的管理规定。从即日起本人承诺：本人服从养老院的安全生产管理。如违反安全生产责任书中的有关规定，本人自愿承担相应的责任。

养老院（盖章）　　　　　　　　　　承诺人（签字）

日期：　　　年　　月　　日　　　　日期：　　　年　　月　　日

（三十二）紧急预案

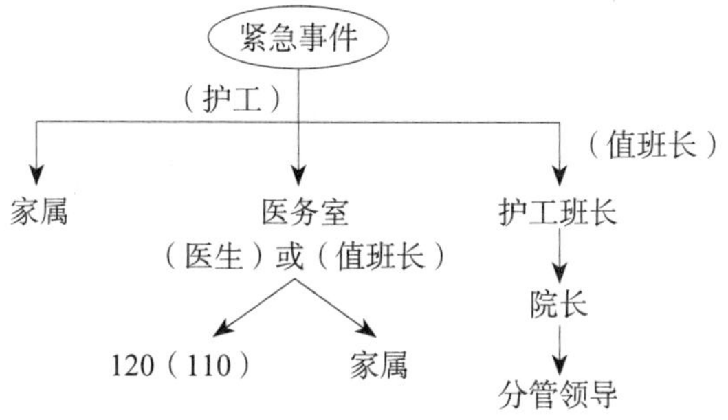

1. 紧急事件包括但不限于：

✓ 身体不适

✓ 突发急病

✓ 意外伤害

✓ 内部冲突

✓ 死亡

2. 处理流程：

（1）护工或发现人第一时间通知三方人员：老人家属、医生和值班长。

（2）医生第一时间赶到现场查询老人状况，第一时间对老人实施急救。如情况危急，医生必须立即拨打120急救，并再次通知家属。如果情况发生在夜间，或其他医生不当班情况下，由值班长拨打120急救电话，并再次通知家属。

（3）值班长接到通知，必须第一时间通知分管领导，并做好现场处理工作。

（4）分管领导及院长接到通知后，应积极妥善地指导现场处理，控制事态发展。

（5）紧急事件执行5分钟汇报制度和10分钟上报制度。

（三十三）安全管理制度

1. 认真组织职工学习治安法规，安全常识，全面提高工作人员搞好单位安全的自觉性，全面培养工作人员有良好的安全防范意识，做到工作中知法、守法、善于用法，提高依法治理公寓的能力。

2. 在安全防范工作中，工作人员要提醒和指导老人确保自身安全。同时在自身各种服务活动中要确保安全，防止违反操作安全规程发生事故。

3. 建立健全安全管理检查登记制度。以及坚持节假日的安全巡查（见表1-4-15-1-6）。

节假日巡查表

表1-4-15-1-6

检查项目	检查情况（确认打“√”）	备　　注
门窗（锁扣）		
电灯、空调及电源开关		
电脑、展柜设备及健康仪器		
电热直饮机（开水器）		
太阳能		
卫生间（水龙头）		
厨房（水、电、煤）		
煤气（柴油）存储室		
仓　库		
浴　室		
活动室		
泵　房		
配电间		
心理咨询室		
休息室		
康复室		
棋牌室		
呼叫中心		
办公室		
会议室		

巡查人：
日　期：
时　间：

4. 严格执行差错事故登记报告制度，定期和随时召开安全分析会，讨论分析差错事故发生的原因，制订防范措施。

5. 实行岗前安全教育，不经岗前安全教育的工作人员不得上岗。

6. 各种抢救的药品、物品、应定位定量，处于完好备用状态。

7. 严格执行各种规章制度如：岗位责任制、查对制度及各种护理操作常规。

8. 防止老人创伤和坠床。躁动、痴呆的老人要使用安全保护措施。严格执行床边交接班制度。按时巡视老人。

9. 凡入住的老人不得酗酒滋事、大声喧哗，影响他人休息，老人不得私自住宿或转让、调整床位。

10. 经常进行“安全第一”的思想教育。

11. 严格执行消毒隔离制度，严防交叉感染。

12. 加强饮食的安全管理。

CCHC居家养老模式体系小型养老院服务标准

编号 CCHC1-4-15-2

一、适用范围

本标准适用于 CCHC 居家养老模式体系中的小型养老院。

二、服务内容

（一）卫生服务

1. 每天督促、帮助老人刷牙、洗脸、洗手、洗脚、梳头、整理床单、床铺。

2. 每天晚上督促、帮助老人洗脸、洗手、洗脚、铺床。

3. 由工作人员帮助老人每月轮换翻晒被褥 2 次。

4. 每周督促、帮助老人修剪指甲、刮须洗澡一次，每月理发一次。

5. 每餐为老人打水、备餐、分餐，对生病老人送餐入室。

6. 每天督促、帮助老人打扫、清理桌面、窗台、地面卫生，每周大扫除一次，日常由工作人员为老人清洗衣服、洗刷碗。

7. 及时为老人清理衣服、洗刷碗；每周清洗床单、枕巾一次，每月清洗被套一次。

8. 督促老人遵守公寓纪律、规章制度，做到“七不”；不随地吐痰；不乱扔杂物、垃圾和烟头；不乱倒污水；不随地大小便；不说粗话、脏话；不损坏公物；不破坏绿化。

（二）医疗保健服务

1. 医务人员每周查房一次，进行卫生保健指导。遇急诊随叫随到，及时处理。

2. 定期为老人进行健康咨询，指导和医疗服务，做好卫生保健指导，建立健康档案。

3. 每半年为老人体检一次。

4. 督促老人按时起床、休息、活动。

5. 组织老人参加院办保健娱乐活动。

（三）饮食服务

提供可口便于消化的家常饭、菜、点心、茶水，切实做到营养搭配合理，饭菜天天不重。

汤类：小米汤、大米汤、鸡蛋汤、豆浆等。

主食：鸡蛋、油条、油饼、花卷、馒头、面条、饺子等。

副食：小菜、素菜、肉炒。

（四）文化娱乐健身服务

为老人免费提供室内外健身器材、门球、棋社、自乐班、阅览室等文化体育设施、场所。并由专职人员组织老年人开办书画班，扇舞班、秧歌班、锣鼓班、剑舞班等。

（五）呼叫服务

二十四小时值班服务，各房间均设呼叫系统，老人如有需求或遇紧急情况，工作人员可在第一时间到房服务。

（六）亲情服务

倡导精神赡养，工作人员要经常与老人沟通，了解老人的喜怒哀乐、脾气秉性、生活习惯、爱好，了解老人的内心世界，视老人为亲人，尽最大可能让老人保持心情舒畅，生活愉快，晚年幸福。

三、养老院老人进出院流程

时间	具体事项	具体部门	具体责任岗	相应表单	备　　注
入院前	咨询、接待	办公室	综合管理岗	《入院申请表》（见表1-4-15-2-1）	介绍养老院情况，了解来访者基本信息，初步判定该老人是否符合入住条件
	实地调访	出入院评估小组	综合管理岗 医生	《入院调访表》（见表1-4-15-2-2）	了解入住老人生活环境、生活方式、生活习惯、是否自愿入住等，综合判断该老人是否符合入住条件
	审批	出入院评估小组	综合管理岗 医生	《入院审批表》（见表1-4-15-2-3）	初步同意老人入住，建议体检，体检合格者入住，同时约定15日试住期
	拟定床位，通知体检	出入院评估小组	综合管理岗 医生	《体检通知单》	根据体检项目，入住老人自行至二级以上医院进行体检
入院时	签订协议、入院告知书等	办公室	综合管理岗	协议、告知书（见表1-4-15-2-4）、病史介绍（见表1-4-15-2-5）、承诺书（见表1-4-15-2-6）等	递交病历及医保卡（原件），校验入住老人身份证、户口簿及监护人身份证原件，交复印件保存至老人档案
	缴纳费用	办公室	综合管理岗	收据、发票	根据收费标准，于每月10日前缴纳所有费用
	安排床位、送老人进房间，建立老人信息卡	护理部	责任护工	《入院老人接待表》	责任护工自我介绍，同时介绍入住房间基本设施，让新入住老人熟悉环境
	新入住老人一次性用品发放	后勤管理部门	综合管理岗	《一次性用品接收表》	
住院期间	护理等级变更	医务室	责任医生	《护理等级变更动态表》	根据医生评估结果，调整护理等级
	床位变更	办公室	综合管理岗	《协议变更》	
	护工变更	护理部	责任护工	《入院老人接待表》	
	外出约定变更	医务室 办公室	责任医生 综合管理岗	《协议变更》	根据入住老人身体、精神状况，及时调整是否外出约定
	委托发放外配药品变更	医务室 办公室	责任医生 综合管理岗	《协议变更》	根据入住老人身体、精神状况，及时调整是否委托发放外配药品约定
	老人外出、请假	医务室 门卫处	责任医生 门卫	《老人外出请假单》	
出院	解除合同	办公室 医务室	综合管理岗 责任医生		入住老人不符合入住条件时，解除合同，监护人配合办理离院手续
	合同期满	办公室 医务室	综合管理岗 责任医生		合同期满，不续住者，监护人配合办理离院手续

入院申请表

表1-4-15-2-1

<table>
<tr><td rowspan="2">入住老人</td><td>姓 名</td><td></td><td>性别</td><td></td><td>出生年月</td><td></td><td>民族</td><td></td><td>籍贯</td><td></td><td>文化程度</td><td></td></tr>
<tr><td>婚姻状况</td><td></td><td>身份证号</td><td></td><td>家庭住址</td><td colspan="3"></td><td>社保卡号</td><td></td><td>经济收入</td><td></td></tr>
<tr><td rowspan="2">监护人</td><td>监护人</td><td></td><td>联系电话</td><td></td><td>联系住址</td><td colspan="3"></td><td>邮编</td><td></td><td>经济收入</td><td></td></tr>
<tr><td>与老人关系</td><td></td><td>监护人职业</td><td></td><td>工作单位</td><td colspan="3"></td><td>其他联系方式</td><td colspan="3"></td></tr>
<tr><td rowspan="3">老人主要经历（必填）</td><td colspan="2">起止时间</td><td colspan="2">工作单位</td><td colspan="8">职务或工作内容</td></tr>
<tr><td colspan="2"></td><td colspan="2"></td><td colspan="8"></td></tr>
<tr><td colspan="2"></td><td colspan="2"></td><td colspan="8"></td></tr>
<tr><td rowspan="2">老人习惯</td><td>性格</td><td colspan="11"></td></tr>
<tr><td>生活习惯</td><td colspan="11"></td></tr>
<tr><td>申请入住原因</td><td colspan="12"></td></tr>
<tr><td rowspan="4">家庭成员</td><td>关系</td><td>姓名</td><td>职业</td><td>工作单位</td><td>联系电话</td><td colspan="5">联系住址</td><td colspan="2">备注</td></tr>
<tr><td>配偶</td><td></td><td></td><td></td><td></td><td colspan="5"></td><td colspan="2"></td></tr>
<tr><td>子女</td><td></td><td></td><td></td><td></td><td colspan="5"></td><td colspan="2"></td></tr>
<tr><td>子女</td><td></td><td></td><td></td><td></td><td colspan="5"></td><td colspan="2"></td></tr>
<tr><td rowspan="2">申请人病史、治疗、住院史（必填）</td><td>现病症</td><td colspan="11">□高血压　□脑血管意外　□心肌梗死　□帕金森氏症　□癫痫　□肺气肿　□慢性消化系统疾病
□泌尿系统　□糖尿病　□皮肤病　□肿瘤　□肢体骨折　□骨质疏松　□白内障
□青光眼　□失视　□听力受损　□失聪　□其他（请注明）</td></tr>
<tr><td>有无传染病</td><td colspan="11"></td></tr>
</table>

（续表）

<table>
<tr><td rowspan="5">申请人
病史、
治疗、
住院史
（必填）</td><td>有无精神障碍</td><td colspan="5">（老年精神障碍通常指老年痴呆、老年焦虑、老年抑郁、继发性妄想、继发性精神分裂、躯体或心理因素所致精神障碍等）
□正常　□忘记刚才的事　□远期记忆力下降　□连家人都不认识
□游荡/出走　□易激动、愤怒　□焦虑紧张
□抑郁　□悲哀　□思维混乱　□幻觉妄想（□被迫害　□自己有罪
□莫名恐惧　□严重强迫症　□疑心重
□夜间混乱　□不洁行为（如乱吃东西）□自我伤害　□干扰性行为
□破坏物品　□暴言暴行
□对外界无反应
□其他：____________________</td></tr>
<tr><td>目前用药</td><td colspan="5"></td></tr>
<tr><td>过敏药物</td><td colspan="3"></td><td>过敏食物</td><td></td></tr>
<tr><td colspan="2">曾治疗、住院时间</td><td>医疗机构名称</td><td colspan="3">诊断、治疗情况</td></tr>
<tr><td colspan="2"></td><td></td><td colspan="3"></td></tr>
<tr><td colspan="2">递交病史资料</td><td colspan="5"></td></tr>
<tr><td colspan="2">其他需要特别说明的事项</td><td colspan="5"></td></tr>
<tr><td colspan="7">院方基本情况及相关入院事宜均已了解，希望入院。上述表格内所填写内容均真实准确，提供的身份证件、病历卡等复印件内容真实有效。以上如有任何虚假伪造，一经发现，无条件接受院方解除合同的处理结果，并承担由此引起的一切后果。

监护人（一）：　　监护人（二）：　　入住老人：　　申请日期：</td></tr>
</table>

入院调访表

表1-4-15-2-2

<table>
<tr><td colspan="6">一、老人基本信息</td></tr>
<tr><td>姓　名</td><td></td><td>性　别</td><td></td><td>出生年月</td><td></td></tr>
<tr><td>籍　贯</td><td></td><td>民　族</td><td></td><td>文化程度</td><td></td></tr>
<tr><td>身份证号</td><td></td><td>医保卡号</td><td></td><td>婚姻状况</td><td></td></tr>
<tr><td>户籍地址</td><td colspan="5"></td></tr>
<tr><td>现 住 址</td><td colspan="5"></td></tr>
<tr><td>监护人姓名</td><td></td><td>与老人关系</td><td></td><td>联系电话</td><td></td></tr>
<tr><td>住　址</td><td colspan="3"></td><td>家庭电话</td><td></td></tr>
<tr><td colspan="6">二、老人自理情况</td></tr>
<tr><td rowspan="4">进　食</td><td>☐正常</td><td rowspan="4">洗澡</td><td>☐正常</td><td rowspan="4">修饰</td><td>☐正常</td></tr>
<tr><td>☐轻度依赖</td><td>☐轻度依赖</td><td>☐轻度依赖</td></tr>
<tr><td>☐中度依赖</td><td>☐中度依赖</td><td>☐中度依赖</td></tr>
<tr><td>☐重度依赖</td><td>☐重度依赖</td><td>☐重度依赖</td></tr>
<tr><td rowspan="4">穿　衣</td><td>☐正常</td><td rowspan="4">如厕、排泄</td><td>☐正常</td><td rowspan="4">移动</td><td>☐正常</td></tr>
<tr><td>☐轻度依赖</td><td>☐轻度依赖</td><td>☐轻度依赖</td></tr>
<tr><td>☐中度依赖</td><td>☐中度依赖</td><td>☐中度依赖</td></tr>
<tr><td>☐重度依赖</td><td>☐重度依赖</td><td>☐重度依赖</td></tr>
<tr><td rowspan="4">认知能力</td><td>☐正常</td><td rowspan="4">情绪能力</td><td>☐正常</td><td rowspan="4">视觉能力</td><td>☐正常</td></tr>
<tr><td>☐轻度依赖</td><td>☐轻度依赖</td><td>☐轻度依赖</td></tr>
<tr><td>☐中度依赖</td><td>☐中度依赖</td><td>☐中度依赖</td></tr>
<tr><td>☐重度依赖</td><td>☐重度依赖</td><td>☐重度依赖</td></tr>
<tr><td rowspan="4">听　力</td><td>☐正常</td><td rowspan="4">其他特殊情况说明</td><td colspan="3" rowspan="4"></td></tr>
<tr><td>☐轻度依赖</td></tr>
<tr><td>☐中度依赖</td></tr>
<tr><td>☐重度依赖</td></tr>
<tr><td colspan="6">三、特殊服务需求申请</td></tr>
<tr><td colspan="2">服务项目</td><td colspan="2">需要频次说明</td><td colspan="2">其他说明</td></tr>
</table>

入院审批表

表1-4-15-2-3

姓　　名		性　　别		出生年月	
籍　　贯		社保卡号		文化程度	
婚姻状况		身份证号			
住　　址			家庭电话		
监护人姓名		与老人关系		固定电话	
				手　　机	
监护人详细地址					
拟入住房间		拟入住床号		拟护理等级	
老人体检结论	责任医生签字：　　　　年　月　日				
护理等级评估	责任医生签字：　　　　年　月　日				
评估小组 调研结果意见	签字：　　　　年　月　日				
出入院 部门意见	签字：　　　　年　月　日				

注：1. 新入住老人有为期15日的试住期，若老人有任何不适宜居住养老院情况，监护人应配合办理离院手续。

2. 试住期内，若发现老人身体状况与初拟护理等级不相符合，院方将提出变更护理等级，监护人应予以配合。

入院告知书

表1-4-15-2-4

入院告知书

尊敬的老人（和监护人）　　　　　：你们好！

欢迎　　　　　老人入住我院，为规范我院内部管理，维护公共利益，为入住老人提供安全、舒适、温馨、和谐的生活环境，现将本院相关情况作如下告知：

一、遵守院方各项规章制度，服从管理，积极维护公共环境和个人卫生，爱护公共设施，节约能源，不私接电源，不得使用燃器、利器、刀具、电炉、电热毯、取暖器等易燃易爆危险品；不准在室内吸烟或酗酒，尊重宗教信仰，但不能搞歪门邪教。入院时请勿携带贵重物品及现金，院方不承担保管义务。离院时，房间内物品少件或破损，由老人本人或监护人按价赔偿。

二、因入住老人年事已高，身体各器官功能趋于衰退，并伴有不同程度的慢性疾病，难免存在自身机体状况及疾病发展的不可预测性。因此，为确保老人在本院入住期间的安全，有可能会出现在机构正常管理秩序及护理状态下所无法控制的各种意外情况，亲属要予以理解。

1. 老人均存在不同程度的心脑血管疾病或有突发心脑血管疾病的高危致病因素，因此容易突发心肌梗死、猝死、脑血管意外等突然性疾病及死亡现象。

2. 老人都存在不同程度的骨质疏松，因此在入住过程中可能因行走不稳而跌倒或在座椅、座便和活动时用力不均等原因，导致出现软组织损伤、骨折（伤残）、甚至死亡等意外。

3. 患有心脑血管意外后遗症及呼吸道、消化道异常疾病的老人，在进食过程中可能会出现哽噎、呛咳引起窒息死亡等意外；亲属外带食物擅自给老人食用过程中，也会发生各种意外。

4. 老人可能因性格孤僻、猜疑心重、脾气暴躁等心理问题、家庭矛盾、情绪波动等原因出现极端异常行为，容易与其他老人发生口角或行为冲突，引起相互间的伤亡意外甚至坠楼、割脉、自缢等轻生现象。

5. 老人均有不同程度的脑萎缩现象，可能因认知思维障碍、情绪不稳定等原因，导致失去行为自控能力，出现攻击性或伤害性行为，造成自伤或第三人伤亡等意外，如：误食、误伤、软组织损伤、骨折、死亡等。

6. 对躁动、有伤害行为倾向的失智老人需提供保护性的约束措施，由此可能会出现：软组织损伤、皮肤破溃等意外。

7. 卧床老人基本都存在不同程度的低蛋白血症或免疫功能方面的疾病，易出现皮肤损伤：皮肤水泡、难免压疮等。

8. 老人不听从工作人员嘱咐和劝阻，自行行动、上厕所、洗浴、上下楼梯、自行外出等行为极易造成病情加重、走失、意外伤害甚至死亡等。

三、老人入住期间，床位不得擅自调换。入住房间和护理级别，以10天为节点，计算入住当月费用，次月开始每月1至10日为缴费期。首次入住须缴纳一次性入住费用，生活用品由院方统一提供，不可带出院外（个人特殊用品除外），任何时间出院不退费。

老人入住后，敬老院将根据老人的身体健康状况按不同疾病严重程度进行分级管理，制定个人护理计划，按护理等级标准收费，并补交评估当月的护理费用。随着护理项目的增加，相应增加费用。

（续表）

四、老人本人及监护人承诺： 1. 已熟读入院须知，并配合院方做好各项工作，遵守本院规章制度，不得隐瞒、谎报或提供虚假证明、病史、过敏史以及精神状况，因隐瞒造成的一切责任和损失，由监护人自行承担。 2. 老人在入住期间有行为障碍，无法控制自身行为存在有伤害他人的可能或正在伤害他人的情况，护理员立即采取必要的束缚行为，视为监护人已授权同意。 3. 老人在入住期间，擅自外出或短时有家属看护的情况下，如发生意外所产生的一切责任及损失，由监护人自行承担。 4. 老人在入住期间，出现身体不适或健康状况异样，养老院在通知监护人需带其医治后，如监护人不及时带老人医治所产生的一切责任及损失，由监护人自行承担。 5. 如果住院老人需要院外就医的，应提交书面申请并经医生准许办理院外就医的相关请假手续，院外就医期间所发生的一切事项与本院无关。 6. 住院老人突发意外情况需要医院治疗的，监护人应积极主动陪老人到院外就医。由于监护人不积极配合或推卸责任的，一切后果由监护人负担。 五、如果住院老人或监护人违反以上任何一条约定的，本院有权立即解除合同。由此引起的一切后果由老人和监护人承担。 老　人：　　　　　　　日期：　　年　　月　　日 监护人（一）：　　　　日期：　　年　　月　　日 监护人（二）：　　　　日期：　　年　　月　　日

老人病史介绍

表1-4-15-2-5

申请入住老人姓名		身份证号码		性别		出生年月	
监护人姓名		身份证号码		与老人关系		联系电话	
监护人姓名		身份证号码		与老人关系		联系电话	
老人病史介绍（现病史、既往史）：							
服药情况							
疾病名称		药品名称		服用频次		用量	

承诺书

表1-4-15-2-6

承　诺　书

为了入住老人在海阳智慧养老院得到更好的照顾和护理，同时老人家属能更好地承担起监护责任，以下情况请监护人进行签署确认：

入住养老院之前必须明确告知老人真实的健康状况及精神状况，如有隐瞒造成的一切责任及损失，由监护人自行承担。

老人在入住期间有行为障碍，无法控制自身行为存在有伤害他人的可能或正在伤害他人的情况，护理员立即采取必要的束缚行为，视为监护人已授权同意。

老人在入住期间，擅自外出或短时有家属看护的情况下，如发生意外所产生的一切责任及损失，由监护人自行承担。

老人在入住期间，出现身体不适或健康状况异样，养老院在通知监护人需带其医治后，如监护人不及时带老人医治所产生的一切责任及损失，由监护人自行承担。

入住老人：

监护人：

201　　年　　月　　日

第五部分
CCHC居家养老模式设施的类别及其管理标准

编号 CCHC1-5

总　则

第一条 《CCHC 居家养老模式设施的类别及其管理标准》的制定是根据《CCHC 居家养老模式体系的体制和构造》（编号 CCHC1-2）和《CCHC 居家养老模式体系的服务管理标准》（编号 CCHC1-4）从功能的需要来考虑相关的设施、设备配置的。

第二条　在《CCHC（持续照料社区）居家养老模式服务管理标准 1.0》（以下简称《标准 1.0》）制定以前，《CCHC 居家养老模式设施的类别及其管理标准》还没有先例可以参照，所以只能通过海阳集团的实践以及上海市楼宇科技研究会各专业的专家，根据各自的专业知识运用系统方法进行集成研究所形成的新的体系。

第三条　在《标准 1.0》中以定性和定量相结合的办法，初步制定。只有在今后大量的实践中，总结经验和教训的基础上，逐步修正。

第四条　CCHC 居家养老模式服务管理体制概括为：小机构、大社区、全天候、零距离。具体的构造框架模型是：三级网络、四级平台，即市、区（县）、街道（社区）三级网络，市、区（县）、街道（社区）、居委四级平台。如果有些是县级市，也可以是市、区（县）、乡镇、村四级平台。本标准类似建筑设计的标准定型图，以上海市的行政管理区域作为基准。今后如果在不同行政级别省、市、县、区接受任务时，可以从实际出发，比照本标准的设计准则精神来具体制定和设计当地的 CCHC 居家养老模式服务体制和标准。

第五条　三级网络、四级平台，即市、区（县）、街道（社区）三级网络，市、区（县）、街道（社区）、居委四级平台。由于上海市中心区和郊区的土地和房屋资源的紧缺程度不一样，经济发展程度也有差异。在设计四级平台的用房时，不一定每一级平台都要有独立的办公和工作的场所，在有些地方可以按照具体情况，在保证各自功能的前提下，将若干级平台合在一起。至于是否在一幢建筑里，还是分散布置，也要因地制宜。

CCHC居家养老模式体系的××区养老综合服务总部智慧建筑标准

编号 CCHC1-5-1

一、总体思路

《CCHC 居家养老模式体系的 ×× 区养老综合服务总部智慧建筑标准》主要体现和满足“×× 区（县）CCHC 养老服务指导中心”（以下简称区养老服务指导中心）和“×× 区（县）CCHC 居家养老综合服务总部”这两个机构的功能需求，这座建筑应该是智慧楼宇，同时体现虚拟养老的特征。

二、区养老服务指导中心的功能

如《CCHC 居家养老模式体系体制和构造（模型）》（编号 CCHC1-2-1）中图 1-2-1-1 所示，区养老服务指导中心的功能要体现区委、区政府、区人大、政协及其有关部门对 CCHC 居家养老工作的领导、指导和监督作用，是市一级养老服务供给体系、保障体系、政策支撑体系、需求评估体系、行业监管体系“五位一体”的组织指导层面功能的载体。政府相关部门副主任、社会名流、企业代表、居民代表、海阳集团派出代表等担任委员。还有成建制的志愿者队伍，也由区养老服务指导中心进行统一调配。它对各 ×× 街道（社区）CCHC 养老服务指导中心进行业务指导。“×× 区（县）CCHC 居家养老综合服务总部”，受区养老指导中心的领导。

三、×× 区（县）CCHC 居家养老综合服务总部的功能

×× 区（县）CCHC 居家养老综合服务总部（以下简称养老服务总部）是对区（县）的一级由政府、社团、企业的各种资源进行组合，共同建设一个满足居家养老服务和产品的混合实体作为第二级平台。需要有具体办公场所的，它大小由功能所决定，也应该符合智慧楼宇的建筑标准。至于场所面积的大小，可视该区的具体情况。养老服务总部的功能是：

（一）养老服务总部的行政办公机构

（二）养老服务总部还可以根据具体情况建立若干职能部门

1. 网上养老院，把全区的老人都列入名单，便于统筹管理。

2. 人才培训中心，对各类人才进行专业培训。

3. 设立全区统一的电话（视频）对讲服务站。

4. 专项资金管理中心，对包括居家养老基金会等各类资金进行管理。

5. 老年产业中心，来承担老年产业协会的功能，用松散或者契约合作的方式把一些企业、事业单位作为养老服务总部的核心层和外围成员。

四、区养老服务指导中心的建筑和设施

（一）区养老服务指导中心的建筑

区养老服务指导中心是一个非日常办公的常设机构，因此它的建筑只要有一个 20—30 平方米左右的办公室，供有关领导来此办公的落脚场所，和一个小型会议室即可。必要时，两者合一。

（二）区养老服务指导中心的设施

就是一般办公楼的基本设施。建议区养老服务指导中心的用房可以与养老服务总部合并在一起，合署办公。

五、养老服务总部的建筑和设施

（一）养老服务总部建筑的面积标准（以下为使用面积）

1. 养老服务总部行政机构的建筑面积，应满足办公需求，建议办公区域100—150平方米，会议室50—100平方米。

2. 相关职能部门的建筑面积：

（1）网上养老院，20—30平方米；

（2）人才培训中心，100—150平方米（包括办公区、教室、实训室）；

（3）全区统一的电话（视频）对讲服务站，30—40平方米；

（4）专项资金管理中心，20—30平方米；

（5）老年产业中心，20—30平方米；

（6）直属养老机构：根据各地的实际情况，有条件的可设置区县直属养老机构，设施设备配置相应好些，面积可根据条件选定。

六、养老服务总部建筑的智慧建筑标准

根据上海楼宇科技研究会对智慧楼宇的评价体系研究，认为智慧建筑标准应满足“绿色建筑”、“楼宇自动化集成”、“现代物业管理”和“融入智慧城市”四方面的要求，故对养老服务总部建筑的设施标准应尽可能地朝智慧建筑的标准靠拢。

养老服务总部往往与××街道（社区）CCHC居家养老综合服务中心以及当地的××小区CCHC居家养老综合服务驿站、日间照料中心、老年活动室乃至护理院建在同一建筑或者同一院落里，因此本标准的制定就从广义的角度一并进行思考了，如果仅仅是养老服务总部的功能可能就比较简单了。

（一）绿色建筑标准

1. 总则

（1）随着建筑业的发展，绿色建筑成为一种崭新的设计思维和模式，它提供给使用者有益健康的建筑环境，并最大程度地保护环境，减少能耗。我国能源、土地、水、原材料等资源严重短缺，且实际利用效率较低，要走可持续发展道路，使建筑尽可能少地消耗不可再生资源，发展节能与环保的绿色建筑刻不容缓。

（2）随着绿色建筑理念的日益普及，人们渴望能在绿色建筑中轻松愉快地生活、学习、工作。但什么样的建筑才算是"绿色建筑"，根据上海市楼宇科技研究会在2014年11月发表的《智慧楼宇评价指标体系1.0及其评级指数》中有关绿色建筑的定义是："最大限度地节约资源（能源、土地、水、材料），保护环境和减少污染，为人们提供健康、适用和高效的适用空间，建筑与人之间的关系是互动、交互式的，从而实现与自然和谐共生。"

（3）按照《智慧楼宇评价指标体系2.0及其评级指数》中"绿色建筑"的特征，CCHC居家养老模式体系大致有以下几条基本标准：

A. 具有节能和低能耗等优点。

B. 全面利用清洁能源，节约资源，降解住宅运转的能耗，提高自养水平，是一种可持续发展模式。

C. 是一种开放式的设计，建筑内部与外部采取有效的连通方式，能对气候的变化自动进行自适应调节。

D. 与自然生态环境融为一体，参与到自然生态系统的物质能量循环中去，对周围的环境不产生或少产生不良影响。

E. 能够按生态经济开放式闭合循环的原理作无废无污的生态工程设计，使各种资源进行循环利用，少排放甚至达到零排放污染物。

F. 所采用的是无害、无污、可以自然降解的环保型建筑材料，能进行循环利用。

2. 养老服务总部的绿色建筑

养老服务总部可以是规划设计重新建造的新建筑，也可以利用既有的建筑进行重新改造。无论何种形式都要根据实际情况，按照《智慧楼宇评价指标体系 2.0 及其评级指数》中关于绿色建筑的特征，尽量给使用者提供一个有益健康的绿色建筑环境。

（1）重新设计建造的养老服务总部绿色建筑的要点

新建筑在设计时要体现《智慧楼宇评价指标体系 2.0 及其评级指数》中有关绿色建筑的“节约能源总体水平、节水总体水平、节约土地资源和智慧楼宇环境水平”等要素。

A. 节约能源总体水平

绿色建筑的能源系统，重点要放在建筑节能、常规能源系统优化和绿色能源（如太阳能、风能、地热能）的利用。

建筑节能方面，首先应注重被动建筑节能，注意维护结构的保温隔热和门窗洞口的保温隔热措施，使用保温隔热层的建筑，可大大降低建筑的能耗。（见表 1-5-1-1）

表1-5-1-1

序号	内　　容		要　　　求
1	合理选择建筑的地址	建筑选址主要是根据当地的气候、土质、水质、地形及周围环境条件等因素的综合状况来确定	与公交系统的距离要短，方便人们步行去乘公交车
			尽量设在已经城镇化的区域内，有必要的城镇基础设施，方便人们的日常生活
			避免选择生态敏感区域，以免对周围的生态环境造成影响
			合理选择既有建筑与周围建筑物的密度、间距、高度、绿化等基本参数。

（续表）

序号	内容		要求
2	合理设计建筑形体	根据建筑功能的需求，应通过合理的外部环境设计来改善既有的微气候环境，创造建筑节能的有利环境	合理确定新建筑的建筑形态、方位朝向，使之与自然气候、地形地貌、河湖水面及自然植被等相适应
			利用已有的树木或其他植物来减少建筑物的热负荷
			根据当地的纬度和主要风向，对建筑物的朝向进行优化，最大限度地利用太阳能和风能等自然资源
			利用已有的地形作为建筑物的围护结构，可以减少建筑物的能源消耗
			详细划分内部的使用功能区，把不需要窗户的区域统一安排在建筑物的北面，把使用功能相同的区域相互靠近，以利于建筑物通风和空调系统的设计及节能。
3	合理设计单体空间组合		各功能空间的平面布置、空间组合、外部造型、门窗大小、位置朝向、墙面质感色彩等，要与当地气候相适应，趋利避害。
			满足室内日照、采光、通风隔热和保温、调节湿度等各类小气候的要求。
			在寒冷地区的冬季，促使太阳辐射热进入室内，抑制辐射、对流和传导所造成的室内热损失；在炎热地区的夏季，阻止过多的太阳辐射热和室外高温进入室内，利用自然通风促使热量向外散发并除湿。
4	合理设计建筑的围护材料选择及构造	外墙的节能方法	如加气混凝土、轻骨料混凝土等预制板或砌块墙体
			承重—保温复合外墙
			保温层用岩棉、玻璃棉、聚苯乙烯泡沫、再生聚苯板、珍珠岩、石膏珍珠岩、加气混凝土及胶粉聚苯颗粒浆料发泡水泥保温板等
		屋面的节能方法	干铺焦渣、加气混凝土块、水泥蛭石、膨胀珍珠岩、岩棉、聚苯板等
			防水层下设置导热系数小的轻质材料用作保温，铺膨胀珍珠岩、玻璃棉等
			架空通风使其与架空混凝土预制板之间形成空气间层
			屋顶蓄水、定时喷水，或用带吊顶棚的坡屋顶
			屋顶绿化屋顶化：屋面堆土或砾石，并进行屋面绿化

（续表）

序号	内　　容		要　　　　求
4	合理设计建筑的围护材料选择及构造	窗户的节能方法	控制窗的面积，即控制窗墙或窗地的面积比，在满足基本采光和通风的前提下，应尽量缩小窗墙或窗地的面积比，改进窗户的材料和构造
			冬季保温、节约采暖能耗可采用，在接缝处设橡胶或泡沫塑料密封条
			采用双层玻璃窗、中空玻璃保温窗
			在窗扇边框上贴透明保温薄膜（如聚酯薄膜）使之与玻璃间形成一定间距的密闭空气层
			为避免窗户夜间散热，可在窗户内侧设保温窗板或保温窗帘，户门及阳台门的夹板内填充岩棉毡或在钢门板上贴聚苯板
			为减少炎热地区夏季窗户接受的热辐射量，可采用在普通玻璃上粘贴热反射膜
			悬挂外表面涂有热反射膜的遮阳窗帘
			用吸热玻璃代替普通玻璃
			各种遮阳板
5	充分利用绿色能源	绿色能源的利用要因地制宜，选择适合本地特点且性能好的技术与产品	太阳能热水器
			太阳能空调
			太阳能电池
			太阳能照明
			光电屋面板
			光电外墙板
			光电遮阳板
			光电窗间墙
			光电天窗
			光电玻璃幕墙
			使用地热技术
6	其他		使用各类节能的照明灯具
			使用各类节能的器具

B. 节水总体水平

建筑节水有三层意义：一是减少用水量；二是提高水的有效使用率；三是防止泄漏。具体来说，要降低供水管网漏损率；节水器具的推广应用；再生利用中水回用和雨水回用。（见表 1-5-1-2）

表1-5-1-2

序号	内容		要求
1	节水器具的使用	1. 减少用水之外的浪费 2. 减少用水之中的浪费 3. 提高用水效率	节水型水龙头
			节水型便器
			节水型洗衣机
			节水型淋浴器
			节水型管道和器件
2	水的循环利用	1. 雨水收集 2. 利用空调系统、排水、盥水排水和淋浴排水等水处理后的中水	景观水的补充
			绿化用水
			循环冷却水
			汽车冲洗
			路面、地面冲洗
			厕所用水
			消防用水
3	其他		选择合理的给水系统
			合理利用市政管网可用水压
			防止超压出流的“隐形”浪费

C. 节约土地资源

合理选择建筑用地，避免建筑用地周边环境对建设项目可能产生的不良影响，同时减少建设用地选址给周边环境造成的负面影响。

在满足国家和地方对土地开发与规划选址相关的法律法规的基础上，综合考虑土地资源、防灾减灾、环境污染、文物保护、现有设施利用等多方面因素确定建设选址计划，体现可持续发展的原则，达到规划、建筑与环境有机地结合。（见表 1-5-1-3）

表1-5-1-3

序号	内　　容	要　　　求
1	环境保护	不破坏当地文物、基本农田、森林和其他保护区
		尽量减少对附近水源系统、湿地的影响
		免除因暴雨造成的水土流失
		尽量选择便于利用自然能源的地段
		尽可能减少对周边环境自然地貌的改变
		种植适应当地气候和土壤条件的、少维护、少病害、对人体无害的植物，使绿地面积最大化
2	安全影响	保证建筑物环境安全可靠，确保对自然灾害有充分的抵御能力
		无洪水灾害、泥石流及含氡土壤的威胁
		无电磁辐射危害
		无火爆和有毒物质等危险源
3	其　　他	提高建筑容积率
		降低建筑密度
		合理选用废弃场地
		尽量降低周围热岛效应的影响

D. 智慧楼宇环境水平

建筑室内环境与人的健康密切相关。由于现代人平均 80%—90% 的时间在室内度过，室内环境问题直接威胁着人们的身体健康。因此，采取切实有力的措施控制和改善室内环境，提高人民的健康水平和生活质量，创造健康、舒适、高效的室内环境是绿色建筑重要内涵。（见表 1-5-1-4）

表1-5-1-4

序号	内　　容		要　　　求
1	声环境系统	主要是在室内外噪声源的控制上，使建筑的室内噪声等级符合国家标准	对建筑围护结构采取有效的隔声、减噪措施
			室内的允许噪声级在关窗状态下白天不大于45分贝，夜间不大于35分贝
			楼板和分户墙的空气声计权隔声量不小于45分贝，楼板的计权标准化撞击声声压级不大于70分贝
			户门的空气声计权隔声量不小于30分贝
			外窗的空气声计权隔声量不小于25分贝，沿街时不小于30分贝
			合理采用建筑围护结构构建，并采用消声、减噪的声控举措，保证室内隔音效果，并控制噪声级数增加

（续表）

序号	内　容		要　求
2	光环境系统	主要是在自然采光和节能灯具的使用上，要尽量利用自然光进行室内采光，并防止光污染	房间的采光系数不低于现行国家标准的规定
			要充分考虑使用建筑的朝向、天井、庭院以及中庭等的自然采光作用，保持室内光线充足明亮
			大寒日不小于2小时，冬至日不小于1小时
			当有4个及4个以上居住空间时，至少有2个居住空间满足日照标准的要求
			也可以配以自然光调控设施，如采光板、反光镜、集光设施等
3	热环境系统		应对环境温度自动控制，使用采暖、空调、生活热水三联供的热环境技术
			结合地区实际情况，合理利用太阳能、风能或地热能等绿色能源，作为建筑室内的采暖，或者作为空调的热、冷源
			优化室内的热工性能，着重考虑太阳光辐射引起的不舒适感，以及合理设计室内温度调控系统
4	室内自然通风		通风开口面积在夏热冬暖和夏热冬冷地区不小于该房间地板面积的8%，在其他地区不小于5%
			设置通风换气装置或室内空气质量监测装置
			室内空气的品质，尽量做到室内通风，使通风口能够形成有效组织气流，防止和避免产生串气和泛味等现象
			住宅空间开窗能有良好的视野，且避免居住空间之间的视线干扰
5	室内装修的环保材料	选择无毒害、防火防尘、防蛀、防污染、可降解的建材	花岗岩与大理石要考虑其放射性指标的高低，要严格检验此类建材的指标参数，如果大面积敷设应用必须要考虑实际检查含量是否在指标范畴内
			灭菌玻璃的应用，就是由于这类玻璃中含有一定的适量铜离子，因而能够起到杀灭细菌、防止细菌滋生的效果
			墙面瓷砖贴片，可以考虑防菌瓷砖
			地面地板，可使用环保的复合实木地板
			浴室内采用二氧化钛当作涂层进行处理，起到灭杀细菌、抗菌的效用
			无机矿物涂料，是采用纯天然矿物物质配置而成的健康环保型水涂料（填充物、色素、成膜物质SIO），无任何异味的内墙涂料
6	室内绿色植物方面		要考虑室内空间、风格因素之外，还要考虑好盆景、水景、插花等的尺寸大小、设计规模等因素去综合进行设计，要给人以贴切自然又背离室内设计风格的自然感受
			结合设计风格在室内穿插下艺术字画，如植物花卉、蓝天白云这类自然风景画，用来增添艺术氛围

（2）利用既有建筑进行改造养老服务总部智慧建筑的要点

虽然利用既有建筑改造成养老服务总部时有极大的局限性，但是在选择和改造既有建筑时，也要遵循《智慧楼宇评价指标体系 2.0 及其评级指数》中有关"绿色建筑"的要素，再参照本章节"重新设计建造的建筑的要点"中表 1-5-1-1—表 1-5-1-4 对绿色建筑的要求标准，将既有建筑的养老服务总部改造成为节能环保的绿色建筑。

A. 既有建筑地理位置的选择（见表 1-5-1-5）

表1-5-1-5

内　　容	要　　　　求
地理位置的选择	与公交系统的距离要短，方便人们步行去乘公交车
	尽量设在已经城镇化的区域内，有必要的城镇基础设施，方便人们的日常生活
	避免选择生态敏感区域，以免对周围的生态环境造成影响
	根据当地的气候条件和地理环境，尽量选择便于利用自然能源的地段
	合理选择既有建筑与周围建筑物的密度、间距、高度、绿化等基本参数
	合理选择既有建筑的建筑形态、方位朝向，
	要求：大寒日不小于2小时，冬至日不小于1小时。当有4个及4个以上居住空间时，至少有2个居住空间满足日照标准的要求

B. 既有建筑单体空间组合及造型的选择（见表 1-5-1-6）

表1-5-1-6

内　　容	要　　　　求
各单体空间	各功能空间的平面布置、空间组合、外部造型、门窗大小、位置朝向、墙面质感色彩等，尽量与当地气候相适应，趋利避害
	尽量满足室内日照、采光、通风隔热和保温、调节湿度等各类小气候的要求

C. 既有建筑围护的选择或改造（见表 1-5-1-7）

表1-5-1-7

内　容	要　　求
结构墙保温性能	可选择用导热系数小的轻质保温材料做的外墙。如加气混凝土、轻骨料混凝土等预制板或砌块墙体；承重—保温复合外墙；保温层用岩棉、玻璃棉、聚苯板、再生聚苯板、珍珠岩、石膏珍珠岩等
	若结构墙用的是非保温材料且无法改变的情况下，可以在室内装修时考虑在结构墙的内侧采用保温材料进行改造
单幢的既有建筑屋面保温	则可选择用干铺焦渣、加气混凝土块、水泥蛭石、膨胀珍珠岩、岩棉、聚苯板等
	以铺膨胀珍珠岩并与其上部架空混凝土预制板之间形成空气间层，这种保温构造效果较好的屋面
	也可在屋面堆土或砾石，并进行屋面绿化，或用带吊顶棚的坡屋顶
多层的既有建筑顶面保温	在室内空间高度允许的情况下，可在室内顶部加装一些轻质的保温材料，即可保温节能，又可减少噪声
窗户的选择或改造	控制窗的面积，即控制窗墙或窗地的面积比，在满足基本采光和通风的前提下，应尽量缩小窗墙或窗地的面积比，可以在确保既有建筑机构安全的前提下，改进窗户的材料和构造
	节约采暖能耗可采用，在接缝处设橡胶或泡沫塑料密封条；采用双层玻璃窗、中空玻璃保温窗
	在窗扇边框上贴透明保温薄膜（如聚酯薄膜）使之与玻璃间形成一定间距的密闭空气层
	可在窗户内侧设保温窗板或保温窗帘
	户门及阳台门的夹板内填充岩棉毡或在钢门板上贴聚苯板
	为减少夏季的热辐射量，可采用在普通玻璃上粘贴热反射膜
	悬挂外表面涂有热反射膜的遮阳窗帘
	用吸热玻璃代替普通玻璃
	设各种遮阳板

D. 既有建筑的能源系统的改造

针对既有建筑节能方面的改造，重点要放在建筑节能、常规能源系统优化和绿色能源（如太阳能、风能、地热能）的利用。建筑节能方面，首先应注重被动建筑节能，注意维护结构的保温隔热和门窗洞口的保温隔热措施，使建筑节能达到国家标准的要求。

常规新能源系统要充分利用绿色能源，绿色能源的利用要因地制宜，选择适合本地特点，且性能好的技术与产品。太阳能是绿色能源中最重要的一种，是取之不尽、用之不竭、广泛存在的天然能源，其优点是资源丰富、洁净、安全、廉价。例如：太阳能的利用，主要有三个方面：太阳能热水器、太阳能空调和太阳能电池。同样也使用地热技术，为建筑提供制冷与供暖，以较低的运营成本，降低建筑能耗的使用，达到绿色节能的要求。

具体可按《CCHC 居家养老模式体系的 ×× 区养老综合服务总部智慧建筑标准》(编号 CCHC1-5-1)“表 1-5-1-1” 中节能的各项要求参照执行。

E. 水环境系统的改造

既有建筑节水改造要体现在节水、水的循环利用与水环境集成三个方面。具体可按《CCHC 居家养老模式体系的 ×× 区养老综合服务总部智慧建筑标准》(编号 CCHC1-5-1)“表 1-5-1-2” 中节水的各项要求参照执行。

F. 声、光、热环境系统的改造

在声环境系统中，主要是在室内外噪声源的控制上，使建筑的室内噪声等级符合国家标准。对建筑围护结构采取有效的隔声、减噪措施。

在光环境系统中，主要是在自然采光和节能灯具的使用上，要尽量利用自然光进行室内采光，并防止光污染。房间的采光系数不低于现行国家标准的规定。

在热环境系统中，应对环境温度自动控制，使用采暖、空调、生活热水三联供的热环境技术，并结合地区实际情况，合理利用太阳能、风能或地热能等绿色能源，作为建筑室内的采暖，或者作为空调的热、冷源。

在确保既有建筑物结构安全的前提下，可以对窗的位置进行合理的调整或者改造，使住宅空间能够自然通风。

具体可按《CCHC 居家养老模式体系的 ×× 区养老综合服务总部智慧建

筑标准》(编号 CCHC1-5-1)“表 1-5-1-4”中环境水平的各项要求参照执行。

G. 室内装修

既有建筑的室内装修要注重绿色节能建材的使用；室内环境的设计和室内绿色植物的设计等。具体可按《CCHC 居家养老模式体系的 ×× 区养老综合服务总部智慧建筑标准》(编号 CCHC1-5-1)“表 1-5-1-4”中环境水平的各项要求参照执行。

（二）养老服务总部的自动化系统集成

1. 概述

智能楼宇是智慧建筑的一个重要组成部分，它的核心是 5A［即楼宇自动化（BA），通信自动化（CA），安防自动化（SA），办公自动化（OA），消防自动化（FA）；对应系统分别为：BAS 楼宇自动化系统，CAS 通信网络系统，SAS 安防自动化系统，OAS 办公自动化系统，FAS 火灾自动报警系统］系统。智能楼宇就是通过通信网络系统将此 5 个系统进行有机的融合，集结构、系统、服务、管理及它们之间的最优化组合，使建筑物具有了安全、便利、高效、节能的特点。智能楼宇是一个边沿性交叉性的学科，涉及计算机技术、自动控制、通信技术、建筑技术等，并且有越来越多的新技术在智能楼宇中应用。

2. 智能楼宇应具备的 5A 标准

（1）楼宇自动化系统（BAS）

楼宇自动化系统对整个建筑的所有公用机电设备，进行集中监测和遥控来提高建筑的管理水平，降低设备故障率，减少维护及营运成本。应包括以下全部或部分系统：

A. 中央空调系统的监控；

B. 给排水系统的监控；

C. 供配电系统的监控；

D. 照明系统的监控；

E. 电梯系统的监控。

（2）办公自动化系统（OAS）

智能楼宇的OAS是指综合办公自动化系统。它包括：通用、专用办公自动化系统，支持楼宇的管理者和用户，对各种层次、多媒体的信息进行处理，并辅助用户决策。

（3）通信自动化系统（CAS）

智能楼宇的信息通信系统是保证建筑物内语音、数据、图像传输的基础，同时与外部通信网（如电话公网、数据网、计算机网、卫星以及广电网）相连，与世界各地互通信息。它应包括以下全部或部分系统：

A. 综合布线系统（PDS）；

B. 无线覆盖系统（WIFI）；

C. 无线传感网络（WSN）；

D. 卫星通信系统；

E. 有线电视系统；

F. 电视会议系统。

（4）安防自动化系统（SAS）

安防自动化系统（SAS）提供现代化管理手段：通过保安监控系统，楼宇的安全管理人员可以方便、及时地了解、掌握各处的实时动态情况。它应包括以下全部或部分系统：

A. 防盗报警系统；

B. 闭路电视监控系统；

C. 电子巡更系统；

D. 访客对讲系统；

E. 出入口控制系统；

F. 停车场管理系统。

（5）消防自动化系统（FAS）

消防自动化系统（FAS），一般由火灾探测器、区域报警器和集中报警器组成；并且同各种灭火设施和通讯装置联动，以形成中心控制系统。它应包括以下全部或部分系统：

A. 火灾自动报警系统；

B. 自动喷水灭火系统；

C. 自动气体灭火系统；

D. 火灾事故广播系统；

E. 安全疏散引导系统；

F. 消防电梯管理系统。

3. 智能建筑的5A集成

智能建筑的5A集成是将不同的智能化子系统进行智能连接，实现信息综合、资源共享，实现效率较高的协同运作。系统集成的目标是既要重视各子系统本身的协调与优化，更追求大系统的协调和总体优化。如将消防系统的火灾探测信号与BAS系统的照明控制集成在一起，能较好地引导人们朝没火的方向疏散，形成了智能逃生引导系统；将安防系统的停车管理与办公自动化系统集成，方便解决了收费等管理。

5A系统可以有很多集成，通过这样的集成形成一个综合管理与分析平台，达到整体运行的高效能和高效率。所以要求尽可能达到：

A. 2A集成；

B. 3A集成；

C. 4A集成；

D. 5A集成。

智能楼宇更注重更多的5A系统集成，它能根据用户的需求，组合出各种更具智慧的新系统，真正体现出智慧楼宇的特色。

4. 智能建筑营运、管理的人员要求

智能建筑新建或改建成功后，要能有效地营运，离不开高技能的技术人才。

智能建筑是一个边沿性交叉性的学科，涉及计算机技术、自动控制、通信技术、建筑技术等，并且有越来越多的新技术在智慧建筑中应用。所以我们要培养具有相关基础知识的人才，除此以外更要求有实践经验，能动手操作的技能型人才。故要求：

A. 能操作管理 1A；

B. 能操作管理 2A；

C. 能操作管理 3A；

D. 能操作管理 4A；

E. 能操作管理 5A。

智能建筑的操作管理人员应参加相关国家认可的专业技能培训，获得相应技能证书，以便更好地发挥智慧建筑的作用。

（三）养老服务总部的现代物业管理

1. 总则

现代物业管理，就是以系统理论为基础，突破传统物业管理的理念，按照人们生活、工作方式的转变，提供与之相匹配的管理、服务项目的物业管理。上海楼宇科技研究会 2014 年 11 月发布的《智慧楼宇评价指标体系 2.0》对“智慧楼宇”进行了定义，提出智慧楼宇应包括绿色建筑、自动化集成、现代物业管理和融入“智慧城市”等 4 个维度。现代物业管理是“智能化”楼宇与“智慧楼宇”楼宇之间区别的最主要特征之一，它反映了“人”在“智慧”中的重要作用。根据上海市楼宇科技研究会“智慧楼宇评价指标体系 2.0”对现代物业管理的定义，现代物业管理主要包含以下 4 个要素，即：全过程参与；五工种协同；线上线下的服务平台；标准制定与执行。CCHC 体系的现代物业管理同时也包含：

（1）常规物业管理

CCHC 体系中养老服务总部的物业管理中常规物业管理的范畴为：各类土木建筑、水利设施，各种机电设备，能源配套设备，给排水设施，绿化园林，交通道路设施，停车场等养护、维修乃至经营、管理服务，以及消防、清洁和安全保卫服务等。

（2）专业化物业管理

在 CCHC 体系中养老服务总部中，除了纯粹属于养老服务总部功能的部门和单位驻在外，也有可能把当地的 ×× 街道（社区）CCHC 居家养老综合服务中心、×× 小区 CCHC 居家养老综合服务驿站，乃全把一些诸如餐饮、洗浴、心理慰藉、医疗、购物以及日照中心、老年活动室等并非总部功能，但属于居家养老功能的部门和单位与养老服务总部置于同一楼宇或者同一院落范围内，这些养老功能的专用设备原则上应该由这些部门和单位自行管理，也可交由专业物业管理团队进行管理。

2. 适用范围

CCHC 居家养老模式体系中养老服务总部的建筑属于智慧建筑，无论是新建还是改造，是单幢楼宇还是分散建筑群，都应该列入 CCHC 体系物业管理的范畴，它应该按照《智慧楼宇评价指标体系 2.0》中关于智慧楼宇运用“现代物业管理”的理念和要求进行管理。CCHC 体系中养老服务总部的物业管理体制，可采用专业物业管理团队进行管理，也可采用专业物业管理团队与养老服务总部所在部门或者单位的专业化管理相结合的原则。

（四）养老服务总部的融入智慧城市

融入智慧城市，主要是对 CCHC 居家养老模式体系运营商的考量，这是考察运营商的养老模式体系的智慧程度，是否和国家提出的智慧城市、智慧社区的构想相贴合，更好地为老人居家养老提供便利服务。

1. 融入“智慧城市”维度

（1）宽带网络接入水平要素；

（2）公共管理服务接入水平要素；

（3）智慧社区大平台融合要素。

2. 宽带网络接入水平要素

（1）新楼光纤可接入率指标；

（2）现有楼光纤替换率指标；

（3）光纤平均带宽指标；

（4）社区公共场所无线网络覆盖率指标；

（5）社区客户无线网络覆盖率指标；

（6）光纤设备完好率指标得分。

3. 公共管理服务接入水平要素

（1）政府电子政务网上办理覆盖率指标；

（2）智慧交通社区查询知晓率指标；

（3）智慧医疗社区覆盖率指标；

（4）智慧教育区域覆盖率指标；

（5）智慧环境连接率指标；

（6）智慧安全连接率指标；

（7）智慧能源连接率指标；

（8）智慧银行业务社区办理覆盖率指标；

（9）智慧旅游社区覆盖率指标。

4. 智慧楼宇大平台融合要素

（1）大平台模块整合完成率指标；

（2）大平台建立和掌握水平指标。

CCHC居家养老模式体系的××区养老综合服务总部开发程序

编号 CCHC1-5-1-1

一、总则

（一）CCHC 居家养老模式体系的 ×× 区（县）CCHC 居家养老综合服务总部（以下简称养老服务总部）的建筑开发属于智慧建筑的建设。但是也要根据实际情况出发，可以是在空地上新建的楼宇，也可以将其他建筑经过改造，使之成为满足养老服务总部各种功能发挥的建筑。

（二）无论是新建还是改造，都可以列入特种需求房地产开发程序的范畴。它是一种软硬件同步开发的方式，即在硬件开发的同时，与运营、管理相关的软件，诸如管理制度等，也要同步甚至适当超前开发和介入。

二、养老服务总部开发的程序

（一）养老服务总部开发的程序应该包括以下环节：

1. 确认所有与当地政府和合作单位的合同已经生效，并明确划拨或者出让土地，或者既有建筑的产权、使用权的合法有效。

2. 根据《CCHC（持续照料社区）居家养老模式体系服务管理标准 1.0》（以下简称《标准 1.0》）的基本要求，确定该区的养老服务总部配备的组织结构和各种功能。

3. 根据具体的背景情况，在海阳集团认可的前提下，由当地政府部门（代理建设方）委托掌握《标准 1.0》和房地产开发规程的专家作为第三方，进行“养老服务总部开发建设项目”的前期策划，确保该项目处于符合 CCHC 居家养老模式体系的总体要求。前期策划的报告应该包括以下内容：

（1）项目总体阐述（含可行性研究）。

（2）建筑基本要求：面积、形式、等级。

（3）设置的各种功能内容（含机构设置）和相互逻辑关系。

（4）内外经营运转的流程。

（5）从业人员的编制和要求。

（6）建筑和内部业务配置的设备、设施。

（7）建设费用和运营费用的测算。

4. 根据前期策划的报告，由海阳集团和当地政府部门（建设方）通过招标形式，或者政府划拨途径，确定该建筑的投资主体和主要合作对象。可以考虑成立项目公司作为建设单位。建设单位应该具备房地产开发的资质，也可以委托具有房地产开发资质的公司作为代甲方代表帮助开发，包括申办各种文件的批准程序。

5. 由建设单位按照国家和当地相关的法律、法规的规定和程序，通过招投标的形式，物色设计单位和施工单位。由于本项目有专业特殊要求，根据各种各专业在该项目中的地位侧重不一，确定一家为主体设计单位，其他为次要设计或配套设计单位。同样施工单位也可以根据专业在项目中的侧重不同，选择主要和次要的施工单位。监理单位也按此精神招入。

6. 项目公司按照房地产开发或者大修改造的程序进行建设，在此过程中，物业管理和未来经营管理的代表应该全过程参与，对设计、施工和监理发生的问题，随时向建设方提出，确保未来各种功能的正常发挥。

7. 在建设期间就要组建未来运营的班子和团队，按照《标准 1.0》编制《×× 区（县）CCHC 居家养老综合服务总部运营和管理规程》进行招募、委任和培训。

8. 在部分子项目完成后，就可以进行随时试运营，以发现问题和不足，及时整改，进行局部验收。在全部项目完成后，进行正式竣工验收，交付使用和物业管理。

CCHC居家养老模式体系的××区养老综合服务总部物业管理

编号 CCHC1-5-1-2

一、总则

（一）CCHC 居家养老模式体系的 ×× 区（县）CCHC 居家养老综合服务总部（以下简称养老服务总部）的建筑属于智慧建筑。它应该按照《智慧楼宇评价指标体系 2.0》中，关于智慧楼宇运用“现代物业管理”的理念和要求进行管理。在物业管理企业还达不到这个要求时，在承接任务时应该承诺按照本标准有关要求有计划地去达标。

（二）根据实际情况出发，智慧建筑可以是在空地上新建的楼宇，也可以将其他单幢或者分散建筑，经过改造，使之成为满足 CCHC 体系中养老服务总部各种功能发挥的智慧建筑。除了纯粹属于养老服务总部功能的部门和单位驻在外，也有可能把当地的 ×× 街道（社区）CCHC 居家养老综合服务中心（以下简称养老服务中心）、×× 小区 CCHC 居家养老综合服务驿站（以下简称驿站），乃至把一些诸如餐饮、洗浴、心理慰藉、医疗、购物以及日照中心、老年活动室等并非养老服务总部功能，但属于居家养老功能的部门和单位与养老服务总部置于同一楼宇或者同一院落范围内。

（三）无论是新建还是改造，是单幢楼宇还是分散建筑群，都应该列入 CCHC 体系物业管理的范畴。它是一种软硬件同步开发的方式，因此在硬件开发的同时，物业管理也要同步甚至适当超前参与和介入。

（四）CCHC体系中养老服务总部的物业管理体制，采取专业物业管理团队与养老服务总部所在部门或者单位的专业化管理相结合的原则。即诸如保安、保洁、工程维修、绿化、客户服务等常规物业管理的功能由某物业管理企业承担，而属于养老业务相关的功能，应该由所在部门和单位来承担其职责。但两者之间应该在本标准规定的框架内，建立业务协作合约关系。

二、常规物业管理的范畴

CCHC体系中养老服务总部的物业管理中常规物业管理的范畴为：各类土木建筑、水利设施，各种机电设备，能源配套设备，给排水设施，绿化园林，交通道路设施，停车场等养护、维修乃至经营、管理服务，以及消防、清洁和安全保卫服务等。

三、专业化物业管理的范畴

在CCHC体系中养老服务总部中，除了纯粹属于养老服务总部功能的部门和单位驻在外，也有可能把当地的养老服务中心、驿站，乃至把一些诸如餐饮、洗浴、心理慰藉、医疗、购物以及日照中心、老年活动室等并非养老服务总部功能，但属于居家养老功能的部门和单位与养老服务总部置于同一楼宇或者同一院落范围内，这些养老功能的专用设备原则上应该由这些部门和单位自行管理。至于室内保洁、购物、设备维修之类服务，是否由常规物业管理企业来承担，则由双方签订协议来明确各自职责。

四、现代物业管理在CCHC体系中养老服务总部的体现

现代物业管理，就是以系统理论为基础，突破传统物业管理的理念，按照人们生活、工作方式的转变，提供与之相匹配的管理、服务项目的物业管理。

上海楼宇科技研究会2014年11月发布的《智慧楼宇评价指标体系2.0》对“智慧楼宇”进行了定义，提出智慧楼宇应包括绿色建筑、自动化集成、现代物业管理和融入“智慧城市”等4个维度。现代物业管理是“智能化”楼宇与“智慧楼宇”楼宇之间区别的最主要特征之一。它反映了“人”在“智慧”中的重要作用。根据上海市楼宇科技研究会《智慧楼宇评价指标体系2.0》对现代物业管理的定义，现代物业管理主要包含以下4个要素，即：全过程参与；五工种协同；线上线下的服务平台；标准制定与执行。

（一）全过程参与

所谓全过程参与是指：策划、设计、施工、销售、管理各阶段。养老服务总部是《CCHC（持续照料社区）居家养老模式服务管理标准1.0》中三级网络、四级平台中一个满足居家养老服务和产品的混合实体的第二级平台，是需要有具体办公场所的，但场所面积的大小由功能所决定，也应该符合智慧楼宇的建筑标准。

一般来说，建筑的策划或规划设计人员侧重于依据技术开发标准和建筑规范进行规划与设计，往往忽视了物业管理的特点和需求，这就要求物业管理部门事先应根据养老服务总部投资规划、建筑规模、环境与道路规划等前提条件，从建筑策划设计、环境设计、设施设备选型及安装、降低管理成本、提供优质服务等方面入手，在策划设计阶段向投资或开发商提出合理化建议。

养老服务总部的服务对象主要为老年人，故建筑本身除了要符合一般建筑的规范外，还要参考国家养老建筑规范及地方养老建筑规范。

物业管理部门作为养老服务总部建成后的常驻管理与服务者，其对建设施工质量的关切程度应更为强烈。物业管理部门在施工阶段虽然处于非主要地位，但是长期物业管理的经验和对已建成物业工程质量的详细了解，比较容易发现施工质量问题，所以物业管理部门十分有必要参与施工阶段的质量检查，为下一步的物业管理和后期物业管理打下一个坚实的基础。但需注意的是，物业管理部门在施工介入时，应明确自己的责任和位置，发现工程质量问题时要按程序提出意见，即要负起责任来，又要避免“越位”现象，这样才能处理好开发商、监理公司、物业管理部门及施工单位之间的关系。

1. 建设施工介入参与工作主要有以下几个方面：

（1）从用户角度参与对设计的修改、洽商以及跟进各项设计在施工中的落实情况，及时根据实际情况提出调整意见，改进不合理设计和不合理施工，所有这些都应进行记录；

（2）协助监理单位对各项工程施工质量进行监督，建设优质物业。各专业工程技术人员要深入现场，跟进工程进度，不仅要检查施工质量，更重要的是要通过跟进施工掌握隐蔽工程的状况；

（3）掌握水、电、气、通风、空调、各类弱电工程（消防监控系统、安防监控系统、电梯监控系统、通信和宽带系统、有线电视系统等）的管线关键部位的布局和走向并时间记录，这对日后的管理和维护非常重要；

（4）在开发商或施工单位的要求下，为施工现场提供保安、保洁等服务。

（5）协助开展工地管理，维持秩序，保障施工通道的畅通，对施工现场的安全防火进行监督、管理等工作。

（6）协助对材料、器材、设备的质量、品牌进行验证，避免施工中使用质量差的材料、器材和设备；

（7）在设备的安装、调试阶段，物业管理部门各专业工程技术人员必须深入现场，跟踪工程进度，以充分了解设备的技术状态和技术性能；

竣工验收是以开发商、施工单位、监理单位为主，但物业管理部门必须参与。在验收过程中（也包括安装施工、调试、试运行阶段），要纠正依赖监理公司的心理，不能认为有了监理公司，物业管理部门就可以“高枕无忧”甚至不参加验收，这是因为监理公司和物业管理部门各自关注的角度有差异，而且考虑到某些因素和以往接收项目中产生的大量工程质量问题，所以不可完全依赖监理公司。

2. 参与竣工验收重点

竣工验收阶段的工作主要有以下几个方面：在验收过程中一般是按数量比例进行抽验，有些项目虽然已由监理公司进行过验收，但物业管理部门则应把重点放在以下事项上。

（1）认真查阅验收记录，对重点部位和环节进行现场核查；

（2）在同一工程系统中，检验监理公司未抽验的个项；

（3）对于不同施工单位安装的项目，应分别遵照相关专业的国家标准、地方标准及行业标准制定的规范进行验收。

3. 参与竣工验收内容

（1）竣工验收主要责任方虽然是开发商和施工单位，但物业管理部门应派遣各专业工程技术人员组成验收小组，并指定组长，该验收小组参加各专业工程的验收，为将来的接管验收奠定良好的基础；

（2）参加验收的人员应提前1—2个月向开发商索取竣工项目的相关资料，进行详细研究，并对重点现场进行察看，事先做到心中有数；

（3）验收项目分类有隐蔽工程竣工项目、单项工程竣工项目、阶段工程竣工项目及全部工程竣工项目；

（4）验收小组成员应认真做好验收记录，必要时应拍照记录，对质量有缺陷的记录更应详细、准确。验收记录应有物业管理部门、开发商、施工单位的有关人员签字确认；

（5）根据验收工作的具体情况，适时提议召开各方的联席会议，对本阶段验收工作进行总结、协调，对不合格项应制定出整改措施和完成期限，经各方签字确认，必要时应签订协议；

（6）已完成整改的项目，必须进行二次验收，直至合格；

（7）对设备的验收一定不可忽视装箱单，因为装箱单开列了本套设备的主机、辅机、备件、专用工具等的型号、规格、数量及技术文件、资料等。在现实中，开发商和施工单位往往对此缺乏足够的重视，常有丢失装箱单的现象，使物业管理部门不知道设备的配套情况，甚至将备件丢失，日后在维护保养设备进不得不另外花钱购买，使物业管理部门蒙受不必要的损失。为避免此种情况的发生，物业管理部门应在设备安装阶段派相关技术人员参加设备开箱，获取装箱单或其复印件，并当场清点备品、备件、专用工具、技术资料等，对备品、备件当场办理接收手续，专用工具和技术资料则应在设备调试验收之后及时收回；

（8）当全部工程通过竣工验收后，若有遗留问题（必须是不影响安全使用的问题，否则不应通过验收）时，开发商与施工单位应签订解决遗留问题的协议；

（9）物业管理部门根据竣工验收和不合格项整改的情况，提前做好接管验收的准备工作。

4. 新建或改建物业接管验收的基本条件

（1）必须达到“七通一平”，即：通水、通电、通气、通暖、通路、通信、通电视；“一平”是指楼前楼后场地平整、无杂物或建材堆积；

（2）电表、水表、燃气表到户；

（3）楼内各区域干净整洁，门窗玻璃明亮，卫生间各管道疏通，地漏不堵塞等；

（4）生活用水符合卫生标准，具有卫生防疫部门核发的用水合格证明；

（5）安全防范系统无缺陷，能满足基本需求；

（6）自动火灾报警控制系统、喷淋及消火栓系统等经消防部门验收合格；

（7）所有电梯均能正常运行，每部电梯都应有特种设备监管部门核发的准用证；

（8）房屋设备、功能齐全，达到设计规定标准；

（9）接管验收的技术资料包括：土建工程资料及相关文件、建筑电气工程资料及相关文件、给/排水工程资料及相关文件、供暖工程资料及相关文件、电梯工程资料及相关文件、通风与空调工程资料及相关文件、消防系统工程资料及相关文件、安全防范系统工程资料及相关文件、智能停车场工程资料及相关文件、通信工程资料及相关文件等。

5. 物业后期管理

物业后期管理内容主要包括：

（1）物业保安服务，含物业保安的职责、物业保安服务要求、消防安全管理制度等；

（2）物业环境服务，含保洁服务、绿化管理；

（3）设备管理，含设备资产管理、设备运行管理、设备维修及维护保养管理；

（4）电气系统设备运行及维修维护，含高压电气系统设备运行及维修维护、低压电气系统设备运行及维修维护；

（5）给排水系统设备设施运行及维修维护，含水泵房运行管理和设备维护保养、给排水管线的维护保养；

（6）通风与冷暖空调系统运行和维修维护，含冷暖空调系统运行及维修维护、通风系统的运行及维修维护；

（7）视频安防监控系统运行和维修维护，含电视监控系统运行及维修维护、巡更系统运行及维修维护、车库管理系统运行及维修维护；

（8）特种设备管理，含电梯系统管理及运行维护保养、锅炉系统管理及运行维护保养、自动消防系统管理及运行维护保养等。

（二）五工种协同

五工种是指：安保、保洁、工程、绿化、客服，在常规物业管理的组织架构中分别属于各部门，它们分别是：安保部、保洁部、工程部、绿化管理部、客服部。安保、保洁、绿化、工程、客服等部门在常规物业管理中是相互独立的，互相之间很少有协同理念。在现代物业管理框架中，各工种的工作人员除了要掌握各自工种的专业技能外，还要了解其他相关工种的工作要求、技能等内容，从公司层面来说，也要有明确管理制度，如：

1. 制定“物业管理部门配合管理办法”，体现“以人为本，客户至上”的服务理念，使物业管理从“粗放型”向“精细型”目标转换，并解决实际工作中需要两个以上部门协同配合的问题。

2.“每日业务协调会”制度（即小交班会制度），由各部门代表参加，目的是强化公司中枢经营思想与管理理念的深化与领会，加强各部门之间的沟通和协作，提高工作效率，保持工作指令传递环节的畅通。

（三）线上线下的服务平台

建立智慧楼宇开放式平台是现代物业管理的重要表现。物业服务开放式平台主要包含物业维护管控系统和服务系统，是基于互联网云端数据中心和手持终端对服务项目进行全景式、标准化、精准化物业管理和业主服务系统。

1. 物业维护管控系统

物业维护管控平台对日常周期性工作计划自动编排，生成工作计划工单，对日常发生的不合格整改工作形成纠正性工作计划。其主要管理功能：

（1）工作计划的管理；

（2）对工作对象数据信息的管理；

（3）动态化管理各工作流程；

（4）移动终端自动链接。

平台主要具体价值体现在：

（1）精简组织机构，降低人力成本；

（2）便捷掌握，快速上手，降低企业培训与管理成本；

（3）维护管理操作流程更规范；

（4）计划执行更精准，不因人事变化而变化；

（5）运行更高效，告别传统纸质化管理，实现项目计划、服务指导、过程监督、质量控制于一体的电子化管理模式，实时反馈，生成报表。而且还可以根据不同的物业企业不同的物业标准这个特点进行部分的修改，非常的方便。

2. 服务管控系统

业主服务管控平台依托“业主服务数据库＋呼叫中心”的先进业主服务模式，将信息管理、客户服务、客户关系及社区业务四大板块纳入平台内，并集合服务、统计、分析、呼叫四大功能体系，强调以业主为核心，是全过程的强化管理。实现业主服务领域和24小时全过程的闭环管控。

（1）业主服务数据库：将信息管理、客户服务、客户关系及社区业务四大板块纳入平台内，集合服务、统计、分析、呼叫四大功能体系，强调以业主为核心，对全过程的强化管理。实现服务领域和24小时全过程的闭环管控。

（2）物业服务呼叫中心：与系统无缝对接，统一管理、统一服务，集合日常的咨询、保修、投诉、预约服务等各服务需求，通过24小时全天候标准化服务受理、跟踪、回访，使客户轻松享受一站式的服务。

（四）标准的制定与执行

养老服务总部的建筑属于智慧建筑，物业管理企业在承接任务时，应承诺按照《智慧楼宇评价指标体系2.0》中，关于智慧楼宇运用“现代物业管理”的理念和要求进行管理，同时要结合《CCHC（持续照料社区）居家养老模式服务管理标准1.0》总体要求，制定相应的物业服务标准，目的是有利于促进提高服务水平，提供质价相符的服务，并能够提供一个通用的、标准一致的、规范的服务行为准则，而标准的实施的关键是有组织、有计划、有措施地贯彻执行。

CCHC居家养老模式体系的社区养老服务中心智慧建筑标准

编号 CCHC1-5-2

《CCHC 居家养老模式体系的社区养老服务中心智慧建筑标准》主要体现和满足 ×× 街道（社区）CCHC 养老服务指导中心（以下简称街道养老服务指导中心）和“×× 街道（社区）CCHC 居家养老综合服务中心”这两个机构的功能需求。这些建筑应该都是智慧楼宇。

一、街道养老服务指导中心的功能

如《CCHC 居家养老模式体系的体制和构造》（编号 CCHC1-2-1）中图 1-2-1-3 所示，在社区、街道、乡镇一级也要成立一个街道养老服务指导中心。由街道相关部门副主任、海阳集团领导担任正副主任，与社区有关负责人、社区居委会代表、居民中的退离休专家代表、居民代表、海阳派出代表组成街道养老服务指导中心。这是第三级网络。“×× 街道（社区）CCHC 居家养老综合服务中心”接受街道养老服务指导中心党的领导和业务指导。

二、×× 街道（社区）CCHC 居家养老综合服务中心的功能

×× 街道（社区）CCHC 居家养老综合服务中心（以下简称养老服务中心）是一个有场所的平台，即第三级平台。它可以像当地医院一般，建设或者改造具有“智慧楼宇”标准的建筑作为经营用房。养老服务中心也是一个

独立法人，要进行工商登记和税务登记。其投资方式可以采取市场化运作。养老服务中心的具体功能有：

（一）养老服务中心的行政办公机构

养老服务中心主任由街道养老服务指导中心提名，由运行商代表担任，报总部批准任命，如有党组织也受区委领导，党政领导是分别担任还是兼任视养老服务中心规模而定。除了党政办公室，还有财务部也作为行政办公机构，财务部除了管理财务和固定资产外，还是专用资金账务管理中心职能的机构。“日常运转协调平台”，由一位养老服务中心副主任兼任总调度，每日定时举行交班会，进行协调。

（二）养老服务中心的功能机构

1. 家政工作者管理（分）中心，应考虑是否设置日间照料中心的区别。

2. 餐饮服务（分）中心，应考虑附设餐厅与外委专业老年餐饮企业的区别。

3. 文化服务（分）中心，应考虑是否设置老年文化活动场所。

4. 康复（医护）服务（分）中心，应考虑是否设置护理（养老）院。社区卫生中心和社会医疗力量提供的服务，也可以通过康复（医护）服务（分）中心代表居家养老老人或者家属的意愿帮助特约或者联系。

5. 老年用品服务（分）中心，老年产业协会分会的机构功能，也可以由老年用品服务（分）中心来承担。

（三）其他功能附设机构

1. 洗浴专业服务队，应考虑在养老服务中心是否设置专门洗浴场所的区别。

2. 智能化养老用品专业维修队。

3. 水电工程维修队。

4. 养老服务中心还可以接受委托代为管理社区的日间照料中心、老年活动室和护理（养老）院等机构和场所的业务，即把这些机构和场所与养老服务中心置于同一建筑或者附近地方院子内。

5. ××区（县）CCHC居家养老综合服务总部派驻的各种老年服务和产品的分支机构或驻在员办公机构等。

三、街道养老服务指导中心的建筑和设施

（一）街道养老服务指导中心的建筑

街道养老服务指导中心是一个非日常办公的常设机构，因此它的建筑只要有一个20—30平方米左右的办公室，供有关领导来此办公的落脚场所，和一个小型会议室即可。必要时，两者合一。

（二）街道养老服务指导中心的设施（略）

四、养老服务中心的智慧建筑标准

养老服务中心的建筑应以人为本、以尊重和关爱老年人为理念，遵循安全、卫生、适用、经济的原则，按养老服务中心服务功能、规模等进行分类分级设计。随着时代的发展，养老服务中心的建筑也应属于智慧建筑，无论是新建还是改造，是单幢楼宇还是分散建筑群，同时也应该是智慧楼宇的一部分，并且更好地融入居住社区、融入CCHC居家养老模式体系、融入智慧城市。上海楼宇科技研究会2014年11月发布的《智慧楼宇评价指标体系2.0》对“智慧楼宇”进行了定义，提出智慧楼宇应包括“绿色建筑”、“自动化集成”、“现代物业管理”和“融入智慧城市”等4个维度。

（一）养老服务中心的绿色建筑

1. 总则

（1）随着建筑业的发展，绿色建筑成为一种崭新的设计思维和模式，它提供给使用者有益健康的建筑环境，并最大程度地保护环境，减少能耗。我国能源、土地、水、原材料等资源严重短缺，且实际利用效率较低，要走可

持续发展道路，使建筑尽可能少地消耗不可再生资源，发展节能与环保的绿色建筑刻不容缓。

（2）随着绿色建筑理念的日益普及，人们渴望能在绿色建筑中轻松愉快地生活、学习、工作。但什么样的建筑才算是“绿色建筑”，根据上海市楼宇科技研究会在2014年11月发表的《智慧楼宇评价指标体系2.0及其评级指数》中有关绿色建筑的定义是：“最大限度地节约资源（能源、土地、水、材料），保护环境和减少污染，为人们提供健康、适用和高效的适用空间，建筑与人之间的关系是互动、交互式的，从而实现与自然和谐共生。”

（3）按照《智慧楼宇评价指标体系2.0及其评级指数》中“绿色建筑”的特征，CCHC居家养老模式体系大致有以下几条基本标准：

A. 具有节能和低能耗等优点。

B. 全面利用清洁能源，节约资源，降解住宅运转的能耗，提高自养水平，是一种可持续发展模式。

C. 是一种开放式的设计，建筑内部与外部采取有效的连通方式，能对气候的变化自动进行自适应调节。

D. 与自然生态环境融为一体，参与到自然生态系统的物质能量循环中去，对周围的环境不产生或少产生不良影响。

E. 能够按生态经济开放式闭合循环的原理作无废无污的生态工程设计，使各种资源进行循环利用，少排放甚至达到零排放污染物。

F. 所采用的是无害、无污、可以自然降解的环保型建筑材料，能进行循环利用。

2. 养老服务中心的绿色建筑

养老服务中心可以是规划设计重新建造的新建筑，也可以利用既有的建筑进行重新改造。无论何种形式都要根据实际情况，按照《智慧楼宇评价指标体系 2.0 及其评级指数》中关于绿色建筑的特征，尽量给使用者提供一个有益健康的绿色建筑环境。

（1）重新设计建造的养老服务中心绿色建筑的要点

新建筑在设计时要体现《智慧楼宇评价指标体系 2.0 及其评级指数》中有关绿色建筑的“节约能源总体水平、节水总体水平、节约土地资源和智慧楼宇环境水平”等要素。

A. 节约能源总体水平

绿色建筑的能源系统，重点要放在建筑节能、常规能源系统优化和绿色能源（如太阳能、风能、地热能）的利用。

建筑节能方面，首先应注重被动建筑节能，注意维护结构的保温隔热和门窗洞口的保温隔热措施，使用保温隔热层的建筑，可大大降低建筑的能耗。（见表 1-5-2-1）

表1-5-2-1

序号	内　　容		要　　　　求
1	合理选择建筑的地址	建筑选址主要是根据当地的气候、土质、水质、地形及周围环境条件等因素的综合状况来确定	与公交系统的距离要短，方便人们步行去乘公交车
			尽量设在已经城镇化的区域内，有必要的城镇基础设施，方便人们的日常生活
			避免选择生态敏感区域，以免对周围的生态环境造成影响
			合理选择既有建筑与周围建筑物的密度、间距、高度、绿化等基本参数
2	合理设计建筑形体	根据建筑功能的需求，应通过合理的外部环境设计来改善既有的微气候环境，创造建筑节能的有利环境	合理确定新建筑的建筑形态、方位朝向，使之与自然气候、地形地貌、河湖水面及自然植被等相适应
			利用已有的树木或其他植物来减少建筑物的热负荷
			根据当地的纬度和主要风向，对建筑物的朝向进行优化，最大限度地利用太阳能和风能等自然资源
			利用已有的地形作为建筑物的围护结构，可以减少建筑物的能源消耗
			详细划分内部的使用功能区，把不需要窗户的区域统一安排在建筑物的北面，把使用功能相同的区域相互靠近，以利于建筑物通风和空调系统的设计及节能

（续表）

序号	内　　容		要　　　　求
3	合理设计单体空间组合		各功能空间的平面布置、空间组合、外部造型、门窗大小、位置朝向、墙面质感色彩等，要与当地气候相适应，趋利避害
			满足室内日照、采光、通风隔热和保温、调节湿度等各类小气候的要求
			在寒冷地区的冬季，促使太阳辐射热进入室内，抑制辐射、对流和传导所造成的室内热损失；在炎热地区的夏季，阻止过多的太阳辐射热和室外高温进入室内，利用自然通风促使热量向外散发并除湿
4	合理设计建筑的围护材料选择及构造	外墙的节能方法	如加气混凝土、轻骨料混凝土等预制板或砌块墙体
			承重—保温复合外墙
			保温层用岩棉、玻璃棉、聚苯乙烯泡沫、再生聚苯板、珍珠岩、石膏珍珠岩、加气混凝土及胶粉聚苯颗粒浆料发泡水泥保温板等
		屋面的节能方法	干铺焦渣、加气混凝土块、水泥蛭石、膨胀珍珠岩、岩棉、聚苯板等
			防水层下设置导热系数小的轻质材料用作保温，铺膨胀珍珠岩、玻璃棉等
			架空通风使其与架空混凝土预制板之间形成空气间层
			屋顶蓄水、定时喷水，或用带吊顶棚的坡屋顶
			屋顶绿化屋顶化：屋面堆土或砾石，并进行屋面绿化
		窗户的节能方法	控制窗的面积，即控制窗墙或窗地的面积比，在满足基本采光和通风的前提下，应尽量缩小窗墙或窗地的面积比，改进窗户的材料和构造
			冬季保温、节约采暖能耗可采用，在接缝处设橡胶或泡沫塑料密封条
			采用双层玻璃窗、中空玻璃保温窗
			在窗扇边框上贴透明保温薄膜（如聚酯薄膜）使之与玻璃间形成一定间距的密闭空气层
			为避免窗户夜间散热，可在窗户内侧设保温窗板或保温窗帘，户门及阳台门的夹板内填充岩棉毡或在钢门板上贴聚苯板
			为减少炎热地区夏季窗户接受的热辐射量，可采用在普通玻璃上粘贴热反射膜
			悬挂外表面涂有热反射膜的遮阳窗帘
			用吸热玻璃代替普通玻璃
			各种遮阳板

（续表）

序号	内容		要求
5	充分利用绿色能源	绿色能源的利用要因地制宜，选择适合本地特点且性能好的技术与产品	太阳能热水器
			太阳能空调
			太阳能电池
			太阳能照明
			光电屋面板
			光电外墙板
			光电遮阳板
			光电窗间墙
			光电天窗
			光电玻璃幕墙
			使用地热技术
6	其他		使用各类节能的照明灯具
			使用各类节能的器具

B. 节水总体水平

建筑节水有三层意义：一是减少用水量；二是提高水的有效使用率；三是防止泄漏。具体来说，要降低供水管网漏损率；节水器具的推广应用；再生利用中水回用和雨水回用。（见表 1-5-2-2）

表1-5-2-2

序号	内容		要求
1	节水器具的使用	1. 减少用水之外的浪费 2. 减少用水之中的浪费 3. 提高用水效率	节水型水龙头
			节水型便器
			节水型洗衣机
			节水型淋浴器
			节水型管道和器件

（续表）

序号	内　　容		要　　求
2	水的循环利用	1. 雨水收集 2. 利用空调系统、排水、盥水排水和淋浴排水等水处理后的中水	景观水的补充
			绿化用水
			循环冷却水
			汽车冲洗
			路面、地面冲洗
			厕所用水
			消防用水
3	其他		选择合理的给水系统
			合理利用市政管网可用水压
			防止超压出流的“隐形”浪费

C. 节约土地资源

合理选择建筑用地，避免建筑用地周边环境对建设项目可能产生的不良影响，同时减少建设用地选址给周边环境造成的负面影响。

在满足国家和地方对土地开发与规划选址相关的法律法规的基础上，综合考虑土地资源、防灾减灾、环境污染、文物保护、现有设施利用等多方面因素确定建设选址计划，体现可持续发展的原则，达到规划、建筑与环境有机地结合。（见表 1-5-2-3）

表1-5-2-3

序号	内　　容	要　　求
1	环境保护	不破坏当地文物、基本农田、森林和其他保护区
		尽量减少对附近水源系统、湿地的影响
		免除因暴雨造成的水土流失
		尽量选择便于利用自然能源的地段
		尽可能减少对周边环境自然地貌的改变
		种植适应当地气候和土壤条件的、少维护、少病害、对人体无害的植物，使绿地面积最大化

（续表）

序号	内　　容	要　　　　求
2	安全影响	保证建筑物环境安全可靠，确保对自然灾害有充分的抵御能力
		无洪水灾害、泥石流及含氡土壤的威胁
		无电磁辐射危害
		无火爆和有毒物质等危险源
3	其　　它	提高建筑容积率
		降低建筑密度
		合理选用废弃场地
		尽量降低周围热岛效应的影响

D. 智慧楼宇环境水平

建筑室内环境与人的健康密切相关。由于现代人平均80%—90%的时间在室内度过，室内环境问题直接威胁着人们的身体健康。因此，采取切实有力的措施控制和改善室内环境，提高人民的健康水平和生活质量，创造健康、舒适、高效的室内环境是绿色建筑重要内涵。（见表1-5-2-4）

表1-5-2-4

序号	内　　容		要　　　　求
1	声环境系统	主要是在室内外噪声源的控制上，使建筑的室内噪声等级符合国家标准	对建筑围护结构采取有效的隔声、减噪措施
			室内的允许噪声级在关窗状态下白天不大于45分贝，夜间不大于35分贝
			楼板和分户墙的空气声计权隔声量不小于45分贝，楼板的计权标准化撞击声声压级不大于70分贝
			户门的空气声计权隔声量不小于30分贝
			外窗的空气声计权隔声量不小于25分贝，沿街时不小于30分贝
			合理采用建筑围护结构构建，并采用消声、减噪的声控举措，保证室内隔音效果，并控制噪声级数增加
2	光环境系统	主要是在自然采光和节能灯具的使用上，要尽量利用自然光进行室内采光，并防止光污染	房间的采光系数不低于现行国家标准的规定
			要充分考虑使用建筑的朝向、天井、庭院，以及中庭等的自然采光作用，保持室内光线充足明亮
			大寒日不小于2小时，冬至日不小于1小时
			当有4个及4个以上居住空间时，至少有2个居住空间满足日照标准的要求
			也可以配以自然光调控设施，如采光板、反光镜、集光设施等

（续表）

序号	内容		要求
3	热环境系统		应对环境温度自动控制，使用采暖、空调、生活热水三联供的热环境技术
			结合地区实际情况，合理利用太阳能、风能或地热能等绿色能源，作为建筑室内的采暖，或者作为空调的热、冷源
			优化室内的热工性能，着重考虑太阳光辐射引起的不舒适感，以及合理设计室内温度调控系统
4	室内自然通风		通风开口面积在夏热冬暖和夏热冬冷地区不小于该房间地板面积的8%，在其他地区不小于5%
			设置通风换气装置或室内空气质量监测装置
			室内空气的品质，尽量做到室内通风，使通风口能够形成有效组织气流，防止和避免产生串气和泛味等现象
			住宅空间开窗能有良好的视野，且避免居住空间之间的视线干扰
5	室内装修的环保材料	选择无毒害、防火防尘、防蛀、防污染、可降解的建材	花岗岩与大理石要考虑其放射性指标的高低，要严格检验此类建材的指标参数，如果大面积敷设应用必须要考虑实际检查含量是否在指标范畴内
			灭菌玻璃的应用，就是由于这类玻璃中含有一定的适量铜离子，因而能够起到杀灭细菌、防止细菌滋生的效果
			墙面瓷砖贴片，可以考虑防菌瓷砖
			地面地板，可使用环保的复合实木地板
			浴室内采用二氧化钛当作涂层进行处理，起到灭杀细菌、抗菌的效用
			无机矿物涂料，是采用纯天然矿物物质配置而成的健康环保型水涂料（填充物、色素、成膜物质SIO），无任何异味的内墙涂料
6	室内绿色植物方面		要考虑室内空间、风格因素之外，还要考虑好盆景、水景、插花等的尺寸大小、设计规模等因素去综合进行设计，要给人以贴切自然又背离室内设计风格的自然感受
			结合设计风格在室内穿插下艺术字画，如植物花卉、蓝天白云这类自然风景画，用来增添艺术氛围

（2）利用既有建筑进行改造养老服务中心智慧建筑的要点

虽然利用既有建筑改造成养老服务中心时有极大的局限性，但是在选择和改造既有建筑时，也要遵循《智慧楼宇评价指标体系 2.0 及其评级指数》中有关“绿色建筑”的要素，再参照本章节“重新设计建造的建筑的要点”中表 1-5-2-1—表 1-5-2-4 对绿色建筑的要求标准，将既有建筑的养老服务中心改造成为节能环保的绿色建筑。

A. 既有建筑地理位置的选择（见表 1-5-2-5）

表1-5-2-5

内　　容	要　　　　求
地理位置的选择	与公交系统的距离要短，方便人们步行去乘公交车
	尽量设在已经城镇化的区域内，有必要的城镇基础设施，方便人们的日常生活
	避免选择生态敏感区域，以免对周围的生态环境造成影响
	根据当地的气候条件和地理环境，尽量选择便于利用自然能源的地段
	合理选择既有建筑与周围建筑物的密度、间距、高度、绿化等基本参数
	合理选择既有建筑的建筑形态、方位朝向
	要求：大寒日不小于2小时，冬至日不小于1小时。当有4个及4个以上居住空间时，至少有2个居住空间满足日照标准的要求

B. 既有建筑单体空间组合及造型的选择（见表 1-5-2-6）

表1-5-2-6

内　　容	要　　　　求
各单体空间	各功能空间的平面布置、空间组合、外部造型、门窗大小、位置朝向、墙面质感色彩等，尽量与当地气候相适应，趋利避害
	尽量满足室内日照、采光、通风隔热和保温、调节湿度等各类小气候的要求

C. 既有建筑围护的选择或改造（见表 1-5-2-7）

表1-5-2-7

内　　容	要　　　　求
结构墙保温性能	可选择用导热系数小的轻质保温材料做的外墙。如加气混凝土、轻骨料混凝土等预制板或砌块墙体；承重—保温复合外墙；保温层用岩棉、玻璃棉、聚苯板、再生聚苯板、珍珠岩、石膏珍珠岩等
	若结构墙用的是非保温材料且无法改变的情况下，可以在室内装修时考虑在结构墙的内侧采用保温材料进行改造

（续表）

内 容	要 求
单幢的既有建筑屋面保温	则可选择用干铺焦渣、加气混凝土块、水泥蛭石、膨胀珍珠岩、岩棉、聚苯板等
	以铺膨胀珍珠岩并与其上部架空混凝土预制板之间形成空气间层，这种保温构造效果较好的屋面
	也可在屋面堆土或砾石，并进行屋面绿化，或用带吊顶棚的坡屋顶
多层的既有建筑顶面保温	在室内空间高度允许的情况下，可在室内顶部加装一些轻质的保温材料，即可保温节能，又可减少噪声
窗户的选择或改造	控制窗的面积，即控制窗墙或窗地的面积比，在满足基本采光和通风的前提下，应尽量缩小窗墙或窗地的面积比，可以在确保既有建筑机构安全的前提下，改进窗户的材料和构造
	节约采暖能耗可采用，在接缝处设橡胶或泡沫塑料密封条；采用双层玻璃窗、中空玻璃保温窗
	在窗扇边框上贴透明保温薄膜（如聚酯薄膜）使之与玻璃间形成一定间距的密闭空气层
	可在窗户内侧设保温窗板或保温窗帘
	户门及阳台门的夹板内填充岩棉毡或在钢门板上贴聚苯板
	为减少夏季的热辐射量，可采用在普通玻璃上粘贴热反射膜
	悬挂外表面涂有热反射膜的遮阳窗帘
	用吸热玻璃代替普通玻璃
	设各种遮阳板

D. 既有建筑的能源系统的改造

针对既有建筑节能方面的改造，重点要放在建筑节能、常规能源系统优化和绿色能源（如太阳能、风能、地热能）的利用。建筑节能方面，首先应注重被动建筑节能，注意维护结构的保温隔热和门窗洞口的保温隔热措施，使建筑节能达到国家标准的要求。

常规新能源系统要充分利用绿色能源，绿色能源的利用要因地制宜，选择适合本地特点，且性能好的技术与产品。太阳能是绿色能源中最重要的一种，是取之不尽、用之不竭、广泛存在的天然能源，其优点是资源丰富、洁净、安全、廉价。例如：太阳能的利用，主要有三个方面：太阳能热水器、太阳能空调和太阳能电池。同样也使用地热技术，为建筑提供制冷与供暖，以较低的运营成本，降低建筑能耗的使用，达到绿色节能的要求。

具体可按《CCHC 居家养老模式体系的社区养老服务中心智慧建筑标准》（编号 CCHC1-5-2）“表 1-5-2-1”中节能的各项要求参照执行。

E. 水环境系统的改造

既有建筑节水改造要体现在节水、水的循环利用与水环境集成三个方面。具体可按《CCHC 居家养老模式体系的社区养老服务中心智慧建筑标准》（编号 CCHC1-5-2）“表 1-5-2-2”中节水的各项要求参照执行。

F. 声、光、热环境系统的改造

在声环境系统中，主要是在室内外噪声源的控制上，使建筑的室内噪声等级符合国家标准。对建筑围护结构采取有效的隔声、减噪措施。

在光环境系统中，主要是在自然采光和节能灯具的使用上，要尽量利用自然光进行室内采光，并防止光污染。房间的采光系数不低于现行国家标准的规定。

在热环境系统中，应对环境温度自动控制，使用采暖、空调、生活热水三联供的热环境技术，并结合地区实际情况，合理利用太阳能、风能或地热能等绿色能源，作为建筑室内的采暖，或者作为空调的热、冷源。

在确保既建有筑物结构安全的前提下，可以对窗的位置进行合理的调整或者改造，使住宅空间能够自然通风。

具体可按《CCHC 居家养老模式体系的社区养老服务中心智慧建筑标准》（编号 CCHC1-5-2）“表 1-5-2-4”中环境水平的各项要求参照执行。

G. 室内装修

既有建筑的室内装修要注重绿色节能建材的使用；室内环境的设计和室

内绿色植物的设计等。具体可按《CCHC 居家养老模式体系的社区养老服务中心智慧建筑标准》(编号 CCHC1-5-2)“表 1-5-2-4”中环境水平的各项要求参照执行。

（二）养老服务中心的自动化的系统集成

1. 概述

智能楼宇是智慧建筑的一个重要组成部分，它的核心是 5A［即楼宇自动化（BA），通信自动化（CA），安防自动化（SA），办公自动化（OA），消防自动化（FA）；对应系统分别为：BAS 楼宇自动化系统，CAS 通信网络系统，SAS 安防自动化系统，OAS 办公自动化系统，FAS 火灾自动报警系统］系统，智能楼宇就是通过通信网络系统将此 5 个系统进行有机的融合，集结构、系统、服务、管理及它们之间的最优化组合，使建筑物具有了安全、便利、高效、节能的特点。智能楼宇是一个边沿性交叉性的学科，涉及计算机技术、自动控制、通信技术、建筑技术等，并且有越来越多的新技术在智能楼宇中应用。

2. 智能楼宇应具备的 5A 标准

（1）楼宇自动化系统（BAS）

楼宇自动化系统对整个建筑的所有公用机电设备，进行集中监测和遥控来提高建筑的管理水平，降低设备故障率，减少维护及营运成本。应包括以下全部或部分系统：

A. 中央空调系统的监控；

B. 给排水系统的监控；

C. 供配电系统的监控；

D. 照明系统的监控；

E. 电梯系统的监控。

（2）办公自动化系统（OAS）

智能楼宇的OAS是指综合办公自动化系统。它包括：通用、专用办公自动化系统，支持楼宇的管理者和用户，对各种层次、多媒体的信息进行处理，并辅助用户决策。

（3）通信自动化系统（CAS）

智能楼宇的信息通信系统是保证建筑物内语音、数据、图像传输的基础，同时与外部通信网（如电话公网、数据网、计算机网、卫星以及广电网）相连，与世界各地互通信息。它应包括以下全部或部分系统：

A. 综合布线系统（PDS）；

B. 无线覆盖系统（WIFI）；

C. 无线传感网络（WSN）；

D. 卫星通信系统；

E. 有线电视系统；

F. 电视会议系统。

（4）安防自动化系统（SAS）

安防自动化系统（SAS）提供现代化管理手段：通过保安监控系统，楼宇的安全管理人员可以方便、及时地了解、掌握各处的实时动态情况。它应包括以下全部或部分系统：

A. 防盗报警系统；

B. 闭路电视监控系统；

C. 电子巡更系统；

D. 访客对讲系统；

E. 出入口控制系统；

F. 停车场管理系统。

（5）消防自动化系统（FAS）

消防自动化系统（FAS），一般由火灾探测器、区域报警器和集中报警器组成；并且同各种灭火设施和通讯装置联动，以形成中心控制系统。它应包括以下全部或部分系统：

A. 火灾自动报警系统；

B. 自动喷水灭火系统；

C. 自动气体灭火系统；

D. 火灾事故广播系统；

E. 安全疏散引导系统；

F. 消防电梯管理系统。

3. 智能建筑的5A集成

智能建筑的5A集成是将不同的智能化子系统进行智能连接，实现信息综合，资源共享，实现效率较高的协同运作。系统集成的目标是既要重视各子系统本身的协调与优化，更追求大系统的协调和总体优化。如将消防系统的火灾探测信号与BAS系统的照明控制集成在一起，能较好地引导人们朝没火的方向疏散，形成了智能逃生引导系统；将安防系统的停车管理与办公自动化系统集成，方便解决了收费等管理。

5A系统可以有很多集成，通过这样的集成形成一个综合管理与分析平台，达到整体运行的高效能和高效率。所以要求尽可能达到：

A. 2A集成；

B. 3A集成；

C. 4A集成；

D. 5A集成。

智能楼宇更注重更多的5A系统集成，它能根据用户的需求，组合出各种更具智慧的新系统，真正体现出智慧楼宇的特色。

4. 智能建筑营运、管理的人员要求

智能建筑新建或改建成功后，要能有效地营运，离不开高技能的技术人才。

智能建筑是一个边沿性交叉性的学科，涉及计算机技术、自动控制、通信技术、建筑技术等，并且有越来越多的新技术在智慧建筑中应用。所以我们要培养具有相关基础知识的人才，除此以外更要求有实践经验，能动手操作的技能型人才。故要求：

A. 能操作管理 1A；

B. 能操作管理 2A；

C. 能操作管理 3A；

D. 能操作管理 4A；

E. 能操作管理 5A。

智能建筑的操作管理人员应参加相关国家认可的专业技能培训，获得相应技能证书，以便更好地发挥智慧建筑的作用。

（三）养老服务中心的现代物业管理

1. 总则

现代物业管理，就是以系统理论为基础，突破传统物业管理的理念，按照人们生活、工作方式的转变，提供与之相匹配的管理、服务项目的物业管理。上海楼宇科技研究会 2014 年 11 月发布的《智慧楼宇评价指标体系 2.0》对“智慧楼宇”进行了定义，提出智慧楼宇应包括绿色建筑、自动化集成、现代物业管理和融入“智慧城市”等 4 个维度。现代物业管理是“智能化”楼宇与“智慧楼宇”楼宇之间区别的最主要特征之一。它反映了“人”在“智慧”中的重要作用。根据上海市楼宇科技研究会“智慧楼宇评价指标体系 2.0”对现代物业管理的定义，现代物业管理主要包含以下 4 个要素，即：全过程参与；五工种协同；线上线下的服务平台；标准制定与执行。CCHC 体系中养老服务中心的现代物业管理同样也应参照 ×× 区（县）CCHC 居家养老综合服务总部现代物业管理方式进行管理。CCHC 体系的现代物业管理同时也包含：

（1）常规物业管理

CCHC 体系中养老服务中心的物业管理中常规物业管理的范畴为：各类土木建，各种机电设备，给排水设施，绿化园林，停车场等养护、维修乃至经营、管理服务，以及消防、清洁和安全保卫服务等。

（2）专业化物业管理

在 CCHC 体系中养老服务中心中，除了纯粹属于养老服务中心功能的部门、分中心、专业团队和单位驻在外，也有可能把一些诸如餐饮、洗浴、心理慰藉、医疗、购物以及日照中心、老年活动室乃至 ×× 小区 CCHC 居家养老综合服务驿站等并非中心功能，但属于居家养老功能的部门和单位与养老服务中心置于同一楼宇或者同一院落范围内，这些养老功能的专用设备原则上应该由这些部门、分中心、专业团队和单位、驿站自行管理，也可交由专业物业管理团队进行管理或由专业物业管理团队与常规物业管理企业双方签订协议明确各自职责。

2. 适用范围

居家养老的物业管理内容应完全有别于传统意义上的传统物业管理，实际上是现代物业管理中个性化的物业服务，是针对特殊人群的特别服务。CCHC 居家养老模式体系中的养老服务中心的建筑属于智慧建筑，无论是新建还是改造，是单幢楼宇还是分散建筑群，都应该列入 CCHC 体系物业管理的范畴，它应该按照《智慧楼宇评价指标体系 2.0》中关于智慧楼宇运用“现代物业管理”的理念和要求进行管理。CCHC 体系中养老服务中心的物业管理体制，可采取专业物业管理团队进行管理，也可采取专业物业管理团队与养老服务中心所在部门或者单位的专业化管理相结合的原则。

（四）养老服务中心的融入智慧城市

融入智慧城市，主要是对 CCHC 居家养老模式体系运营商的考量，这是考察运营商的养老模式体系的智慧程度，是否和国家提出的智慧城市、智慧社区的构想相贴合，更好地为老人居家养老提供便利服务。

1. 融入“智慧城市”维度

（1）宽带网络接入水平要素；

（2）公共管理服务接入水平要素；

（3）智慧社区大平台融合要素。

2. 宽带网络接入水平要素

（1）新楼光纤可接入率指标；

（2）现有楼光纤替换率指标；

（3）光纤平均带宽指标；

（4）社区公共场所无线网络覆盖率指标；

（5）社区客户无线网络覆盖率指标；

（6）光纤设备完好率指标得分。

3. 公共管理服务接入水平要素

（1）政府电子政务网上办理覆盖率指标；

（2）智慧交通社区查询知晓率指标；

（3）智慧医疗社区覆盖率指标；

（4）智慧教育区域覆盖率指标；

（5）智慧环境连接率指标；

（6）智慧安全连接率指标；

（7）智慧能源连接率指标；

（8）智慧银行业务社区办理覆盖率指标；

（9）智慧旅游社区覆盖率指标。

4. 智慧楼宇大平台融合要素

（1）大平台模块整合完成率指标；

（2）大平台建立和掌握水平指标。

CCHC居家养老模式体系的社区养老服务中心开发程序

编号 CCHC1-5-2-1

一、总则

（一）CCHC居家养老模式体系的××街道（社区）CCHC居家养老综合服务中心（以下简称养老服务中心）的建筑开发属于智慧建筑的建设。但是也要根据实际情况出发，可以是在空地上新建的楼宇，也可以将其他建筑经过改造，使之成为满足养老服务中心各种功能发挥的建筑。也有可能把诸如当地的日照中心、老年活动室、护理院乃至驿站、医疗派出机构等建筑用房置于同一建筑或院落。在困难地区允许养老服务中心的下属部门和单位，分散分布，以满足功能需要为最大公约数。

（二）无论是新建还是改造，都可以列入特种需求房地产开发程序的范畴。它是一种软硬件同步开发的方式，即在硬件开发的同时，与运营、管理相关的软件，诸如管理制度等，也要同步甚至适当超前开发和介入。

二、养老服务中心开发的程序

养老服务中心开发的程序应该包括以下环节：

（一）确认所有与当地政府和合作单位的合同已经生效，并明确划拨或者出让土地，或者既有建筑的产权、使用权的合法有效。

（二）根据《CCHC（持续照料社区）居家养老模式体系服务管理标准

1.0》(以下简称《标准 1.0》) 的基本要求，确定该社区养老服务中心配备的组织结构和各种功能。

（三）根据具体的背景情况，在海阳集团认可的前提下，由当地政府部门（代理建设方）委托掌握《标准 1.0》和房地产开发规程的专家作为第三方，进行“养老服务中心开发建设项目”的前期策划，确保该项目处于符合 CCHC 居家养老模式体系的总体要求。前期策划的报告应该包括以下内容：

1. 项目总体阐述（含可行性研究）。

2. 建筑基本要求：面积、形式、等级（不同地区可以标准不一）。

3. 设置的各种功能内容（含机构设置）和相互之间逻辑关系。

4. 内外经营运转的流程。

5. 从业人员的编制和要求。

6. 建筑和内部业务配置的设备、设施。

7. 建设费用和运营费用的测算

（四）根据前期策划的报告，由海阳集团和当地政府部门（建设方）通过招标形式，或者政府划拨途径，确定该建筑的投资主体和主要合作对象。可以考虑成立项目公司作为建设单位。建设单位应该具备房地产开发的资质，也可以委托具有房地产开发资质的公司作为代甲方代表帮助开发，包括申办各种文件的批准程序。

（五）由建设单位按照国家和当地相关的法律、法规的规定和程序，通过招投标的形式，物色设计单位和施工单位。由于本项目有专业特殊要求，根据各种各专业在该项目中的地位侧重不一，确定一家为主体设计单位，其他为次要设计或配套设计单位。同样施工单位也可以根据专业在项目中的侧重不同，选择主要和次要的施工单位。监理单位也按此精神招入。

（六）项目公司按照房地产开发或者大修改造的程序进行建设，在此过程中，物业管理和未来经营管理的代表应该全过程参与，对设计、施工和监理发生的问题，随时向建设方提出，确保未来各种功能的正常发挥。

（七）在建设期间就要组建未来运营的班子和团队，按照《标准 1.0》编制《×× 街道（社区）CCHC 居家养老综合服务中心运营和管理规程》进行招募、委任和培训。

（八）在部分子项目完成后，就可以进行随时试运营，以发现问题和不足，及时整改，进行局部验收。在全部项目完成后，进行正式竣工验收，交付使用和物业管理。

CCHC居家养老模式体系的社区养老服务中心物业管理

编号 CCHC1-5-2-2

一、总则

（一）CCHC 居家养老模式体系的 ×× 街道（社区）CCHC 居家养老综合服务中心（以下简称养老服务中心）的建筑属于智慧建筑。它应该按照《智慧楼宇评价指标体系 1.0》中，关于智慧楼宇运用“现代物业管理”的理念和要求进行管理。在物业管理企业还达不到这个要求时，在承接任务时应该承诺按照本标准有关要求有计划地去达标。

（二）根据实际情况出发，智慧建筑可以是在空地上新建的楼宇，也可以将其他单幢或者分散建筑，经过改造，使之成为满足 CCHC 体系中养老服务中心各种功能发挥的智慧建筑。除了纯粹属于养老服务中心功能的部门、分中心、专业团队和单位驻在外，也有可能把一些诸如餐饮、洗浴、心理慰藉、医疗、购物以及日照中心、老年活动室乃至驿站等置于同一楼宇或者院落。

（三）无论是新建还是改造，是单幢楼宇还是分散建筑群，都应该列入 CCHC 体系物业管理的范畴。它是一种软硬件同步开发的方式，因此在硬件开发的同时，物业管理也要同步甚至适当超前参与和介入。

（四）CCHC 体系中养老服务中心的物业管理体制，采取专业物业管理团队与养老服务中心所在部门、各分中心、专业团队或者单位的专业化管理相结合的原则。即诸如保安、保洁、工程维修、绿化、客户服务等常规物业管理的功能由某物业管理企业承担，而属于养老业务相关的功能，应该由所在部门、分中心、专业团队和单位、驿站来承担其职责。但两者之间应该在本标准规定的框架内，建立业务协作合约关系。

二、常规物业管理的范畴

CCHC 体系中养老服务中心的物业管理中常规物业管理的范畴为：各类土木建筑、水利设施，各种机电设备，能源配套设备，给排水设施，绿化园林，交通道路设施，停车场等养护、维修乃至经营、管理服务，以及消防、清洁和安全保卫服务等。

三、专业化物业管理的范畴

在 CCHC 体系中养老服务中心中，除了纯粹属于养老服务中心功能的部门、分中心、专业团队和单位驻在外，也有可能把一些诸如餐饮、洗浴、心理慰藉、医疗、购物以及日照中心、老年活动室乃至驿站等并非养老服务中心功能，但属于居家养老功能的部门和单位与养老服务中心置于同一楼宇或者同一院落范围内，这些养老功能的专用设备原则上应该由这些部门、分中心、专业团队和单位、驿站自行管理。至于室内保洁、购物、设备维修之类服务，是否由常规物业管理企业来承担，则由双方签订协议来明确各自职责。

四、现代物业管理在 CCHC 体系中养老服务中心的体现

CCHC 体系中养老服务中心的现代物业管理同样也应参照“××区（县）CCHC 居家养老综合服务总部”现代物业管理方式进行管理。居家养老的物业管理内容应完全有别于传统意义上的传统物业管理，实际上是现代物业管理中个性化的物业服务，是针对特殊人群的特别服务，具体做法如下：

（一）在“养老服务中心”内设立一个专门为老年人提供便利的场所，里面摆放着轮椅、小推车、拐杖、扶梯等多种供老年人使用的物品，并且有专人管理和服务，假如老年人从超市购物过来办理业务，携带物品较多，应会有工作人员主动帮助送回家，使老年人感受到养老服务中心的关怀备至。对于那些 70 岁以上、需要重点照顾的老年人，养老服务中心就应给这些老年人建立详细档案，对有需求老年人也可安装类似“一键通”的装置，随叫随到地为老人提供服务。

（二）协调街道、居委会及相关物业，在社区原有的公共设施上进行适当改造或扩建，根据各小区不同情况和老年人的生活特性，对小区内的花园的绿化、广场及路边小道、标识等进行改造，让老年人出入更方便。再结合社区的医疗机构及小区驿站等养老资源，让老年人得到各种保障。其次，要协调街道、居委会及相关物业加强社区养老软件设施的建设，通过开展和组织各种丰富多彩的活动，来保障老年人精神文化上的需求，如可以专门开设社区图书阅览室，让老人在书的海洋中精神得到充实；开设老年人棋牌室，让老人融入群体，进行适当的交流，预防老年痴呆病的发生，开设书画室、歌舞厅等老年活动分区，天天有组织老年活动，让老人的身体及心理得到健康的锻炼。

（三）为了创造一个居家养老的安全环境，应协调街道、居委会及相关物业管理部门对社区居家养老的环境做好相应的安全保卫工作，让每个老年人在社区中能体会到家的温暖。例如，在物业的服务处专门成立养老服务部，负责老年人的出勤登记、万一老人走错，就能及时得到消息，以防不必要的险情发生；在社区中多配些专职人员在周围进行巡逻或入户探访，一旦发现不好的现象，及时进行照料；保证社区居家养老的清静安全的环境，让老人的身心都得以调养。

CCHC居家养老模式体系的小区驿站智慧建筑标准

编号 CCHC1-5-3

一、总体思路

《CCHC 居家养老模式体系的小区驿站智慧建筑标准》是建立在《CCHC 居家养老模式体系驿站服务标准》(编号 CCHC1-4-14-1）基础上，主要体现和满足 ×× 小区 CCHC 居家养老服务驿站（以下简称驿站）的服务功能需求，同时也要是一座“智慧楼宇”的建筑，与面积大小无关，从而使“智慧楼宇”的概念在居家养老中得到进一步体现。

二、CCHC 居家养老模式体系的驿站的建筑和设施

（一）驿站的服务半径和面积：驿站应综合考虑地区人口密度、老年人口分布状况、服务需求、服务半径等因素，原则上，城市社区驿站的服务半径不超过 1000 米，形成“一刻钟服务圈”，方便老年人就近到站接受服务。面积也可根据服务半径的老人密度来确定，但至少在 20 平方米以上。

（二）驿站的外部环境要求：外观上，应该与海阳集团的《CCHC（持续照料社区）居家养老模式服务管理标准 1.0》规定统一设计，如名称、logo、颜色、标识、交通指示标志等，方便老人寻找，同时发挥宣传功能，增强驿站的知名度。

（三）驿站的内部环境要求：

1. 布局科学合理。公共设施与功能相匹配；公共区域设有明显标识，符

合老年人生理特征，位置明显、信息精准、图文清晰；活动场所布置合理，清洁整齐，公共健身设施、照明设施符合国家规范。

2. 驿站功能区划分。驿站用房分为生活用房、医疗保健用房、公共活动用房和服务用房 4 大类；在满足使用功能的前提下，生活用房、公共活动用房和服务用房可合并使用。

（1）生活用房主要包含老年人休息室、公用卫生间、洗澡间、公共餐厅。其中，老年人休息室不应与电梯井道、有噪声振动的设备机房等贴邻布置，同时根据驿站规模大小和老年人需求设置床（椅）位，且平均使用面积每张达到 5 平方米（可根据驿站面积大小调整）；

（2）公共活动用房包括阅览室、棋牌室、书画室、健身室和多功能厅。多功能厅宜设置在建筑物首层，墙面和顶棚宜做吸声处理，避免对老年人休息室产生干扰；公共活动用房应有良好的天然采光与自然通风条件，并根据实际情况配备电视、音响、健身器材、休闲棋牌类用品、书籍报刊等；

（3）医疗保健用房包含医务室、护理站、心理疏导室、保健室、康复室等。驿站可根据设施情况和实际需要决定是否设置医疗保健用房。如设置医务室、护理站等医疗机构的，需符合医疗机构基本标准并取得医疗机构执业许可；

（4）服务用房包括值班室、厨房、居家养老服务用房、职工用房、洗衣房。为保障驿站安全，厨房仅提供配餐、无明火加热保温、简单备餐。如条件许可配备加工功能的厨房，宜设置在相对独立的区域，并应有排风、排烟、排污、消防设施和适当的防潮、消声、隔声、通风、除尘措施，符合卫生、环保和消防要求。

居家养老服务用房主要为居家老年人提供助餐、生活照料、助医等上门服务使用。

3. 无障碍设施设置标准。为方便老年人出入驿站，驿站出入口须为无障碍的坡道，门框大小满足轮椅能够进出，出入口处的平台与建筑室外地坪高差不宜大于 500 毫米，坡道坡度不宜大于 1/12，连续坡长不宜大于 6000 毫米，平台宽度不应小于 2000 毫米；当坡道与台阶结合时，坡道有效宽度不应小于 1200 毫米，且坡道应作防滑处理。台阶与坡道两侧应设地灯，照亮地面台阶与坡道，应同时设置台阶起点，应有明显标识，如可采用差别大的颜色予以提示。坡道起止点的扶手端部宜水平延伸 300 毫米以上，坡道应与建筑底层墙面保持适宜的距离，宜用绿篱相隔，防止行人对底层住户的干扰。坡道两侧应设置连续扶手，扶手应安装牢固，并注意扶手的手感和耐久性。台阶与坡道侧面临空时，在栏杆下端宜设高度不小于 50 毫米的安全挡台，防止老年人拐杖的杖头滑出坡道。地面材料选择应考虑防滑、防绊倒台阶与坡道的扶手两侧应设侧面支撑，起到加固扶手的作用。具体见《CCHC 居家养老模式体系的居家适老改造智慧建筑标准》（编号 CCHC1-5-4）中附图 1-5-4-1。

4. 在不涉及老人隐私的前提下，安装探头，为老人远方的亲人提供探视的便捷。

（四）关于驿站的消防安全要求。安全是养老机构生存发展的首要前提。驿站属于人员密集场所，居住人群多为老年人，对消防安全的要求更高。要求驿站建筑应为低层建筑或设置于建筑物底层，耐火等级不低于 2 级，其疏散距离及宽度应符合相关建筑设计防火疏散要求。供老年人使用的房间不应设置在地下室及半地下室；驿站应设置火灾自动报警系统、消防应急照明灯、低位照明灯及疏散指示标志，配备防火毯、独立烟感报警器、消防过滤式自救呼吸器。

三、驿站智慧建筑标准

根据上海市楼宇科技研究会对智慧楼宇的评价体系研究，小小驿站尽可能满足评价体系的要求：

（一）绿色建筑标准

1. 总则

（1）随着建筑业的发展，绿色建筑成为一种崭新的设计思维和模式，它提供给使用者有益健康的建筑环境，并最大程度地保护环境，减少能耗。我国能源、土地、水、原材料等资源严重短缺，且实际利用效率较低，要走可持续发展道路，使建筑尽可能少地消耗不可再生资源，发展节能与环保的绿色建筑刻不容缓。

（2）随着绿色建筑理念的日益普及，人们渴望能在绿色建筑中轻松愉快地生活、学习、工作。但什么样的建筑才算是“绿色建筑”，根据上海市楼宇科技研究会在2014年11月发表的《智慧楼宇评价指标体系2.0及其评级指数》中有关绿色建筑的定义是：“最大限度地节约资源（能源、土地、水、材料），保护环境和减少污染，为人们提供健康、适用和高效的适用空间，建筑与人之间的关系是互动、交互式的，从而实现与自然和谐共生。”

（3）按照《智慧楼宇评价指标体系2.0及其评级指数》中“绿色建筑”的特征，CCHC居家养老模式体系大致有以下几条基本标准：

A. 具有节能和低能耗等优点。

B. 全面利用清洁能源，节约资源，降解住宅运转的能耗，提高自养水平，是一种可持续发展模式。

C. 是一种开放式的设计，建筑内部与外部采取有效的连通方式，能对气候的变化自动进行自适应调节。

D. 与自然生态环境融为一体，参与到自然生态系统的物质能量循环中去，对周围的环境不产生或少产生不良影响。

E. 能够按生态经济开放式闭合循环的原理作无废无污的生态工程设计，使各种资源进行循环利用，少排放甚至达到零排放污染物。

F. 所采用的是无害、无污、可以自然降解的环保型建筑材料，能进行循环利用。

2. 驿站的绿色建筑标准

驿站可以是规划设计重新建造的新建筑，也可以利用既有的建筑进行重新改造。无论何种形式都要根据实际情况，按照《智慧楼宇评价指标体系2.0及其评级指数》中关于绿色建筑的特征，尽量给使用者提供一个有益健康的绿色建筑环境。

（1）重新设计建造的驿站绿色建筑的要点

新建筑在设计时要体现《智慧楼宇评价指标体系2.0及其评级指数》中有关绿色建筑的“节约能源总体水平、节水总体水平、节约土地资源和智慧楼宇环境水平”等要素。

A. 节约能源总体水平

绿色建筑的能源系统，重点要放在建筑节能、常规能源系统优化和绿色能源（如太阳能、风能、地热能）的利用。

建筑节能方面，首先应注重被动建筑节能，注意维护结构的保温隔热和门窗洞口的保温隔热措施，使用保温隔热层的建筑，可大大降低建筑的能耗。（见表1-5-3-1）

表1-5-3-1

<table>
<tr><th>序号</th><th colspan="2">内容</th><th>要求</th></tr>
<tr><td rowspan="5">1</td><td rowspan="5">合理选择建筑的地址</td><td rowspan="5">建筑选址主要是根据当地的气候、土质、水质、地形及周围环境条件等因素的综合状况来确定</td><td>与公交系统的距离要短，方便人们步行去乘公交车</td></tr>
<tr><td>尽量设在已经城镇化的区域内，有必要的城镇基础设施，方便人们的日常生活</td></tr>
<tr><td>避免选择生态敏感区域，以免对周围的生态环境造成影响</td></tr>
<tr><td>合理选择既有建筑与周围建筑物的密度、间距、高度、绿化等基本参数</td></tr>
<tr><td>合理确定新建筑的建筑形态、方位朝向，使之与自然气候、地形地貌、河湖水面及自然植被等相适应</td></tr>
</table>

（续表）

序号	内　　容		要　　　　求
2	合理设计建筑形体	根据建筑功能的需求，应通过合理的外部环境设计来改善既有的微气候环境，创造建筑节能的有利环境	利用已有的树木或其他植物来减少建筑物的热负荷
			根据当地的纬度和主要风向，对建筑物的朝向进行优化，最大限度地利用太阳能和风能等自然资源
			利用已有的地形作为建筑物的围护结构，可以减少建筑物的能源消耗
			详细划分内部的使用功能区，把不需要窗户的区域统一安排在建筑物的北面，把使用功能相同的区域相互靠近，以利于建筑物通风和空调系统的设计及节能
3	合理设计单体空间组合		各功能空间的平面布置、空间组合、外部造型、门窗大小、位置朝向、墙面质感色彩等，要与当地气候相适应，趋利避害
			满足室内日照、采光、通风隔热和保温、调节湿度等各类小气候的要求
			在寒冷地区的冬季，促使太阳辐射热进入室内，抑制辐射、对流和传导所造成的室内热损失；在炎热地区的夏季，阻止过多的太阳辐射热和室外高温进入室内，利用自然通风促使热量向外散发并除湿
4	合理设计建筑的围护材料选择及构造	外墙的节能方法	如加气混凝土、轻骨料混凝土等预制板或砌块墙体
			承重—保温复合外墙
			保温层用岩棉、玻璃棉、聚苯乙烯泡沫、再生聚苯板、珍珠岩、石膏珍珠岩、加气混凝土及胶粉聚苯颗粒浆料发泡水泥保温板等
		屋面的节能方法	干铺焦渣、加气混凝土块、水泥蛭石、膨胀珍珠岩、岩棉、聚苯板等
			防水层下设置导热系数小的轻质材料用作保温，铺膨胀珍珠岩、玻璃棉等
			架空通风使其与架空混凝土预制板之间形成空气间层
			屋顶蓄水、定时喷水，或用带吊顶棚的坡屋顶
			屋顶绿化屋顶化：屋面堆土或砾石，并进行屋面绿化

（续表）

序号	内容		要求
4	合理设计建筑的围护材料选择及构造	窗户的节能方法	控制窗的面积，即控制窗墙或窗地的面积比，在满足基本采光和通风的前提下，应尽量缩小窗墙或窗地的面积比，改进窗户的材料和构造
			冬季保温、节约采暖能耗可采用，在接缝处设橡胶或泡沫塑料密封条
			采用双层玻璃窗、中空玻璃保温窗
			在窗扇边框上贴透明保温薄膜（如聚酯薄膜）使之与玻璃间形成一定间距的密闭空气层
			为避免窗户夜间散热，可在窗户内侧设保温窗板或保温窗帘，户门及阳台门的夹板内填充岩棉毡或在钢门板上贴聚苯板
			为减少炎热地区夏季窗户接受的热辐射量，可采用在普通玻璃上粘贴热反射膜
			悬挂外表面涂有热反射膜的遮阳窗帘
			用吸热玻璃代替普通玻璃
			各种遮阳板
5	充分利用绿色能源	绿色能源的利用要因地制宜，选择适合本地特点且性能好的技术与产品	太阳能热水器
			太阳能空调
			太阳能电池
			太阳能照明
			光电屋面板
			光电外墙板
			光电遮阳板
			光电窗间墙
			光电天窗
			光电玻璃幕墙
			使用地热技术
6	其他		使用各类节能的照明灯具
			使用各类节能的器具

B. 节水总体水平

建筑节水有3层意义：一是减少用水量；二是提高水的有效使用率；三是防止泄漏。具体来说，要降低供水管网漏损率；节水器具的推广应用；再生利用中水回用和雨水回用。（见表1-5-3-2）

表1-5-3-2

序号	内容		要求
1	节水器具的使用	1. 减少用水之外的浪费 2. 减少用水之中的浪费 3. 提高用水效率	节水型水龙头
			节水型便器
			节水型洗衣机
			节水型淋浴器
			节水型管道和器件
2	水的循环利用	1. 雨水收集 2. 利用空调系统、排水、盥水排水和淋浴排水等水处理后的中水	景观水的补充
			绿化用水
			循环冷却水
			汽车冲洗
			路面、地面冲洗
			厕所用水
			消防用水
3	其他		选择合理的给水系统
			合理利用市政管网可用水压
			防止超压出流的“隐形”浪费

C. 节约土地资源

合理选择建筑用地，避免建筑用地周边环境对建设项目可能产生的不良影响，同时减少建设用地选址给周边环境造成的负面影响。

在满足国家和地方对土地开发与规划选址相关的法律法规的基础上，综合考虑土地资源、防灾减灾、环境污染、文物保护、现有设施利用等多方面因素确定建设选址计划，体现可持续发展的原则，达到规划、建筑与环境有机地结合。（见表 1-5-3-3）

表1-5-3-3

序号	内　　容	要　　　　求
1	环境保护	不破坏当地文物、基本农田、森林和其他保护区
		尽量减少对附近水源系统、湿地的影响
		免除因暴雨造成的水土流失
		尽量选择便于利用自然能源的地段
		尽可能减少对周边环境自然地貌的改变
		种植适应当地气候和土壤条件的、少维护、少病害、对人体无害的植物，使绿地面积最大化
2	安全影响	保证建筑物环境安全可靠，确保对自然灾害有充分的抵御能力
		无洪水灾害、泥石流及含氡土壤的威胁
		无电磁辐射危害
		无火、易爆和有毒物质等危险源
3	其他	提高建筑容积率
		降低建筑密度
		合理选用废弃场地
		尽量降低周围热岛效应的影响

D. 智慧楼宇环境水平

建筑室内环境与人的健康密切相关。由于现代人平均 80%—90% 的时间在室内度过，室内环境问题直接威胁着人们的身体健康。因此，采取切实有力的措施控制和改善室内环境，提高人民的健康水平和生活质量，创造健康、舒适、高效的室内环境是绿色建筑重要内涵。（见表 1-5-3-4）

表1-5-3-4

序号	内容		要求
1	声环境系统	主要是在室内外噪声源的控制上，使建筑的室内噪声等级符合国家标准	对建筑围护结构采取有效的隔声、减噪措施
			室内的允许噪声级在关窗状态下白天不大于45分贝，夜间不大于35分贝
			楼板和分户墙的空气声计权隔声量不小于45分贝，楼板的计权标准化撞击声声压级不大于70分贝
			户门的空气声计权隔声量不小于30分贝
			外窗的空气声计权隔声量不小于25分贝，沿街时不小于30分贝
			合理采用建筑围护结构构建，并采用消声、减噪的声控举措，保证室内隔音效果，并控制噪声级数增加
2	光环境系统	主要是在自然采光和节能灯具的使用上，要尽量利用自然光进行室内采光，并防止光污染	房间的采光系数不低于现行国家标准的规定
			要充分考虑使用建筑的朝向、天井、庭院以及中庭等的自然采光作用，保持室内光线充足明亮
			大寒日不小于2小时，冬至日不小于1小时
			当有4个及4个以上居住空间时，至少有2个居住空间满足日照标准的要求
			也可以配以自然光调控设施，如采光板、反光镜、集光设施等
3	热环境系统		应对环境温度自动控制，使用采暖、空调、生活热水三联供的热环境技术
			结合地区实际情况，合理利用太阳能、风能或地热能等绿色能源，作为建筑室内的采暖，或者作为空调的热、冷源
			优化室内的热工性能，着重考虑太阳光辐射引起的不舒适感，以及合理设计室内温度调控系统
4	室内自然通风		通风开口面积在夏热冬暖和夏热冬冷地区不小于该房间地板面积的8%，在其他地区不小于5%
			设置通风换气装置或室内空气质量监测装置
			室内空气的品质，尽量做到室内通风，使通风口能够形成有效组织气流，防止和避免产生串气和泛味等现象
			住宅空间开窗能有良好的视野，且避免居住空间之间的视线干扰

（续表）

序号	内容		要求
5	室内装修的环保材料	选择无毒害、防火防尘、防蛀、防污染、可降解的建材	花岗岩与大理石要考虑其放射性指标的高低，要严格检验此类建材的指标参数，如果大面积敷设应用必须要考虑实际检查含量是否在指标范畴内
			灭菌玻璃的应用，就是由于这类玻璃中含有一定的适量铜离子，因而能够起到杀灭细菌、防止细菌滋生的效果
			墙面瓷砖贴片，可以考虑防菌瓷砖
			地面地板，可使用环保的复合实木地板
			浴室内采用二氧化钛当作涂层进行处理，起到灭杀细菌、抗菌的效用
			无机矿物涂料，是采用纯天然矿物物质配置而成的健康环保型水涂料（填充物、色素、成膜物质SIO），无任何异味的内墙涂料
6	室内绿色植物方面		要考虑室内空间、风格因素之外，还要考虑好盆景、水景、插花等的尺寸大小、设计规模等因素去综合进行设计，要给人以贴切自然又背离室内设计风格的自然感受
			结合设计风格在室内穿插下艺术字画，如植物花卉、蓝天白云这类的自然风景画，用来增添艺术氛围

（2）利用既有建筑进行改造驿站绿色建筑的要点

虽然利用既有建筑改造成 CCHC 居家养老模式体系的驿站绿色建筑时有极大的局限性，但是在选择和改造既有建筑时，也要遵循《智慧楼宇评价指标体系 2.0 及其评级指数》中有关“绿色建筑”的要素，再参照本章节“重新设计建造的建筑的要点”中表 1-5-3-1—表 1-5-3-4 对绿色建筑的要求标准，将既有建筑的 CCHC 居家养老模式体系的驿站绿色建筑改造成为节能环保的绿色建筑。

A. 既有建筑地理位置的选择（见表 1-5-3-5）

表1-5-3-5

内　　容	要　　　　求
地理位置的选择	与公交系统的距离要短，方便人们步行去乘公交车
	尽量设在已经城镇化的区域内，有必要的城镇基础设施，方便人们的日常生活
	避免选择生态敏感区域，以免对周围的生态环境造成影响
	根据当地的气候条件和地理环境，尽量选择便于利用自然能源的地段
	合理选择既有建筑与周围建筑物的密度、间距、高度、绿化等基本参数
	合理选择既有建筑的建筑形态、方位朝向
	要求：大寒日不小于2小时，冬至日不小于1小时。当有4个及4个以上居住空间时，至少有2个居住空间满足日照标准的要求

B. 既有建筑单体空间组合及造型的选择（见表 1-5-3-6）

表1-5-3-6

内　　容	要　　　　求
各单体空间	各功能空间的平面布置、空间组合、外部造型、门窗大小、位置朝向、墙面质感色彩等，尽量与当地气候相适应，趋利避害
	尽量满足室内日照、采光、通风隔热和保温、调节湿度等各类小气候的要求

C. 既有建筑围护的选择或改造（见表 1-5-3-7）

表1-5-3-7

内　　容	要　　　　求
结构墙保温性能	可选择用导热系数小的轻质保温材料做的外墙。如加气混凝土、轻骨料混凝土等预制板或砌块墙体；承重—保温复合外墙；保温层用岩棉、玻璃棉、聚苯板、再生聚苯板、珍珠岩、石膏珍珠岩等
	若结构墙用的是非保温材料且无法改变的情况下，可以在室内装修时考虑在结构墙的内侧采用保温材料进行改造
单幢的既有建筑屋面保温	则可选择用干铺焦渣、加气混凝土块、水泥蛭石、膨胀珍珠岩、岩棉、聚苯板等
	以铺膨胀珍珠岩并与其上部架空混凝土预制板之间形成空气间层，这种保温构造效果较好的屋面
	也可在屋面堆土或砾石，并进行屋面绿化，或用带吊顶棚的坡屋顶

（续表）

内　　容	要　　　　求
多层的既有建筑顶面保温	在室内空间高度允许的情况下，可在室内顶部加装一些轻质的保温材料，即可保温节能，又可减少噪声
窗户的选择或改造	控制窗的面积，即控制窗墙或窗地的面积比，在满足基本采光和通风的前提下，应尽量缩小窗墙或窗地的面积比，可以在确保既有建筑机构安全的前提下，改进窗户的材料和构造
	节约采暖能耗可采用，在接缝处设橡胶或泡沫塑料密封条；采用双层玻璃窗、中空玻璃保温窗
	在窗扇边框上贴透明保温薄膜（如聚酯薄膜）使之与玻璃间形成一定间距的密闭空气层
	可在窗户内侧设保温窗板或保温窗帘
	户门及阳台门的夹板内填充岩棉毡或在钢门板上贴聚苯板
	为减少夏季的热辐射量，可采用在普通玻璃上粘贴热反射膜
	悬挂外表面涂有热反射膜的遮阳窗帘
	用吸热玻璃代替普通玻璃
	设各种遮阳板

D. 既有建筑的能源系统的改造

针对既有建筑节能方面的改造，重点要放在建筑节能、常规能源系统优化和绿色能源（如太阳能、风能、地热能）的利用。建筑节能方面，首先应注重被动建筑节能，注意维护结构的保温隔热和门窗洞口的保温隔热措施，使建筑节能达到国家标准的要求。

常规新能源系统要充分利用绿色能源，绿色能源的利用要因地制宜，选择适合本地特点，且性能好的技术与产品。太阳能是绿色能源中最重要的一种，是取之不尽、用之不竭、广泛存在的天然能源，其优点是资源丰富、洁净、安全、廉价。例如：太阳能的利用，主要有三个方面：太阳能热水器、太阳能空调和太阳能电池。同样也使用地热技术，为建筑提供制冷与供暖，以较低的运营成本，降低建筑能耗的使用，达到绿色节能的要求。

具体可按《CCHC 居家养老模式体系的小区驿站智慧建筑标准》(编号

CCHC1-5-3）“表 1-5-3-1” 中节能的各项要求参照执行。

E. 水环境系统的改造

既有建筑节水改造要体现在节水、水的循环利用与水环境集成三个方面。具体可按本章节（编号 CCHC1-5-3）“表 1-5-3-2” 中节水的各项要求参照执行。

F. 声、光、热环境系统的改造

在声环境系统中，主要是在室内外噪声源的控制上，使建筑的室内噪声等级符合国家标准。对建筑围护结构采取有效的隔声、减噪措施。

在光环境系统中，主要是在自然采光和节能灯具的使用上，要尽量利用自然光进行室内采光，并防止光污染。房间的采光系数不低于现行国家标准的规定。

在热环境系统中，应对环境温度自动控制，使用采暖、空调、生活热水三联供的热环境技术，并结合地区实际情况，合理利用太阳能、风能或地热能等绿色能源，作为建筑室内的采暖，或者作为空调的热、冷源。

在确保既有建筑物结构安全的前提下，可以对窗的位置进行合理的调整或者改造，使住宅空间能够自然通风。

具体可按本章节（编号 CCHC1-5-3）“表 1-5-3-4” 中环境水平的各项要求参照执行。

G. 室内装修

既有建筑的室内装修要注重绿色节能建材的使用；室内环境的设计和室内绿色植物的设计等。具体可按本章节（编号 CCHC1-5-3）“表 1-5-3-4” 中环境水平的各项要求参照执行。

（二）驿站的自动化的系统集成

1. 概述

智能楼宇是智慧建筑的一个重要组成部分，它的核心是 5A［即楼宇自动化（BA），通信自动化（CA），安防自动化（SA），办公自动化（OA），消防自动化（FA）；对应系统分别为：BAS 楼宇自动化系统，CAS 通信网络系统，SAS 安防自动化系统，OAS 办公自动化系统，FAS 火灾自动报警系统］系统，智能楼宇就是通过通信网络系统将此 5 个系统进行有机的融合，集结构、系统、服务、管理及它们之间的最优化组合，使建筑物具有了安全、便利、高效、节能的特点。智能楼宇是一个边沿性交叉性的学科，涉及计算机技术、自动控制、通信技术、建筑技术等，并且有越来越多的新技术在智能楼宇中应用。

2. 智能楼宇应具备的 5A 标准

（1）楼宇自动化系统（BAS）

楼宇自动化系统对整个建筑的所有公用机电设备，进行集中监测和遥控来提高建筑的管理水平，降低设备故障率，减少维护及营运成本。应包括以下全部或部分系统：

A. 中央空调系统的监控；

B. 给排水系统的监控；

C. 供配电系统的监控；

D. 照明系统的监控；

E. 电梯系统的监控。

（2）办公自动化系统（OAS）

智能楼宇的 OAS 是指综合办公自动化系统。它包括：通用、专用办公自动化系统，支持楼宇的管理者和用户，对各种层次、多媒体的信息进行处理，并辅助用户决策。

（3）通信自动化系统（CAS）

智能楼宇的信息通信系统是保证建筑物内语音、数据、图像传输的基础，同时与外部通信网（如电话公网、数据网、计算机网、卫星以及广电网）相连，与世界各地互通信息。它应包括以下全部或部分系统：

A. 综合布线系统（PDS）；

B. 无线覆盖系统（WIFI）；

C. 无线传感网络（WSN）；

D. 卫星通信系统；

E. 有线电视系统；

F. 电视会议系统。

（4）安防自动化系统（SAS）

安防自动化系统（SAS）提供现代化管理手段：通过保安监控系统，楼宇的安全管理人员可以方便、及时地了解、掌握各处的实时动态情况。它应包括以下全部或部分系统：

A. 防盗报警系统；

B. 闭路电视监控系统；

C. 电子巡更系统；

D. 访客对讲系统；

E. 出入口控制系统；

F. 停车场管理系统。

（5）消防自动化系统（FAS）

消防自动化系统（FAS），一般由火灾探测器、区域报警器和集中报警器组成；并且同各种灭火设施和通讯装置联动，以形成中心控制系统。它应包括以下全部或部分系统：

A. 火灾自动报警系统；

B. 自动喷水灭火系统；

C. 自动气体灭火系统；

D. 火灾事故广播系统；

E. 安全疏散引导系统；

F. 消防电梯管理系统。

3. 智能建筑的 5A 集成

智能建筑的 5A 集成是将不同的智能化子系统进行智能连接，实现信息综合，资源共享，实现效率较高的协同运作。系统集成的目标是既要重视各子系统本身的协调与优化，更追求大系统的协调和总体优化。如将消防系统的火灾探测信号与 BAS 系统的照明控制集成在一起，能较好地引导人们朝没火的方向疏散，形成了智能逃生引导系统；将安防系统的停车管理与办公自动化系统集成，方便解决了收费等管理。

5A 系统可以有很多集成，通过这样的集成形成一个综合管理与分析平台，达到整体运行的高效能和高效率。所以要求尽可能达到：

（1）2A 集成；

（2）3A 集成；

（3）4A 集成；

（4）5A 集成。

智能楼宇更注重更多的 5A 系统集成，它能根据用户的需求，组合出各种更具智慧的新系统，真正体现出智慧楼宇的特色。

4. 智能建筑营运、管理的人员要求

智能建筑新建或改建成功后，要能有效地营运，离不开高技能的技术人才。

智能建筑是一个边沿性交叉性的学科，涉及计算机技术、自动控制、通信技术、建筑技术等，并且有越来越多的新技术在智慧建筑中应用。所以我们要培养具有相关基础知识的人才，除此以外更要求有实践经验，能动手操作的技能型人才。故要求：

（1）能操作管理 1A；

（2）能操作管理 2A；

（3）能操作管理 3A；

（4）能操作管理 4A；

（5）能操作管理 5A。

智能建筑的操作管理人员应参加相关国家认可的专业技能培训，获得相应技能证书，以更好地发挥智慧建筑的作用。

（三）驿站的现代物业管理

1. 总则

现代物业管理，就是以系统理论为基础，突破传统物业管理的理念，按照人们生活、工作方式的转变，提供与之相匹配的管理、服务项目的物业管理。上海楼宇科技研究会 2014 年 11 月发布的《智慧楼宇评价指标体系 2.0》对“智慧楼宇”进行了定义，提出智慧楼宇应包括绿色建筑、自动化集成、现代物业管理和融入“智慧城市”等 4 个维度。现代物业管理是“智能化”楼宇与“智慧楼宇”楼宇之间区别的最主要特征之一。它反映了“人”在“智慧”中的重要作用。根据上海市楼宇科技研究会“智慧楼宇评价指标体系 1.0”对现代物业管理的定义，现代物业管理主要包含以下 4 个要素，即：全过程参与；五工种协同；线上线下的服务平台；标准制定与执行。CCHC 体系的现代物业管理同时也包含：

（1）常规物业管理

CCHC 居家养老模式体系的驿站的物业管理中常规物业管理的范畴为：保安、保洁、工程维修、绿化、客户服务等。

（2）专业化物业管理

在 CCHC 体系中的驿站，除了纯粹属于驿站功能的部门、分中心、专业团队和单位驻在外，可根据驿站规模的大小，也有可能把一些诸如餐饮、洗浴、心理慰藉、医疗、购物以及日照中心、老年活动室非驿站功能置于驿站范围内，这些养老功能的专用设备原则上应该驿站自行管理。至于室内保洁、购物、设备维修之类服务，是否由常规物业管理企业来承担，则由双方签订协议来明确各自职责。

2. 适用范围

CCHC 居家养老模式体系的驿站建筑也应具有某些智慧建筑功能，同样它也应该按照《智慧楼宇评价指标体系 2.0》中，关于智慧楼宇运用“现代物业管理”的相关理念和要求进行管理。根据实际情况出发，CCHC 居家养老模式体系的驿站建筑可以是在空地上新建的建筑，也可以将其他单幢、单层或者分散建筑单元，但无论是新建还是改造，单幢、单层或者分散建筑单元，都应该列入 CCHC 体系现代物业管理的范畴。

（四）驿站的融入智慧城市

融入智慧城市，主要是对 CCHC 居家养老模式体系运营商的考量，这是考察运营商的养老模式体系的智慧程度，是否和国家提出的智慧城市、智慧社区的构想相贴合，更好地为老人居家养老提供便利服务。

1. 融入“智慧城市”维度

（1）宽带网络接入水平要素；

（2）公共管理服务接入水平要素；

（3）智慧社区大平台融合要素。

2. 宽带网络接入水平要素

（1）新楼光纤可接入率指标；

（2）现有楼光纤替换率指标；

（3）光纤平均带宽指标；

（4）社区公共场所无线网络覆盖率指标；

（5）社区客户无线网络覆盖率指标；

（6）光纤设备完好率指标得分。

3. 公共管理服务接入水平要素

（1）政府电子政务网上办理覆盖率指标；

（2）智慧交通社区查询知晓率指标；

（3）智慧医疗社区覆盖率指标；

（4）智慧教育区域覆盖率指标；

（5）智慧环境连接率指标；

（6）智慧安全连接率指标；

（7）智慧能源连接率指标；

（8）智慧银行业务社区办理覆盖率指标；

（9）智慧旅游社区覆盖率指标。

4. 智慧楼宇大平台融合要素

（1）大平台模块整合完成率指标；

（2）大平台建立和掌握水平指标。

CCHC居家养老模式体系的小区驿站物业管理

编号 CCHC1-5-3-1

一、总则

（一）CCHC 居家养老模式体系的 ×× 小区 CCHC 居家养老综合服务驿站（以下简称驿站）建筑也应具有某些智慧建筑功能。同样它也应该按照《智慧楼宇评价指标体系 1.0》中，关于智慧楼宇运用“现代物业管理”的相关理念和要求进行管理。在物业管理企业还达不到这个要求时，在承接任务时应该承诺按照本标准有关要求有计划地去达标。

（二）根据实际情况出发，CCHC 居家养老模式体系的驿站建筑可以是在空地上新建的建筑，也可以将其他单幢、单层或者分散建筑单元，经过改造，使之成为满足 CCHC 体系中驿站各种功能发挥的智慧建筑，根据驿站建筑规模，也可把一些诸如餐饮、洗浴、心理慰藉、医疗、购物以及日照中心、老年活动室等整合至驿站中。

（三）无论是新建还是改造，单幢、单层或者分散建筑单元，都应该列入 CCHC 体系物业管理的范畴。它是一种软硬件同步开发的方式，因此在硬件开发的同时，物业管理也要同步甚至适当超前参与和介入。

（四）CCHC 体系中驿站的物业管理体制，根据建筑规模的大小，可采取专业物业管理团队与 ×× 街道（社区）CCHC 居家养老综合服务中心所在部门、各分中心、专业团队或者单位的专业化管理相结合的原则。即诸如保安、保洁、工程维修、绿化、客户服务等常规物业管理的功能由某物业管理企业承担，而属于养老业务相关的功能，应该由驿站来承担其职责。但两者之间应该在本标准规定的框架内，建立业务协作合约关系。

二、常规物业管理的范畴

CCHC 体系中驿站的物业管理中常规物业管理的范畴为：各类土木建筑、水利设施，各种机电设备，能源配套设备，给排水设施，绿化园林，维修乃至经营、管理服务，以及消防、清洁和安全保卫服务等。

三、专业化物业管理的范畴

在 CCHC 体系中的驿站，除了纯粹属于 ×× 街道（社区）CCHC 居家养老综合服务中心功能的部门、分中心、专业团队和单位驻在外，可根据驿站规模的大小，也有可能把一些诸如餐饮、洗浴、心理慰藉、医疗、购物以及日照中心、老年活动室非 ×× 街道（社区）CCHC 居家养老综合服务中心功能置于驿站范围内，这些养老功能的专用设备原则上应该驿站自行管理。至于室内保洁、购物、设备维修之类服务，是否由常规物业管理企业来承担，则由双方签订协议来明确各自职责。

四、现代物业管理在 CCHC 体系中小区驿站的体现

CCHC 体系中驿站的现代物业管理同样也应参照“×× 区（县）CCHC 居家养老综合服务总部”现代物业管理方式进行管理。CCHC 体系中驿站的物业管理内容同样有别于传统意义上的传统物业管理，实际上在现代物业管理中是一个全新物业服务内容，也是针对特殊人群的特别服务，其服务内容包含几个方面：

（一）生活照料服务类。一般包括：陪聊服务工、做饭小时工、玻璃清

洁、纱窗清洗、居室开荒保洁、家具清洁保养、入户特约维修、家政保姆服务、物品搬运等。

（二）代购代办类。通常包括：搬家公司预约、火车票飞机票代订、免费理发预约、老年证件拍摄服务、鲜花预订、免费代订出租车、代购家庭生活用品、保健预约、保险代理、体检预约、社区医生预约、就医挂号、接送预订。

（三）家庭绿化类。可以包括：苗木代购、栽种；草坪代购、栽种；家庭绿化养护；小院绿化施工；绿化病虫害防治；树木修剪整形；小院绿地杂草、垃圾清理；废旧物品回收。

（四）便民服务类。主要包括：自行车打气、维修；电动车充电维修；钥匙托管；水、电、燃气卡代管代交服务；物品送家服务；书信、电子邮件代写代发、复印服务；送菜送饭上门。

（五）有条件驿站还可提供管家式服务，如配备护理师、康复师、心理咨询师、营养师、社工、医生、护士等。

CCHC居家养老模式体系的居家适老改造智慧建筑标准

编号 CCHC1-5-4

一、总则

（一）CCHC 居家养老模式体系的居家适老改造智慧建筑标准的定义

CCHC 居家养老模式体系的居家适老改造智慧建筑标准是老人居家养老的居住用房的适老功能改造，以体现和满足老人居家养老的需求，此居住用房随着时代的发展也应该是智慧楼宇的一部分，并且更好地融入居住社区、融入 CCHC 居家养老模式体系、融入智慧城市，同时为体现 90% 的老人居家养老的特征所制定的指导性标准。

（二）CCHC 居家养老模式体系的居家适老改造智慧建筑标准的意义

CCHC 居家养老指以家庭为核心、以社区为依托、以专业化服务为依靠，为居住在家的老年人提供以解决日常生活困难为主要内容的社会化服务模式。我国据测算约有 1.3 亿套住宅亟须全面实施居家养老适老改造。但我国住宅建设标准规范的界定标准除了强制性要求外，更多的是基础性标准要求，这些规范往往考虑的是一个“平均值”，居住者平均的年龄段、身体状况和对空间的平均使用情况。在日趋多样化的时代发展、居住需求、突发问题面前，基础性标准略显单一，更缺少对老年人的人性化关怀。而关于老年人住宅标准要求，只能参照较为笼统的老年标准，如《老年人居住建筑设计标准》《养老设施建筑设计标准》等。这些标准对专门为拄拐老人、轮椅老人等需介护程度较高的老年人的居住建筑具有指导意义，但对于多数健康老人和正在变老的中年人涉及程度甚少。国际上成熟的通用设计，提出以适老化分级解决方法为基础，将“平均值”细分为不同的层次，综合考虑住宅的适老化设计程度，制定不同的适老化设计标准。这就是 CCHC 居家养老模式体系的居家适老改造智慧建筑标准的意义所在。

二、CCHC 居家养老居住用房的功能

（一）居家养老模式体系的居家适老改造需要考虑到老年人生理、心理和行为的特征，提高改造的设计自由度，实施以性能规定为基础、技术规定为保障的通用设计标准体系。因此，分级更符合当今多元化的市场需求，住宅设计可以随着居住者自身状况和家庭结构的改变做出适宜调整，满足其不断变化的居住需求。

（二）满足居家养老需求的居家适老改造应满足的基本条件是：1. 保证住宅所必需的基本功能；2. 充分了解老年人的特征并采取相应对策；3. 顺从居住者的生活方式和生命周期，使其具有灵活性；4. 结合生活护理的需要根据老年人日常生活和随着居住者年龄增加身体状况发生的变化。

（三）居家养老适老改造标准的等级

国际上通常可以将老年身体功能水平的不同健康程度划分为 5 个阶段。CCHC 居家养老居住用房适老改造主要针对的是国家 9073 养老工程中 90 的部分，所以主要将居家适老改造设计标准定为 3 个等级。

1. 第 1 级：满足正常移动需求。面向健康自理老人，能够跑步、与普通人有相同的健康水平或有容易绊倒等衰老症状，但不需要借助其他工具。

2. 第 2 级：满足正常移动需求，便于借助工具使用。面向需使用拐杖，但能够独立生活的老人。

3. 第 3 级：满足正常移动需求，便于借助工具使用，高龄生活空间尺度。面向步行困难，但能自行使用轮椅活动的老人（见附表 1-5-4-1）。

居家养老适老分级改造要点

表1-5-4-1

空间划分	改造要点		第I级	第II级	第III级
1. 住区公共空间	设计	直接入户，无垂直型高差	★	▲	▲
		风雨连廊覆盖全住区		★	★
		大尺度通道和平台		▲	▲
		环形健身步道	★	▲	▲
		景观步道和交往庭院	▲	▲	▲
		半室外活动空间		★	▲
	部件	连续室外坡道和扶手			▲
	技术	住区定点监控系统	▲	▲	▲
		公共空间标识系统		▲	▲
		住区一键紧急呼救系统		★	▲
2. 楼栋公共空间	设计	大尺度电梯间	★	▲	▲
		大尺度公共走廊		★	▲
	部件	无障碍电梯	▲	▲	▲
		楼梯连续扶手	▲	▲	▲
		走廊连续扶手			▲
		感应式单元门		★	★
	技术	可视化门禁系统		▲	▲
3. 入户玄关	设计	直接入户，无垂直型高差	▲	▲	▲
		800毫米通行宽度	▲	▲	▲
		1200毫米通行宽度		★	▲
		玄关外转换空间		★	▲
		充足入户转换空间		▲	▲
		连接界面（支撑、依靠）	▲	▲	★
		玄关就近收纳空间	▲	▲	▲
	部件	安全扶手		★	▲
		玄关外置物台	★	▲	▲
		玄关坐凳	▲	▲	▲
		按压式大手柄门把手	▲	▲	▲
		大门猫眼		★	▲
		低位超大猫眼		★	▲
		自动明暗感应灯		▲	▲
		卡式数码锁			▲
	技术	一键紧急呼叫系统	★	▲	▲
		人体不活动感应系统	★	▲	▲
		一卡通插卡取电系统			▲

（续表）

空间划分	改　造　要　点		第I级	第II级	第III级
4. 卧室	设计	800毫米通行宽度	▲	▲	▲
		大采光面	▲	▲	▲
		墙角阳面圆弧设计		★	▲
		分床设计		★	▲
		卧室集中收纳空间	▲	▲	▲
	部件	大按键开关	▲	▲	▲
		低位开关	★	▲	▲
		起夜地灯	★	▲	▲
		推拉门	★	★	▲
		成品护角		★	▲
		人体工学家具	★	★	▲
	技术	一键紧急呼叫系统		▲	▲
		新风换气系统		★	▲
		干式地暖系统		★	▲
		绿色建材系统	▲	▲	▲
		常态健康监控系统			▲
5. 起居室	设计	800毫米通行宽度	▲	▲	▲
		与餐厅厨房结合布置	▲	▲	▲
		大采光面		★	▲
		直径1500毫米轮椅回转		★	▲
		面积紧凑	▲		
		面积舒展		▲	▲
	部件	注：同4卧室部件			
	技术	注：同4卧室技术			
6. 餐厅	设计	800毫米通行宽度	▲	▲	▲
		与餐厅厨房结合布置	▲	▲	▲
		轮椅停放空间		★	▲
	部件	注：同4卧室部件			
	技术	注：同4卧室技术			
7. 厨房	设计	800毫米通行宽度	▲	▲	▲
		开敞形式	★	★	★
		半开敞形式设传菜与交流窗口	★	★	★
		与餐厅厨房结合布置	▲	▲	▲
		低位吊柜		▲	▲
		连续操作台面	★	▲	▲

（续表）

空间划分	改　造　要　点		第I级	第II级	第III级
7. 厨房	设计	无障碍下橱柜设计		▲	▲
		厨房分类收纳空间	▲	▲	▲
	部件	带开关安全插座	★	▲	▲
		柜门圆角把手	★	▲	▲
		下拉式储物篮	★	★	▲
		超大洗菜池		★	▲
		直饮水	★	★	▲
		可抽拉龙头			★
		嵌入式电磁炉			★
	技术	一键紧急呼叫系统	★	▲	▲
		燃气泄漏报警系统	★	▲	▲
		LED照明系统		▲	▲
		太阳能供水系统	结合工程实际情况		
		太阳能蓄电系统			
8. 卫生间	设计	无垂直型高差（居室与盥洗室之间，盥洗室与淋浴间之间），防滑	▲	▲	▲
		800毫米通行宽度	▲	▲	▲
		干湿分离式布置形式	★	▲	▲
		可进入试洗面台		▲	▲
		卫生间分类收纳空间	▲	▲	▲
	部件	整体卫浴	★	▲	▲
		浴室安全扶手	▲	▲	▲
		洗面台安全扶手		★	▲
		带扶手厕纸架	★	▲	▲
		可外开拆卸折叠门	★	★	▲
		三面镜洗面台			▲
		单手柄水龙头	▲	▲	▲
		洗浴坐凳		★	▲
		双排水带		★	▲
		可调温暖气片		★	▲
		卫洗丽马桶	★	▲	▲
		暖浴快			▲
		暖足机			▲
	技术	一键紧急呼叫系统	★	▲	▲
		人体不活动感应系统	★	▲	▲
		LED照明系统	★	★	▲
		同层排水系统		★	▲

（续表）

空间划分	改　造　要　点		第I级	第II级	第III级
9. 阳台	设计	服务性阳台	▲	▲	▲
		大尺度生活性阳台	★	★	▲
	部件	滑行式晒杆	★	★	▲
		排水带		★	▲
	技术	一键紧急呼叫系统		▲	▲

▲ 标注基础项（即必要项），鼓励条件允许的情况下，多选、优选更高层级。

★ 标注推荐项（即本层级非必要项）。

三、居家养老的公共空间与套内空间的适老改造要求

（一）适老公共空间实际上包括住区公共活动部分和楼栋公共空间部分

对公共空间的设计通常是住宅项目开发建设中的薄弱环节，而公共空间对于老年人的生活起到了至关重要的作用。例如，很多老旧中低层住宅由于没有电梯，并且也没有加建的可能性，导致很多老年人无法正常下楼活动，长期蜗居在家中，生活质量大大降低。新建普通住宅项目中，在住区公共活动部分最为突出的适老化设计就是通过对场地的合理设计解决排水问题，实现从住区大门到入户的零踏步。较为人性化的改造项目还需考虑到老年人对健身的需要，设计了环形步道。即便是中低层住宅也配置电梯是普通住宅在楼栋公共空间方面落实适老改造的要点。楼栋公共空间方面，则注重空间尺度上的适当放大，以满足老年人的行走和停留、轮椅的旋转和交错。走廊内、楼电梯间均设置连续扶手，保障老年人出行安全。

1. 建筑入口

出入口处的平台与建筑室外地坪高差不宜大于500毫米，并应采用缓步台阶和坡道过渡；缓步台阶踢面高度不宜大于120毫米，踏面宽度不宜小于350毫米；室外台阶应设置警戒色。台阶的有效宽度不应小于1500毫米；当台阶宽度大于3000毫米时，中间宜加设安全扶手；台阶两侧应设置连续扶

手；坡道坡度不宜大于1/12，连续坡长不宜大于6000毫米，平台宽度不应小于2000毫米；当坡道与台阶结合时，坡道有效宽度不应小于1200毫米，且坡道应作防滑处理。台阶与坡道两侧应设地灯，照亮地面台阶与坡道，应同时设置台阶起点，应有明显标识，如可采用差别大的颜色予以提示。坡道起止点的扶手端部宜水平延伸300毫米以上，坡道应与建筑底层墙面保持适宜的距离，宜用绿篱相隔，防止行人对底层住户的干扰。坡道两侧应设置连续扶手，扶手应安装牢固，并注意扶手的手感和耐久性。台阶与坡道侧面临空时，在栏杆下端宜设高度不小于50毫米的安全挡台，防止老年人拐杖的杖头滑出坡道。地面材料选择应考虑防滑、防绊倒台阶与坡道的扶手两侧应设侧面支撑，起到加固扶手的作用（见附图1-5-4-1）。

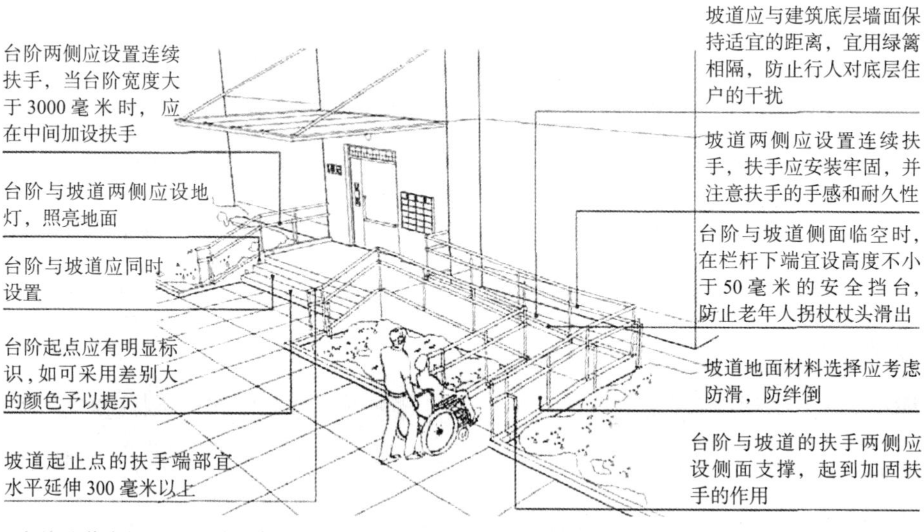

室外公共空间适老设计（备注：直接入户形式不可参照此图）

图1-5-4-1

2. 电梯厅

电梯门洞的净宽度不宜小于900毫米，电梯轿厢开启的净宽度不应小于800毫米，选层按钮和呼叫按钮高度宜为900毫米—1100毫米，电梯入口处宜设提示盲道。电梯轿厢内壁周边应设有安全扶手和监控及对讲系统。电梯运行速度不宜大于 1.5 米 / 秒，电梯门应采用缓慢关闭程序设定或加装感应装置。照明设备应考虑安全性，确保足够的亮度。候梯厅操作按钮考虑轮椅使用者操作要求，走廊两侧宜设置连续扶手，候梯厅应确保 1500 毫米 ×1500 毫米的轮椅回转空间。地面应考虑防滑、防摔等安全措施（见附图 1-5-4-2）。

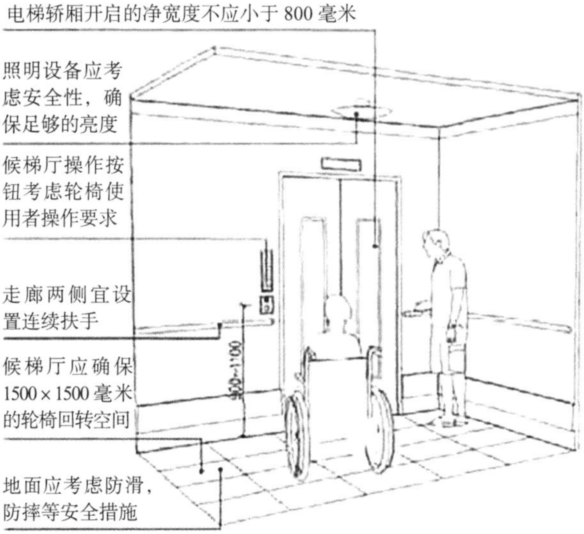

图1-5-4-2

3. 楼梯

供老年人使用的楼梯应符合下列规定：楼梯间应便于老年人通行，不应采用扇形踏步，不应在楼梯平台区内设置踏步；主楼梯梯段净宽不应小于 1500 毫米，楼梯通行净宽不应小于 1200 毫米；踏步前缘应相互平行等距，踏面下方不得透空；楼梯宜采用缓坡楼梯；缓坡楼梯踏面宽度宜为 320 毫米—330 毫米，踢面高度宜为 120 毫米—130 毫米；踏面前缘宜设置高度不大于 3 毫米的异色防滑警示条；踏面前缘向前凸出不应大于 10 毫米；楼梯踏步与走廊地面对接处应用不同颜色区分，并应设有提示照明；照明设备除了要在安全的位置，还应确保足够的亮度。楼梯应设双侧扶手，墙面扶手宜连续设置，扶手直径宜为 30 毫米—45 毫米，且在有水和蒸汽的潮湿环境时，截面尺寸应取下限值；扶手的最小有效长度不应小于 200 毫米。生活辅助设施脚灯设置避免与通行者自身遮挡形成阴影。楼梯栏杆间距不宜大于 110 毫米，踏步顶面与立面易于识别踏步前缘宜有防滑措施，在踏步板上设置防滑材料时，应与踏步板处于同一平面，踏步临空一侧要加设挡台，以防手杖外滑，楼梯栏杆宜连续设置（见附图 1-5-4-3）。

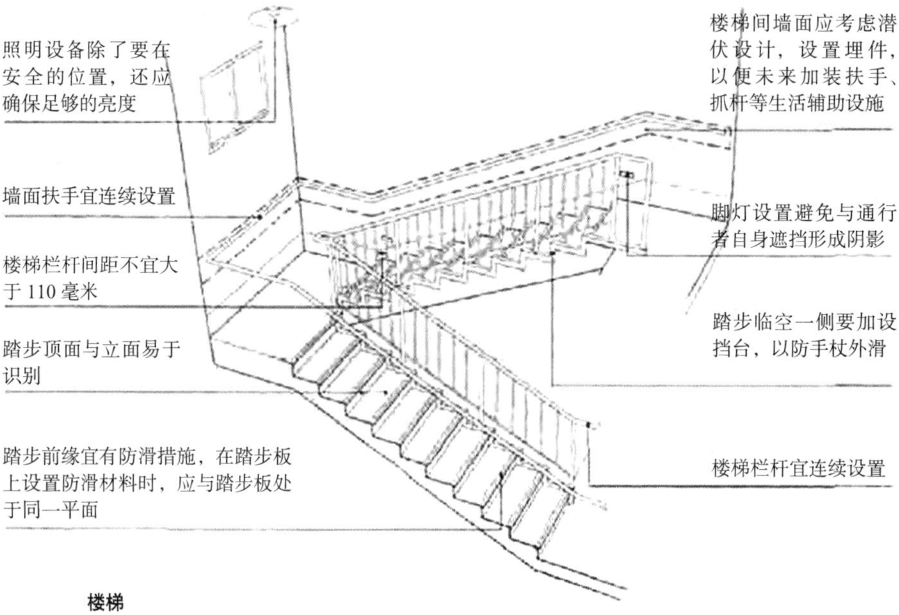

图1-5-4-3

4. 公共走廊

照明设备应考虑安全性要求，并确保充分的亮度到户门的通行，净宽应不小于 1000 毫米，地面宜平整、无高差。走廊两侧宜设置连续扶手，走廊净宽≤ 1500 毫米时，尽端应设回转空间，并应有不小于 1500 毫米 ×1500 毫米轮椅回转空间。走廊墙面宜设置不同的装饰画，便于老年人识别。地面应考虑防滑、防摔等安全措施。走廊净宽不应小于 1200 毫米，走廊墙面宜考虑防撞等设施。老年人经过及使用的公共空间应沿墙安装安全扶手，并宜保持连续。安全扶手的尺寸应符合下列规定：扶手直径宜为30毫米—45毫米，且在有水和蒸汽的潮湿环境时，截面尺寸应取下限值；扶手的最小有效长度不应小于200毫米。建筑室内公共通道的墙（柱）面阳角应采用切角或圆弧处理，或安装成品护角。沿墙脚宜设350毫米高的防撞踢脚（见附图1-5-4-4）。

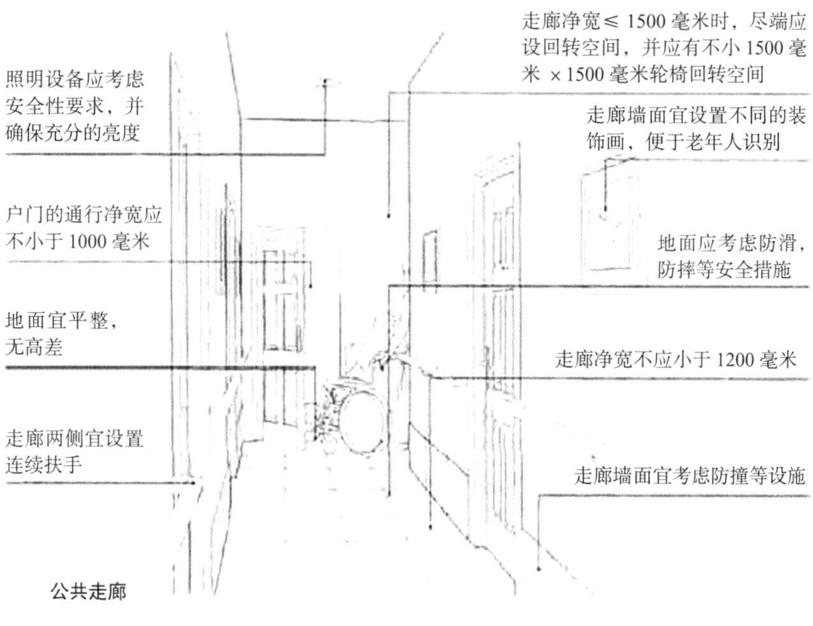

图1-5-4-4

（二）居家养老套内空间部分

套内空间是老年人最长时间居住生活的地方，其适老的改造可大大降低居住生活中存在的隐患，而这也正是每一个居住者需要的最为基本和关键的居住条件。因此，套内空间的适老化将是塑造安全居住环境的重要保障。值得关注的是，通过对普通住宅和老年住宅适老化套内空间的比对，可以总结出一些创新性的设计理念，而正是在这些设计理念的指导下，适老化功能空间的设计手法更加具有普适性，可以成为一种通用的设计原则举一反三（见表1-5-4-1）。

空间一体化和集约化。老年人在行动上会不同程度的需要辅助工具，同时老年人之间需要更好的视线传达，以便在平时多一些交流，在突发险情时及时发现老年人的状况，那么过于封闭的空间显然不能满足上述需求。通过合理的结构选型，以大空间的结构体系塑造更为完整和集约的使用空间，并尽可能将关联性较强的空间融会贯通，如起居室和厨房、餐厅可构成一体化空间，既便于使用又便于家人间的交流。

空间灵活性与适应性。适老改造更关注居住者身体机能随时间流逝在心理、生理和行动上的转变，反映在对居住空间的需求上。因此，在改造之初，就充分考虑到居住空间的灵活性，以满足居住者在不同阶段的多样化需求。大空间体系可以结合套内轻质隔墙系统、集中共用管井，避免水平向管线敷设穿越结构体，从而可以为灵活划分功能空间和未来的可改造性创造条件。差异方面的比较，普通住宅的适老改造，更多地面向健康的自理老人，并酌情照顾到儿童和行动不便的人，因此在主要功能空间设置上考虑了正常范围内的无垂直型高差和空间尺度。老年住宅的适老改造，考虑到老年人特殊的行为习惯，以及会借助拐杖、轮椅等辅助工具，因此在条件允许的情况下都尽可能扩大了空间尺度。这种尺度的放大，并不是单纯的等比例缩放空间长宽尺寸，而是酌情考虑到老年人的生活所需。例如，在居住面积有限的情况下，取消了利用率较低的次卧，放大了老年人使用频率较高的起居空间，以大进深阳台跨起居和卧室双开间，并通过空间回路的设计串联起居室、卧室和阳台。

1. 入户门玄关

（1）门厅在住宅中所占面积虽然不大，但使用频率较高。老人外出或回家时，往往要在门厅完成许多动作，例如换鞋、穿衣、开关灯、拿钥匙等；

（2）进户门净宽1000毫米，方便轮椅进出。进户门左侧预留400毫米开门空间，方便轮椅者开门；

（3）门口置物隔板，主要起到 2 个功能，一是方便老人进门时临时放置物品，二是随老人年龄变化，记忆力衰退，可放置个性化物品，提高家门识别性；

（4）进户门采用刷卡式电子门锁（含机械锁孔）：免去老人对锁孔烦扰；

（5）无障碍入户门门宽增加设计为 1 米，便于轮椅和担架进出；

卡式数码锁：电子门卡刷卡入户，不开门 10 秒钟门自动锁上，若门没有关上会发出长鸣声，提醒老人关门；

（6）入户搁架：入户门旁边设置隔板，方便老人回来开门时放置手上物品，免去老人弯腰等危险动作；

（7）入户感应灯：开门后玄关灯自动亮起，免除老人黑暗中寻找开关困扰；

（8）入户门口设置带扶手的换鞋凳，方便老人换鞋和换鞋后起身（具体见附图 1-5-4-5）。

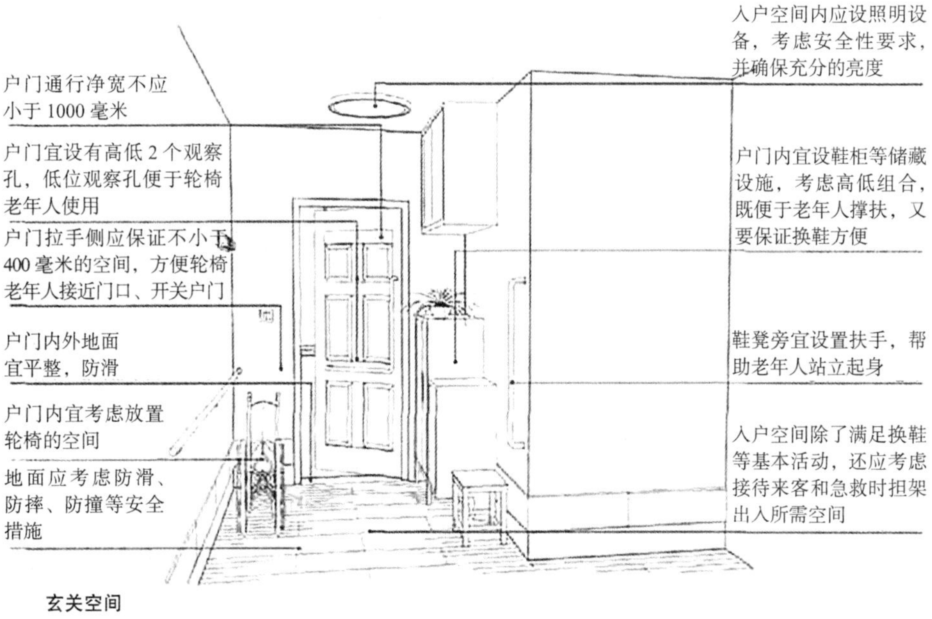

图1-5-4-5

2. 起居室（包括餐厅）

（1）起居室是老人进行聊天、待客等家庭活动和看电视、休闲健身等娱乐活动的主要场所。在设计时，应老人的心理需求和活动能力，促进老人和家人以及外界环境之间的交流。

起居室的茶几和电视柜之间预留轮椅通行尺度；

（2）起居室沙发背后墙面，设置紧急报警按钮（拉线）；

（3）全装全配户型，家具阳角进行倒边（角）处理，降低老人户内跌倒碰伤风险；

（4）墙面阳角做小圆角处理，降低老人跌倒碰伤风险；

（5）加强沙发坐垫硬度并增加扶手高度，方便老年人起身；

（6）餐椅加设扶手，方便老人起身；

（7）开关面板高度为1100毫米，方便老人，特别是轮椅者使用；

（8）备用插座高度为600毫米，方便老人使用（具体见附图1-5-4-6和附图1-5-4-7）。

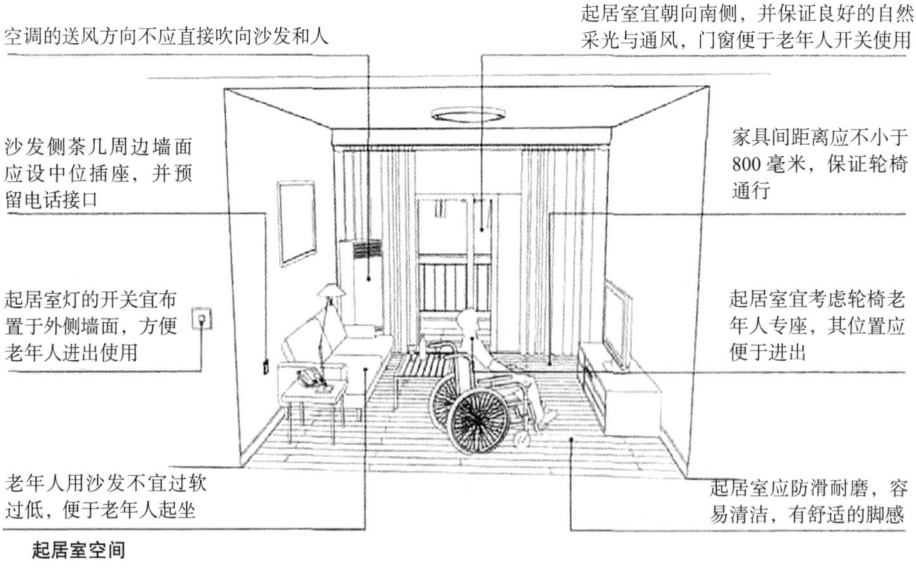

图1-5-4-6

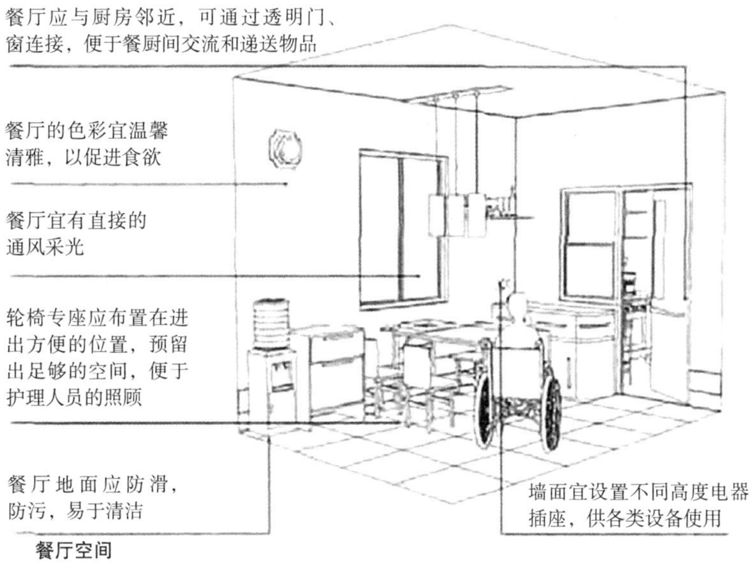

图1-5-4-7

3. 卧室

相对于中青年人群比较重视的卧室私密性，老人卧室更需要的是安全性和舒适度。因此，老人卧室的空间设计应遵循以下四大设计原则：保证适宜的空间尺寸，形成集中的活动空间，保证家具摆放的灵活性和营造舒适的休息环境。

（1）卧室入口区域预留轮椅 360 度回转空间；

（2）卧室门净宽 900 毫米，方便轮椅通行；

（3）卧室、客厅等主要空间设置起夜灯，光感控制，便于老人起夜通往卫生间；

（4）床头设置应急电源及紧急报警，应急电源断电后自动点亮，拔下后可做手电使用，每房间设置一个。紧急报警主卧设置 2 个，次卧设置 1 个；

（5）双人床采用分床垫设计，减少熟睡时翻身带来的相互影响；

（6）衣柜柜门采用上下轨道设计，方便老人移动。柜内的储物功能分割，充分考虑便于老人取物，上部设置挂衣杆，下部设置抽屉和层板（具体见附图 1-5-4-8）。

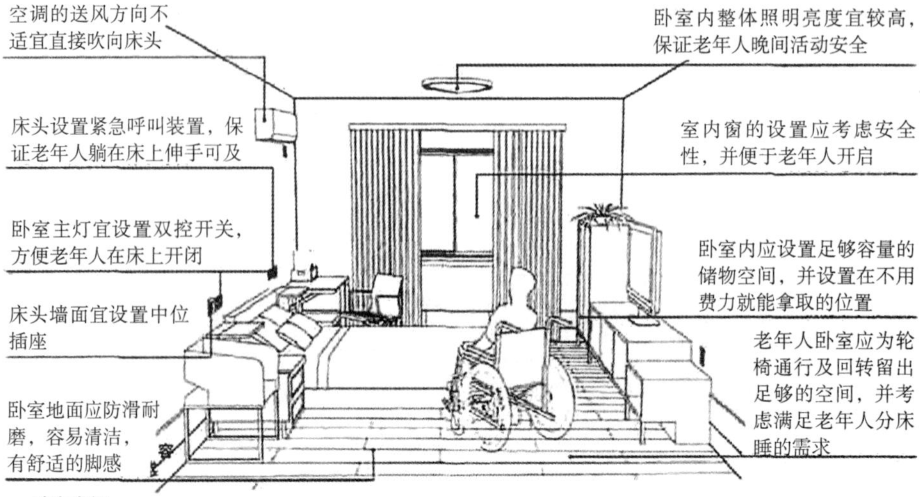

图1-5-4-8

4. 厨房

保证老人实现自主生活的基础。老人日常的主要活动很多是围绕厨房展开的，在厨房中停留的时间也相对较长。老人厨房设计中需要注意以下要点：

（1）灶台高度，市面上正常比较认可的普遍柜台合适高度为“身高 ÷2 ＋ 5—10 厘米”。假如台面低了容易增加弯腰时的负荷，台面高了一直站着烹饪容易产生肩膀疲劳的痛苦和感受。另外，能坐下来工作的厨房装修也是非常值得改造和考虑的。若为高龄人士（腿脚不便需轮椅老人），操作台根据使用者腿部情况高度＋ 18 厘米＝约 73—85 厘米左右。厨房最好能预留轮椅 360° 回转空间；

（2）厨房吊柜增设下拉式拉篮，便于老人与轮椅使用者取物；吊柜下方增设加强光源，提供补充光源；

（3）厨房下柜抬高 250 毫米，方便轮椅使用者使用；

（4）厨房地柜高 800 毫米，吊柜高 1350 毫米（常规分别为 860 毫米，1500 毫米），方便老人，特别是轮椅者使用；

（5）厨卫使用移门，方便老人使用。特别是老人在厨卫昏迷后便于急救；

（6）厨房操作台面小翻边处理，阻挡水流至地面，降低老人跌倒风险；

（7）油烟机设置电源一键开关，方便老人使用；

（8）厨房插座带电源开关，免去了厨房电器插头的经常插拔；

（9）抽拉龙头：感应龙头减少向前打开开关的次数，并有效节水；普通抽拉龙头的成本则更低，对于水槽内部清洗能够更加方便，减少操作负担。泡沫出水方式能够极大化地提供洗污能力，节水的同时减少洁净的劳度；

（10）洗碗机在发达国家家庭占有率高达70%—80%，中国人饮食喜欢煎炒食物，或者易黏糊的糯米等，清洗强度大，时间久。洗碗机的耗水大约是人工清洗时的三分之一，能有效减轻老年人劳动负担，同时兼具杀菌消毒功能，使饮食更健康。在老人接受的情况下，可以尽量采用。

（11）橱柜五金：厨房吊柜推荐使用升降类五金，减少踮起脚时平衡不当的危险（避免爬高），收纳应满足手方便拿取的设计（具体见附图1-5-4-9）。

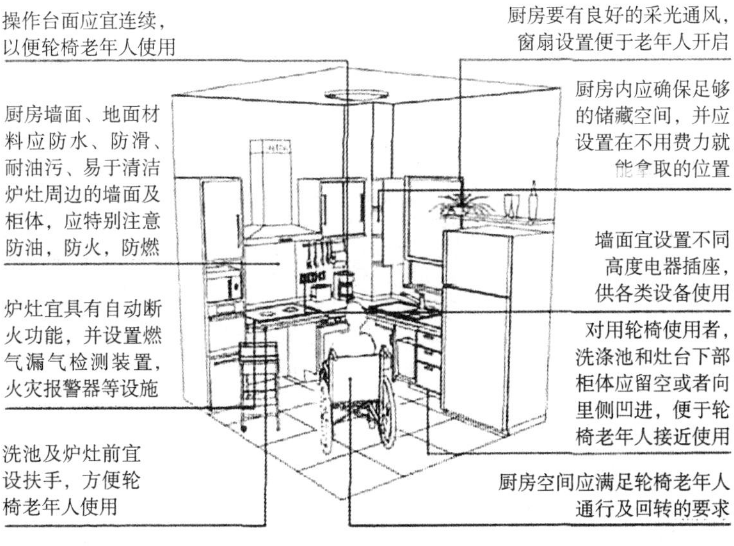

图1-5-4-9

5. 卫生间盥洗空间

（1）确保洗漱下方拥有足够的空间，而避免膝盖和脚碰撞；化妆柜 / 盆的高度可以设定在约 65 厘米左右；

（2）台盆及水龙头设计则需要尺寸：

A. 水龙头把手容易接触的深度约 30 厘米左右；

B. 接触到水流的深度约 30 厘米左右（出水向外倾斜）；

C. 手的容纳空间需水龙头吐水高度在 10 厘米以上。

（3）台盆柜和橱柜高度离地 250 毫米，方便轮椅使用者使用。台盆柜采用可翻转层板设计，创建可变空间。平时作为储物空间，若有轮椅者使用，可调整为便于轮椅者使用；

（4）可直接进入浴室时，需 75 厘米以上；当进入需迂回时，门开尺寸至少 80 厘米以上（洗浴过道容身处亦大于 80 厘米）；进入浴室路上应没有障碍。进入处需有可直接抓取的扶手（否则不用开门，改成移门较好）。淋浴空

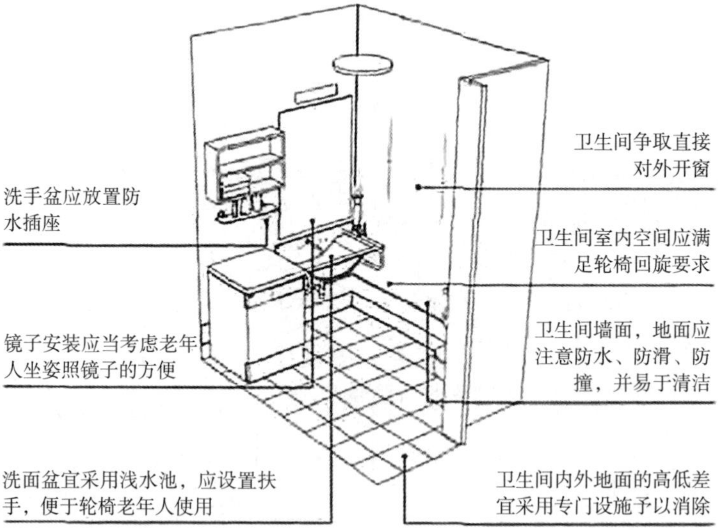

卫生间盥洗空间

图1-5-4-10

间宽度至少设定在 80 厘米以上，这样才能容纳轮椅或者淋浴椅时的空间；当老人需要介乎者从后面帮忙洗浴的时候，所需宽度需控制在 1 米以上，深度需在 1.6 米以上（具体见附图 1-5-4-10）。

6. 卫生间

（1）卫生间门口设置“不活动通知”，与物业公司后台连通。若老人 6 小时未通过卫生间门口空间，设备会自动向 CCHC 居家养老服务中心报警并致电询问，避免老人在户内发生意外后，长时间无人知晓；

（2）马桶、淋浴房设置扶手、淋浴坐凳；淋浴房无高差设计，方便轮椅通行；

（3）卫生间镜柜、玄关柜等处进行灯光加强处理；

（4）卫生间设置电取暖片，提高冬季使用舒适度；

（5）阳台晾衣架改为吊顶升降晾衣架；

（6）扶手的位置应设定在离马桶 15—30 厘米的墙壁上；

（7）传统马桶较低，老人站立起较费力，所以可以用辅高坐垫来增加 5 厘米马桶的高度。另外马桶两侧的把手使得老人如厕时有支力点；

（8）厕纸的位置同样重要。厕纸如果离身体太近，则需要身体扭转向一侧；厕纸如果离身体太远，身体需要前倾去才能碰触，易发生摔倒（具体见附图 1-5-4-11）。

7. 阳台

阳台与室内的衔接处采用无高差设计，便于轮椅通行。另外，在靠近客厅侧设置排水沟，避免雨水和晾晒衣物的水流流入室内。开敞式阳台栏杆高度不低于 1.10 米，且距地面 0.30 米高度范围内不宜留空。

8. 其他

（1）居家养老室内房间照度值应符合表 1-5-4-2 的规定，光源宜选用暖色节能光源，显色指数宜大于 80，眩光指数宜小于 19。

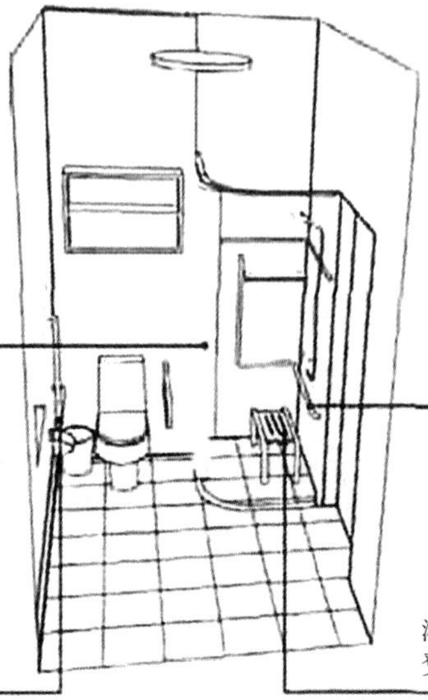

图1-5-4-11

居家养老建筑居住、活动及辅助空间照度值

表1-5-4-2

房间名称	居住用房	卫生间	厨房	餐厅	门厅走廊	读书
照度（lx）	200	150	200	200	100—150	600—1500

四、CCHC 居家养老模式体系的居家适老改造的智慧建筑标准

虽然居家适老建筑改造时有极大的局限性，但是随着国家智慧城市、智慧楼宇、智慧社区的大力推进与发展，它也是智慧城市的一个细胞。根据上海楼宇科技研究会对智慧楼宇的评价体系研究，智慧建筑标准应满足“绿色建筑”、“楼宇自动化集成”、“现代物业管理”和“融入智慧城市”四个维度。住宅是智慧城市、智慧楼宇的一部分，CCHC 居家养老模式体系的居家适老改造的智慧建筑标准也需要符合智慧楼宇的四个维度要求。

（一）绿色建筑

（二）楼宇自动化系统集成

（三）现代物业管理

（四）融入智慧城市

居家养老融入智慧城市，其实更多的是对 CCHC 居家养老模式体系运营商的考量，这是考察运营商的养老模式体系的智慧程度，是否和国家提出的智慧城市、智慧社区的构想相贴合，更好地为老人居家养老提供便利服务。

1. 融入“智慧城市”维度

（1）宽带网络接入水平要素；

（2）公共管理服务接入水平要素；

（3）智慧楼宇大平台融合要素。

2. 宽带网络接入水平要素

（1）新楼光纤可接入率指标；

（2）现有楼光纤替换率指标；

（3）光纤平均带宽指标；

（4）楼内公共场所无线网络覆盖率指标；

（5）楼内客户无线网络覆盖率指标；

（6）光纤设备完好率指标得分。

3. 公共管理服务接入水平要素

（1）政府电子政务网上办理覆盖率指标；

（2）智慧交通楼内查询知晓率指标；

（3）智慧医疗楼内覆盖率指标；

（4）智慧教育楼内覆盖率指标；

（5）智慧环境连接率指标；

（6）智慧安全连接率指标；

（7）智慧能源连接率指标；

（8）智慧银行业务楼内办理覆盖率指标；

（9）智慧旅游楼内覆盖率指标。

4. 智慧楼宇大平台融合要素

（1）大平台模块整合完成率指标；

（2）大平台建立和掌握水平指标。

CCHC居家养老模式体系家庭监视系统指导标准

编号 CCHC1-5-4-1

一、总则

（一）本指导标准的制定是根据《CCHC 居家养老模式体系的体制和构造（模型）》（编号 CCHC1-2-1）和《CCHC（持续照料社区）居家养老模式服务管理标准 1.0》从功能的需要来考虑配置相关的设施、设备制定本标准。

（二）本指导标准适用于 CCHC 居家养老模式体系中的三级网络、四级平台，即市、区（县）、街道（社区）三级网络，市、区（县）、街道（社区）、居委四级平台的智能监视设施、设备建设。

（三）CCHC 居家养老模式体系家庭监视系统设施、设备以实现智慧楼宇为标准，做到功能实用、技术适时、安全高效、运营规范和经济合理。

（四）CCHC 居家养老模式体系家庭监视系统设施、设备应能提高工作场所智能化功能和工作环境的新技术功效，具有适用性、开放性、可维护性和可扩展性。

（五）CCHC 居家养老模式体系家庭监视系统设施、设备除符合本标准外，应符合国家现行有关规定，保护个人合法权益为原则。

二、总体架构

（一）总体架构思路

运用“互联网＋养老”思维，综合利用物联网、云计算、大数据等科技技术、整合社会服务资源，为老人提供实时、快捷、高效、低成本和智能化的养老服务。智慧养老有用户层、应用层、平台层、网络层、终端层。

（二）家庭监视系统架构规定

CCHC 居家养老模式体系家庭监视系统，应为智慧养老体系架构的应用层和终端层。老人、家庭、服务人员或管理人员可通过终端设备，实现智能报警、健康采集、远程看护、交流互动，实现智慧养老模式。

三、设备配置要求

（一）材料要求

1. 设备材料应无异味，确保使用无污染。

2. 设备应为非易燃材料，并具有足够强度，以确保安全。

3. 电气连接处应有螺丝可充分锁定，确保不脱落。

4. 尖锐部件应充分保护，确保表面无容易对人员造成伤害的部件。

（二）电气要求

1. 供电电压范围 5—18V 自适应；电源适配器应与设备分离。

2. 设备应有高压自保护装置，不应设置熔断器。

3. 不可设置电源开关或其他开关设备的开关，应保持设备常开。

4. 设备内部应设置后备电池，市电断电保证持续供电 30 分钟。

5. 设备应具有良好的防水性能，确保设备不因潮湿损坏。

6. 设备表面应绝缘良好，表面无静电危害。

（三）网络要求

1. 设备通讯连接使用有线或无线连接。

2. 与平台通信网络应使用宽带网络通信。

3. 保持与平台的连接，定时向平台发送心跳包。

（四）接口要求

1. 设备接口应具有开放性的 WIFI 和蓝牙等多重连接方式。

2. 设备可兼容当今流行的健康手环。

3. 应配有短信接口。

4. 应具有和智能手机连通的接口。

（五）配置要求

1. 设备应自带摄像头，摄像头应有开关装置。

2. 设备应有操作按钮，操作按钮应简化，建议有一键呼功能，不建议使用触摸屏。

3. 设备应配备有可移动的副机，可放置电话卡；副机靠近主设备时，通过主机与平台通信，与主机无法连接时通过电话卡与平台通信。

4. 设备的信息提示应是屏显和语音。

5. 移动端副机应具有定位功能。

四、设备功能要素

（一）基本应用功能

CCHC 居家养老模式体系家庭监视系统应具有如下功能：

1. 紧急求援

针对老人突发性事件和身体不适，提供紧急救援功能。老人只需在设备上按一个按键即可。平台第一时间通过收到求援信号设备信息，分析判断出老人的位置及历史健康信息档案，同时可通过监视设备采集老人健康数据并做出判断通知相关单位或个人，包括通知物业保安、老人子女、居委会以及卫生医疗机构、120 等等。可即时通知有关人员赶到现场，从而保障老人的生命财产安全。

2. 生活帮助

通过智能终端设备提供电话转接服务，主要的服务内容包括养老服务、家政服务、健康咨询、送水送餐、订票、就医预定、法律维权、心理咨询等等。主要是通过平台系统整合第三方单位及服务信息，根据老人的需求，进行电话转接完成，从而为老人提供多方位的专业的服务对接。

3. 主动提醒

通过智能终端设备提供信息服务，平台可以根据发送的内容，将天气状况、保健护理、疾病预防、政府的为老政策等等主动地发送给老人，让老人感受到政府和社会的关爱。

（二）视频通话功能

家居智能监视设备具有与中心视频通话功能；老人家庭成员可通过平台授权使用智能手机与老人视频通话，连线时可实时采集老人健康状况信息。

（三）数据采集功能

CCHC 居家养老模式体系家庭监视系统核心功能可与各种采集设备连接，实现采集老人实时健康状况，如：心率、运动量等健康指数，同时可对老人进行实时定位。家居智能监视设备对采集的数据通过网络定时上传至平台存储，服务人员或家庭成员可通过平台授权查询相关数据。

平台可远程通过对家居智能监视设备的配置提醒老人注意事项，如：运动量过多需休息，心跳异常需吃药等事宜。

CCHC居家养老模式体系家庭助餐系统指导标准

编号 CCHC1-5-4-2

一、总则

本标准规定了在CCHC居家养老模式体系中，由海阳集团及其CCHC体系下属机构单位派出员工，帮助失去自理能力或者半自理能力的老人或残疾人（统称被服务者）家庭助餐业务（广义的“家庭助餐”）时，应该达到的服务质量和工作质量的基本要求。本标准也可以在帮助非海阳集团系统需要制定有关标准中引用。

二、工作目标

通过CCHC体系员工提供规范、热情、友好、文明的家庭助餐服务，使被服务者在需要家庭助餐等日常生活项目中，得到及时、到位的帮助，让他们得到家庭助餐的享受。也是提供服务方与被服务方之间，在签订合同、检验服务质量应用的文字表述。

三、基本要求

本标准根据被服务者需要的家庭助餐的服务项目的类型不同，提供不同性质的服务，但持着为被服务者的基本态度，不能因为价格高低而改变。对于家庭助餐员工的基本要求是：

（一）餐饮服务人员要敬业爱岗，尽职尽责，遵纪守法，文明上岗，坚持原则。

（二）餐饮服务人员要熟悉餐饮服务的基本内容，掌握帮助被服务者助餐服务的服务程序和操作规程。海阳集团系统的餐饮服务员工应经过专项培训，明白了本岗位的应知应会和岗位职责后，方能上岗。

（三）餐饮服务人员上门服务应携带海阳集团相关带有相片证件或胸卡，仪表仪容整洁端庄。

（四）餐饮服务人员的直接领导，应该合理、正确、细致、全面填写餐饮服务人员的《上门服务任务单》[见《CCHC 居家养老模式体系的助浴服务的服务标准》（编号 CCHC1-4-3）中表 1-4-3-1]，餐饮服务人员应该按照任务单到指定岗位为指定的被服务者服务。服务内容和服务人员在开始操作前，应得到客户或者家属的确认。

（五）操作规范化，管理科学化。餐饮服务服务做到准时、及时、适时，不搞客户或者家属不需要的额外有偿服务。

（六）爱护并珍惜由客户自备或者由我方提供的各种餐饮服务的器具、餐品和其他材料。不得使用对被服务者及其家属、家庭有损伤的器具、餐品和其他材料。

（七）熟悉各种餐饮服务的器具、餐品和其他相关材料。

（八）服务完毕要清理服务现场，恢复到服务前的正常的状态。

（九）保护环境，节约资源、能源。

（十）文明服务，最大程度地减少对周围环境和客户家属正常的生活、工作的影响。

（十一）严格按照操作规程作业，最大程度地保证被服务者的人身健康与安全，避免由于我方服务不当而引起的不当或事故。

（十二）每次派单服务中，最后一道工序没有达到标准，就不能算完成任务。

（十三）餐饮服务人员应按照海阳集团相关部门单位的要求，参加业务培训，学习新技术和先进经验，提高文明水平和健康、安全意识。

（十四）餐饮服务人员的主管领导，应该熟悉本标准，在委托非本部门或者非海阳集团的单位承接餐饮服务业务时，要依据本标准来签署协议和合同。

CCHC体系的家庭助餐服务的基本要求

编号 CCHC1-5-4-2-1

一、家庭助餐的定义

（一）对于失去自理能力或者半自理能力的老人或残疾人协助其助餐的服务，称为协助助餐，简称：家庭助餐（狭义）。

（二）而对于家庭助餐服务又可分为两种

一种是对于具有半自理能力的老人或残疾人，让其到家中的餐厅，家庭助餐人员在助餐过程中帮助其盛饭、盛汤、添餐，掌握餐温、汤温、饭温等基本服务。

另一种是对于完全丧失自理能力的老人或残疾人，通过人力喂饭、喂汤、喂餐等服务，由服务者让老人完成就餐的服务过程。

（三）助餐服务的具体阐述

1. 助餐主要为携餐上门助餐及上门做餐加助餐。

2. 符合国家食品安全法律法规的规定和食品行业标准。

3. 提供膳食服务应根据营养学、卫生学要求、老年人特殊需求、地域特点、民族、宗教习惯制定菜谱，为老年人提供营养丰富、全面合理、软硬合适的均衡饮食。

4. 助餐应及时，饮食应保温、保鲜、密闭、防止细菌滋生，提供符合保温、保鲜要求的设备及运输工具，保证及时、准确、安全地将餐饮送达。

5. 提供膳食服务应获得卫生许可证，膳食服务人员应持有健康证，膳食服务可转介有相关资质的第三方提供。

6. 洗、煮饭菜应干净、卫生，无焦煳。

7. 尊重服务对象的饮食生活习惯。

8. 注意营养，合理配餐，每周有食谱。

9. 助餐点应配置符合服务对象的无障碍设施，助餐工具应保持清洁卫生，餐具做到每餐消毒。

二、协助助餐服务的具体要求

1. 确认过由家属或者由我方提供餐饮服务的基本的餐具、餐品是否齐全。

2. 确认过为被服务者餐饮的场所的环境是否符合卫生、健康、舒适度等的要求。

3. 确认过为被服务者餐饮的餐具、餐品，是否能够持续保持卫生、健康、入口温度的要求。

4. 餐饮服务主管者在接受被服务者委托时，应该掌握不同季节、不同需求者每周餐饮的合理搭配设计。

5. 在完成了餐饮服务的最后一道工序后，被服务者确认满意。

6. 结束本次服务，被服务者或者家属（或保姆）在“上门服务任务单”［见《CCHC 居家养老模式体系的助浴服务的服务标准》（编号 CCHC1-4-3）中的表 1-4-3-1］上签字，此单才能被认为本次服务有效。

CCHC体系的家庭助餐的服务标准

编号 CCHC1-5-4-2-2

一、适用范围

本标准规定了在CCHC居家养老模式中，由海阳集团及其下属机构单位派出员工帮助失去自理能力或者半自理能力的老人或残疾人助餐业务（广义的“家庭助餐”）时，应该达到的服务操作的基本要求。本标准也可以在帮助非海阳集团系统需要制定有关标准中引用。

二、家庭助餐服务操作的基本要求

（一）员工行为规范

1. 员工守则

（1）遵守国家法律、法规、法令、政策，遵守行为道德规范，遵守集团、公司的规章制度；

（2）按照集团、公司要求填写各种报表，提供有效证件，不得隐瞒或造假；

（3）按照集团、公司的要求，参加各类培训及考核，接受相关的业务指导；

（4）服从领导，听从指挥，团结同事，按时按质完成各项任务；

（5）严格遵守劳动纪律，按照质量标准要求进行作业，上班时间不去与工作无关的场所；

（6）尊重社会公德和职业道德，严守单位机密，廉洁奉公，维护集体利益和单位声誉；

（7）爱护公用、单位、客户的设施，自觉维护公共和客户的环境卫生；

（8）节约能源、水和其他材料；

（9）衣着整洁，精神饱满，待人热情，文明用语；

（10）不拿公家、客户的财物，拾到遗留物品要还给本人，或上缴主管部门，不得占为己有；

（11）热爱集团、公司，关心单位发展。弘扬先进文化。

2. 工作态度

（1）服从领导：不折不扣地服从上级领导安排的工作和调配；

（2）敬业爱岗：热爱本职工作，钻研业务，谦虚向别人学习；

（3）诚实真诚：对领导、同事、客户，尤其是被服务者要真诚相待，不搞当面一套，背后一套；

（4）团结协作：集团、公司内部部门之间，单位班组之间，同事之间，作业时与配合的家属、保姆之间，都要齐心协力，讲究配合；

（5）勤勉高效：既要踏实，又要注意工作效率。

3. 服务态度

（1）礼貌：员工对领导、同事，对客户，尤其是对被服务者，任何时候，任何场合都要礼貌用语，所谓“请”字当头，“谢”字不离口；

（2）乐观：以能够以乐观的态度对待客户，尤其是对待被服务者；

（3）友善：以微笑和和善的态度对待同事和客户，尤其是被服务者；

（4）热情：尽可能把麻烦、困难留给自己，给客户，尤其是被服务者带去方便；

（5）耐心：对客户，尤其是被服务者要有耐心聆听他们的要求；

（6）平等：对待客户，尤其是被服务者没有贫富之分，一律平等；

4. 仪表仪容

（1）平时要衣冠整洁，按照规定着装，上岗时要佩戴或者悬挂工作胸卡；

（2）工作场合不得穿着与场合不适应的服装和鞋袜；

（3）男职工不要留胡子、长发，男女职工的发型都要大方；

（4）女职工打扮化妆要避免浓妆艳抹，工作场合不能戴首饰；

（5）保持口腔清洁，上岗前不要吃异味食品；

（6）不允许在客户家喝酒、抽烟。

（二）基本作业技能

1. 如何掌握菜、汤温、饭温度。

2. 如何保持与控制菜、汤温、饭温度。

3. 何种作业需要什么材料和工具。

4. 餐饮服务的基本知识和使用技能。

5. 菜具配置和使用的基本知识和技能。

6. 餐饮服务过程中，被服务者的菜具的配合。

7. 餐饮服务的其他知识和技能。

三、工作调配与质量检查

（一）业务承接

1. CCHC 体系的餐饮服务业务可以根据集团及 CCHC 体系各级部门、窗口接到的业务订单，运用互联网途径到当地 CCHC 体系餐饮服务主管部门信息集中。可以签订长期服务协议，也可以采取短期服务或一次性服务。

2. 主管部门将任务发配给餐饮服务服务的具体执行部门与单位。

3. 具体执行部门的主管填写“上门服务任务单”［见《CCHC 居家养老模式体系的助浴服务的服务标准》（编号 CCHC1-4-3）中的表 1-4-3-1］交给上

门服务人员。上门服务人员要在接受任务的记录簿上签名，确认接受了任务。凭任务单到器材、材料保管部门或人员处领取除原来由服务人员自己保管以外的相关物品。

4. 具体执行部门的主管领导以收到经过客户签字确认任务完成，此案才算完成。

5. 具体执行部门的主管领导要通过互联网把完成情况报告餐饮服务主管部门备案。

（二）质量检查

1. 自检：员工在完成任务最后一道工序后，按照《标准 1.0》检查服务质量是否符合要求。

2. 客户检查：被服务者或者家属（含保姆）可以按照《服务标准》来验收作业结果。

3. 具体执行部门的主管领导有职责对员工的作业结果进行抽查。

4. 集团及 CCHC 体系各级的餐饮服务主管部门应该派员对餐饮服务工作质量进行监督。

5. 如果发生客户与我方对于员工的服务质量和工作质量不一致的意见时，可以现在内部逐级按照《标准 1.0》进行甄别，直至邀请第三方进行鉴定。

CCHC体系的协助助餐服务操作的基本要求

编号 CCHC1-5-4-2-3

一、总则

凡属《CCHC（持续照料社区）居家养老模式服务管理标准 1.0》中从事《CCHC 体系的餐饮服务的基本要求》（编号 CCHC1-4-5-1）界定的服务业务的家庭助餐人员都要按本要求进行操作。如有由此与家庭助餐服务相关延伸的事宜操作标准的制定，也应服从本基本要求来执行。

二、基本要求

（一）按照家庭助餐任务单的要求，按时到指定地点为指定服务对象进行协助助餐的服务，并在标准规定的时间内，完成标准要求的所有操作工序。

（二）携带规定由我方提供家庭助餐的材料和器材，如由被服务方自己准备的物品，尤其是第一次上门服务，最好也事先告知被服务者或者家属（含保姆）。

（三）有义务让被服务者及其家属（含保姆）知道我方的相关服务标准，便于互相监督。

（四）家庭助餐的主管领导应该有职责有计划地对家庭助餐人员的服务质量和工作质量进行实地检查。

三、家庭助餐（狭义）的操作工序

（一）上门助餐

1. 向被服务者和家属（含保姆）说明清楚后，根据室内温度及通风情况，关闭或开启所有的门窗。

2. 调节餐饮场所的室温，确认符合就餐者舒适的要求。

3. 将餐品送到就餐者家里餐桌上，针对卧床者，则应放置妥当方便就餐的地方。

4. 观察被服务者状况，如需帮助，应及时提供喂餐、饭、汤等所需的帮助。

5. 被服务者如需添加饭或餐、汤时，应及时安排提供。

6. 被服务者完成就餐，应及时收拾餐具，清洁桌面。

7. 整理就餐用物。

8. 清理餐饮场所。

9. 请被服务者或者家属（含保姆）确认任务完成情况并签名。

（二）集中助餐

1. 向被服务者和家属（含保姆）说明清楚后，根据室内温度及通风情况，关闭或开启所有的门窗。

2. 调节餐饮场所的室温，确认符合就餐者舒适的要求。

3. 将餐品送到就餐者附近餐桌上，放置妥当，方便就餐。

4. 观察被服务者状况，如需帮助，应及时提供喂餐、饭、汤等所需的帮助。

5. 被服务者如需添加饭或餐、汤时，应及时安排提供。

6. 被服务者完成就餐，应及时收拾餐具，清洁桌面。

7. 整理就餐用物。

8. 清理餐饮场所。

9. 请被服务者或者家属（含保姆）确认任务完成情况并签名。

CCHC居家养老模式体系家庭助浴系统指导标准

编号 CCHC1-5-4-3

一、总则

（一）本指导标准的制定根据是《CCHC 居家养老模式体系体制和构造（模型）》（编号 CCHC1-2-1）和《CCHC（持续照料社区）居家养老模式服务管理标准 1.0》。

（二）本指导标准适用于在 CCHC 居家养老模式体系中，由海阳集团及其下属机构单位派出员工帮助失去自理能力或者半自理能力的老人或残疾人（统称被服务者）沐浴、擦浴、洗头业务（广义的“助浴”）的服务。

（三）CCHC 居家养老模式体系家庭助浴系统指导标准需要合理的整体操作过程，以指导海阳集团及其下属机构单位派出员工按助浴服务标准与操作标准服务，达到 CCHC 体系家庭助浴系统服务质量和工作质量的基本要求。

（四）CCHC 居家养老模式体系家庭助浴系统设施、设备、用具、用品除符合本标准外，也必须以符合国家现行有关法律、法规及规定，保护相关各方人员合法权益为原则。

（五）CCHC 居家养老模式体系家庭助浴服务应遵循公平公正原则，公平公正原则是指在服务内容个性化的基础上，不因老年人身体、经济、文化背景、宗教信仰等个体差异而产生服务歧视，做到一视同仁按标准要求提供服务。

二、助浴服务操作流程

（一）老年人健康评估（助浴）

在提供助浴服务之前，应由公司或外聘医护专业人员先对需助浴服务的老年人进行健康评估（助浴）（见表 1-5-4-3-1）。

CCHC居家养老模式体系家庭助浴服务健康评估表

表1-5-4-3-1

评估日期：　　护理员：　　资料提供人/关系： 姓名：　　性别：　　年龄：　　民族： 宗教：　　电话号码：
（一）一般情况 1. 婚姻状况：（1）独身（2）已婚（3）再婚（4）丧偶（5）其他 2. 居住类型：（1）独自（2）同配偶一起（3）同子女一起（4）同配偶、子女一起（5）其他（注明） 3. 住房类型：（1）楼房（楼层）（2）电梯：①有 ②无（3）平房（4）其他 4. 居住环境：（1）采光及通风：①好 ②一般 ③差 5. 室内温度：（1）冬季取暖设备：①暖气 ②空调 ③煤炉 ④其他 （2）夏季降温设备：①空调 ②电扇 ③其他 6. 卫生间：（1）居室内：①坐厕 ②蹲厕（2）公共厕所（3）其他 （二）健康状况（对有问题者在序号上划钩） 1. 一般情况：①身高　cm ②体重　kg ③腰围 / 臀围　④体温　⑤脉搏　次 / 分 ⑥呼吸　次 / 分　⑦血压　mm Hg 2. 皮肤：①潮湿 ②干燥 ③出疹 ④指 / 趾甲问题 ⑤瘙痒 ⑥发炎 / 红肿 / 溃疡：部位 ⑦黄染 3. 头 / 颈部：①头痛 ②眩晕 ③强直 ④压痛 ⑤肿块 ⑥活动受限 4. 眼 / 视力：①疼痛 ②溢泪 ③发痒 ④水肿 ⑤视力减退 ⑥使用助视器：远视、近视镜 5. 耳 / 听力：①听力下降 ②使用助听器 ③异常分泌物 ④耳鸣 ⑤眩晕 6. 鼻部：①流涕 ②异常分泌物 ③鼻出血 ④疼痛 ⑤嗅觉异常 ⑥鼻塞 7. 口 / 咽喉：①疼痛 ②溃疡 ③嘶哑 ④吞咽困难 ⑤牙龈出血 ⑥味觉迟钝 ⑦龋齿 ⑧义齿 ⑨打鼾 8. 呼吸系统：①咳嗽 ②呼吸困难 ③咯血 ④咳痰 ⑤胸痛 9. 循环系统：①心前区疼痛 ②胸闷、憋气 ③心律不齐 ④发绀 ⑤心悸 10. 消化系统：①食欲不振 ②恶心 / 呕吐 / 呕血 ③鼻 / 口饲 ④腹胀腹痛 ⑤便秘 ⑥便血 ⑦腹泻 11. 泌尿系统：①排尿困难 ②尿潴留 ③小便混浊 / 疼痛 ④尿失禁 ⑤血尿 ⑥尿频 ⑦多尿 ⑧夜尿多 ⑨尿急 12. 神经系统：①痴呆 ②偏瘫 ③四肢 / 局部麻痹 ④震颤 / 痉挛 ⑤感觉异常 ⑥协调障碍 ⑦记忆障碍 13. 运动系统：①活动减少 ②步态不稳 / 常跌倒 ③关节强硬 ④坐姿失衡 ⑤肢体震颤 ⑥使用助行器 （三）慢性病情况（在已确诊病名序号上画勾） 1. 高血压　2. 糖尿病　3. 心血管疾病　4. 脑卒中　5. 恶性肿瘤 6. 哮喘 / 慢阻肺　7. 结核　8. 骨折 / 脱臼　9. 关节炎 / 神经痛　10. 慢性腰痛 11. 白内障 / 青光眼　12. 肝脏疾病　13. 消化性溃疡　14. 肾脏疾病　15. 其他 客户签名 / 日期：　　评估人签名 / 日期：

（二）签订服务协议

1. 内容核定：主动、详实地向老年人介绍服务项目、服务内容及收费标准等，根据老年人的身体状况、服务需求、支付能力及服务机构的服务提供能力，核定服务内容。

2. 协议签订与终止

（1）遵守老年人权益保护的法律法规，确保老年人权益不受侵犯；

（2）与接受助浴服务的老年人或其家属（其他监护人）签订服务协议；

（3）核定助浴服务的内容、收费标准等发生变化时，及时变更服务协议；

（4）发现接受助浴服务的老年人患有传染性疾病、精神疾病，或违反服务约定时，终止服务协议。

3. 制定相应助浴服务计划

（1）根据服务协议制定服务计划，包括：助浴服务内容；助浴服务人员；助浴服务时间；助浴服务要求等；

（2）根据制定的服务计划，安排服务内容、服务时间和服务人员，并提供相应服务。服务做到时间准、项目明、安排清；

（3）服务情况发生变化，及时完善和调整服务计划。

4. 意外事件处理

（1）坚持“预防为主、积极处置”的原则，杜绝或减少各类意外事件的发生；

（2）制定社区居家养老服务意外事件处置应急预案，包括：触电事故应急预案；意外停电、停水应急预案；老年人急诊应急预案；老年人意外事故预案。掌握意外事件处置流程，在意外事件情况发生时，紧急启动应急预案。

三、服务评价机制

为提高助浴服务人员的服务水平，提升服务质量，营造服务员之间的竞争氛围，必须制订服助浴务人员考核办法，主要以回访制度为主。

（一）建立科学完善的客户回访制度，可以提高服务水平，规范服务人员行为，防范和化解风险，维护消费者利益，确保 CCHC 居家养老服务体系的健康、稳定和持续发展。

（二）回访的范围、对象、方式及内容：

1. 回访对象：接受助浴服务的老年人或其家属（其他监护人）。

2. 回访方式：电话回访、上门回访。

3. 电话回访：由公司负责回访工作的人员通过专用电话对客户进行回访，并对回访情况进行记录（录音）；上门回访：对于未能完成电话回访的客户，公司应派专门人员（非销售人员本人，但可由销售人员陪同）进行上门回访，并对回访情况及时进行记录，客户应在回访记录单上签字认定；以上回访方式，以电话回访为主，上门回访为辅。

（三）回访的实施与记录：

1. 回访实施前，员工应做好确保回访工作顺利进行的各项准备工作，包括：电话回访和上门回访所使用材料的制备、客户回访信息记录表、客户回访统计表等。同时，还应作好客户回访工作人员的培训工作。

2. 在回访中不仅要严格 100% 回访的要求，而且应完全按照事前制定的回访工作流程进行回访。对回访中发现的问题，负责回访工作的人员应及时将问题反馈至公司，并督促相关人员尽快进行处理；对急需办理的事项，应及时将情况上报回访工作领导，由领导进行协调，确保问题得到及时、妥善的解决。

3. 回访后，要将回访情况分类整理、登记、归档，并定期进行分析。对回访工作本身存在的不足，应上报回访工作领导小组，由领导小组负责组织相关部门研究进一步加以完善的措施（见表 1-5-4-3-2）。

CCHC居家养老模式体系家庭助浴服务回访记录表

表1-5-4-3-2

服务对象		服务内容		服务人员	
回访人员		回访方式		回访时间	
服务对象的意见建议： 客户签名/日期：　　　　　　　　回访人签名/日期：					
备注					

CCHC居家养老模式体系的附属机构（老年活动室、养老院）智慧建筑标准

编号 CCHC1-5-5-1

一、总则

根据上海楼宇科技研究会对智慧楼宇的评价体系研究，认为智慧建筑标准应满足“绿色建筑”、“楼宇自动化集成”、“现代物业管理”和“融入智慧城市”四方面的要求，使得智慧建筑能为建筑内的用户提供一个安全、高效、便捷、舒适的工作和生活环境的人性化建筑环境。故对CCHC居家养老模式体系的附属机构（老年活动室、养老院）（以下简称附属机构）建筑的设施标准应尽可能地朝智慧建筑的标准靠拢。

二、绿色建筑标准

（一）概述

1. 随着建筑业的发展，绿色建筑成为一种崭新的设计思维和模式，它提供给使用者有益健康的建筑环境，并最大程度地保护环境，减少能耗。我国能源、土地、水、原材料等资源严重短缺，且实际利用效率较低，要走可持续发展道路，使建筑尽可能少地消耗不可再生资源，发展节能与环保的绿色建筑刻不容缓。

2. 随着绿色建筑理念的日益普及，以及人们渴望能在绿色建筑中轻松愉

快地生活、学习、工作。但什么样的建筑才算是“绿色建筑”，根据上海市楼宇科技研究会在 2014 年 11 月发表的《智慧楼宇评价指标体系 2.0 及其评级指数》中有关绿色建筑的定义是：“最大限度地节约资源（能源、土地、水、材料），保护环境和减少污染，为人们提供健康、适用和高效的适用空间，建筑与人之间的关系是互动、交互式的，从而实现与自然和谐共生。”

3. 按照《智慧楼宇评价指标体系 2.0 及其评级指数》中“绿色建筑”的特征，CCHC 居家养老模式体系的附属机构建筑大致要有以下几条基本标准：

（1）具有节能和低能耗等优点。

（2）全面利用清洁能源，节约资源，降解住宅运转的能耗，提高自养水平，是一种可持续发展模式。

（3）是一种开放式的设计，建筑内部与外部采取有效的连通方式，能对气候的变化自动进行自适应调节。

（4）与自然生态环境融为一体，参与到自然生态系统的物质能量循环中去，对周围的环境不产生或少产生不良影响。

（5）能够按生态经济开放式闭合循环的原理作无废无污的生态工程设计，使各种资源进行循环利用，少排放甚至达到零排放污染物。

（6）所采用的是无害、无污、可以自然降解的环保型建筑材料，能进行循环利用。

（二）附属机构的绿色建筑

附属机构可以是规划设计重新建造的新建筑，也可以利用既有的建筑进行重新改造。无论何种形式都要根据实际情况，按照《智慧楼宇评价指标体系 2.0 及其评级指数》中关于绿色建筑的特征，尽量给使用者提供一个有益健康的绿色建筑环境。

1. 重新设计建造的附属机构绿色建筑的要点

新建筑在设计时要体现《智慧楼宇评价指标体系 2.0 及其评级指数》中有

关绿色建筑的“节约能源总体水平、节水总体水平、节约土地资源和智慧楼宇环境水平”等要素。

（1）节约能源总体水平

绿色建筑的能源系统，重点要放在建筑节能、常规能源系统优化和绿色能源（如太阳能、风能、地热能）的利用。

建筑节能方面，首先应注重被动建筑节能，注意维护结构的保温隔热和门窗洞口的保温隔热措施，使用保温隔热层的建筑，可大大降低建筑的能耗。（见表 1-5-5-1-1）

表1-5-5-1-1

序号	内容		要求
1	合理选择建筑的地址	建筑选址主要是根据当地的气候、土质、水质、地形及周围环境条件等因素的综合状况来确定	与公交系统的距离要短，方便人们步行去乘公交车
			尽量设在已经城镇化的区域内，有必要的城镇基础设施，方便人们的日常生活
			避免选择生态敏感区域，以免对周围的生态环境造成影响
			合理选择既有建筑与周围建筑物的密度、间距、高度、绿化等基本参数
2	合理设计建筑形体	根据建筑功能的需求，应通过合理的外部环境设计来改善既有的微气候环境，创造建筑节能的有利环境	合理确定新建筑的建筑形态、方位朝向，使之与自然气候、地形地貌、河湖水面及自然植被等相适应
			利用已有的树木或其他植物来减少建筑物的热负荷
			根据当地的纬度和主要风向，对建筑物的朝向进行优化，最大限度地利用太阳能和风能等自然资源
			利用已有的地形作为建筑物的围护结构，可以减少建筑物的能源消耗
			详细划分内部的使用功能区，把不需要窗户的区域统一安排在建筑物的北面，把使用功能相同的区域相互靠近，以利于建筑物通风和空调系统的设计及节能
3	合理设计单体空间组合		各功能空间的平面布置、空间组合、外部造型、门窗大小、位置朝向、墙面质感色彩等，要与当地气候相适应，趋利避害
			满足室内日照、采光、通风隔热和保温、调节湿度等各类小气候的要求
			在寒冷地区的冬季，促使太阳辐射热进入室内，抑制辐射、对流和传导所造成的室内热损失；在炎热地区的夏季，阻止过多的太阳辐射热和室外高温进入室内，利用自然通风促使热量向外散发并除湿

（续表）

序号	内　　容		要　　求
4	合理设计建筑的围护材料选择及构造	外墙的节能方法	如加气混凝土、轻骨料混凝土等预制板或砌块墙体
			承重—保温复合外墙
			保温层用岩棉、玻璃棉、聚苯乙烯泡沫、再生聚苯板、珍珠岩、石膏珍珠岩、加气混凝土及胶粉聚苯颗粒浆料发泡水泥保温板等
		屋面的节能方法	干铺焦渣、加气混凝土块、水泥蛭石、膨胀珍珠岩、岩棉、聚苯板等
			防水层下设置导热系数小的轻质材料用作保温，铺膨胀珍珠岩、玻璃棉等
			架空通风使其与架空混凝土预制板之间形成空气间层
			屋顶蓄水、定时喷水，或用带吊顶棚的坡屋顶
			屋顶绿化屋顶化：屋面堆土或砾石，并进行屋面绿化
		窗户的节能方法	控制窗的面积，即控制窗墙或窗地的面积比，在满足基本采光和通风的前提下，应尽量缩小窗墙或窗地的面积比，改进窗户的材料和构造
			冬季保温、节约采暖能耗可采用，在接缝处设橡胶或泡沫塑料密封条
			采用双层玻璃窗、中空玻璃保温窗
			在窗扇边框上贴透明保温薄膜（如聚酯薄膜）使之与玻璃间形成一定间距的密闭空气层
			为避免窗户夜间散热，可在窗户内侧设保温窗板或保温窗帘，户门及阳台门的夹板内填充岩棉毡或在钢门板上贴聚苯板
			为减少炎热地区夏季窗户接受的热辐射量，可采用在普通玻璃上粘贴热反射膜
			悬挂外表面涂有热反射膜的遮阳窗帘
			用吸热玻璃代替普通玻璃
			各种遮阳板
5	充分利用绿色能源	绿色能源的利用要因地制宜，选择适合本地特点且性能好的技术与产品	太阳能热水器
			太阳能空调
			太阳能电池
			太阳能照明
			光电屋面板
			光电外墙板
			光电遮阳板
			光电窗间墙
			光电天窗
			光电玻璃幕墙
			使用地热技术

（续表）

<table>
<tr><th>序号</th><th colspan="2">内　　容</th><th>要　　　求</th></tr>
<tr><td rowspan="2">6</td><td rowspan="2">其他</td><td rowspan="2"></td><td>使用各类节能的照明灯具</td></tr>
<tr><td>使用各类节能的器具</td></tr>
</table>

（2）节水总体水平

建筑节水有三层意义：一是减少用水量；二是提高水的有效使用率；三是防止泄漏。具体来说，要降低供水管网漏损率；节水器具的推广应用；再生利用中水回用和雨水回用。（见表 1-5-5-1-2）

表1-5-5-1-2

<table>
<tr><th>序号</th><th colspan="2">内　　容</th><th>要　　　求</th></tr>
<tr><td rowspan="5">1</td><td rowspan="5">节水器具的使用</td><td rowspan="5">1. 减少用水之外的浪费
2. 减少用水之中的浪费
3. 提高用水效率</td><td>节水型水龙头</td></tr>
<tr><td>节水型便器</td></tr>
<tr><td>节水型洗衣机</td></tr>
<tr><td>节水型淋浴器</td></tr>
<tr><td>节水型管道和器件</td></tr>
<tr><td rowspan="7">2</td><td rowspan="7">水的循环利用</td><td rowspan="7">1. 雨水收集
2. 利用空调系统、排水、盥水排水和淋浴排水等水处理后的中水</td><td>景观水的补充</td></tr>
<tr><td>绿化用水</td></tr>
<tr><td>循环冷却水</td></tr>
<tr><td>汽车冲洗</td></tr>
<tr><td>路面、地面冲洗</td></tr>
<tr><td>厕所用水</td></tr>
<tr><td>消防用水</td></tr>
<tr><td rowspan="3">3</td><td rowspan="3">其他</td><td rowspan="3"></td><td>选择合理的给水系统</td></tr>
<tr><td>合理利用市政管网可用水压</td></tr>
<tr><td>防止超压出流的“隐形”浪费</td></tr>
</table>

（3）节约土地资源

合理选择建筑用地，避免建筑用地周边环境对建设项目可能产生的不良影响，同时减少建设用地选址给周边环境造成的负面影响。

在满足国家和地方对土地开发与规划选址相关的法律法规的基础上，综合考虑土地资源、防灾减灾、环境污染、文物保护、现有设施利用等多方面因素确定建设选址计划，体现可持续发展的原则，达到规划、建筑与环境有机地结合。（见表 1-5-5-1-3）

表1-5-5-1-3

序号	内　　容	要　　　　求
1	环境保护	不破坏当地文物、基本农田、森林和其他保护区
		尽量减少对附近水源系统、湿地的影响
		免除因暴雨造成的水土流失
		尽量选择便于利用自然能源的地段
		尽可能减少对周边环境自然地貌的改变
		种植适应当地气候和土壤条件的、少维护、少病害、对人体无害的植物，使绿地面积最大化
2	安全影响	保证建筑物环境安全可靠，确保对自然灾害有充分的抵御能力
		无洪水灾害、泥石流及含氡土壤的威胁
		无电磁辐射危害
		无火、爆和有毒物质等危险源
3	其他	提高建筑容积率
		降低建筑密度
		合理选用废弃场地
		尽量降低周围热岛效应的影响

（4）智慧楼宇环境水平

建筑室内环境与人的健康密切相关。由于现代人平均 80%—90% 的时间在室内度过，室内环境问题直接威胁着人们的身体健康。因此，采取切实有力的措施控制和改善室内环境，提高人民的健康水平和生活质量，创造健康、舒适、高效的室内环境是绿色建筑重要内涵。（见表 1-5-5-1-4）

表1-5-5-1-4

序号	内　　容		要　　　　求
1	声环境系统	主要是在室内外噪声源的控制上，使建筑的室内噪声等级符合国家标准	对建筑围护结构采取有效的隔声、减噪措施
			室内的允许噪声级在关窗状态下白天不大于45分贝，夜间不大于35分贝
			楼板和分户墙的空气声计权隔声量不小于45分贝，楼板的计权标准化撞击声声压级不大于70分贝
			户门的空气声计权隔声量不小于30分贝
			外窗的空气声计权隔声量不小于25分贝，沿街时不小于30分贝
			合理采用建筑围护结构构建，并采用消声、减噪的声控举措，保证室内隔音效果，并控制噪声级数增加
2	光环境系统	主要是在自然采光和节能灯具的使用上，要尽量利用自然光进行室内采光，并防止光污染	房间的采光系数不低于现行国家标准的规定
			要充分考虑使用建筑的朝向、天井、庭院，以及中庭等的自然采光作用，保持室内光线充足明亮
			大寒日不小于2小时，冬至日不小于1小时
			当有4个及4个以上居住空间时，至少有2个居住空间满足日照标准的要求
			也可以配以自然光调控设施，如采光板、反光镜、集光设施等
3	热环境系统		应对环境温度自动控制，使用采暖、空调、生活热水三联供的热环境技术
			结合地区实际情况，合理利用太阳能、风能或地热能等绿色能源，作为建筑室内的采暖，或者作为空调的热、冷源
			优化室内的热工性能，着重考虑太阳光辐射引起的不舒适感，以及合理设计室内温度调控系统
4	室内自然通风		通风开口面积在夏热冬暖和夏热冬冷地区不小于该房间地板面积的8%，在其他地区不小于5%
			设置通风换气装置或室内空气质量监测装置
			室内空气的品质，尽量做到室内通风，使通风口能够形成有效组织气流，防止和避免产生串气和泛味等现象
			住宅空间开窗能有良好的视野，且避免居住空间之间的视线干扰
5	室内装修的环保材料	选择无毒害、防火防尘、防蛀、防污染、可降解的建材	花岗岩与大理石要考虑其放射性指标的高低，要严格检验此类建材的指标参数，如果大面积敷设应用必须要考虑实际检查含量是否在指标范畴内
			灭菌玻璃的应用，就是由于这类玻璃中含有一定的适量铜离子，因而能够起到杀灭细菌、防止细菌滋生的效果
			墙面瓷砖贴片，可以考虑防菌瓷砖
			地面地板，可使用环保的复合实木地板
			浴室内采用二氧化钛当作涂层进行处理，起到灭杀细菌、抗菌的效用
			无机矿物涂料，是采用纯天然矿物物质配置而成的健康环保型水涂料（填充物、色素、成膜物质SIO），无任何异味的内墙涂料

（续表）

序号	内　　容		要　　　　求
6	室内绿色植物方面		要考虑室内空间、风格因素之外，还要考虑好盆景、水景、插花等的尺寸大小、设计规模等因素去综合进行设计，要给人以贴切自然又背离室内设计风格的自然感受
			结合设计风格在室内穿插下艺术字画，如植物花卉、蓝天白云这类自然风景画，用来增添艺术氛围

2. 利用既有建筑进行改造附属机构智慧建筑的要点

虽然利用既有建筑改造成附属机构时有极大的局限性，但是在选择和改造既有建筑时，也要遵循《智慧楼宇评价指标体系 2.0 及其评级指数》中有关“绿色建筑”的要素，再参照本章节“重新设计建造的建筑的要点”中表 1-5-5-1-1—表 1-5-5-1-4 对绿色建筑的要求标准，将既有建筑的附属机构改造成为节能环保的绿色建筑。

（1）既有建筑地理位置的选择（见表 1-5-5-1-5）

表1-5-5-1-5

内　　容	要　　　　求
地理位置的选择	与公交系统的距离要短，方便人们步行去乘公交车
	尽量设在已经城镇化的区域内，有必要的城镇基础设施，方便人们的日常生活
	避免选择生态敏感区域，以免对周围的生态环境造成影响
	根据当地的气候条件和地理环境，尽量选择便于利用自然能源的地段
	合理选择既有建筑与周围建筑物的密度、间距、高度、绿化等基本参数
	合理选择既有建筑的建筑形态、方位朝向
	要求：大寒日不小于2小时，冬至日不小于1小时。当有4个及4个以上居住空间时，至少有2个居住空间满足日照标准的要求

（2）既有建筑单体空间组合及造型的选择（见表 1-5-5-1-6）

表1-5-5-1-6

内　　容	要　　　　求
各单体空间	各功能空间的平面布置、空间组合、外部造型、门窗大小、位置朝向、墙面质感色彩等，尽量与当地气候相适应，趋利避害
	尽量满足室内日照、采光、通风隔热和保温、调节湿度等各类小气候的要求

（3）既有建筑围护的选择或改造（见表 1-5-5-1-7）

表1-5-5-1-7

内　容	要　　　　求
结构墙保温性能	可选择用导热系数小的轻质保温材料做的外墙。如加气混凝土、轻骨料混凝土等预制板或砌块墙体；承重—保温复合外墙；保温层用岩棉、玻璃棉、聚苯板、再生聚苯板、珍珠岩、石膏珍珠岩等
	若结构墙用的是非保温材料且无法改变的情况下，可以在室内装修时考虑在结构墙的内侧采用保温材料进行改造
单幢的既有建筑屋面保温	则可选择用干铺焦渣、加气混凝土块、水泥蛭石、膨胀珍珠岩、岩棉、聚苯板等
	以铺膨胀珍珠岩并与其上部架空混凝土预制板之间形成空气间层，这种保温构造效果较好的屋面
	也可在屋面堆土或砾石，并进行屋面绿化，或用带吊顶棚的坡屋顶
多层的既有建筑顶面保温	在室内空间高度允许的情况下，可在室内顶部加装一些轻质的保温材料，即可保温节能，又可减少噪声
窗户的选择或改造	控制窗的面积，即控制窗墙或窗地的面积比，在满足基本采光和通风的前提下，应尽量缩小窗墙或窗地的面积比，可以在确保既有建筑机构安全的前提下，改进窗户的材料和构造
	节约采暖能耗可采用，在接缝处设橡胶或泡沫塑料密封条；采用双层玻璃窗、中空玻璃保温窗
	在窗扇边框上贴透明保温薄膜（如聚酯薄膜）使之与玻璃间形成一定间距的密闭空气层
	可在窗户内侧设保温窗板或保温窗帘
	户门及阳台门的夹板内填充岩棉毡或在钢门板上贴聚苯板
	为减少夏季的热辐射量，可采用在普通玻璃上粘贴热反射膜
	悬挂外表面涂有热反射膜的遮阳窗帘
	用吸热玻璃代替普通玻璃
	设各种遮阳板

（4）既有建筑的能源系统的改造

针对既有建筑节能方面的改造，重点要放在建筑节能、常规能源系统优化和绿色能源（如太阳能、风能、地热能）的利用。建筑节能方面，首先应注重被动建筑节能，注意维护结构的保温隔热和门窗洞口的保温隔热措施，使建筑节能达到国家标准的要求。

常规新能源系统要充分利用绿色能源，绿色能源的利用要因地制宜，选择适合本地特点，且性能好的技术与产品。太阳能是绿色能源中最重要的一种，是取之不尽、用之不竭、广泛存在的天然能源，其优点是资源丰富、洁净、安全、廉价。例如：太阳能的利用，主要有三个方面：太阳能热水器、太阳能空调和太阳能电池。同样也使用地热技术，为建筑提供制冷与供暖，以较低的运营成本，降低建筑能耗的使用，达到绿色节能的要求。

具体可按《CCHC 居家养老模式体系的附属机构（老年活动室、养老院）智慧建筑标准》（编号 CCHC1-5-5-1）“表 1-5-5-1-1”中节能的各项要求参照执行。

（5）水环境系统的改造

既有建筑节水改造要体现在节水、水的循环利用与水环境集成三个方面。具体可按《CCHC 居家养老模式体系的附属机构（老年活动室、养老院）智慧建筑标准》（编号 CCHC1-5-5-1）“表 1-5-5-1-2”中节水的各项要求参照执行。

F. 声、光、热环境系统的改造

在声环境系统中，主要是在室内外噪声源的控制上，使建筑的室内噪声等级符合国家标准。对建筑围护结构采取有效的隔声、减噪措施。

在光环境系统中，主要是在自然采光和节能灯具的使用上，要尽量利用自然光进行室内采光，并防止光污染。房间的采光系数不低于现行国家标准的规定。

在热环境系统中，应对环境温度自动控制，使用采暖、空调、生活热水三联供的热环境技术，并结合地区实际情况，合理利用太阳能、风能或地热能等绿色能源，作为建筑室内的采暖，或者作为空调的热、冷源。

在确保既有建筑物结构安全的前提下，可以对窗的位置进行合理的调整或者改造，使住宅空间能够自然通风。

具体可按《CCHC 居家养老模式体系的附属机构（老年活动室、养老院）

智慧建筑标准》(编号 CCHC1-5-5-1)“表 1-5-5-1-4”中环境水平的各项要求参照执行。

（6）室内装修

既有建筑的室内装修要注重绿色节能建材的使用；室内环境的设计和室内绿色植物的设计等。具体可按《CCHC 居家养老模式体系的附属机构（老年活动室、养老院）智慧建筑标准》(编号 CCHC1-5-5-1)“表 1-5-5-1-4”中环境水平的各项要求参照执行。

三、自动化的系统集成

（一）概述

智能楼宇是智慧建筑的一个重要组成部分，它的核心是 5A（即楼宇自动化（BA），通信自动化（CA），安防自动化（SA），办公自动化（OA），消防自动化（FA）；对应系统分别为：BAS 楼宇自动化系统，CAS 通信网络系统，SAS 安防自动化系统，OAS 办公自动化系统。FAS 火灾自动报警系统）系统，智能楼宇就是通过通信网络系统将此 5 个系统进行有机的融合，集结构、系统、服务、管理及它们之间的最优化组合，使建筑物具有了安全、便利、高效、节能的特点。智能楼宇是一个边沿性交叉性的学科，涉及计算机技术、自动控制、通信技术、建筑技术等，并且有越来越多的新技术在智能楼宇中应用。

（二）智能楼宇应具备的 5A 标准

1. 楼宇自动化系统（BAS）

楼宇自动化系统对整个建筑的所有公用机电设备，进行集中监测和遥控来提高建筑的管理水平，降低设备故障率，减少维护及营运成本。应包括以下全部或部分系统：

（1）中央空调系统的监控；

（2）给排水系统的监控；

（3）供配电系统的监控；

（4）照明系统的监控；

（5）电梯系统的监控。

2. 办公自动化系统（OAS）

智能楼宇的OAS是指综合办公自动化系统。它包括：通用、专用办公自动化系统，支持楼宇的管理者和用户，对各种层次、多媒体的信息进行处理，并辅助用户决策。

3. 通信自动化系统（CAS）

智能楼宇的信息通信系统是保证建筑物内语音、数据、图像传输的基础，同时与外部通信网（如电话公网、数据网、计算机网、卫星以及广电网）相连，与世界各地互通信息。它应包括以下全部或部分系统：

（1）综合布线系统（PDS）；

（2）无线覆盖系统（WIFI）；

（3）无线传感网络（WSN）；

（4）卫星通信系统；

（5）有线电视系统；

（6）电视会议系统。

4. 安防自动化系统（SAS）

安防自动化系统（SAS）提供现代化管理手段：通过保安监控系统，楼宇的安全管理人员可以方便、及时地了解、掌握各处的实时动态情况。它应包括以下全部或部分系统：

（1）防盗报警系统；

（2）闭路电视监控系统；

（3）电子巡更系统；

（4）访客对讲系统；

（5）出入口控制系统；

（6）停车场管理系统。

5. 消防自动化系统（FAS）

消防自动化系统（FAS），一般由火灾探测器、区域报警器和集中报警器组成；并且同各种灭火设施和通讯装置联动，以形成中心控制系统。它应包括以下全部或部分系统：

（1）火灾自动报警系统；

（2）自动喷水灭火系统；

（3）自动气体灭火系统；

（4）火灾事故广播系统；

（5）安全疏散引导系统；

（6）消防电梯管理系统。

（三）智能建筑的5A集成

智能建筑的5A集成是将不同的智能化子系统进行智能连接，实现信息综合、资源共享，实现效率较高的协同运作。系统集成的目标是既要重视各子系统本身的协调与优化，更追求大系统的协调和总体优化。如将消防系统的火灾探测信号与BAS系统的照明控制集成在一起，能较好地引导人们朝没火的方向疏散，形成了智能逃生引导系统；将安防系统的停车管理与办公自动化系统集成，方便解决了收费等管理。

5A系统可以有很多集成，通过这样的集成形成一个综合管理与分析平台，达到整体运行的高效能和高效率。所以要求尽可能达到：

A. 2A集成；

B. 3A集成；

C. 4A集成；

D. 5A集成。

智能楼宇更注重更多的5A系统集成，它能根据用户的需求，组合出各种更具智慧的新系统，真正体现出智慧楼宇的特色。

（四）智能建筑营运、管理的人员要求

智能建筑新建或改建成功后，要能有效地营运，离不开高技能的技术人才。

智能建筑是一个边沿性交叉性的学科，涉及计算机技术、自动控制、通信技术、建筑技术等，并且有越来越多的新技术在智慧建筑中应用。所以我们要培养具有相关基础知识的人才，除此以外更要求有实践经验，能动手操作的技能型人才。故要求：

A. 能操作管理1A；

B. 能操作管理2A；

C. 能操作管理3A；

D. 能操作管理4A；

E. 能操作管理5A。

智能建筑的操作管理人员应参加相关国家认可的专业技能培训，获得相应技能证书，以便更好地发挥智慧建筑的作用。

四、现代物业管理

（一）概述

现代物业管理，就是以系统理论为基础，突破传统物业管理的理念，按照人们生活、工作方式的转变，提供与之相匹配的管理、服务项目的物业管理。上海楼宇科技研究会2014年11月发布的《智慧楼宇评价指标体系2.0》对“智慧楼宇”进行了定义，提出智慧楼宇应包括绿色建筑、自动化集成、现代物业管理和融入“智慧城市”等4个维度。现代物业管理是“智能化”楼宇与“智慧楼宇”楼宇之间区别的最主要特征之一，它反映了“人”在“智慧”中的重要作用。根据上海市楼宇科技研究会“智慧楼宇评价指标体系

2.0”对现代物业管理的定义，现代物业管理主要包含以下 4 个要素，即：全过程参与；五工种协同；线上线下的服务平台；标准制定与执行。附属机构现代物业管理同时也包含：

1. 常规物业管理

CCHC 体系中附属机构的物业管理中常规物业管理的范畴为：各类建筑、机电设备、能源配套设备、给排水设施、绿化园林、交通道路设施、停车场等养护、维修乃至经营、管理服务，以及消防、清洁和安全保卫服务等。

2. 专业化物业管理

在 CCHC 居家养老体系附属机构中，除了纯粹属于附属机构功能的部门和单位外，也有可能把当地的 ×× 街道（社区）CCHC 居家养老综合服务中心、×× 小区 CCHC 居家养老综合服务驿站，乃至把一些诸如餐饮、洗浴、心理慰藉、医疗、购物以及日照中心等非附属机构的养老功能部门和单位置于同一楼宇或者同一院落范围内，这些养老功能的专用设备原则上应该由这些部门和单位自行管理，也可交由专业物业管理团队进行管理。

（二）适用范围

CCHC 居家养老模式体系附属机构的建筑属于智慧建筑，无论是新建还是改造，是单幢楼宇还是分散建筑群，都应该列入 CCHC 体系物业管理的范畴，它应该按照《智慧楼宇评价指标体系 2.0》中关于智慧楼宇运用“现代物业管理”的理念和要求进行管理。CCHC 体系中附属机构的物业管理体制，可采取专业物业管理团队进行管理，也可采用专业物业管理团队与附属机构所在部门或者单位的专业化管理相结合的原则。

五、融入智慧城市

融入智慧城市，主要是对 CCHC 居家养老模式体系运营商的考量，这是考察运营商的养老模式体系的智慧程度，是否和国家提出的智慧城市、智慧社区的构想相贴合，更好地为老人居家养老提供便利服务。

1. 融入“智慧城市”维度

（1）宽带网络接入水平要素；

（2）公共管理服务接入水平要素；

（3）智慧社区大平台融合要素。

2. 宽带网络接入水平要素

（1）新楼光纤可接入率指标；

（2）现有楼光纤替换率指标；

（3）光纤平均带宽指标；

（4）社区公共场所无线网络覆盖率指标；

（5）社区客户无线网络覆盖率指标；

（6）光纤设备完好率指标得分。

3. 公共管理服务接入水平要素

（1）政府电子政务网上办理覆盖率指标；

（2）智慧交通社区查询知晓率指标；

（3）智慧医疗社区覆盖率指标；

（4）智慧教育区域覆盖率指标；

（5）智慧环境连接率指标；

（6）智慧安全连接率指标；

（7）智慧能源连接率指标；

（8）智慧银行业务社区办理覆盖率指标；

（9）智慧旅游社区覆盖率指标。

4. 智慧楼宇大平台融合要素

（1）大平台模块整合完成率指标；

（2）大平台建立和掌握水平指标。

CCHC居家养老模式体系的附属机构（老年活动室、养老院）开发程序

编号 CCHC1-5-5-2

一、总则

（一）CCHC 居家养老模式体系的附属机构的建筑开发属于智慧建筑的建设。但是也要根据实际情况出发，可以是在空地上新建的楼宇，也可以将其他建筑经过改造，使之成为满足 CCHC 居家养老模式体系的附属机构各种功能发挥的建筑。

（二）无论是新建还是改造，都可以列入特种需求房地产开发程序的范畴。它是一种软硬件同步开发的方式，即在硬件开发的同时，与运营、管理相关的软件，诸如管理制度等，也要同步甚至适当超前开发和介入。

二、CCHC 居家养老模式体系的附属机构开发的程序

（一）CCHC 居家养老模式体系的附属机构开发的程序应该包括以下环节：

1. 确认所有与当地政府和合作单位的合同已经生效，并明确划拨或者出让土地，或者既有建筑的产权、使用权的合法有效。

2. 根据《CCHC（持续照料社区）居家养老模式体系服务管理标准 1.0》（以下简称《标准 1.0》）的基本要求，确定该区的 CCHC 居家养老模式体系的

附属机构配备的组织结构和各种功能。

3. 根据具体的背景情况，在海阳集团认可的前提下，由当地政府部门（代理建设方）委托掌握《标准 1.0》和房地产开发规程的专家作为第三方，进行“CCHC 居家养老模式体系的附属机构开发建设项目”的前期策划，确保该项目处于符合 CCHC 居家养老模式体系的总体要求。前期策划的报告应该包括以下内容：

（1）项目总体阐述（含可行性研究）。

（2）建筑基本要求：面积、形式、等级。

（3）设置的各种功能内容（含机构设置）和相互逻辑关系。

（4）内外经营运转的流程。

（5）从业人员的编制和要求。

（6）建筑和内部业务配置的设备、设施。

（7）建设费用和运营费用的测算。

4. 根据前期策划的报告，由海阳集团和当地政府部门（建设方）通过招标形式，或者政府划拨途径，确定该建筑的投资主体和主要合作对象。可以考虑成立项目公司作为建设单位。建设单位应该具备房地产开发的资质，也可以委托具有房地产开发资质的公司作为代甲方代表帮助开发，包括申办各种文件的批准程序。

5. 由建设单位按照国家和当地相关的法律、法规的规定和程序，通过招投标的形式，物色设计单位和施工单位。由于本项目有专业特殊要求，根据各种各专业在该项目中的地位侧重不一，确定一家为主体设计单位，其他为次要设计或配套设计单位。同样施工单位也可以根据专业在项目中的侧重不同，选择主要和次要的施工单位。监理单位也按此精神招入。

6. 项目公司按照房地产开发或者大修改造的程序进行建设，在此过程中，物业管理和未来经营管理的代表应该全过程参与，对设计、施工和监理发生的问题，随时向建设方提出，确保未来各种功能的正常发挥。

7. 在建设期间就要组建未来运营的班子和团队，按照《标准 1.0》编制《CCHC 居家养老模式体系的附属机构运营和管理规程》进行招募、委任和培训。

8. 在部分子项目完成后，就可以进行随时试运营，以发现问题和不足，及时整改，进行局部验收。在全部项目完成后，进行正式竣工验收，交付使用和物业管理。

CCHC居家养老模式体系的附属机构（老年活动室、养老院）物业管理

编号 CCHC1-5-5-3

一、总则

（一）CCHC 居家养老模式体系的附属机构的建筑属于智慧建筑。它应该按照《智慧楼宇评价指标体系 1.0》中，关于智慧楼宇运用“现代物业管理”的理念和要求进行管理。在物业管理企业还达不到这个要求时，在承接任务时应该承诺按照本标准有关要求有计划地去达标。

（二）根据实际情况出发，智慧建筑可以是在空地上新建的楼宇，也可以将其他单幢或者分散建筑，经过改造，使之成为满足 CCHC 居家养老模式体系的附属机构各种功能发挥的智慧建筑。除了纯粹属于附属机构功能的部门和单位驻在外，也有可能把当地的 ×× 街道（社区）CCHC 居家养老综合服务中心、× × 小区 CCHC 居家养老综合服务驿站，乃至把一些诸如餐饮、洗浴、心理慰藉、医疗、购物以及日照中心等并非附属机构功能，但属于居家养老功能的部门和单位与附属机构置于同一楼宇或者同一院落范围内。

（三）无论是新建还是改造，是单幢楼宇还是分散建筑群，都应该列入 CCHC 体系物业管理的范畴。它是一种软硬件同步开发的方式，因此在硬件开发的同时，物业管理也要同步甚至适当超前参与和介入。

（四）CCHC 居家养老模式体系的附属机构的物业管理体制，采取专业物业管理团队与 CCHC 居家养老模式体系的附属机构所在部门或者单位的专业化管理相结合的原则。即诸如保安、保洁、工程维修、绿化、客户服务等常规物业管理的功能由某物业管理企业承担，而属于养老业务相关的功能，应该由所在部门和单位来承担其职责。但两者之间应该在本标准规定的框架内，建立业务协作合约关系。

二、常规物业管理的范畴

CCHC 居家养老模式体系的附属机构的物业管理中常规物业管理的范畴为：各类土木建筑、水利设施，各种机电设备，能源配套设备，给排水设施，绿化园林，交通道路设施，停车场等养护、维修乃至经营、管理服务，以及消防、清洁和安全保卫服务等。

三、专业化物业管理的范畴

在 CCHC 居家养老模式体系的附属机构中，除了纯粹属于附属机构功能的部门和单位住在一起外，也有可能与当地的 ×× 街道（社区）CCHC 居家养老综合服务中心、×× 小区 CCHC 居家养老综合服务驿站，乃至把一些诸如餐饮、洗浴、心理慰藉、医疗、购物以及日照中心等其他养老功能的部门和单位置于同一楼宇或者同一院落范围内，这些养老功能的专用设备原则上应该由这些部门和单位自行管理。至于室内保洁、购物、设备维修之类服务，是否由常规物业管理企业来承担，则由双方签订协议来明确各自职责。

四、现代物业管理在 CCHC 居家养老模式体系的附属机构的体现

现代物业管理，就是以系统理论为基础，突破传统物业管理的理念，按照人们生活、工作方式的转变，提供与之相匹配的管理、服务项目的物业

管理。

上海楼宇科技研究会2014年11月发布的《智慧楼宇评价指标体系2.0》对“智慧楼宇”进行了定义，提出智慧楼宇应包括绿色建筑、自动化集成、现代物业管理和融入“智慧城市”等4个维度。现代物业管理是“智能化”楼宇与“智慧楼宇”楼宇之间区别的最主要特征之一。它反映了“人”在“智慧”中的重要作用。根据上海市楼宇科技研究会《智慧楼宇评价指标体系2.0》对现代物业管理的定义，现代物业管理主要包含以下4个要素，即：全过程参与；五工种协同；线上线下的服务平台；标准制定与执行。

（一）全过程参与

所谓全过程参与是指：策划、设计、施工、销售、管理各阶段。CCHC居家养老模式体系的附属机构是需要有具体经营场所的，但场所面积的大小由功能所决定，也应该符合智慧楼宇的建筑标准。

一般来说，建筑的策划或规划设计人员侧重于依据技术开发标准和建筑规范进行规划与设计，往往忽视了物业管理的特点和需求，这就要求物业管理部门事先应根据“CCHC居家养老模式体系的附属机构”投资规划、建筑规模、环境与道路规划等前提条件，从建筑策划设计、环境设计、设施设备选型及安装、降低管理成本、提供优质服务等方面入手，在策划设计阶段向投资或开发商提出合理化建议。

“CCHC居家养老模式体系的附属机构”的服务对象主要为老年人，故建筑本身除了要符合一般建筑的规范外，还要参考国家养老建筑规范及地方养老建筑规范。

物业管理部门作为“CCHC居家养老模式体系的附属机构”建成后的常驻管理与服务者，其对建设施工质量的关切程度应更为强烈。物业管理部门在施工阶段虽然处于非主要地位，但是长期物业管理的经验和对已建成物业工程质量的详细了解，比较容易发现施工质量问题，所以物业管理部门十分有必要参与施工阶段的质量检查，为下一步的物业管理和后期物业管理打下一个坚实的基础。但需注意的是，物业管理部门在施工介入时，应明确自己的责任和位置，发现工程质量问题时要按程序提出意见，即要负起责任来，又要避免“越位”现象，这样才能处理好开发商、监理公司、物业管理部门及施工单位之间的关系。

1. 建设施工介入参与工作主要有以下几个方面：

（1）从用户角度参与对设计的修改、洽商以及跟进各项设计在施工中的落实情况，及时根据实际情况提出调整意见，改进不合理设计和不合理施工，所有这些都应进行记录；

（2）协助监理单位对各项工程施工质量进行监督，建设优质物业。各专业工程技术人员要深入现场，跟进工程进度，不仅要检查施工质量，更重要的是要通过跟进施工掌握隐蔽工程的状况；

（3）掌握水、电、气、通风、空调、各类弱电工程（消防监控系统、安防监控系统、电梯监控系统、通信和宽带系统、有线电视系统等）的管线关键部位的布局和走向并时间记录，这对日后的管理和维护非常重要；

（4）在开发商或施工单位的要求下，为施工现场提供保安、保洁等服务。

（5）协助开展工地管理，维持秩序，保障施工通道的畅通，对施工现场的安全防火进行监督、管理等工作；

（6）协助对材料、器材、设备的质量、品牌进行验证，避免施工中使用质量差的材料、器材和设备；

（7）在设备的安装、调试阶段，物业管理部门各专业工程技术人员必须深入现场，跟踪工程进度，以充分了解设备的技术状态和技术性能；

竣工验收是以开发商、施工单位、监理单位为主，但物业管理部门必须参与。在验收过程中（也包括安装施工、调试、试运行阶段），要纠正依赖监理公司的心理，不能认为有了监理公司，物业管理部门就可以“高枕无忧”

甚至不参加验收，这是因为监理公司和物业管理部门各自关注的角度有差异，而且考虑到某些因素和以往接收项目中产生的大量工程质量问题，所以不可完全依赖监理公司。

2. 参与竣工验收重点

竣工验收阶段的工作主要有以下几个方面：在验收过程中一般是按数量比例进行抽验，有些项目虽然已由监理公司进行过验收，但物业管理部门则应把重点放在以下事项上。

（1）认真查阅验收记录，对重点部位和环节进行现场核查；

（2）在同一工程系统中，检验监理公司未抽验的个项；

（3）对于不同施工单位安装的项目，应分别遵照相关专业的国家标准、地方标准及行业标准制定的规范进行验收。

3. 参与竣工验收内容

（1）竣工验收主要责任方虽然是开发商和施工单位，但物业管理部门应派遣各专业工程技术人员组成验收小组，并指定组长，该验收小组参加各专业工程的验收，为将来的接管验收奠定良好的基础；

（2）参加验收的人员应提前1—2个月向开发商索取竣工项目的相关资料，进行详细研究，并对重点现场进行察看，事先做到心中有数；

（3）验收项目分类有隐蔽工程竣工项目、单项工程竣工项目、阶段工程竣工项目及全部工程竣工项目；

（4）验收小组成员应认真做好验收记录，必要时应拍照记录，对质量有缺陷的记录更应详细、准确。验收记录应有物业管理部门、开发商、施工单位的有关人员签字确认；

（5）根据验收工作的具体情况，适时提议召开各方的联席会议，对本阶段验收工作进行总结、协调，对不合格项应制定出整改措施和完成期限，经各方签字确认，必要时应签订协议；

（6）已完成整改的项目，必须进行二次验收，直至合格中；

（7）对设备的验收一定不可忽视装箱单，因为装箱单开列了本套设备的主机、辅机、备件、专用工具等的型号、规格、数量及技术文件、资料等。在现实中，开发商和施工单位往往对此缺乏足够的重视，常有丢失装箱单的现象，使物业管理部门不知道设备的配套情况，甚至将备件丢失，日后在维护保养设备进不得不另外花钱购买，使物业管理部门蒙受不必要的损失。为避免此种情况的发生，物业管理部门应在设备安装阶段派相关技术人员参加设备开箱，获取装箱单或其复印件，并当场清点备品、备件、专用工具、技术资料等，对备品、备件当场办理接收手续，专用工具和技术资料则应在设备调试验收之后及时收回；

（8）当全部工程通过竣工验收后，若有遗留问题（必须是不影响安全使用的问题，否则不应通过验收）时，开发商与施工单位应签订解决遗留问题的协议；

（9）物业管理部门根据竣工验收和不合格项整改的情况，提前做好接管验收的准备工作。

4. 新建或改建物业接管验收的基本条件

（1）必须达到“七通一平”，即：通水、通电、通气、通暖、通路、通信、通电视；“一平”是指楼前楼后场地平整、无杂物或建材堆积；

（2）电表、水表、燃气表到户；

（3）楼内各区域干净整洁，门窗玻璃明亮，卫生间各管道疏通，地漏不堵塞等；

（4）生活用水符合卫生标准，具有卫生防疫部门核发的用水合格证明；

（5）安全防范系统无缺陷，能满足基本需求；

（6）自动火灾报警控制系统、喷淋及消火栓系统等经消防部门验收合格；

（7）所有电梯均能正常运行，每部电梯都应有特种设备监管部门核发的准用证；

（8）房屋设备、功能齐全，达到设计规定标准；

（9）接管验收的技术资料包括：土建工程资料及相关文件、建筑电气工程资料及相关文件、给 / 排水工程资料及相关文件、供暖工程资料及相关文件、电梯工程资料及相关文件、通风与空调工程资料及相关文件、消防系统工程资料及相关文件、安全防范系统工程资料及相关文件、智能停车场工程资料及相关文件、通信工程资料及相关文件等。

5. 物业后期管理

物业后期管理内容主要包括：

（1）物业保安服务，含物业保安的职责、物业保安服务要求、消防安全管理制度等；

（2）物业环境服务，含保洁服务、绿化管理；

（3）设备管理，含设备资产管理、设备运行管理、设备维修及维护保养管理；

（4）电气系统设备运行及维修维护，含高压电气系统设备运行及维修维护、低压电气系统设备运行及维修维护；

（5）给排水系统设备设施运行及维修维护，含水泵房运行管理和设备维护保养、给排水管线的维护保养；

（6）通风与冷暖空调系统运行和维修维护，含冷暖空调系统运行及维修维护、通风系统的运行及维修维护；

（7）视频安防监控系统运行和维修维护，含电视监控系统运行及维修维护、巡更系统运行及维修维护、车库管理系统运行及维修维护；

（8）特种设备管理，含电梯系统管理及运行维护保养、锅炉系统管理及运行维护保养、自动消防系统管理及运行维护保养等。

（二）五工种协同

五工种是指：安保、保洁、工程、绿化、客服，在常规物业管理的组织架构中分别属于各部门，它们分别是：安保部、保洁部、工程部、绿化管理部、客服部。安保、保洁、绿化、工程、客服等部门在常规物业管理中是相互独立的，互相之间很少有协同理念。在现代物业管理框架中，各工种的工作人员除了要掌握各自工种的专业技能外，还要了解其他相关工种的工作要求、技能等内容，从公司层面来说，也要有明确管理制度，如：

1. 制定“物业管理部门配合管理办法”，体现“以人为本，客户至上”的服务理念，使物业管理从“粗放型”向“精细型”目标转换，并解决实际工作中需要两个以上部门协同配合的问题。

2. “每日业务协调会”制度（即小交班会制度），由各部门代表参加，目的是强化公司中枢经营思想与管理理念的深化领会，加强各部门之间的沟通和协作，提高工作效率，保持工作指令传递环节的畅通。

（三）线上线下的服务平台

建立智慧楼宇开放式平台是现代物业管理的重要表现。物业服务开放式平台主要包含物业维护管控系统和服务系统，是基于互联网云端数据中心和手持终端对服务项目进行全景式、标准化、精准化物业管理和业主服务系统。

1. 物业维护管控系统

物业维护管控平台对日常周期性工作计划自动编排，生成工作计划工单，对日常发生的不合格整改工作形成纠正性工作计划。其主要管理功能：

（1）工作计划的管理；

（2）对工作对象数据信息的管理；

（3）动态化管理各工作流程；

（4）移动终端自动链接。

平台主要具体价值体现在：

（1）精简组织机构，降低人力成本；

（2）便捷掌握，快速上手，降低企业培训与管理成本；

（3）维护管理操作流程更规范；

（4）计划执行更精准，不因人事变化而变化；

（5）运行更高效，告别传统纸质化管理，实现项目计划、服务指导、过程监督、质量控制于一体的电子化管理模式，实时反馈，生成报表。而且还可以根据不同的物业企业不同的物业标准这个特点进行部分的修改，非常的方便。

2. 服务管控系统

业主服务管控平台依托“业主服务数据库＋呼叫中心”的先进业主服务模式，将信息管理、客户服务、客户关系及社区业务四大板块纳入平台内，并集合服务、统计、分析、呼叫四大功能体系，强调以业主为核心，是全过程的强化管理。实现业主服务领域和24小时全过程的闭环管控。

（1）业主服务数据库：将信息管理、客户服务、客户关系及社区业务四大板块纳入平台内，集合服务、统计、分析、呼叫四大功能体系，强调以业主为核心，对全过程的强化管理。实现服务领域和24小时全过程的闭环管控。

（2）物业服务呼叫中心：与系统无缝对接，统一管理、统一服务，集合日常的咨询、保修、投诉、预约服务等各服务需求，通过24小时全天候标准化服务受理、跟踪、回访，使客户轻松享受一站式的服务。

（四）标准的制定与执行

“CCHC居家养老模式体系的附属机构”的建筑属于智慧建筑，物业管理企业在承接任务时，应承诺按照《智慧楼宇评价指标体系2.0》中，关于智慧楼宇运用“现代物业管理”的理念和要求进行管理，同时要结合《CCHC（持续照料社区）居家养老模式服务管理标准1.0》总体要求，制定相应的物业服务标准，目的是有利于促进提高服务水平，提供质价相符的服务，并能够提供一个通用的、标准一致的、规范的服务行为准则，而标准的实施的关键是有组织、有计划、有措施地贯彻执行。

参考文献

1. 黄剑琴，彭嘉琳主编．老年人照护技术操作与评价［M］．上海：上海科学技术文献出版社，2007.

2. 刘则杨主编．养老护理员（基础知识）［M］．北京：中国劳动社会保障出版社，2006.

3. 刘则杨主编．养老护理员（初级）［M］．北京：中国劳动社会保障出版社，2006.

4. 刘则杨主编．养老护理员（中级）［M］．北京：中国劳动社会保障出版社，2006.

5. 刘则杨主编．养老护理员（技师）［M］．北京：中国劳动社会保障出版社，2006.

6. 刘则杨主编．养老护理员（高级）［M］．北京：中国劳动社会保障出版社，2006.

7. 丁名申，钱平雷．旅游房地产学［M］．上海：复旦大学出版社，2004.

8. 钱平雷主编．幸福永伴你我他［M］．上海：上海科学技术文献出版社，2015.

9. 钱平雷主编．物业管理标准［M］．上海：上海科学技术文献出版社，2014.

10. 刘洪玉，柴强主编. 物业经营管理［M］. 北京：中国建筑工业出版社，2011.

11. 牟海等编著. 物业公司精细化管理大全［M］. 北京：人民邮电出版社，2009.

12. 吉洁主编. 公共关系学［M］. 北京：中国电力出版社，2014.

13. 廖为建主编. 政府公共关系［M］. 中国人民大学出版社，2010.

14. 栗玉香主编. 公共关系［M］. 辽宁：东北财经大学出版社，2005.

15. 陈静勇主编. 鹤发医养卷［M］. 北京：中国水利水电出版社，2016.

16. 王维，郑文霞主编. 特色养老——世界养老项目建设解析［M］. 南京：江苏凤凰科学出版社，2016.

17. 王维，郑文霞主编. 回归社区——世界养老项目建设解析［M］. 南京：江苏凤凰科学出版社，2016.

18. 智慧楼宇评价指标体系 2.0 及其评级指数

19. GB/T50314-2006，智能建筑设计标准［S］.

20. DBJ01-615-2003，建筑智能化系统设计技术规程［S］.

21. JGJ/T16-92，民用建筑电气设计规范［S］.

22. GB50045-95，高层建筑设计防火规范［S］.

23. GBJ303-88，建筑电气安装工程质量检验评定标准［S］.

24. GB50254-50259-96，电气装置安装工程施工及验收规范［S］.

25. GB50303-2002，建筑电气安装工程施工质量验收规范［S］.

26. GB50339-2003，智能建筑工程质量验收规范［S］.

27. GB50169-92，电气装置安装工程电缆线路施工及验收规范［S］.

28. GB50057-95，建筑防雷设计规范（2000 年版）［S］.

29. GB50343-2004，建筑物电子信息系统防雷设计规范［S］.

30. GB50054-95，低压配电设计规范［S］.

31. GB4943-95，信息技术设备包括电子设备的安全［S］.

32. GB50348-2004，安全防范工程技术规范［S］.

33. GA/T75-94，安全防范工程程序与要求［S］.

34. GA308-2001，安全防范系统验收规则［S］.

35. GA/T367-2001，视频安防监控系统技术要求［S］.

36. GA/T368-2001，入侵报警系统技术要求［S］.

37. GA/T394-2002，出入口控制系统技术要求［S］.

38. GA/T97-2000，安全防范系统通用图形符号［S］.

39. GB 50867-2013，养老设施建筑设计规范［S］.

40. GB/T 50340-2003，老年人居住建筑设计标准［S］.